88

Z4-50

JORGE LUIS BORGES

PERSILES - 88
SERIE *EL ESCRITOR Y LA CRITICA*

EL ESCRITOR Y LA CRITICA

Director: RICARDO GULLON

TITULOS DE LA SERIE

Benito Pérez Galdós, edición de Douglass M. Rogers.
Antonio Machado, edición de Ricardo Gullón y Allen W. Phillips.
Federico García Lorca, edición de Ildefonso-Manuel Gil.
Miguel de Unamuno, edición de Antonio Sánchez-Barbudo.
Pío Baroja, edición de Javier Martínez Palacio.
César Vallejo, edición de Julio Ortega.
Vicente Huidobro, edición de René de Costa.
Jorge Guillén, edición de Biruté Ciplijauskaité.
El Modernismo, edición de Lily Litvak.
Rafael Alberti, edición de Manuel Durán.
Miguel Hernández, edición de María de Gracia Ifach.
Jorge Luis Borges, edición de Jaime Alazraki.

TITULOS PROXIMOS

Novelistas hispanoamericanos de hoy, edición de Juan Loveluck.
Juan Ramón Jiménez, edición de Aurora de Albornoz.
Novelistas españoles de hoy, edición de Rodolfo Cardona.
José Ortega y Gasset, edición de Antonio Rodríguez Huéscar.
Ramón del Valle-Inclán, edición de Francisco Ynduráin y Pablo Beltrán de Heredia.
El Romanticismo, edición de Jorge Campos.
Vicente Aleixandre, edición de José Luis Cano.
Octavio Paz, edición de Pedro Gimferrer.
La novela picaresca, edición de Fernando Lázaro Carreter y Juan Manuel Rozas.
Francisco de Quevedo, edición de Gonzalo Sobejano.
Surrealismo, edición de Víctor G. de la Concha.
Pablo Neruda, edición de Emir Rodríguez Monegal.
Pedro Salinas, edición de Andrew P. Debicki.
Teatro español contemporáneo, edición de Ricardo Doménech.
Naturalismo, edición de José María Martínez Cachero.

JORGE LUIS BORGES

Edición de

JAIME ALAZRAKI

taurus

Cubierta de AL-ANDALUS

INDICE

Páginas

INTRODUCCIÓN 11

I

PRIMEROS TESTIMONIOS CRITICOS

Enrique Díez-Canedo: «*Fervor de Buenos Aires*» 21
Ramón Gómez de la Serna: El «*Fervor de Buenos Aires*» 24
Valéry Larbaud: *Sobre Borges* 27
Pedro Henríquez Ureña: *Sobre* «*Inquisiciones*» 29
Guillermo de Torre: «*Luna de enfrente. Poemas*» 32
Rafael Cansinos-Assens: *Jorge Luis Borges, 1919-1923* 34
Amado Alonso: *Borges, narrador* 46
Adolfo Bioy Casares: «*El jardín de senderos que se bifurcan*» ... 56
Alfonso Reyes: *El argentino Jorge Luis Borges* 61
Xavier Villaurrutia: *Tres notas sobre Jorge Luis Borges* 64
Ernesto Sábato: *Los relatos de Jorge Luis Borges* 69
Raimundo Lida: *Notas a Borges* 75

II

POESIA

Guillermo de Torre: *Para la prehistoria ultraísta de Borges* 81
Zunilda Gertel: *La metáfora en la estética de Borges* 92
Guillermo Sucre: *Borges: el elogio de la sombra* 101
Emilio Carilla: *Un poema de Borges* 117

III

FICCION

Enrique Anderson-Imbert: *Un cuento de Borges*: «*La casa de Asterión*» 135
Paul de Man: *Un maestro moderno*: *Jorge Luis Borges* 144

— 9 —

John Updike: *El autor bibliotecario*   152
John Barth: *Literatura del agotamiento*   170
Jaime Alazraki: *Tlön y Asterión: metáforas epistemológicas*   183

IV

ENSAYO Y PROSA DE VARIA INVENCION

Gérard Genette: *La utopía literaria*   203
Maurice Blanchot: *El infinito literario: «El Aleph»*   211
Ana María Barrenechea: *Borges y el lenguaje*   215
George Steiner: *Tigres en el espejo*   237
Alfred Kazin: *Reflexiones sobre Borges y la literatura norteame-
   ricana del siglo XIX*   248
James E. Irby: *Borges, Carriego y el arrabal*   252
Jaime Alazraki: *Estructura oximorónica en los ensayos de Borges.*   258

V

CRITICA DE LA CRITICA

Emir Rodríguez Monegal: *Borges y la «Nouvelle Critique»*   267
Rafael Gutiérrez Girardot: *Borges en Alemania*   288
Donald A. Yates: *Cinco años de crítica borgiana: 13 libros nuevos.*   293

VI

PERSONA

James Willis Robb: *Borges y Reyes: una relación epistolar*   305
Rita Guibert: *Entrevista con Borges*   318

VII

BIBLIOGRAFIAS

Bibliografía de Jorge Luis Borges (Primeras ediciones):

   I.   Poesía   359
  II.   Ficción   359
 III.   Ensayo   360
  IV.   Obras en colaboración   360
   V.   Antologías en colaboración   361

Bibliografía sobre Jorge Luis Borges:

   I.   Bibliografías   362
  II.   Crítica (libros)   362
 III.   Volúmenes especiales dedicados a Borges   363
  IV.   Entrevistas (libros)   364
   V.   Biografía   364

INTRODUCCION

Tan cosmopolita como la obra de Borges es la extensa biblio-grafía que la glosa, comenta o estudia. Escribir o citar a Borges es un hábito intelectual de nuestro tiempo, una suerte de tour de force *de la inteligencia contemporánea. El crítico de cine de la revista* The New Yorker *definía la temperatura de un film de Nicolas Roeg recurriendo apenas a un adjetivo —«borgiano»— que en su opinión tornaba redundante toda explicitación. Ya se sabe que el muy comentado libro de Michel Foucault,* Les mots et les choses, *inicia su itinerario arqueológico por las ciencias humanas con la lapidaria advertencia: «Este libro nació de un texto de Borges». Todavía desde el barco, Drieu La Rochelle replicó a sus amigos argentinos que le advirtieron sobre el «intelectualismo» del autor de* Discusión: *«Borges vaut le voyage». Esta fascinación universal por la obra de Borges no tiene parangón en las letras hispanoamericanas y apenas unos pocos nombres de la literatura de nuestro siglo la comparten. Como un prisma al revés, la obra de Borges reabsorbe lo más memorable de la cultura de Occidente y nos ofrece la posibilidad de su renovación a partir de su aparente agotamiento. El lector familiarizado con esa larga tradición reconoce en el texto borgiano ecos y reverberaciones, viejos textos desde los cuales, como en un palimpsesto, emerge el texto nuevo. La originalidad se produce a condición de reconocer lo imposible de toda originalidad.*

Un libro reciente [1] *recoge y resume la crítica argentina de la obra de Borges entre los años 1923 y 1960. Más que un esfuerzo de comprensión y penetración críticas, esos treinta y siete años de sondeo intermitente dejan un sabor de enjuiciamiento y polémica. Desde la «Discusión sobre J. L. B.», promovida por la revista* Me-

---

[1] María Luisa Bastos, *Borges ante la crítica argentina 1923-1960*, Buenos Aires, Ediciones Hispanoamericanas, 1974.

gáfono *en 1933, hasta el número de «Desagravio a Borges» de la revista* Sur *en 1942 y los alaridos de la llamada «nueva generación» en la década del 50, la crítica argentina en torno a Borges ofrece en su conjunto el espectáculo deprimente de una carnicería, de un auto de fe, e ilustra dolorosamente el aserto de Octavio Paz de que en Hispanoamérica «se confunde la crítica con la dentellada de perro rabioso». Desde la perspectiva de la crítica europea y norteamericana que ve a Borges como «un maestro moderno» y lo define, en las palabras de John Barth, como uno de «los viejos maestros de la narrativa del siglo XX», qué extraño suena este juicio escrito todavía en 1952 por uno de los miembros de esa generación: «Los jóvenes no pueden pensar en Borges como un 'maestro' porque el escritor se ha encerrado en su propio mundo, y llamarlo 'maestro' sería una pública manifestación de nuestra esterilidad»* [2]. *Lo cierto es que este segmento de la crítica argentina sólo puede describirse con los dos epítetos que su corifeo mayor empleó para caracterizar la obra de Borges: «inútil y prescindible»* [3].

Pero junto a esta crítica de gato y ratón hay otra sopesada y sesuda. Escrita por las inteligencias más agudas del ámbito hispánico, es la que en parte hemos procurado rescatar y preservar en el presente volumen. Los nombres de Pedro Henríquez Ureña, Alfonso Reyes, Amado Alonso, Guillermo de Torre, Raimundo Lida y otros nos eximen de comentarios redundantes. Veían mejor y pudieron ver más lejos, más allá del «vituperio y el incienso». Algunos de los surcos que abrieron se convirtieron con el tiempo en caminos dentro de la crítica borgiana: contribuyeron a trazar el croquis de lo que más tarde sería el «espacio intelectual» indispensable para una valoración y realización críticas de la obra de Borges.

Mientras en Argentina los jóvenes juzgan y condenan a Borges —«estéril», «alambicado», «retórico», «deshumanizado», «intelectual», «literato sin literatura», etc.—, Francia y luego los Estados Unidos, y luego la mayor parte de Europa, descubren en Borges a uno de los escritores más poderosos de nuestro tiempo. Este descubrimiento y admiración se traducen en Francia en la publicación del volumen especial dedicado a Borges de los cuadernos L'Herne *en 1964: 516 grandes páginas de menuda tipografía. Reúne artículos ya publicados y otros aparecidos por primera vez y representa más que un mero homenaje, un serio y sólido intento de valoración crítica de la obra de Borges para el lector francés. Más que una antología, es una pequeña biblioteca portátil que se ha ido forman-*

---

[2] Noé Jitrik, «Otras inquisiciones, Jorge Luis Borges», *Centro*, Buenos Aires, núm. 4, diciembre de 1952, p. 37. Citado por María Luisa Bastos, *op. cit.*, p. 243.

[3] Adolfo Prieto, *Borges y la nueva generación*, Buenos Aires, Letras Universitarias, 1954, p. 32.

do con los años: desde la evocación de Rafael Cansinos-Assens y la correspondencia con Alfonso Reyes hasta la selección de textos de Borges no traducidos al francés, los testimonios personales de su madre y sus amigos más próximos, las cuatro entrevistas, los 46 artículos y notas que forman el cuerpo del volumen, bibliografías, cronologías, glosarios, retratos, iconografías.

La presencia de Borges en los Estados Unidos adquiere visibilidad el mismo año que comparte con Becket el premio Internacional de Editores (Formentor, Mallorca). Ese año, 1961, invitado por la Universidad de Texas, dicta cursos en esa universidad y pronuncia conferencias en las universidades más importantes de los Estados Unidos. El año siguiente aparecen los dos primeros volúmenes traducidos al inglés: Ficciones y Labyrinths —una selección de cuentos y ensayos—. Borges llega con alguna demora a los Estados Unidos, si se recuerda que Ficciones se tradujo al francés ya en 1951, pero en ningún otro país su obra dejará huella tan profunda y una estela tan múltiple. En 1967, Borges regresa a Norteamérica como «Profesor Charles Eliot Norton» de la Universidad de Harvard. Durante los meses de septiembre y enero dicta cursos en Harvard y da conferencias en otras universidades a lo largo del país. Volverá a los Estados Unidos en 1971 para ser nombrado miembro honorario de la American Academy of Arts and Letters y del National Institute of Arts and Letters y recibir un doctorado honoris causa en la Universidad de Columbia (Nueva York), y otra vez en 1972 para aceptar un doctorado semejante de la Universidad del Estado de Michigan en East Lansing y el «Chancellor's Triton Award» en la Universidad de California en San Diego. Pero de alguna manera, la trayectoria de Borges por el país de Whitman culmina en 1969 con el International Symposium on Borges realizado en la Universidad de Oklahoma durante el 5 y 6 de diciembre de ese año. Borges dictó un cursillo de cinco conferencias en esa universidad y el simposio que lo cerró fue el primer esfuerzo de conjunto hacia una valoración crítica de su obra en lengua inglesa. Las memorias del Simposio fueron cuidadosamente editadas por L. Dunham e I. Ivask en un hermoso volumen, The Cardinal Points of Borges (1971).

En los intervalos y corredores del Simposio en Norman, Oklahoma, comenzó a gestarse y tomar forma el equivalente en lengua inglesa al número de L'Herne dedicado a Borges, TriQuarterly 25: Prose for Borges. Entre 1969 y 1972, fecha de aparición del volumen, Mary Kinzie —redactora a cargo de ese número— reunió veinte estudios originales sobre Borges, una antología de 21 textos de Borges no traducidos hasta entonces al inglés, una entrevista de Victoria Ocampo a Norah Borges, un álbum de fotografías con notas del propio Borges, una transcripción de una sesión de preguntas *y respuestas en la Universidad de Nueva York, una bibliografía breve: 467 apretadas páginas que representan a la vez un tributo y un testimonio crítico del impacto de la obra de Borges en los Estados Unidos.*

Cardinal Point of Borges (*1971*) y Prose for Borges (*1972*), *constituyen la respuesta del mundo universitario norteamericano a la obra de Borges. Junto a los libros sobre Borges publicados por editoriales universitarias norteamericanas y junto a artículos aparecidos en revistas de investigación de los Estados Unidos, el eco más contundente a la obra de Borges se produjo en la prensa de circulación masiva, en semanarios como* The New Yorker y The New York Times Book Review *y en revistas periódicas como* The Atlantic Monthly, The New York Review of Books, The Paris Review *y otras. Para dar una idea de la magnitud de ese eco bastará decir que dos libros de Borges aparecieron primero en inglés en los Estados Unidos y que aún no han sido traducidos al español. Son: «Autobiographical Notes», publicado primero en* The New Yorker *en septiembre de 1970 y recogido luego en el volumen* The Aleph and Other Stories, 1933-1969 (*1970*), *bajo el título «An Autobiographical Essay», y* Borges on Writings (*New York, Dutton, 1973*). *El primero es la biografía más completa hasta la fecha; escrito en colaboración con Norman Thomas di Giovanni, reúne el mayor acopio de datos sobre la vida y la carrera literaria de Borges. El segundo está formado por las transcipciones de cintas magnetofónicas grabadas durante un cursillo de tres sesiones dedicadas respectivamente a narración, poesía y traducción. Más que un curso, fue un seminario para escritores que tuvo lugar en la Universidad de Columbia en la primavera de 1971, en el cual Borges habló de los mecanismos y artificios de sus textos y de los secretos de la buena traducción.*

Las reacciones críticas a la obra de Borges en los Estados Unidos van más allá del ámbito de hispanistas o especialistas en literatura. Igualmente profundo ha sido el efecto que Borges ha tenido entre novelistas y poetas. La experiencia del escritor norteamericano de la lectura de Borges se expresa en varios niveles. Primero, en incisivos artículos de crítica literaria en los cuales el escritor registra aquellos aspectos de la obra de Borges que más intensamente impresionan su sensibilidad y excitan su inteligencia. Tales las piezas publicadas por John Updike, John Barth, John Ashbery, William Gass, Keith Botsford y otros. El segundo nivel es subliminal: es la huella que deja un gran escritor en otros escritores, es la inevitable tradición en que la obra de un autor se resuelve cuando es asimilada por sus contemporáneos. Borges y Nabokov han sido señalados como las dos fuerzas más dominantes en la narrativa norteamericana de las dos últimas décadas. Un libro que estudia ese segmento de la ficción en los Estados Unidos —City of Words; American Fiction 1950-1970 *de Tony Tanner*— *dedica el primer capítulo a examinar dos escritores cuya obra «ejerce»* —*dice Tanner*— *«una fuerte influencia en la ficción norteamericana de hoy: Nabokov y Borges». Según Tanner, la creación lingüística de estos dos escritores representa para esa generación de narradores norteamericanos una suerte de terra firma cuya atracción radica en sus búsquedas léxicas y en el exorcismo verbal como juego trascendente. La gran lección de Borges pareciera consistir en su aceptación axiomática de la irrealidad del arte, pero a condición de que reconozcamos de que la única realidad a la cual tiene acceso el hombre es esa ficción fabricada por la inteligencia humana. El carácter de signo del lenguaje recobra así su vigencia en un mundo trenzado con sistemas semióticos.*

Las notas y artículos de críticos norteamericanos como Alfred Kazin, George Steiner, Paul de Man, Geoffrey Hartman, Richard Poirer y otros, ofrecen al estudioso de la obra de Borges una perspectiva crítica desde una atalaya anglosajona y comparativa. Hemos recogido las páginas más pertinentes dentro de los cometidos y propósitos de este volumen. En su conjunto la crítica norteamericana, ensayística y académica, ofrece una imagen de la obra de Borges desde la cual el autor de Ficciones emerge no solamente como uno de los grandes escritores del siglo, sino, además, como «un maestro moderno» sin cuyo nombre el mapa de la literatura contemporánea no podría cartografiarse en su totalidad.

Un tercer esfuerzo crítico en la dirección y magnitud de L'Herne y TriQuarterly lo constituye la publicación de la revista alemana Iberoromania en 1975. El número dedicado a Borges está dividido en cinco apartados y contiene 14 estudios originales sobre aspectos varios de su obra. Se examinan facetas nuevas o apenas estudiadas, tales como la función de los sueños, el relieve psicoanalítico de algún cuento, la presencia de elementos musulmanes, contactos con Milton y Schopenhauer, el substrato ultraísta de su obra más tardía y otros.

Si se considera que la bibliografía más reciente de Borges compilada por Horacio Jorge Becco en 1973 incluye 1004 ítems sobre crítica literaria, a cuyo número habría que agregar, entre omisiones y artículos publicados en los dos últimos años y medio, de cien a doscientos ítems más, y que los 30 libros que examinan o comentan la obra de Borges más los cinco volúmenes de revistas académicas dedicados al mismo fin aparecieron apenas en los últimos veinte años, se tendrá una ligera idea de la dificultad implicada en la tarea de esta selección. Hemos seguido hasta donde ha sido posible las directivas editoriales de la serie, pero qué duda cabe que en última instancia cada antólogo aplica sus propios criterios y ejerce sus propios arbitrios. Como toda selección también ésta responde a preferencias y está sujeta a limitaciones de espacio. Las omisiones son inevitables y los huecos, una presencia demasiado visible para ser disimulada. Si hay alguna justificación, ella residiría en el hecho inescapable de que seleccionar es de alguna manera omitir.

El presente volumen no quiere ser un muestrario o miniatura de la «bibliografía crítica total» sobre Borges. Intenta más bien seguir ciertas direcciones de esa crítica, ilustrar sus fronteras y alcances, dar cuenta de sus limitaciones y, en suma, trazar ciertas isobaras que definen algunas de las tensiones más prominentes generadas por la obra de Borges en el espacio crítico.. Su utilidad residiría no solamente en ofrecer en un volumen material desperdigado y de difícil acceso, sino además en proporcionar al estudioso un balance de reflexiones, de «simpatías y diferencias» con que la crítica problematiza en torno y a través de la obra de Borges creando, como decía Paz, «una literatura que no es tanto la suma de las obras como el sistema de sus relaciones: un campo de afinidades y oposiciones». Textos que son metatextos de la palabra propuesta por Borges, refracciones de esa palabra que más que reflejarla la completan y realizan, intentos de rescatar significados que sólo se formulan a partir de los significantes y modifican, como bumerangs semánticos, los niveles primeros de la significación.

La abundancia de la bibliografía sobre Borges no debe equivocarnos. Ciertos aspectos de su obra han sido estudiados detenidamente y con relativa minuciosidad, otros, en cambio, han sido glosados y abusados hasta la gratuidad. Aun distinguiendo entre una crítica dirigida al lector especializado y otra de iniciación, el desequilibrio se deja sentir de inmediato: la tendencia a glosar los temas de sus cuentos, a explicar lo que no necesita explicación y a repetir hasta la fatiga lo ya anotado y comentado es demasiado excesiva para ser ignorada y no merecer una advertencia. En la crítica en lengua española de Borges se hace más evidente esa falla que convierte su esfuerzo en beso de muerte: su ingenuo afán de tautología. En lugar de construir sobre lo ya construido, de estudiar sobre lo ya estudiado, y de capitalizar para sus propios fines el trabajo de otros, el estudioso hispanoamericano tiende a «redescubrir» lo ya descubierto. Es natural que todo crítico aspire a ser el primer lector de un texto, es decir, el primero en definir un nivel de significación nuevo, pero demorarnos en un nivel ya explorado e insistir en lo que ya sabemos es una facilidad y un mero derroche.

La crítica es, puede ser, solamente un esfuerzo colectivo, aun dentro de un ámbito que opera con una multiplicidad de aproximaciones. Para el investigador de las ciencias ésta es una condición sine qua non: *mi hallazgo es posible y se sostiene en los hallazgos de mis predecesores y contemporáneos. Este axioma tan elemental ha sido, sin embargo, ignorado o violado por una buena parte de la crítica hispanoamericana. A esta «sordera» aludía Paz cuando amonestaba: «carecemos de un 'cuerpo de doctrina' o doctrinas, es decir, de ese mundo de ideas que, al desplegarse, crea un espacio intelectual: el ámbito de una obra, la resonancia que la prolonga o contradice». Nos resistimos a asimilar lecturas previas de Borges e insistimos en nuestra falsa condición de lector primero cuando en realidad deberíamos celebrar y aprovechar toda lectura anterior como camino ya hecho, como territorio ya explorado que posibilita el acceso a nuevos territorios. El curso opuesto conduce a un estancamiento que nos condena al clisé y al lugar común.*

La obra de Borges, como todo texto de valor permanente, ofrece al estudioso intrincados y riquísimos estratos de investigación, una literatura que es en sí misma el embrión de una inagotable literatura. Curtius decía que la crítica es una literatura cuyo tema es la literatura, «un discurso sobre un discurso», diríamos hoy. Los kabalistas produjeron una biblioteca de libros esotéricos a partir de un texto —la Torah— que posee setenta (es decir, infinitos) rostros; la Kábala no es sino un esfuerzo por descorrer los infinitos velos que cubren los setenta rostros o niveles de significación de ese texto. Roland Barthes retoma el modelo kabalístico y redefine la función de la crítica a partir de una metáfora que no es sino una variante de lo que la palabra texto propone desde su etimología —tejido, textura, estructura—: «Hasta ahora hemos visto el texto como una especie de fruta con una semilla (un damasco, por ejemplo), en la cual la pulpa es la forma y el hueso, su contenido; convendría mejor verlo como una cebolla, una construcción de capas (o niveles, o sistemas) cuyo cuerpo no contiene, finalmente, nada excepto la infinitud de sus propias envolturas, que envuelven no otra cosa que la unidad de sus propias superficies». También Michel Foucault propone una fórmula que es una variante de la noción kabalística que veía en el texto bíblico un aljibe inagotable que ningún balde puede vaciar: «Saber consiste en referir el lenguaje al lenguaje... Hacer hablar a todo... Lo propio del saber no es ni ver ni demostrar, sino interpretar. Comentarios de la Escritura, comentarios de los antiguos, comentarios de lo que relatan los viajeros, comentarios de leyendas y de fábulas: a ninguno de estos discursos se pide interpretar su derecho a enunciar una verdad; lo único que se requiere de él es la posibilidad de hablar sobre él.» Lo cual no es sino un comentario de un texto de Montaigne: «Hay más que hacer interpretando las interpretaciones que interpretando las cosas; y más libros sobre libros que sobre cualquier otro tema; lo único que hacemos es entreglosarnos.» La idea de un juego de espejos implícita en la definición de Curtius, la imagen de los setenta rostros de la noción kabalística, la metáfora de la cebolla infinita de Barthes, el aserto de Foucault que ve en la tarea infinita del comentario «la promesa de un texto efectivamente escrito que la interpretación revelará un día por entero», y la inquietante constatación de Montaigne de que unos pocos textos han producido una biblioteca infinita, conducen inevitablemente a Borges: «Quizá la historia universal es la historia de la diversa entonación de algunas metáforas.» Esta condición del lenguaje como un discurso que no puede detenerse hace posible la cultura, pero no se trata de una eterna tautología, de un círculo que nos ha hipnotizado en su recurrente vértigo: el lenguaje comentado es un esfuerzo por «hacer nacer, bajo el discurso existente, otro discurso más fundamental». Fundamental en el sentido de alcanzar nuevas envolturas o velos que nos aproximan otra vez a esas metáforas primeras, a una escritura primigenia con cuyo lenguaje ha sido fundado el universo («que otros llaman la Biblioteca»).

Finalmente, aprovecho estas palabras introductorias para agradecer a los autores de los trabajos aquí incluidos por haber accedido a su reproducción, posibilitando así el presente volumen.

J. A.

I

PRIMEROS TESTIMONIOS CRITICOS

FERVOR DE BUENOS AIRES

Jorge Luis Borges, en el libro que lleva por título el que encabeza este comentario, su libro inicial, acierta al decir «fervor»; quizá no hiciera falta la añadidura. Su Buenos Aires se nos aparece todo convertido en llama espiritual. Es suyo sólo. El panorama que nos hace ver en sus versos libres no es un panorama bajo el cual pudiéramos espontáneamente poner un nombre geográfico. ¿Buenos Aires? Bien. Estará en el fondo de este fervor poético que sentimos palpitar en cada página del libro menos descriptivo que jamás ha inspirado ciudad en el mundo. La evocación en el título de la gran ciudad argentina tiene el valor de una dedicatoria.

En las revistas de jóvenes abiertos a las nuevas tendencias destacamos muy pronto el nombre del autor de este libro. Los versos de Jorge Luis Borges se distinguían entre los de todos sus compañeros por la seguridad rítmica, por la riqueza verbal, por el desdén del nuevo lugar común. Un ritmo seguro, que no era el de una prosa partida en renglones arbitrarios; una riqueza verbal que no consistía en el neologismo innecesario ni en la caricatura de la palabra conveniente, por el doble camino de la deformación del vocablo o de la acepción caprichosa; un desdén de todo el arsenal que con rapidez increíble ha dado a la joven poesía, privadamente, tan monótono aspecto.

El Fervor de Buenos Aires, en su uniformidad espiritual y rítmica, acentúa estas cualidades. Una invención constante de expresiones poéticas, de imágenes, un nuevo acoplarse de adjetivos y sustantivos nos sorprende a cada composición. Llaneza, Un patio, Resplandor, Amanecer pueden darnos la medida exacta de esta poesía rica de contenido. O Música patria, en que parecen analizarse fibra a fibra las emociones que suscitan unas cuantas notas, desde aquéllas que proceden del fondo oscuro de la raza hasta las más recientes y personales que cosquillean la epidermis en pasajera excitación. He aquí la delicadeza de un retrato de niña:

> Al salir vi en un alboroto de niñas
> una chiquilla tan linda,
> que mis miradas en seguida buscaron
> la conjetural hermana mayor,
> que abreviando las prolijidades del tiempo,
> lograse en hermosura quieta y morena,
> la belleza colmada
> que balbuceaba la princesa.

André Chénier, que toca alguna vez el tema de las dos hermanas distintas en edad, no desdeñaría esta visión. Y arrancada de los epitafios de la *Spoon River Anthology* parece esta *Inscripción sepulcral,* en que se abrevia toda una vida, procedimiento favorito de Edgar Lee Masters:

> Dilató su valor allende los Andes.
> Contrastó ejércitos y montes.
> La audacia fue impetuosa costumbre de su espada.
> Impuso en Junín término formidable a la lucha,
> y a las lanzas del Perú dio sangre española.
> Escribió su censo de hazañas
> en prosa rígida como los clarines belísonos.
> Murió cercado de un destierro implacable.
> Hoy es orilla de tanta gloria el olvido.

La poesía de Jorge Luis Borges, cuando hace pensar en modelos extranjeros, no trae a la memoria el postsimbolista francés o el futurista italiano, sino algo clásico, o algo más coherente y construido que el procedimiento —no desdeñado tampoco— de la simple ilación de imágenes o el salto de una instintiva asociación de metáforas.

Su mismo verso tiene algo clásico también. Como prototipo, en unas páginas de introducción, señala su dechado en las formas libres del *Mar del Norte,* de Enrique Heine. Relacionando las poesías del *Fervor de Buenos Aires* con la versificación tradicional española, y tomando como indicación muy valiosa la del poeta en ese mismo prólogo cuando dice: «La tradición oral, además, que posee entre nosotros el endecasílabo, me hizo abundar en versos de esa medida», veremos que, efectivamente, el endecasílabo aparece informando estas poesías, no sólo como manifestación ocasional, sino de manera más íntima.

El problema del verso libre en castellano es distinto del que se plantea, por ejemplo, en francés. El endecasílabo lo rige. Su fisonomía, tan varia y movible, la facilidad de fragmentación, su arquitectura toda hecha de equilibrio, le hacen instrumento inestimable, capaz de infinitas posibilidades rítmicas. Se ha solido emplear en series uniformes, o en combinación con otros versos mejores, con sus fragmentos mejor definidos, el verso de siete sílabas y el de cinco. ¿Por qué no también el de nueve, y por qué no construir versos mayores que los de once, siempre dentro de la ley de equilibrio que lo rige? Algo de esto se ve, conseguido no por reflexión y esfuerzo, sino instintivamente en el libro de Jorge Luis Borges. La relativa frecuencia del endecasílabo, estructurado con otros versos de análoga vibración, hace del verso clásico en las letras españolas desde el siglo XVI, más que un ritornelo ocasional, un paradigma, en torno al cual se tejen las variaciones de este importante libro primero de un poeta muy joven, a quien se debe toda atención.

[*España*, Madrid, núm. 413, 15 de marzo de 1924.]

EL FERVOR DE BUENOS AIRES

La impresión que he tenido durante algún tiempo del Borges lejano me ha de servir para explicarme a este Borges próximo que se acaba de sentar en los divanes de Pombo, los duros divanes de los descendientes del pasado.

Mi impresión del Borges lejano me revelaba un muchacho pálido de gran sensibilidad y escondido entre cortinas espesas forradas de raso crema, un joven medio niño al que nunca se encuentra cuando se le llama.

—¡Jorge!... ¡Jorge!... ¿Pero dónde estás metido?

Detrás de las cortinas, desde donde el jovencito atisbaba las cosas para recordarlas siempre.

Jorge Luis se me presenta siempre unido a su hermana Norah, la inquietante muchacha con la misma piel pálida del hermano y como él perdida entre las cortinas, atisbando las cosas de la noble casa de los Borges, llena de cuadros, de perspectivas de salón, de espejos con lluvia, de candelabros a cuyas velas, en ratos efusivos y misteriosos, se asoman las llamitas sin haberlas encendido.

Mientras Jorge Luis callaba, Norah Borges nos descubría esa casa de donde la muy unida y patriarcal familia Borges no salía nunca. En sus grabados en madera representaba Norah y nos confiaba sus tertulias con unas amigas que en la soledad cruzaban las piernas en T y enseñaban el torneado de la confidencia, dedicándose a jugar ajedrez moviéndose como en un lento cotillón sobre el ajedrezado pavimento de las estancias, ¡niñonas solemnes!; los veladorcitos de ilusionista con tapete de flecos, los maceteros que valen un jardín y una gruta, los sofás que se comen a la gente, las jaulas de los pájaros artificiales, las mesas del tresillo, mesas con chaleco y bolsillos de mesa en el chaleco.

Después, Norah nos hacía salir a esas terrazas en que suenan los pasos como en las habitaciones, como si la noche inmensa adquiriese profunda intimidad sobre ellas y fuese una habitación estrellada y encortinada de terciopelos frenéticos de caricias.

A todo eso que Norah revelaba, yo sabía que asistía un hermano que se reservaba para la poesía, que acopiaba poesía. Esperaba mucho de él cuando se arrancase a las cortinas de la gran casa nostálgica y se desatase los nobles cordones con borlas, que ponen a las cortinas una corbata como la de San Fernando.

Huraño, remoto, indócil, sólo de vez en cuando soltaba una poesía, que era pájaro exótico y de lujo en los cielos del día.

Ahora por fin ha publicado un libro, que es ya jardín y bandada de pájaros, y en el que, por tanto, la personalidad del poeta se explaya a gusto.

Fervor de Buenos Aires se titula este libro admirable de Borges. Con toda la emoción de la casa cerrada, ha salido por las calles de su patria. El Buenos Aires rimbombante de la Avenida de Mayo se vuelve de otra clase en Borges, más somero, más apasionado, con callecitas silenciosas y conmovedoras, un poco granadinas. «¿Pero había este Buenos Aires en Buenos Aires?», nos estamos preguntando siempre en este libro, y nuestra conclusión es: «Pues iremos, iremos.»

Un Góngora más situado en las cosas que en la retórica retiembla en la copa de Borges. El mundo extraño, que trepida un poco, se refleja en ese fino cristal removido en el aparador de noble alerce.

Todo se revela en fina vibración de copa bohemia. Queda de un verso largo como intermedia vibración, que es más incesante y traspasa más el tiempo alguna estrofa imperdible. De *Sábados*, por ejemplo:

> «Alguien descrucifica los anhelos
> clavados en el piano.»

De *Carnicería:*

> «...preside el aquelarre
> de carne charra y mármoles finales.»

De *Jardín:*

> «El jardincito es un día de fiesta
> en la eternidad de la tierra.»

De *Ciudad:*

> «Y es tu recuerdo como un ascua viva
> que nunca suelto,
> aunque me quema las manos.»

De *Cercanías:*

>«Los patios agarenos,
>llenos de ancestralidad y eficacia,
>pues están cimentados
>en las dos cosas más primordiales que existen,
>en la tierra y el cielo.»

De *Atardeceres:*

>«En la alcoba vacía,
>la noche ajusticiará los espejos.»

De *Sala vacía:*

>«Los daguerreotipos
>mienten su falsa cercanía
>de vejez enclaustrada en un espejo,
>   y ante nuestro examen se escurren,
>como fechas inútiles
>de aniversarios borrosos.»

Todo en este libro, escrito cuando el descendiente y asumidor de todo lo clásico ha bogado por los mares nuevos, vuelve a ser normativo, y normativo con una dignidad y un aplomo que me han hecho quitarme el sombrero ante Borges con este saludo hasta los pies.

Cuando Borges tenga ya la casa definitiva en Buenos Aires, llegaré yo a saludar al gran poeta. La casa llena de remanso y siempre con el carácter encortinado y con incrustaciones de concha de la primera casa de los Borges se meterá en mayor silencio para demostrarme que no hay nadie, y los cien cajones de los bargueños se apretarán en sus nichos como labios que se pliegan con fuerza:

—No está —me dirá la doncella vestida de beguina.

—Pues hágame el favor de darle esta tarjeta cuando vuelva —y le dejaré una tarjeta, queriendo alcanzar la gloria de quedar en el tarjetero de bronce de los Borges, el tarjetero que, como un dulceo de antiguo día de santo, tiene tarjetas en sus tres conchas superpuestas, tarjetas que quedan como pajaritos alegres en las tazas de una fuente.

Ya en correspondencia siempre con esa tarjeta mía, disfrutaré del aire sutil y poético que trasciende este verdadero poeta.

[*Revista de Occidente,* Madrid, tomo IV, abril-junio de 1924, pp. 123-127.]

SOBRE BORGES

Inquisiciones, de Jorge Luis Borges (Editorial Proa, Buenos Aires, 1925), es el mejor libro de crítica que hemos recibido, hasta la fecha, de la América Latina, o por lo menos el que mejor corresponde al ideal que nos hemos formado de un libro de crítica publicado en Buenos Aires. Creíamos, en efecto, que en esa capital, más cosmopolita que cualquiera de nuestras capitales europeas, debía constituirse tarde o temprano una élite intelectual que diera nacimiento a una crítica a la vez europea y americana, más amplia, más libre, más audaz —una crítica de humanistas y de católicos (en el doble sentido, etimológico e histórico de esa palabra)— cuyos juicios fueran de gran interés para nosotros, hombres de letras europeos. Jorge Luis Borges, el más moderno de los poetas de Buenos Aires, es decir, de aquéllos que experimentan poéticamente la vida cotidiana y el paisaje de Buenos Aires (véase *Fervor de Buenos Aires,* su reciente colección de poemas), parece confirmar nuestra esperanza, y saludamos su libro *Inquisiciones* como el comienzo de una nueva época en la crítica argentina. El posee, en efecto, sin hablar de sus dones y de su estilo de escritor, la cultura y el conocimiento. Se confunden a menudo estas dos cosas; se emplea la palabra «cultura» en un sentido vago y laxo (como se emplean tantas otras palabras); pero si se define la cultura como «el resultado de un desarrollo armonioso del espíritu de finura», se ve que un hombre puede ser muy culto sin tener por eso un conocimiento extenso, y que se puede saber mucho sin ser por eso culto. Para el pueblo argentino, formado de una mezcla de las razas más civilizadas de Europa (y de las más antiguamente civilizadas) la cultura es algo más accesible que para los americanos del Norte, descendientes de razas si no inferiores por lo menos de civilizaciones más recientes y por tanto más rígidas (en el sentido evolucionista de la palabra: «el ganso es un organismo rígido»), menos cosmopolitas, menos intelectualizadas. Lo que podría, más fácilmente que la cultura, faltar al crítico argentino, es el conocimiento. Durante mucho tiempo, los intelectuales de la América Latina, esos discípulos inconscientes de Simón Bolívar, se sentían satisfechos con los elementos de la cultura puramente francesa, o en el mejor de los casos, franco-española; las literaturas inglesa y alemana quedaban fuera del alcance de su vista, y está bien dicho que «lejos de los ojos, lejos del corazón»; su curiosidad no se inclinaba hacia ese costado. Habían leído —digamos, Darwin y Nietzsche— en francés. El elemento de cultura italiana también les faltaba a pesar del hecho de pertenecer a la nación más italianizada del Nuevo Mundo. Pero ahora encontramos la mayor parte de esos elementos representados en *Inquisiciones*. Notas y estudios sobre la filosofía de Berkeley, sobre Sir Thomas Browne, Edward Fitzgerald, James Joyce; un estudio sobre el expresionismo alemán; otros sobre Torres Villarroel, Quevedo, Unamuno, Cansinos-Assens, R. Gómez de la Serna; citas de los nombres de W. H. Hudson, Rainer Maria Rilke, Edouard Dujardin, Max Jacob, y de los clásicos españoles, ingleses y franceses. La sustancia misma de esos estudios y el contexto donde aparecen esos nombres nos muestran que este crítico argentino posee un saber (una materia prima) que habría asombrado y tal vez escandalizado a sus precedesores del siglo xx. Me parece notar también, además de la influencia de críticos franceses y españoles (de Unamuno al ultraísta Guillermo de Torre) el conocimiento de las teorías de los italianos De Sanctis y Croce.

Pero la crítica de Jorge Luis Borges no es solamente la de un historiador de las literaturas europeas, de un simple erudito. El posee una doctrina estética y combate por esa doctrina que tiene su base en el idealismo de Berkeley y que niega la existencia del «yo» y de sus productos: el tiempo y el espacio. La poesía es «divina» en el sentido de que es un puro presente, una eternidad. Borges parte de allí para atacar el sentimiento romántico del Misterio y los epítetos negativos («inefable», etc.).

Inquisiciones, que se abre con un homenaje a Torres Villarroel (1693-1770), «nuestro hermano de Quevedo y del amor a la metáfora», contiene también notas sustanciales sobre la verdadera poesía «clásica» de la Argentina y del Uruguay, es decir, la poesía que se llama «criolla»: la que ha derivado de la lírica popular, y que, según Jorge Luis Borges, después de haber nacido en el Uruguay con las *Trovas* (*sic*), de Bartolomé Hidalgo (1822), ha producido en la Argentina estos primeros monumentos: el *Santos Vega,* de Ascasubi; el *Fausto,* de Estanislao del Campo, y su obra mayor, el *Martín Fierro,* de Hernández, y que en fin «cierra hoy su gran órbita con los cantos de los uruguayos Pedro Leandro Ipuche y Fernán Silva Valdés» (*Inquisiciones,* p. 56).

[*La Revue Européenne,* diciembre de 1925. Traducción de J. A.]

P. HENRIQUEZ UREÑA

SOBRE *INQUISICIONES*

Obra de uno de los mejores poetas jóvenes de la Argentina, poeta «de vanguardia», según la palabra en boga, este libro de *Inquisiciones* o disquisiciones filosóficas y literarias merece señalarse a la atención de los lectores de la *Revista de Filología Española* por la orientación del autor, nueva en castellano, hacia la estilística y por sus trabajos sobre dos autores de los siglos XVII y XVIII: Quevedo y Torres Villarroel. Tiene Borges la inquietud de los problemas del estilo; el suyo propio lo revela: a cada línea se ve la *inquisición,* la busca o la invención de la palabra o el giro mejores, o siquiera de los menos gastados. No siempre acierta. Estilo perfecto es el que, como plenitud expresiva, oculta las inquisiciones previas; es de esperar que Borges aprenda a quitar sus andamios y alcance el equilibrio y la soltura. Entretanto, sus estudios son de valor singular por su calidad y por su rareza; en español se ha escrito bien poco sobre el estilo, fuera de los libros de preceptiva, huecos y vagos en gran mayoría, con el frecuente pecado de ser frutos de traducción o adaptación en vez de observación directa (excepciones: Capmany, Mila). En Borges la investigación estilística comienza, naturalmente, en la palabra. Apenas se detiene en los sonidos; concede poco a la calidad sonora del lenguaje; llega a ensañarse contra la *musicalidad* del verso (¡expresión que acoge demasiado a la letra!); pero a veces, de paso, celebra el don rítmico en poetas como Fernán Silva Valdés, el modernísimo criollo del Uruguay. Curioso es que se detenga en minucias gráficas, como escribir *verdá, criolledá* (grafías que corresponden a una realidad fonética francamente limitada, en el Río de la Plata como en España: confróntese T. Navarro Tomás, *Manual de pronunciación española,* segunda edición, Madrid, 1921, pp 79 a 82). Pero la palabra le interesa en todos sus aspectos de significación: la riqueza léxica (punto que toca de paso en el castellano de Quevedo o en el inglés de

Sir Thomas Browne); la relación entre etimología y semántica; la diferencia entre el vocabulario culto y el vulgar, con muy especial atención al latinismo y al popularismo, y, en América, al matiz criollo. Entrando al papel de las voces en el estilo, se plantea —con inclinación a resolverlo negativamente— el antiquísimo problema de las «palabras nobles» (pp. 44, 99, 139); reconoce también que no basta la palabra que meramente enuncia, como en las enumeraciones de Walt Whitman; y hace la autopsia de tres vocablos típicos de la era de Rubén Darío y ahora caídos en desgracia: *inefable, misterio, azul* (pp. 153 y sigs.). La historia de las modas literarias haría divertidos vocabularios de cada época: al modernismo, con *azul, inefable* y *misterio,* le corresponden *lago, parque, cisne, princesa, perla, lirio, ensueño, ideal, triunfal, lírico, olímpico, grácil, impoluto;* al romanticismo, *lid, embate, estrépito, abismo, ciprés, suspiro, yerto;* al academicismo del siglo XVIII, *orbe, lares, numen, estro, furor, blasón, guirnalda, beleño, ínclito, fausto, ledo, umbrío, pío, sonante, célico, vago* (el romanticismo no rechaza el vocabulario académico: lo ensancha; pero el modernismo escasamente tolera uno que otro de los afeites románticos, como la *palidez*). En la elaboración del estilo atraen a Borges las imágenes, y, entre ellas, la metáfora, problema central para el grupo hispánico «de vanguardia»: a ella dedica estudio especial (pp. 65 a 75) y multitud de observaciones en otros trabajos; agudo, todo ello, hace desear la *inquisición* total, la ojeada que abarque íntegramente. La natural inclinación filosófica de Borges lo lleva a advertir que las imágenes no son el límite de la expresión, y que toda técnica de ellas degenera fatalmente en retórica (véase *Después de las imágenes,* pp. 26 a 29). Señálanse en el libro, todavía, otras observaciones: así, a propósito de Quevedo, el interesante análisis de su estilo, de tipo *intelectualista;* la frecuente ausencia, en los siglos XVI y XVII, de la «gradual intensidad y escalonada precisión del soneto», para terminar en «los versos más ilustres», atisbo histórico que merecería completarse. El soneto, al naturalizarse en España, trajo como arrastre el ser muchas veces eslabón de una cadena o secuencia (todavía ocurrió así en Boscán, según lo reveló Enrique Díez-Canedo en su edición de los versos de Garcilaso y su amigo, Madrid, 1920); cuando quedó por fin suelto como composición breve, era inevitable la tendencia epigramática, la tendencia a «acabar en punta», que se ve aparecer en los Argensolas, en Lope, en Arguijo, mientras Quevedo y Góngora se atienen a la tradición. Insuficientes, las observaciones sobre conceptismo y gongorismo: el gongorismo es más que «intentona de gramáticos» enamorados de las «palabras nobles»; tuvo el ansia de la riqueza de imágenes y —en Góngora— el amor de los colores. El señor Borges por fin lleva sus preocupaciones literarias más allá del estilo, hasta el carácter, el espíritu de los pueblos y de los lugares (finas observaciones sobre Castilla y Andalucía), y hasta el anhelo de la expresión criolla de América, presente en todo el libro.

[*Revista de Filología Española*, Madrid, vol. XIII, 1926.]

GUILLERMO DE TORRE

LUNA DE ENFRENTE. POEMAS

Equidistante —desde la línea ecuatorial de sus predilecciones—
entre Torres Villarroel y José Hernández, el poeta de *Fervor de
Buenos Aires* se nos muestra cada día más adicto a sus paisajes
nativos y a sus modos de decir vernáculo. Vuelto de espaldas a la
polifonía europea, desentendido de las pesquisas metafóricas a que
un tiempo se entregó, encara hoy retrospectivamente su estilo hacia
la pampa idiomática del setecentismo español y vierte su espíritu
sobre la pampa aventurera y rediviva del gauchaje argentino siglo XIX. Poseedor de un instrumento verbal del más puro carácter,
gusta de alternar el «intemporal, eterno español» —tan de Castilla,
como del Plata, digámoslo en réplica— que tan diestramente maneja, con su «heterogénea lengua vernácula, la charla porteña», ca-
sando felizmente ambas maneras expresivas en la resultante de una
lengua fibrosa y compacta antigua y moderna, merced a la cual co-
bran aire de graciosos neologismos trasatlánticos algunos empena-
chados giros arcaicos. Su tono criollo peculiar, su burlería de soslayo
y sus imágenes autóctonas restan afortunadamente severidad y empaque a su estilo denso y raigal.

Nada fulgurante ni insólito nos reclama en sus poemas, más
nostálgicos de las estructuras perennes que ávidos de nuevas mo-
dulaciones. Pero la ausencia de un resplandor inédito se compensa
con la diafanidad serena que esclarece todas las páginas de este
libre, alto, nítido y despejado como un firmamento plenilunar. El
poeta se presenta al «tal vez lector», con las donairosas líneas del
prefacio, en la mejor actitud para llevarse nuestra simpatía. Acha-
que de poetas que cultivan algún sector de la sensibilidad poco
cultivado, o pretenden forjar nuevos módulos de expresión, es aba-
tir previamente al lector con alegatos exclusivistas, recabando para
su manera la única gloria de legitimidad y proponiendo o excluyen-
do todas las que de ellas se aparten. Jorge Luis Borges, por el

contrario, más humilde y recatado, nada sectario dogmático, se apresura a advertirnos: «Ensalce todo verseador los aspectos que se avengan bien con su yo, que no otra cosa es la poesía. Yo he celebrado los que conmigo se avienen, los que son en mí intensidá. Son las tapias celestes del suburbio y las plazitas con su fuentada de cielo. Es mi enterizo caudal pobre: aquí te lo doy.»

En contraste con la cualidad adjetiva que un día creímos fundamental en el credo moderno, no hay nada de dinámico o alborozado en sus versos. Todos ellos son más bien una «jactancia de quietud» —como rotula uno de sus más expresivos poemas, en el que se contienen algunas líneas esclarecedoras de su «arte poética». Aludiendo a los «demás», exclama:

Su verso es un requerimiento de ajena admiración.
Yo solicito de mi verso que no me contradiga y es mucho.
Que no sea persistencia de hermosura pero sí de certeza espiritual.

Lirismo estático el suyo, hecho de introspecciones sigilosas, de ritmos espaciados y de tiernos paisajes meditativos, pues hasta la realidad exterior del mundo se subjetiviza, pierde casi sus contornos reales y se hace materia deshumanizada a través de sus líricas cerebraciones. Un fuerte sentimiento de adhesión hilozoística le lleva a identificarse plenariamente con sus paisajes familiares, en un anhelo de reintegración espiritual unificadora, desdeñando las plurales sugestiones del mundo:

No he mirado los ríos, ni la mar, ni la sierra,
Pero intimó conmigo la luz de Buenos Aires
Y yo amaso los versos de mi vida y mi muerte
con esa luz de calle.
Calle grande y sufrida
Sos el único verso de que sabe mi vida.

Sobre las calles robustas y los patios claros de sus versos, llenos de resonancias coloniales, ornados de ladrillos rojos y ventanas cándidas se vierte una luz rosada muy 1840; a lo lejos suena el organillo —si roto, ya compuesto— de Evaristo Carriego; y por el fondo, bajo una brisa atlántica que desata las lejanías pamperas, transparecen los perfiles tiránicos de Juan Manuel Rosas y del general Quiroga conducido al «muere» en «un galerón enfático, enorme, funerario», bajo «la luna atorrando por el frío del alba». Y aun se advierte la sombra, más real, por inexistente, del mismo Martín Fierro, tierno y huraño, épico y sentencioso que protege, desde el campo de su leyenda, el desfile de estos versos filiales, cuya emoción contenida se enmascara tras una gran reciedumbre verbal.

[*Revista de Occidente*, Madrid, tomo XI, enero-marzo de 1926, pp. 409-441.]

3

JORGE LUIS BORGES

(1919-1923)

Uno de los valores más sólidos de esa generación que pudiéramos llamar del 1919, surgida al reclamo de esa palabra *Ultra,* que llenó de perplejidad salvadora a muchos ánimos juveniles, poniendo en crisis la poesía —según acertadamente ha dicho un crítico sagaz, Ballesteros de Martos, atribuyéndome la responsabilidad del arriesgado experimento—, es sin duda alguna este Jorge Luis Borges, que por aquellos días en que el diván de los poetas se había trocado en lírica y terrible Convención, pasó por entre nosotros como un nuevo Grimm, lleno de serenidad discreta y sonriente. Fino, ecuánime, con ardor de poeta sofrenado por una venturosa frigidez intelectual, con una cultura clásica de filósofos griegos y trovadores orientales que le aficionaba al pasado, haciéndole amar calepinos e infolios, sin menoscabo de las modernas maravillas, Jorge Luis Borges observaba, discutía cortésmente con sus camaradas juveniles y tomaba de la nueva lírica, llegada a nosotros en los libros de Huidobro, que por entonces estaban perennemente abiertos sobre los facistoles, la nueva lección de fuga y contrapunto con que al través de las edades se van remozando los eternos temas. (Que si el ruiseñor de los jardines repite siempre una misma canción, hácelo cambiando sus registros de tal suerte que siempre parece nueva a quien la escucha, y otro tanto ha de hacer el ruiseñor humano renovando la técnica sobre la inmutable pauta del sentimiento.) Jorge Luis Borges aceptó a asimilarse el nuevo espíritu fundiéndolo con el ya adquirido en su rancia cultura, sin hacer demasiado alarde de la novedad ni ajustar su lira de poeta al rabioso diapasón de esos despertadores de bazar que para muchos marcan la hora literaria. No incurrió en el rasgo de mal gusto de titularse escritor de vanguardia y prenderse ese rótulo en la cinta del sombrero. Hizo buenamente la experiencia de la nueva técnica, aplicando sobre todo la atención a apresar el secreto de su mecanismo; colaboró en *Grecia y Ultra,* gustó sin marearse el mosto nuevo, y de regreso a América, fundó en Buenos Aires, secundado por briosos camaradas, aquella fugaz y cordial revista *Prisma,* consistente en una sola hoja, amplia, mural, que los poetas mismos pegaban en el atril de las esquinas, saliéndoles al paso a las muchedumbres, ofreciéndoles la palabra de amor en aquel Evangelio gratuito. (Bello, en verdad, ese gesto de los poetas bonaerenses, dando a las turbas su corazón y su intelecto en aquella hoja, gravada con el sello móvil del impuesto, equiparada a los carteles industriales, y en la que, sin embargo, no se anunciaba nada oneroso, sino que se daba desde luego en plenitud de generosidad.) Aquella revista *Prisma* era, si queréis, el *affiche* del talento, anunciándose a sí mismo en patética competencia con las cosas materiales que la ciudad crea, dando su grito de indigencia y apuro, y también la proclama roja de los hombres de letras convocando a las multitudes al mitin del espíritu. Algo muy humilde y al par muy arrogante, en suma, aquel cartelón impreso con letra de alma en que la Poesía se recordaba a las multitudes distraídas, saliendo del retraimiento de doncella honesta en que la confinara Cervantes para alternar con las desgreñadas matronas de la propaganda proletaria.

Humorada juvenil, sin duda, pero muy bella y significativa, la de aquellos poetas bonaerenses, que luego, tácitamente acaudillados siempre por Jorge Luis Borges, fundaron otras revistas de más entonado empaque, como *Inicial* y *Proa,* ricas en hojas y en frutos y animadas de noble independencia para juzgar a los escritores de la Península sin dejarse intimidar por lejanos prestigios. (Recientemente, un joven colaborador de *Proa* rectificaba a Ortega y Gasset en ciertos extremos referentes a la obra de Anatole France.) En *Prisma* primero y en *Proa* actualmente se nos va dando a conocer una brava legión de poetas, ensayistas y narradores, pertrechados de una cultura que, por desgracia, no poseen nuestros jóvenes y muy al tanto del gusto moderno, para saber a qué atenerse respecto a ciertas baratijas literarias y a ciertos gestos osados que aquí emboban a nuestros candorosos papanatas. Las nuevas tendencias literarias han sido apreciadas en su justo valor por esos jóvenes, que han acertado a adaptar el sentimiento inactual, eterno que debe animar todo poema a los nuevos registros técnicos, logrando una creación orgánica, según puede verse en esos libros de versos que se titulan *La calle de la tarde,* por Nora Lange, y *Fervor de Buenos Aires* (1923), por Jorge Luis Borges. Es éste el primer libro publicado por el poeta y va precedido de un prólogo, admirable por su buena prosa, en que las palabras, justas y precisas, se enlazan entre sí cual la tupida malla de un coselete que se ciñera, resguardándola, a la mórbida carne del verso interior, y también por su plenitud de conciencia literaria. En ese prólogo explica el poeta la motivación del libro, trazando de pasada la mejor semblanza de su complejo espíritu. No es el objeto de este enfervorizado cantor exaltar el mundial dinamismo de su argentina Babilonia, meta de viajeros de todos los países, hembra hospitalaria trajinera de hombres, sino precisamente todo lo contrario: rendir tributo de devoción a sus umbrosos y callados rincones que aún guardan inciensos de épocas coloniales. En lo que hay no poco de amoroso y soberbio egoísmo, explicable por la necesidad que el nacido en esas patrias de todos ha de sentir de poseer una patria suya. («Mi patria —Buenos Aires— no es un dilatado mito geográfico que esas dos palabras señalan; es mi casa, los barrios amigables, y juntamente con esas calles y retiros que son querida devoción de mi tiempo, lo que en ellas supe de amor, de pena y de dudas... Sin miras a lo venidero ni añoranzas de lo que fue, mis deseos quieren ensalzar la actual visión porteña, la sorpresa y la maravilla de los lugares que asumen mis caminatas. Semejante a los latinos, que al atravesar un soto murmuraban: «Numen inest» —aquí se oculta la Divinidad—, habla mi verso para declarar el asombro de las calles endiosadas por la esperanza o el recuerdo.») A continuación expone el poeta su credo literario, sus ideas acerca del estilo y del lenguaje, hablando de su intención de oponer «a la lírica decorativamente visual y lustrosa que nos legó don Luis de Góngora, por intermedio de su albacea Rubén, otra meditabunda, hecha de aventuras espirituales», a propósito de lo cual cita cierto pasaje de sir Thomas Browne (Religio Medici, 1643). Luego añade que su propósito fue darles a sus versos una configuración semejante a la trazada por Heine en Die Nordsee», salvo que «la tradición oral que posee en nosotros el endecasílabo me hizo abundar en versos de esa medida». Y sigue y termina con estas palabras, que tienen cierto aire marcial de manifiesto literario: «Siempre fue —dice— perseverancia en mi pluma —no sé si venturosa o infausta— usar de los vocablos según su proverbial acepción, disciplina más ardua de lo que suponen quienes, sin lograr imágenes nuevas, fían su pensamiento a la inconstancia de un estilo inveteradamete metafórico y agradable con flojedad... Mi sensualidad verbal sólo abarca determinado número de palabras, lacra imputable a cuantos escritores conozco, y cuya excepción única fue don Francisco de Quevedo, que vivió en la cuantiosa plenitud y millonaria entereza de nuestra lengua castellana. Siempre fui novelero de metáforas; pero solicitando fuese notorio en ellas antes lo eficaz que lo insólito. En este libro hay varias composiciones hechas por enfilamiento de imágenes, método que desde luego no es el único. Esto —que ha de parecer desabrido al lector— será blasfemia para muchos compañeros sectarios.»

Estas últimas palabras del prólogo aluden, sin duda, a esa enconada y pueril pugna por la novedad que surgió entre los poetas de 1919, y que yo he tratado de describir con simpático humor en mi novela *El movimiento V. P.* [1]. La mayor parte de esos poetas, deslumbrados por los versos de Huidobro, cifraban todo el interés lírico en lo puramente formal, dedicándose a la captura de imágenes, cuya novedad residía sólo en la palabra y que volaban sueltas en el poema como mariposas, sin formar un pathos íntegro y complejo. Contra este menguado concepto de la lírica yérguese Borges en las líneas citadas, dando a entender su eclecticismo poético, propio de quien, como él, ha espigado en las antologías universales y sabe que en todas partes se encuentra la belleza. Si en su libro *Fervor de Buenos Aires* hay poemas de sabor modernísimo, en que grana la imagen múltiple cultivada por Huidobro, con ejemplar espontaneidad y lozanía, hay también otros perfectamente clásicos, sin alarde alguno de virtuosismo técnico, sentidos y expresados con una sencillez y un vigor que recuerdan a los modelos de nuestro siglo áureo. Y si a veces recoge simplemente el motivo formal de las cosas y se complace en coordinar sugestiones de índole muy diversa, enlazándolas mediante un tenue cabo sensorial que superficialmente las une, practicando así gentiles e inocentes taumaturgias, que le proclaman maestro en el arte del sorprendente fraude lírico, en otras ocasiones prescinde de todo ese saber de magia para entregarse plena e ingenuamente a la misericordiosa humanidad del sentimiento, como en ese poema *Judería,* donde hay acentos dignos del cantor de los *Pogroms,* del gran poeta de la raza israelita Bialik, y por el cual asoma, arrollando todas las preocupaciones del estilo y olvidándose del posible anatema de los compañeros sectarios, la santa blasfemia de una poesía humana, fuerte y honda. En los versos de este poema valiente y generoso, Jorge Luis Borges se eleva por encima de ese arte nimio y sabio que juega con el pueril diorama del sensorio, superándose a sí mismo y orientándose hacia los grandes gestos sentimentales, que deben ser los de la juventud. En ese poema vuelve a pegar en las esquinas, no de Buenos Aires, del Mundo, la bandera cartel de la poesía.

Sin embargo, hemos de reconocer lo que una amplia cultura y un hábito reflexivo imponen de restricción al sentimiento. Jorge Luis Borges, ya lo hemos visto, gusta de perseguir la espiritual aventura; ante sus ojos de poeta lleva unos lentes doctorales que llenan su visión de luz, mas también de frialdad, imponiéndole esa mesura y contención propia de los cristalinos escudos. Conviven en él la aptitud y el anhelo creadores, el don de producir la maravilla, con la científica curiosidad por alumbrar su origen e inquirir sus resortes. Es un poeta con algo de profesor y de filósofo. Y tal se nos muestra en este otro libro *Inquisiciones* (1925), donde el poe-

---

[1] *El Movimiento V. P.,* Madrid, Editorial «Mundo Latino», 1921.

ta, sentado en la cátedra del profesor de Retórica, analiza el fenómeno lírico y discurre con admirable tino sobre la naturaleza de la imagen y de la metáfora y sus distintas variedades, prendiendo en su cuadro de clasificaciones esa conceptual mariposa, enumerando las hojas de ese tulipán poético con la flema de un floricultor holandés. Nuestro catedrático analiza con singular perspicacia en su examen de metáforas todas las formas en que puede darse el milagro verbal y los artificios que lo simulan, trazando en compendio una genealogía del tropo, del más vivo interés. Luego, asistido del don de lenguas que le confirieron libros y viajes y que le permite considerar vernáculas las literaturas latinas y las inglesa y alemana, y leer en el profano misal de Roma y hasta deletrear las epigrafías orientales, le vemos acometer el estudio de los graves problemas del concepto y el estilo de autores antiguos y modernos —Quevedo, Villarroel, Thomas Browne, Unamuno, Herrera y Reissig, Lugones, etc.—, anotando al margen de su obra interesantes inducciones. Luego su amor a lo raro y a lo nuevo tiene ocasión de manifestarse en un capítulo —«Acerca del expresionismo»—, donde recoge una antología por él formada de esos poetas expresionistas alemanes que crearon escuela durante la guerra, cual si ésta hubiera exaltado sus facultades todas en un gran espasmo de terror y de deslumbramiento. Jorge Luis Borges nos da a conocer aquí una de las sectas literarias que con fungoso hervor surgieron en torno al instante bélico, provocadas por la dislocación del moral cataclismo, lanzando al horizonte literario coruscantes y fugaces cohetes, y de las cuales, acaso la más simpática, fuera la de esos «dadaístas» que, como nuevos Adanes, empezaron a balbucir un lenguaje infantil, en el que la frase de Cambronne formaba a veces, repetida, todo un poema, el poema del sillín, al mismo tiempo que la réplica desdeñosa e inmunda a tanta palabra altisonante y sublime, brutalmente desmentida por la guerra. El expresionismo alemán no se distingue esencialmente del creacionismo de Huidobro y de Reverdy ni del simultaneísmo de Baudoin, y marca, como ellos, un alocado girar de veletas indecisas, bajo un viento también desorientado y sin rumbo. En lo humano, las poesías que Borges traduce y comenta son algo que mueve a piedad, como expresión del dolor, más bien del espanto de unos pobres poetas hundidos en el fango de las trincheras y rodeados por todas las formas de la muerte. Pero si Jorge Luis Borges se detiene en el examen de estas extrañas manifestaciones líricas, hácelo siguiendo sus *inquisiciones,* su pesquisa de los secretos del estilo y, sobre todo, de la imagen, que es su preocupación magna, la piedra filosofal que busca entre los rosacruces del arte. Aunque hay en el libro unos capítulos dedicados a algo más grande y humano, a inquirir los caracteres de lo que él llama criollidad y que estudia principalmente en la obra de dos poetas americanos: Ipuche y Ascasubi. En este ensayo expone Borges unas inducciones muy interesantes y nuevas, que se resumen en esta frase capital:

«La tristura, la inmóvil burlería, la insinuación irónica, he aquí los únicos sentires que un arte criollo puede pronunciar sin dejo forastero.»

El autor llega a retirar del crisol esta perla cuajada, después de analizar el romancero de Martín Fierro y pasar revista a la obra sabia y exótica —y admirable sin duda— de Lugones.

Fervor de Buenos Aires e *Inquisiciones* nos dan la visión de un poeta, que es al mismo tiempo un psicólogo, un crítico de alta y profunda mirada, y en el que la inspiración va acompañada de esa fina reserva que imponen la cultura y la consciente introspección: el cálido don del entusiasmo templado por la intelectual algidez. Sentir y conocer son los dos anhelos de este espíritu que, gracias a esa feliz amalgama, ha podido atravesar sin marearse los viaductos del arte moderno y conservar su acento propio y personal entre la algarabía de los dialectos líricos. Jorge Luis Borges preocúpase ante todo de preservar incontaminado su estilo, y esto le lleva a restringir austeramente el círculo de sus licencias y elegir con cautelosa parquedad sus palabras. Ya hemos visto su propensión a emplear los vocablos en su acepción etimológica, como requiriendo el material léxico más puro. Análoga preocupación de aristocracia llévale a forzar a veces en demasía la expresión del concepto, incurriendo en gongorismos de una gracia arcaica y barroca. La modernidad exprésase en él por medio de un vehículo anticuado, lo que, en general, da a su verso y a su prosa un aire contradictorio, muy propio ciertamente del momento actual, en que el ansia de lo nuevo hace que resurja también, como tal, lo olvidado. El arte de Jorge Luis Borges hace en este aspecto muy bien al lado del de su hermana Norah, la fina artista que dotó de portadas a todas las revistas ultraicas de España y América, la creadora de esas viñetas tan toscas de forma y tan sutiles de sentido con aquellas figuras de damas y galanes de un aire antiguo y pasmado, entre líneas envolventes como telarañas del tiempo, y que precisamente, por su traza arcaica y sus asombrados semblantes, expresaban mejor que cosa alguna la estupenda novedad del moderno espectáculo que contemplaban desde sus herrumbrosas hornacinas. De igual modo se ven modernidad y juventud en el estilo a veces quevedesco de Jorge Luis, en esa su inquietud torturada por el concepto y por la forma. Esperemos, sin embargo, que su innata mesura le librará de caer en el peligro de los snobismos literarios, y los lentes del profesor no impedirán al poeta recibir en sus ojos el fresco rocío de las mañanas de la vida, ese rocío que tantas veces nos sirvió a ambos de colirio en el Viaducto madrileño, sobre los ojos enrojecidos, después de las ardorosas discusiones del diván.

(1926)

Luna de enfrente, el nuevo libro de versos de Jorge Luis Borges, viene a establecer considerable distancia entre él y sus compañeros de generación literaria, internándole en una madurez que desmentir parece la juvenil edad. Libro, no de versos, pero sí de poesía, que apenas si en alguna ocasión condesciende a requerir la música de la rima, prefiriendo la severa sencillez del canto llano, bien merece los honores tipográficos de que lo ha dotado el autor, buscando para él la letra grande, clara y lapidaria y la página cuadrada, de mural amplitud, blanca y tersa como las marmóreas losas de un templo. Sólo un volumen así, con amplitudes de atlas o misal, para ser leído sobre las espaldas serviles y magníficas de antiguos facistoles, podía recoger dignamente la forma material de esta poesía alta y solemne, expresada en versículos de traza sagrada y tan desnuda de todo adorno, tan desligada de todo ambiente, no obstante celebrar a veces lo actual, que nos hace sentir el calofrío de una eternidad impensadamente lograda, bajo el rocío de ciertas imágenes luminosas y gélidas que parecen haberse cuajado en la escarcha de los altos viaductos.

Luna de enfrente es el libro de un grave poeta que sabe ver las cosas por encima de las ilusiones sensoriales, extrayéndoles su esencia de infinito para encerrarla en una forma de serena, blanca y alcanforada frialdad, en que la emoción pierde todo su enojoso calor del instante, todo lo que tiene de efímera, para perdurar, redimida del tiempo, en el cielo glacial de las cosas eternas. La musa de Jorge Luis Borges es una musa mística y religiosa: tal se advertía en su primer libro, *Fervor de Buenos Aires,* y se confirma plenamente ahora en *Luna de enfrente,* donde, a pesar del urbano paisaje, amado del poeta, que sirve de marco a sus inspiraciones —la ciudad bonaerense, sus calles, sus casas, con su fondo de pampa entrevista—, el estro, superando el motivo, alcanza tonos universales y lanza por sobre todo eso imágenes aladas y deslumbrantes, cual los ángeles que en los versículos de Ezequiel remontan el vuelo sobre Babilonia. Buenos Aires en la poesía de J. L. Borges tiene, no obstante su enérgico realce plástico, un valor místico e ideal, es materia de símbolos, y la pampa, que se extiende a su costado, envía hasta ella ese hálito nostálgico e inmenso en que el desierto envolvía a la Jerusalén de los profetas.

Pero examinemos con la lentitud requerida este libro, pasado el primer deslumbramiento de la luminosa albura con que nos sorprende el sol helado de sus páginas. Ante todo, leamos el gallardo pasquín que a la puerta del templo ha fijado su creador y que nos brinda la clave de sus intenciones. «Este —dice— es cartel de mi pobreza, compuesto no en pasión, en contemplación. Verás en él una calle larga de Urquiza y una esquina que es trágica en la tarde y la soledá (sic) de un amor que se fue. Ensalce todo verseador los aspectos que se avengan bien con su yo, que no otra cosa es la poesía. Yo he celebrado los que conmigo se avienen, los que en mí son intensidad. Son las tapias celestes del suburbio y las plazitas (sic) con su fuentada de cielo. Es mi enterizo caudal pobre; aquí te lo doy.»

En este trozo de prólogo, que tiene cierto sabor unamunesco, aparece ya definido el criollismo del autor, la relación mística que su espíritu establece entre su Buenos Aires nativo y la verdadera realidad ideal de las cosas. Celebra en el libro los aspectos que son en él intensidad, que tienen esa profunda realidad en él mismo, siendo, por tanto, capaces de sublimarse y sublimarlo. Ese es su enterizo caudal pobre y nos lo da. Y he aquí otro sentimiento que veremos repetirse a lo largo del libro: el de la indigencia del poeta frente a la magnífica realidad de la naturaleza y de la vida; sentimiento místico, que nace precisamente de la intensidad que la emoción del vital espectáculo alcanza en el alma del espectador haciéndole que se considere pobre, no obstante sus líricos tesoros, ante la inmensidad inacabable de la creación. Sentimiento muy moderno y que en *El Infierno,* de Barbusse, alcanza proporciones aniquiladoras para el protagonista, convertido en pasivo espectador de la dramática riqueza de la vida. En el poema final del libro dice Borges, aludiendo a su labor creadora:

> Así voy devolviéndole a Dios unos centavos
> del dineral de vida que me puso en las manos.

Este sentimiento de indigencia justifícase en Borges, como un indicio de América en su poesía, cuando se le relaciona con la pampa inmensa, pudiendo ser entonces nota de ésa que él, en *Inquisiciones,* ha llamado «queja de todo criollo». De la pampa, en efecto, llega hasta su lírica un amplio aire de melancolía, una honda y triste sensación de desierto. J. L. Borges siente la pampa como algo acabado, como una leyenda desvanecida; no se adentra en ella, no la describe como otros cantores, sino que se limita a sugerirla, según él la presente, como un mar muerto que envía sus bocanadas de silencio y reflejos rojos de ocaso a la ciudad:

> Pampa:
> yo diviso tu anchura que cava las afueras;
> yo me estoy desangrando en tus ponientes, Pampa.

Como esa voz del agua que alzan los desplayados,
así de tu silencio viene un silencio grande
que me desbanda el pecho en cada bocacalle.

Y así, en letanía fervorosa, prosigue el poeta evocando a la pampa, sentida más que vista, hasta canonizarla finalmente:

Pampa:
lisa como una luna, clara como un amparo,
es tu verdá en el símbolo. Yo sé que te desgarran
malezales y guellas y el viento hecho picana.
Pampa sufrida y macha, que ya estás en los cielos.
No sé si eres la muerte. Sé que estás en mi pecho.

(«Al horizonte de un suburbio.»)

De esta manera soslayada y sublimada aparece la pampa en el libro de Borges —«aquí otra vez la eventualidá de la pampa en algún horizonte»—, no por el modo real y dramático que en otros poetas —como el uruguayo Silva Valdés— o en las exuberantes evocaciones pánicas de Ipuche. La pampa está en su pecho, no en el paisaje; es la intensidad en él, y, como hemos visto, llega a dudar de si es la muerte, comparándola con lo más intenso en la criatura. La pampa es, según decíamos antes, algo así como el desierto puesto a las puertas de la Jerusalem argentina, el alba triste y mística sobre la noche loca de la ciudad. Por lo demás, esa evocación intermitente, pero regular, a lo largo del libro aviénese bien con la ciudad en que vive y divaga el poeta; una ciudad plácida y melancólica, como la Nueva York ideal habitada por el espíritu de Edgar Poë, en la que parece crecer la hierba de la soledad y que no deja presentir nada de la populosa urbe de los emigrantes. Su Buenos Aires —de ahora—, el mismo del libro anterior, se reduce al patio, la plaza «con su fuentada de cielo», y el arrabal de horizonte rosado. Ese Buenos Aires criollo en que aún vibran las tocatas sentimentales de un ingenuo poeta, Evaristo Carriego, es la ciudad amada de Borges, que rehuye pintar sus aspectos cosmopolitas y se place en acentuar su nota provinciana, empleando a veces su lenguaje indolente y metódico, que suaviza las finales «soledá», «dualidá», y gusta del diminutivo acariciante y, si bien se mira, triste. «Muchas composiciones de este libro —dice— hay habladas en criollo; no en gauchesco ni arrabalero, sino en la heterogénea lengua vernácula de la charla porteña. En dos figura el nombre de Carriego, siempre con un sentido de numen tutelar de Palermo, que así lo siento yo.» Y ese mismo sentimiento criollo ha tenido cierta parte en el título del libro, que a alguno podrá parecer, al pronto, extraño. «Quiero justificar el título —dice Borges, previniendo ese asombro—. La luna, la luna que camina con claridad (leí anteanoche en fray Luis de León), es ya un emblema de poesía. El enfrente no la deprime; pero la urbaniza, la chista, la vuelve luna porteña, luna de todos. Así me gusta y así la suelo ver en la calle.» He aquí, pues, domesticada, llena de intimidad, incluida entre los temas del criollismo cotidiano, esa luna que al principio parece tan lejana. El poeta establece con ella una relación de intimidad que es uno de los graves misterios de su arte.

Toda la poesía de Borges está penetrada de ese sentido de mística familiaridad con las cosas que hace también a éstas entre sí familiares. Su criollismo se extiende con admirable sencillez del espectáculo urbano a las altas perspectivas celestes. Su Buenos Aires únese a maravilla con el cielo que la cobija y prolonga, y es cosa natural que sus casas azules se le antojen ángeles al poeta (*casas como ángeles*) y que otras veces la calle le parezca «una herida abierta en el cielo», y dude de «si fue un ángel o un poniente la claridad que ardió en la hondura». Apenas si en alguna poesía es la calle simplemente la calle; por lo general, las vías urbanas conducen a Borges o alguna avenida celeste. Las calles parecen ser los caminos de su espíritu en sus elevaciones a lo infinito. Siente el poeta las calles y las casas como algo humanísimo y tierno, como criaturas dotadas de alma y capaces de eternidad: los patios de las casas son sus corazones; las tapias rosadas, como un reflejo de la tarde ligera. El tema de la calle combinado con el del crepúsculo, en que el poeta cumple su divagar, le sugieren orquestaciones de una riqueza de matices maravillosa. Tan profusa es la plenitud de sus místicos éxtasis que vuelve a sentir la pobreza de su realidad. «Hoy he sido rico de calles —dice—, y de ocaso filoso, y de tarde hecha estupor. Lejos volveré a ser mi pobredad.»

Este tema de la indigencia inclúyese muy naturalmente en el complejo sentimental de esa nostalgia criolla que el poeta mismo ha definido, combinándose también con cierta melancolía atávica, legado de un probable abolengo semita. (Según parece, el linaje de los Borges argentinos no es extraño al de los judaicos Borges de Portugal.) La tristeza criolla es la nostalgia de una época pastoril y patriarcal en los campos y sosegada y quieta en las ciudades, que ya va pasando a la Historia ante el progreso industrial y la oleada inmigratoria. La pampa tiene ahora para sus cantores el mismo sentido que el desierto, con sus tiendas levadizas y su sencilla vida de tribu, para los israelitas de la edad de oro salomónica; y ya hemos visto cómo para nuestro poeta simboliza algo así como un edén perdido. Con melancolía dice en *Inquisiciones:* «Se perdió el quieto gobierno de Rosas; los caminos de hierro fueron avalorando los campos; la mezquina y logrera agricultura desdineró la fácil ganadería, y el criollo, vuelto forastero en su patria, realizó en el dolor la significación hostil de los vocablos argentinidad y progreso...» Tales justas razones explican el origen de esa tristeza criolla que el poeta pretende adormecer, refugiándose en los lugares de su ciudad aún no profanados por el extranjero y en los cuales perdura todavía su semblante de antaño y suena el organillo de Evaristo Carriego, como dijo Huidobro, y no la complicada lira de Lugones, que ya corresponde a lo que Borges denomina «argentinidad», o sea al período de evolución cosmopolita de su Buenos Aires. Borges está penetrado del mismo sentimiento de nostalgia que Ascasubi, Hernández y Obligado, esos cantores de la pampa que ya tienen conciencia de recoger las últimas quejumbres de una lírica y una vida murientes. Por eso ve ya la pampa en el cielo, asunta y santificada, y se vale de su recuerdo como de un conjuro contra la algarabía de la ciudad. Su mirada lírica está vuelta hacia el pasado; quisiera que su Buenos Aires fuera todavía como ese Montevideo, al que canta:

> Eres el Buenos Aires que tuvimos,
> el que en los años se alejó quietamente.

Y esta sensación de añoranza «del criollo vuelto forastero» en su tierra, exaltada por una presunta melancolía semita, de la que dan fe la forma versiculada de estos poemas y ciertos símiles, como el del «candelabro judío que por gradual encendimiento se ilustra» (*Dualidá en una despedida*), engendra por modo muy natural esa actitud de espiritual apocamiento, de indigencia o de conformidad no exenta de altivez en que el poeta se complace y que perdura en otras composiciones no inspiradas ya por los temas nativos, como en *Mi vida entera,* donde, después de hacer sentimental arqueo, termina: «Creo que mis jornadas y mis noches se igualan en pobreza y en riqueza a las de Dios y a las de todos los hombres.»

Pero esa actitud de faquirismo, que no querríamos extremase el poeta, esa angélica disposición de alma, ábrele a veces las puertas del misterio, permitiéndole ver anticipadamente las cosas futuras o en una extraña dualidad las actuales, de suerte que la palabra crea una inédita penumbra temporal. Muestra de lo primero es ese poema —*Antelación de amor*—, donde imaginando que contempla el sueño de la amada, *virgen milagrosamente otra vez por la virtud absolutoria del sueño,* profetiza el poeta:

> Arrojado a quietud,
> divisaré esa playa última de tu ser,
> y te veré por vez primera quizá
> como Dios ha de verte,
> desbaratada la ficción del tiempo,
> sin el amor, sin mí.

De lo segundo, es decir, de la fusión del presente y el porvenir, en penumbra exquisita, ejemplifican estos versículos de un poema de despedida:

Es duro realizar que no tendremos en común ni las estrellas.
Será la sombra de mi verano tu invierno, y tu luz será gloria de mi sombra.
Aun persistimos juntos.
Aun las dos veces logran convenir, con la intensidad y la ternura de las puestas del sol.

Otras veces esa actitud de expectación mística granjéale al poeta el maná de una frase reveladora y célica:

Es trágica la entraña del adiós, como de todo acontecer en que es notorio
[el tiempo.
(A. R. C. A.)
El mar es una espuela innumerable y una plenitud de pobreza.
La tarde es una corazonada de orilla.
En la cubierta, quietamente, yo comparto la tarde con mi hermana como un
[trozo de pan.
(Singladura.)

Imagen admirable y venturosa, en que un corazón puro y pobre recobra la ingenuidad y la riqueza de los paraísos.

En tales momentos llega nuestro poeta a alcanzar la suprema demudación del arte en unas sinceras y solemnes agonías, realizando la aspiración inicial de ese ultraísmo, que algunos han querido cifrar en la forma y que no ha de estar sino en la entraña del poema, en el íntimo y veraz calofrío con que el cantor lo alumbra. Al lado de esto, los aciertos formales, las novedades de técnica —que tanto abundan en el libro de Borges, brindando amplia materia de estudio al retórico—, pierden toda importancia. Mucho podría decirse de la admirable concentración del estilo, bajo cuya lisura aparente corre una larga y torturada veta de esfuerzo, comunicando requintes de enérgico estoicismo a la ingenua y ociosa gracia del poema. Séneca, Quevedo y hasta Villarroel se adivinan, contorsionados y sufrientes, en las criptas oscuras de este claro alcázar. El autor, prendado de la concisión y la exactitud del estilo lapidario diseca y decanta la emoción hasta darle un aire glorioso y frío de momia. Pero nunca llega a incurrir en las pedantescas arideces de esa literatura torrefacta que para algunos representa la modernidad. Bajo la piel enjuta de su estilo, la sangre joven no afluye sino más agolpada y bullente.

[*La Nueva Literatura,* Madrid, 1927.]

BORGES, NARRADOR

Jorge Luis Borges ha publicado un tomo de cuentos. *Historia Universal de la Infamia*[1] es el título desaforado, y tiene cuentos de forajidos yanquis, de corsarias chinas, de sagradas y astutas venganzas japonesas y tremendas lealtades, de un impostor leproso del Turquestán. Estas son siete muestras de la infamia universal. Luego sin infamia: una historia de compadritos del arrabal porteño y cinco versiones breves de historias de ultratumba, de magia, de famosas predicciones y de revelaciones por sueños. Al final el autor apunta las fuentes de sus relatos (el de compadritos es el único no sacado de libros): casi todas inglesas, u orientales traídas desde allá por ingleses, y una por nuestro infante Don Juan Manuel. Y en honor, tanto de la honestidad literaria de Borges como de algunos de sus críticos que le han alabado respetuosamente tan escrupulosa erudición, me complazco en reconocer que casi todas las fuentes declaradas son libros existentes de verdad.

La índole estridente y sensacionalista de las historias de infamia no es un índice expresivo de la naturaleza poética de Borges, sino que obedece a los planes estratégicos del diario popular para cuya hoja literaria fueron destinados. Son temas que el autor se propone, y este carácter de tema propuesto, tomado con bronco humorismo y con amistosa burla entreverada de básica seriedad, es lo que explica la índole de la primera parte del libro y su privilegiado nivel estilístico. El primer cuento relata «la culpable y magnífica existencia del espantoso redentor Lazarus Morrel», y ya en esta frase se da la nueva fórmula estilística que resume todo el plan y realización de las historias de infamia. Podéis ahora relacionarla con los inesperados casales a que tan dado ha sido Borges en sus libros anteriores y que abundan también en éste: las coristas de

---

[1] Colección Megáfono, Buenos Aires, 1935.

una zarzuela «evidentes mucamas en mares de notable cartón» (donde la singularidad estilística consiste en tomar al pie de la letra los adjetivos *evidente* y *notable,* desproivstos del respectivo postizo polémico y encomiástico con que las gentes han tapado su original sentido); «el numeroso lecho», «la repetida viuda», «la increíble cabeza», «la arriesgada taberna»... Estos casales, en los que a la travesura verbal se une una voluntad de precisión y concisión como de «comprimido», responden al predominio intelectualista de la literatura de Borges, y son las muestras extremas que ostentan la tenaz preocupación del autor por la presentación de sus temas, por lo que la frase tiene de consignadora de las cosas tal como ellas son; los evidentes esfuerzos de Borges por alcanzar plasticidad y, en general, por dar la impresión de realidad se coordinan aquí. Y cierto que también en esto hay excelencias de orden estilístico, ya que nada que afecte a la singular personalidad del escritor es ajena a su estilo; pero si por estilo hemos de entender especialmente el coro de valoraciones y de reacciones emocionales que provocan en el autor las cosas presentadas, vale decir, la visión personal de las cosas expresadas, no aparece sino conjuntamente con su presentación, entonces este libro de Borges, sin negar su hermandad con los anteriores, presenta una fisonomía estilística muy particular. Y desde el título del primer cuento el nuevo estilo está ya de cuerpo entero. Consiste en una visión bizca de las cosas y en una doble reacción emocional de planos diferentes que el curso gramatical de la frase presenta zumbonamente como de plano unitario. La «culpable y magnífica» existencia y «el espantoso redentor» ya no son casales verbales del tipo de «la evidente mucama» o «la repetida viuda», o por lo menos tienen una nueva característica, dentro de la tendencia del autor, lo suficientemente fuerte para constituir un tipo especial. «Culpable y magnífica» son dos valoraciones desde distinto momento y desde distinta postura vital. Como si formaran una serie coordinada, la estimación ética, propia de la vida convivida, se da el brazo con otra estética, propia de la actitud especial del oficio literario. Una lanza y una caña. Desde este instante, lo característico del estilo en estas siete historias de infamia es la intromisión del plano literario en el vital con intención humorística. Cuando los esclavos negros del Mississipí se fugaban, «hombres de barba entera saltaban sobre hermosos caballos y los rastreaban fuertes perros de presa». Estos caballos «hermosos» y estos perros «fuertes» en medio de un pasaje que pinta la vida de los esclavos algodoneros son puntos de vista, estimaciones y reacciones emocionales desde el plano literario y que recaen humorísticamente sobre él. Apenas se puede advertir una tenue sombra de sátira contra el contraste de los dos modos de vida, el de los esclavos y el de los amos: después de todo, aquello es agua pasada.

El autor *no tiene aquí intención de castigar ni de corregir;* el contenido estilístico de esas adjetivaciones consiste en un divertido jugueteo con los convencionalismos literarios, que, como hemos dicho, responden a la actitud básica del autor: el tomar sus asuntos como meros temas [2].

El efecto cómico que causan se debe a que el desequilibrio introducido por las valorizaciones encomiásticas en un asunto reprobable es instantáneamente restablecido por la evidencia de que la acción y la valoración pertenecen a planos paralelos: el de la vida luchada y el de la literatura tomada como oficio. Es un desorden provocado no más que para tener el inmediato placer de ver que sólo era aparente. El final de este primer cuento es tan instructivo como el título: «Morrel capitaneando p:ebladas negras que soñaban ahorcarlo, Morrel ahorcado por ejércitos negros que soñaba capitanear —me duele confesar que la historia del Mississipí no pudo aprovechar esas oportunidades suntuosas. Contrariamente a toda justicia poética (o simetría poética) tampoco el río de sus crímenes fue su tumba. El 2 de enero de 1835, Lázaro Morrel falleció de una congestión pulmonar en el hospital de Natchez, donde se había hecho internar bajo el nombre de Silas Buckley». Al decir, pues, que este humorismo tan peculiar consiste en la intersección del plano literario con el vital, no me refiero a lo que es común a toda creación literaria, sino a la conciencia permanente de que las lanzas se han tornado cañas y sobre todo a que la inocente burla, más que contra las personas o los hechos del cuento, va contra el plano mismo literario en que el autor se coloca a la vez por propia voluntad y como ejercicio propuesto. La «justicia» poética se resuelve en «simetría» poética. Con esta broma gastada a los convencionalismos literarios, el autor da aquí al lector una garantía de que procede como cronista honesto y de que los hechos narrados son realmente verdaderos; pero, a la vez, como la muerte del bandido por neumonía le sirve centralmente para sonreírse de la chasqueada simetría poética, muestra que todo esto no le afecta más que como tema de ejercicio literario. El plano literario y el humorismo que sobre él recae se echan de ver por todas partes: el negro Bogle «tenía una segunda condición que determinados manuales de etnografía han negado a su raza»; «Bogle sabía que un facsímil perfecto del anhelado Roger Charles Tichborne era de imposible obtención». Cuando el «hijo apócrifo» es admitido por la anhelosa

---

[2] El segundo cuento comienza con una declaración explícita de esa actitud: «El impostor inverosímil Tom Castro. Ese nombre le doy, porque bajo ese nombre lo conocieron por calles y por casas de Talcahuano, de Santiago de Chile y de Valparaíso, hacia 1850, y es justo que lo asuma otra vez, ahora que retorna a estas tierras —siquiera en calidad de mero fantasma y de pasatiempo del sábado.»

madre, escribe el autor, como variante de su precedente chasco a la simetría poética: «Ese reconocimiento dichoso —que parece cumplir una tradición de las tragedias clásicas— debió coronar esta historia, dejando tres felicidades aseguradas o a lo menos probables: la de la madre verdadera, la del hijo apócrifo y tolerante, la del conspirador recompensado por la apoteosis providencial de su industria. El Destino... no lo quiso así.» La pirata Anne Bonner fue ahorcada en Jamaica. «Su amante, el capitán John Rackam, tuvo también su nudo corredizo en esa función. Anne, despectiva, dio con esta áspera variante de la reconvención de Aixa a Boabdil: Si te hubieras batido como un hombre, no te ahorcarían como a un perro.» Otras veces la humorística conciencia de la heterogeneidad de los dos planos, el literario y el de las cosas —cañas y lanzas—, se manifiesta en la cuidadosa justeza y perfección profesional con que se expresa lo consabido y evidente. Los piratas saqueaban las costas de la China; los costeños claman al emperador; el emperador les aconseja dejar las costas por el interior y la pesca por la agricultura. «Así lo hicieron y los frustrados invasores no hallaron sino costas en ruinas. Tuvieron que entregarse, por consiguiente, al asalto de naves: depredación aún más nociva que la anterior, pues molestaba seriamente al comercio.» En el cuento japonés y en el chino, la expresión recuerda intencionalmente el estilo impasible o de inesperadas valoraciones de los relatos orientales, o más exacto, el desconcierto que nos causa el ver nombrar escuetamente lo que nosotros acostumbramos a expresar con fuertes valoraciones, convencionalmente morales, o el que las estimaciones pertenezcan a otra convención. Es claro que al juego literario del autor interesa el desconcierto producido y no el extraño sistema de convenciones estimativas: Una compañía de piratería por acciones nombra almirante a Ching. «Este fue tan severo y ejemplar en el saqueo de las costas...» El gobierno imperial lo quiere sobornar nombrándolo condestable. «Este iba a aceptar el soborno. Los accionistas lo supieron a tiempo y su virtuosa indignación se manifestó en un plato de orugas envenenadas, cocidas con arroz.»

Afortunadamente, las subidas excelencias del libro no se reducen a este humorismo especial. El salto con que este libro aventaja a sus hermanos anteriores está en la prosa. Una prosa magistral en un sentido cualitativamente literario y no por lucidas triquiñuelas de pluscuamperfectos y de gorgoritos léxicos. De las tres clases de escritores, los que lo piensan antes de escribir, los que piensan mientras escriben y los que no lo piensan ni piensan, Borges es de los primeros. El pensamiento adquiere siempre forma rigurosa y las palabras van a tiro hecho. Economía y condensación. Borges llega a tener aquí estilo de calidad. Digo estilo verdadero, que no es impecable gramática y abundante léxico; estilo, que no es lucida

4

retórica. Las palabras y las frases le nacen dispuestas de tal modo que aparecen repletas de sentido, y aun de sentidos que no se estorban, pues además de la bala certera que da en el objeto nombrado (su significación) las palabras sueltan nutridas perdigonadas estimativas y emocionales (la expresión). Una personalidad, nada raquítica ni aquietada en los convencionalismos comunales, está bullendo en esta prosa. El anterior esfuerzo por presentar los objetos lo más exacta y lacónicamente posible, que determinaba principalmente su vocabulario y su fraseología tan intelectualista y que daba a su prosa una marcha esquinuda y un poco rechinante, ha desaparecido casi por completo; ahora la lengua le responde sin violencia y no porque exija menos de ella, sino muy al revés, pues ahora va haciendo valer su personalidad propia sin menoscabo de la presentación del objeto. Las palabras están ahora llenas de vida humana; expresan vida humana aun las que nombran cosas; y cuando las palabras declaran cómo unos hombres experimentan y viven las cosas, todavía logran expresar encima cómo el autor vive la experiencia ajena en convivencia y reacción. Los antecesores de los gangsters alcoholeros habían organizado hace cien años en los algodonales del Mississipí el robo (y reventa) de esclavos. «Todo eso era lo más tranquilizador, pero no para siempre. El negro podía hablar; el negro, de puro agradecido o infeliz, era capaz de hablar. Unos jarros de whisky de centeno en el prostíbulo del Cairo, Illinois, donde el hijo de perra nacido esclavo iría a malgastar esos pesos fuertes que ellos no tenían por qué darle, y se le derramaba el secreto. En esos años, un Partido Abolicionista agitaba el Norte, una turba de locos peligrosos que negaban la propiedad y predicaban la liberación de los negros y los incitaban a huir. Morrel no iba a dejarse confundir con esos anarquistas. No era un yankee, era un hombre blanco del Sur, hijo y nieto de blancos, y esperaba retirarse de los negocios y ser un caballero y tener sus leguas de algodonal y sus inclinadas filas de esclavos. Con su experiencia no estaba para riesgos inútiles.» Tres capas de sentido, o mejor tres vetas de un unitario hilo, pues no se suceden ni superponen, sino que nos llegan como los sabores complejos a la boca: 1, los hechos; 2, su visión por los bandidos; 3, la visión que el autor nos da de esa visión. Estas virtudes de gran estilo están por todo el libro, pero donde más brillan es en el cuento porteño «Hombre de la esquina rosada», sin el estorbo del jugueteo literario que hemos visto en las historias de infamia. Aquí Borges se deja interesar el corazón y no sólo la fantasía, y se instala endopáticamente en los personajes, de modo que los hechos y la conducta ya no se ven desde afuera, como en los cuentos de infamia, sino desde dentro y conviviendo los motivos. (La forma autobiográfica empleada facilita el cumplimiento de la endopatía, pero no la obliga.) Probablemente al autor le satisface la maestría y sabiduría de literato con que es conducido el cuento desde la frase inicial: «A mí tan luego, hablarme del finado Francisco Real.» El autor nos coloca de golpe *in medias res* y ya no decae un instante la tensión del relato, siempre hacia adelante; de cuando en cuando, de un modo tan fácil que parece necesario, se nos apela en la persona del supuesto oyente como apretándonos las clavijas del interés: «La Lujanera, que era la mujer de Rosendo, las sobraba lejos a todas. Se murió, señor, y digo que hay años en que no pienso en ella, pero había que verla en sus días, con esos ojos. Verla no daba sueño.» Maestría es también ese poder plástico en la presentación de las personas y de sus ademanes. Los personajes de la primera parte de este libro son siluetas divertidas; los de este cuento son personas y en su torno circula el aire y se siente bien el espacio. «El hombre, para afirmarse, estiró los brazos y me hizo más alto que cualquiera de los que iba desapartando, siempre como sin ver... Primero le tiraron trompadas, después, al ver que ni atajaba los golpes, puras cachetadas a mano abierta o con el fleco de las chalinas, como riéndose de él.» El modo como ha resuelto la representación del lenguaje compadrito es asimismo un acierto de artista. Como el temple no es chocarrero ni instructivamente folklorista, ni menos de relajada plebeyez, no ha habido por qué exhibir el hablar compadre naturalista y fotográficamente. Apenas algunas inocentes variaciones de pronunciación. En cambio, hay mucho y muy acertado del peculiar espíritu que anima a los giros porteños, con lo que el color local anda por dentro y no pegado por fuera. ¿Color local? El problema poético planteado aquí y bien resuelto es otro: el de dar la sensación de lenguaje oral a la vez que se procede con la mayor dignidad literaria. «La milonga déle loquiar, y déle bochinchear en las casas, y traía olor a madreselvas el viento.» Las oraciones nominales y su coordinación con una oración verbal tienen aquí mucho de lo animado y directo de la lengua hablada. Y al mismo tiempo este lenguaje es poético en muy alta tensión. Sí; en varios momentos, llega esta prosa a tener un aire épico-popular. «Entonces lo miró y se despejó la cara con el antebrazo y dijo estas cosas: Yo soy Francisco Real, un hombre del Norte. Yo soy Francisco Real, que le dicen el Corralero.» «La Lujanera lo miró aborreciéndolo y se abrió paso...» «Yo esperaba algo, pero no lo que sucedió.» Hasta en una ocasión el autor se deja seducir por una fórmula épica: «Dijo, y salieron sien con sien...» No me puedo resistir a citar uno de los pasajes más hermosos del libro, tanto por la sobriedad y eficacia de los recursos presentadores como por la densidad poética del momento: «Al rato largo llamaron a la puerta con autoridá, un golpe y una voz. En seguida un silencio general, una pechada poderosa a la puerta y el hombre estaba dentro. El hombre era parecido a la voz.» Nada que recuerde aquí los procedimientos estilísticos de la épica culta ni de la popular; el entrevero de oraciones nominales y verbales es cosa de la lengua oral, como ya hemos dicho. Y, sin embargo, es más poderoso que nunca el tono épico, que no depende aquí de recursos ni de nada instrumental, sino del modo de ser la emoción y del iluminado halo de mitificación que envuelve al personaje y llena la escena. Quizá lo más eficaz para la mitificación es la magnífica frase final. En su gestación reconocemos tres etapas perfectamente lógicas (al presentarse, vimos que el hombre *correspondía* a la voz que habíamos oído; el hombre *era como* la voz; el hombre *era parecido* a la voz); pero el efecto es fuertemente emocional. En su forma definitiva, la voz alcanza un rango de entidad viviente, y si a esto se ha llegado, la lógica y los hábitos idiomáticos no han proporcionado más que las puentes para pasar; el impulso proviene de la conmoción causada en el alma del relator por aquella voz tan expresiva de cualidades vitales —poder, autoridad, resolución— que se le impone imaginativa y emocionalmente como un ser vivo. No es, pues, simplemente el conocido recurso de la animación y personificación de lo inanimado e impersonal, sino el ver en la voz el asiento de ciertas cualidades vitales exaltadas hasta el mito. Se encuentra a la voz tan exactamente expresiva de ciertos valores que luego la imaginación la ve idéntica con ellos.

El cuento está lleno de aciertos de ejecución; pero lo que a nosotros nos contenta sobre todo es la cualidad resueltamente poética de la narración y la aparición de un narrador literario de verdadera garra. He aquí unos hombres y mujeres que forman la resaca de la sociedad. Vicio y delincuencia. Viven al margen de la ley y nuestra policía los vigila. A nuestra higiene moral y corporal ese extraño modo de vivir le inquieta y azora. Absurdo, abyección y maldad. Pero éstas son tres negaciones formuladas desde nuestro modo reglado de vida. También aquél es un modo de vivir y, por tanto, debe tener su regulación. Ellos viven, y no sólo biológicamente. No hay más que mirarlos desde dentro de ellos, en vez de juzgarlos desde fuera. Entonces se les sorprende unos ideales de vida, unas normas y leyes. El hombre configura su vida según esos ideales y la conduce siguiendo o quebrantando sus normas. Y de acuerdo con ello, tiene su castigo, su premio y hasta su gloria y vilipendio. No hay más que instalarse dentro de ellos para ver las cosas desde allí. Pero ¿quién es capaz de hacerlo? Sólo el favorecido por el don poético. El narrador de calidad. Instalado en sus personajes, conviviendo sus ambientes, sus acciones y hasta sus cosas materiales, el narrador de dote poética no tiene por qué hacer justicia social, ni registrar con precisión científica las reacciones psicológicas reales de sus modelos. El don poético no es ningún aparato registrador; es una fuerza creadora y los personajes son sus criaturas. Aquí ha sido creado un mundo, con sus hombres y mujeres y su modo de vivir, con ideales, normas y sanciones propias. Cuando el poeta nos lo muestra lo aceptamos, no con la razón y el interés, sino con el sentimiento. Su justificación es poética, no social. Y cuando una narración está así poéticamente justificada, hasta de pitanza se reviste entonces de justicia social, pues nos enseña a ser más comprensivos y respetuosos con lo que de respetable tiene el hombre aun en los medios de abyección. Hombres que viven en un aire moral envenenado muestran de pronto una veta de virtud radical. La vida es sólo digna de vivirse cuando por sus ideales, normas y reglas está uno dispuesto a jugarla y a perderla. Los ideales y normas de los compadritos no los quiero para mí; pero el modo de vivirlos, la radical honradez con que estos hombres los sirven en el cuento no es sólo respetable, no: es aleccionante. El concepto de lo que honra y denigra es distinto en cada ambiente y sobre ello cabe la discusión; pero el sentimiento de la honra es sólo uno: se viven o no se viven con honra los propios ideales y normas de vida. «Sin honra no vale la pena vivir» quiere decir: yo supedito mi vida a los ideales de vida que tengo; ellos son la vida, y sin ellos no hay vivir, sino un insoportable existir. No debe estimarse la existencia, sino la vida como un sistema de bienes. Nosotros quisiéramos discutir con estos compadritos cuchilleros y convencerlos de que hay otros ideales que los suyos y más conformes a razón; pero en el modo de vivirlos, en la honra, ¡qué les vamos a enseñar nosotros desde nuestro triste medio de contemporizaciones y claudicaciones! Por la presencia de este último resorte vital el cuento de Borges es una creación. Y el don más alto de la poesía es el de crear. Crear, que no es urdir; crear, que es producir un vivir de toda autenticidad, para lo cual el narrador tiene que sentirse viviendo ese vivir, lo mismo si es Yago que Desdémona la criatura, y, en suma, tiene que sacarlo de sí mismo. En este sentido creador, el cuento de Borges es una producción de alta calidad. Todos sus personajes, por más meteóricos que sean, son personas. Aquí se nos da la representación del hombre interior, que es, como dice Goethe, a lo que tiene que atenerse la poesía; la presentación, el ponerlo ahí, con presencia verdadera y suya, y no la explicación competente o medio competente o sin competencia con que la suplantan los autores de ciertas «novelas psicológicas». Es una creación el cuento de Borges porque el vivir representado se impone al lector como auténtico, porque la vida que nos presenta es una construcción de sentido.

Esta pequeña obra maestra junta a su alto valor de creación los continuos aciertos de la realización artística, con los que la fantasía y el sentimiento del lector se ven excitados y estéticamente halagados. Y en este aspecto séame permitido indicar cuánto ganaría el cuento en fuerza de sugestión, con que se perdiera el párrafo final, como le sucedió al romance del infante Arnaldos. La identidad del matador con el narrador está ya sugerida en dos o tres pasajes como a despecho de su cuidadosa ocultación, de modo que el recato viene a realzar el sentimiento de hombría, y la imaginación se ve solicitada sin perder su libre juego. En el pasaje final, el narrador renuncia al recato, la cuidadosa actitud de toda la narración, y esto sin motivo ni compensación, a mi parecer, pues no hay, por ejemplo, una revelación abierta que pudiera valer como un engallamiento o como una confidencia aliviadora o como una confesión, sino que se sugiere de nuevo en forma de acertijo fácil.

Quien se interese por la formación y por el progreso seguro e incesante de este escritor argentino, que relea ahora un borrador de cuento, «Hombres pelearon», que Borges publicó en 1928 en el volumen titulado *El idioma de los argentinos*. Su anécdota es también germen de este cuento de ahora. El cuchillo del norte y el cuchillo del sur; el valentón que va retador hasta otro arrabal a buscar a un desconocido por que también de él se dice que es valiente; el forastero era el Chileno, el de los Corrales; ahora es el Corralero; también cuando muere hay uno que dice de responso: «No sirve ni pa juntar moscas». Hasta el título actual, «Hombre de la esquina rosada», parece hacer referencia a «Dos esquinas», título común que «Hombres pelearon» llevaba entonces con otro breve relato («Sentirse en muerte»), pues aquellas esquinas eran las esquinas rosadas de los barrios orilleros de hacia 1895.

Lo de menos —con ser importante— es qué pronto ha renunciado el autor a la fraseología que, como hartos de impresionismos y expresionismos, han llamado luego ultraísta (*ladridos tirantes se le abalanzaron...; silbidos ralos y sin cara rondaron los tapiales negros...*, etc.); con más satisfacción se ve cómo va creciendo en Borges el señoreo de su idioma para la expresión de lo material y de lo espiritual sin la violencia algo contorsionista de antes. Ahora las palabras están chisporreteando valoraciones, afecciones, fantasías y emociones del autor a propósito de lo que dice; esto es, hay aquí un estilo; el autor y su idioma se avienen ya bien y la frase camina con un ritmo nada virtuosista pero sí seguro; deleita el modo tan artístico de ir presentando los sucesos en crecimiento natural, con el sabio juego de planos de interés y con los oportunos acentos de expectativa: en todo cuanto se relaciona con la maestría y el arte de escribir, Borges ha dado en este libro un salto notable. Pero lo que más admiramos es el progreso en el poder poético. Lo que en «Hombres pelearon» es un querer penetrar el sentido de los hechos es aquí un poder dar el sentido; lo que allá es mirar a los personajes con emoción pero desde fuera y extrañándolos, es aquí un cabal instalarse en ellos identificándose con ellos, viviéndolos, creando poéticamente un vivir.

Acostumbrados a este progreso incesante, ahora ya lo esperamos en todas direcciones. En lo que es maestría no faltará, a cualquier tema que se aplique. Mas hasta ahora los únicos actos de creación poética de este joven escritor se han realizado sobre la especial y estrecha humanidad de lo «orillero» porteño. Me refiero tanto al carácter general de sus composiciones en verso como a este espléndido cuento de ahora. Lo orillero porteño es para él lo bastante lejano socialmente como para excitarle la fantasía y provocarle una adecuada atmósfera de ilusión, y lo bastante próximo en el espacio como para considerarlo algo de ámbito personal y para mirarlo con apasionado interés. Si deseamos para adelante que Borges cumpla en otros órdenes de humanidad la misma creación del hombre interior y la misma visión de las cosas vivificadas por el hombre interior, no es por nada de ganar en extensión algo cuantitativo, sino para que ese don raro y precioso de instalarse poéticamente en los hombres y en las cosas y de vivir auténticamente vidas diversas sea libremente humano y no condicionadamente orillero a favor del doble particularismo social y geográfico.

[*Sur*, Buenos Aires, núm. 14, noviembre de 1935, pp. 105-115.]

EL JARDIN DE SENDEROS QUE SE BIFURCAN

Borges, como los filósofos de Tlön, ha descubierto las posibilidades literarias de la metafísica; sin duda el lector recordará el momento en que también él, sobrecogido, las presintió en una página de Leibnitz, de Condillac o de Hume. La literatura, sin embargo, sigue dedicada a un público absorto en la mera realidad; a multiplicarle su compartido mundo de acciones y de pasiones. Pero las necesidades suelen sentirse retrospectivamente, cuando existe lo que ha de satisfacerlas. *El jardín de senderos que se bifurcan* crea y satisface la necesidad de una literatura de la literatura y del pensamiento.

Es verdad que el pensamiento —que es más inventivo que la realidad, pues ha inventado varias para explicar una sola— tiene antecedentes literarios capaces de preocupar. Pero los antecedentes de estos ejercicios de Borges no están en la tradición de poemas como «De rerum natura», «The recluse», «Prometheus unbound», «Religion et religions»; están en la mejor tradición de la filosofía y en las novelas policiales.

Tal vez el género policial no haya producido un libro. Pero ha producido un ideal: un ideal de invención, de rigor, de elegancia (en el sentido que se da a la palabra en las matemáticas) para los argumentos. Destacar la importancia de la construcción: éste es, quizá, el significado del género en la historia de la literatura. Hay otra razón para hablar aquí de obras policiales —la *exciting quality (and very excellent quality it is)*— que siempre buscan los autores de este género, que los de otros géneros (en el afán de producir obras meritorias, aunque sea de lectura meritoria) suelen olvidar, y que Borges consigue plenamente.

No hay duda que Henry James ha escrito lúcidos cuentos sobre la vida de los escritores; que las pesadillas de Kafka, sobre las postergaciones infinitas y las jerarquías, no se olvidarán; que Paul Valéry inventó a M. Teste, héroe de los problemas de la creación poética. Pero los problemas nunca habían sido el interés principal de un cuento. Por sus temas, por la manera de tratarlos, este libro inicia un nuevo género en la literatura, o, por lo menos, renueva y amplía el género narrativo.

Tres de sus producciones son fantásticas [1], una es policial y las cuatro restantes tienen forma de notas críticas a libros y autores imaginarios. Podemos señalar inmediatamente algunas virtudes generales de estas notas. Comparten con los cuentos una superioridad sobre las novelas: para el autor, la de no demorar su espíritu (y olvidarse de inventar) a lo largo de quinientas o mil páginas justificadas por «una idea cuya exposición oral cabe en pocos minutos»; para el lector, la de exigir un más variado ejercicio de la atención, la de evitar que la lectura degenere en un hábito necesario para el sueño. Además dan al autor la libertad (difícil en novelas o en cuentos) de considerar muchos aspectos de sus ideas, de criticarlas, de proponer variantes, de refutarlas.

En conversaciones con amigos he sorprendido errores sobre lo que en esas notas es real o es inventado. Más aún: conozco a una persona que había discutido con Borges «El acercamiento a Almotásim» y que después de leerlo pidió a su librero la novela *The approach to Al-Mútasim,* de Mir Bahadur Alí. La persona no era particularmente vaga y entre la discusión y la lectura no había transcurrido un mes. Esta increíble verosimilitud, que trabaja con materiales fantásticos y que se afirma contra lo que sabe el lector, en parte se debe a que Borges no sólo propone un nuevo tipo de cuentos, sino que ha cambiado las convenciones del género, y en parte a la irreprimible seducción de los libros inventados, al deseo justo, secreto, de que esos libros existan.

Algunas convenciones se han formado por inercia: es habitual (y, en general, reconfortante) que en las novelas no haya aparato crítico; es habitual que todos los personajes sean ficticios (si no se trata de novelas históricas). Otras convenciones —la historia contada por un personaje, o por varios, el diario encontrado en la isla desierta— tal vez fueron un deliberado recurso para aumentar la verosimilitud; hoy sirven para que el lector sepa, inmediatamente, que está leyendo una novela y para que el autor introduzca el punto de vista en el relato. Borges emplea en estos cuentos recursos que nunca, o casi nunca, se emplearon en cuentos o en novelas. No faltará quien, desesperado de tener que hacer un cambio en su

---

[1] En el prólogo, Borges incluye entre los cuentos fantásticos a «Pierre Ménard, autor del Quijote». La intención de Ménard es fantástica, pero también son fantásticos Tlön y «El acercamiento a Almotásim». No veo razones para incluir uno y excluir otro. Lo clasifico entre las notas porque, evidentemente, es el comentario de una obra literaria irreal.

mente, invoque la división de los géneros contra este cambio en las historias imaginarias. La división de los géneros es indefendible como verdad absoluta: presupone la existencia de géneros naturales y definitivos, y el descubrimiento certero, por hombres de un breve capítulo del tiempo, de las formas en que deberá expresarse el interminable porvenir. Pero como verdad pragmática es atendible: si los poetas escriben meros sonetos, y no sonetos que sean también diccionarios de ideas afines, habrá algunas probabilidades más de que desacierten menos. Puede agregarse a esto que la invención, o modificación, de un género y la subsiguiente experiencia indispensable para practicarlo bien, no son la múltiple tarea, o suerte, de un solo escritor, sino de varias generaciones de escritores. El principiante no se propone inventar una trama; se propone inventar una literatura; los escritores que siempre buscan nuevas formas suelen ser infatigables principiantes. Pero Borges ha cumplido con serena maestría esa labor propia de varias generaciones de escritores. En sus nuevos cuentos nada sobra (ni falta), todo está subordinado a las necesidades del tema (no hay esas valientes insubordinaciones que hacen moderno cualquier escrito, y lo envejecen). No hay una línea ociosa. Nunca el autor sigue explicando un concepto después que el lector lo ha comprendido. Hay una sabia y delicada diligencia: las citas, las simetrías, los nombres, los catálogos de obras, las notas al pie de las páginas, las asociaciones, las alusiones, la combinación de personajes, de países, de libros, reales e imaginarios, están aprovechados en su más aguda eficacia. El catálogo de las obras de Pierre Menard no es una enumeración caprichosa, o simplemente satírica; no es una broma con sentido para un grupo de literatos; es la historia de las preferencias de Menard; la biografía esencial del escritor, su retrato más económico y fiel. La combinación de personajes reales e irreales, de Martínez Estrada, por un lado, y de Herbert Ashe o Bioy Casares, por otro, de lugares como Uqbar y Adrogué, de libros como *The Anglo American Encyclopedia* y *La Primera Enciclopedia* de Tlön, favorecen la formación de ese país en donde los argumentos de Berkeley hubieran admitido réplica, pero no duda, y de su creída imagen en la mente de los lectores.

Estos ejercicios de Borges producirán tal vez algún comentador que los califique de juegos. ¿Querrá expresar que son difíciles, que están escritos con premeditación y habilidad, que en ellos se trata con pudor los efectos sintácticos y los sentimientos humanos, que no apelan a la retórica de matar niños, denunciada por Ruskin, o de matar perros, practicada por Steinbeck? ¿O sugerirá que hay otra literatura más digna? Cabría, tal vez, preguntar si las operaciones del intelecto son menos dignas que las operaciones del azar, o si la interpretación de la realidad es menos grave que la interpretación de los deseos y de las cacofonías de una pareja de enamorados. ¿O clamará contra la herejía de tratar literariamente problemas tan graves? Quizá todo acabe en una condena general, y, sentida, del arte.

El cuento más narrativo de esta serie (y uno de los más poéticos), el de estilo más llano, es el último que Borges ha escrito: *El jardín de senderos que se bifurcan*. Se trata de una historia policial, sin detectives, ni Watson, ni otros inconvenientes del género, pero con el enigma, la sorpresa, la solución justa, que en particular puede exigirse, y no obtenerse, de los cuentos policiales. Creo también que *Las ruinas circulares* sobresale por el esplendor de su forma; que «Pierre Menard, autor del Quijote», es el más perfecto y que «Tlön, Uqbar, Orbis Tertius» es el más rico. Sería interesante hacer un censo de la fecundidad de este libro, de los problemas que plantea, de los argumentos de libros, de las bases de idiomas, de las interpretaciones de la realidad y del tiempo, que propone.

En cuanto al estilo —elogiarlo sería superfluo— convendría razonar su evolución y, más aún (siguiendo a Menard), intentar un estudio de las actuales costumbres sintácticas de Borges. Pero son temas que exceden esta nota.

Tal vez algún turista, o algún distraído aborigen, inquiera si este libro es «representativo». Los investigadores que esgrimen esta palabra no se resignan a que toda obra esté contaminada por la época y el lugar en que aparece y por la personalidad del autor; ese determinismo los alegra; registrarlo es el motivo que tienen para leer. En algunos casos no cometen la ingenuidad de interesarse por lo que *dice* un libro; se interesan por lo que, pese a las intenciones del autor, refleja: si consultan una tabla de logaritmos obtienen la visión de un alma. En general se interesan por los hechos políticos, sociales, sentimentales; saben que una noticia vale por todas las invenciones y tienen una efectiva aversión por la literatura y el pensamiento. Confunden los estudios literarios con el turismo: todo libro debe tender al Baedeker. Pero ¡qué Baedekers! En versos arrítmicos y a través de la observada norma de que un artista que se respeta jamás condesciende a explicarse, y a través de las aspiraciones del autor, de ser Whitman, de ser Guillaume Apollinaire, de ser Lorca, y de reflejar una vigorosa personalidad. Y ¡qué novelas! Con personajes que son instituciones y con Míster Dollard, que ventajosamente alude al capitalismo extranjero. Colaboran en la tendencia las ideas fascistas (pero más antiguas que ese partido) de que deben atesorarse localismos, porque en ellos descansa la sabiduría, de que la gente de una aldea es mejor, más feliz, más genuina que la gente de las ciudades, de la superioridad de la ignorancia sobre la educación, de lo natural sobre lo artificial, de lo simple sobre lo complejo, de las pasiones sobre la inteligencia; la idea de que todo literato debe ser un labrador, o, mejor todavía, un producto de la tierra (la iniciación y el perfeccionamiento en la carrera de las letras exigen duros sacrificios: descubrir un pueblo que no esté ocupado por ningún escritor, nacer allí y domiciliarse tenazmente). Son también estímulos de esa tendencia la fortuna literaria que han logrado algunas selvas del Continente y el exagerado prestigio que nuestro campo alcanzó en nuestra ciudad y en el extranjero (donde se le conoce por pampa y, aun, por pampas). De la pampa nos quedan los viajes largos y algunas incomodidades. Estamos en la periferia de los grandes bosques y de la arqueología de América. Creo, sin vanagloria, que podemos decepcionarnos de nuestro folklore. Nuestra mejor tradición es un país futuro. En él creyeron Rivadavia, Sarmiento y todos los que organizaron la República. Podemos ser ecuánimes y lógicos: un pasado breve no permite una gran acumulación de errores que después haya que defender. Podemos prescindir de cierto provincialismo de que adolecen algunos europeos. Es natural que para un francés la literatura sea la literatura francesa. Para un argentino es natural que su literatura sea toda la buena literatura del mundo. De esa cultura, en la que trabajan, o trabajaron, William James, Bernard Shaw, Wells, Eça de Queiroz, Russell, Croce, Alfonso Reyes, Paul Valéry, Julien Benda, Jorge Luis Borges, y de la Argentina posible y quizá venidera que le corresponde, este libro es representativo.

[*Sur*, Buenos Aires, núm. 92, mayo de 1942, páginas 60-65.]

ALFONSO REYES

EL ARGENTINO JORGE LUIS BORGES

Orígenes y tradición

El gran viejo argentino Macedonio Fernández, cuya atildada cortesía y cuyas facciones recuerdan un poco a Paul Valéry, pertenece a la tradición hispánica de los «raros», que puede trazarse por las extravagancias de Quevedo, Torres Villarroel, Ros de Olano, Silverio Lanza y Gómez de la Serna. Sin ser maestro de capilla, ha ejercido cierta influencia en un grupo juvenil argentino, al menos poniéndolo en guardia contra los lugares comunes del pensamiento y de la expresión.

La obra y la persona

Jorge Luis Borges, uno de los escritores más originales y profundos de Hispanoamérica, detesta, en Góngora, las metáforas grecolatinas ya tan sobadas y las palabras que significan objetos brillantes sin dar claridad al pensamiento, así como desconfía del falso laconismo de Gracián, que acumula, aunque en frases cortas, más palabras de las necesarias. Borges ha escrito ya una buena docena de libros entre verso y prosa. En el verso huye de lo que él llama la manía exclamativa o la poesía de la interjección, y en la prosa, cuando opera con su propio estilo, sin caricatura costumbrista, huye de la frase hecha. Su obra no tiene una página perdida. Aun en sus más rápidas notas bibliográficas hay una perspectiva original. Fácilmente transporta la crítica a una temperatura de filosofía científica. Sus fantasías tienen algo de utopías lógicas con estremecimientos a lo Edgar Allan Poe. Su cultura en letras alemanas e inglesas es caso único en nuestro mundo literario. En sus venas hay sangre escocesa. Su hermana, Norah, es la fina dibujante, esposa de

Guillermo de Torre. Tiene una parienta anciana a quien visitan los duendes y los espíritus, pero con tanta familiaridad, que ya ella no les hace caso cuando dan en tumbar sillas o descolgar cuadros de las paredes. Borges es algo miope, y su andar parece el de un hombre medio naufragado en el mundo físico. Con todas las condiciones para ser un exquisito, se orienta de modo singular, cuando quiere, por entre los bajos fondos de la vida porteña y el lenguaje del arrabal, en el que ha logrado unas páginas de factura admirable y verdaderamente quevediana, dando dignidad al dialecto. ¡Lástima que estas páginas —de extraordinario valor— resulten inaccesibles al que no ha practicado aquellos ambientes de Buenos Aires!

La novela detectivesca

Así acontece con un libro publicado bajo el seudónimo de H. Bustos Domecq, *Seis problemas para don Isidro Parodi* (Buenos Aires, Sur, 1942).

Borges y su colaborador Adolfo Bioy Casares —de una generación más nueva y autor de la encantadora fantasía científica *La invención de Morel*— habían publicado no hace mucho cierta caprichosa *Antología de la literatura fantástica,* donde seguramente hay varios cuentos firmados con nombres supuestos y escritos por los recopiladores del volumen. Con un método semejante, los *Seis problemas* crean la personalidad de los prologuistas y del fingido autor Bustos Domecq, antes de crear los cuentos mismos. Con este libro, la literatura detectivesca irrumpe definitivamente en Hispanoamérica, y se presenta ataviada en el dialecto porteño. No se trata de problemas policiales ni de investigaciones de laboratorio. Parodi, el personaje que descubre la trama de los casos y la identidad de los culpables, no cuenta más que con su cerebro, como que es un presidiario recluido en su celda para varios años. Este desasimiento del «mundanal ruido» le da la concentración mental para sus aciertos y la nitidez, el despojo, para captar las líneas esenciales de los problemas. Todos los casos se desenvuelven en dos tiempos: en el primero, el visitante —generalmente un inocente de quien se sospecha— relata su enigma al presidiario como quien cuenta su enfermedad al médico; en el segundo, y con ocasión de una segunda visita, el médico dicta el diagnóstico, el presidiario da la recta solución del enigma.

Testimonio social

De paso, nos vemos transportados a los escenarios más abigarrados y curiosos, recorremos los más ocultos rincones de la vida porteña, y desfila a nuestros ojos una galería de tipos de todas las escalas y todas las razas mezcladas en aquel hervidero de inmigraciones, hablando cada uno su lenguaje apropiado. A tal punto que, amén de su interés de enigma, el libro adquiere un valor de testimonio social, aunque iluminado fuertemente por las luces poéticas. Entiéndase bien: poéticas, no sentimentales. No hay un toque sentimental aquí, que sería contrario a la firme estética de Borges.

Mago de las ideas

Borges es un mago de las ideas. Transforma todos los motivos que toca y los lleva a otro registro mental. Los solos títulos de sus libros hacen reflexionar sobre una nueva dimensión de las cosas y parece que nos lanzan a un paseo por la estratosfera: *El tamaño de mi esperanza, Historia de la eternidad, Historia universal de la infamia,* etc. Ya inventa una región inédita y olvidada del mundo, donde se pensaba de otro modo: «Tlön, Uqbar, Orbis Tertius»; ya inventa a un escritor francés que se propone reescribir íntegro el texto del *Quijote,* usando las mismas palabras de Cervantes, y simplemente pensando por su cuenta y al modo de hoy, con la fertilización del anacronismo, cada uno de los conceptos del libro clásico; ya imagina una biblioteca de todos los libros existentes y todos los libros posibles; ya una Babilonia gobernada, no por leyes sino por una especie de Lotería Nacional. Lo cual, bien mirado...

[*Tiempo,* México, 30 de julio de 1943 («Misterio en la Argentina»).]

TRES NOTAS SOBRE JORGE LUIS BORGES

I. POEMAS

En este volumen intitulado simple y certeramente *Poemas,* Jorge Luis Borges reúne su obra poética escrita entre los años 1922 a 1943. Comprende, pues, una suma de poemas, y éstos son de una sustancia concentrada y rica y, además, personalísima. Porque el crítico de agudas armas, afinadas y afiladas en literaturas antiguas y modernas; el prosista imaginativo y curioso que es Jorge Luis Borges, es también un poeta diferente, con voz y ritmo inconfundibles, dentro de la poesía contemporánea. No hay en esta afirmación hipérbole alguna. Y si está expresada súbita y directamente es por temor de escatimarla en los límites impuestos a una sencilla nota crítica en la que no hay espacio para un análisis, a quien nada ha escatimado para merecerla. Pocos poetas de su tiempo y de su país merecen una atención más firme y un trato más cuidadoso: los mismos que sin duda se ha impuesto en su experiencia poética poco numerosa —como no es costumbre en América, en España— pero muy concentrada —como no es costumbre, tampoco, en España, en América.

Poemas reúne los libros publicados por Jorge Luis Borges; en 1923, *Fervor de Buenos Aires;* en 1925, *Luna de enfrente;* en 1929, *Cuaderno de San Martín* y *Muertes de Buenos Aires* y *Otros poemas,* algunos de los cuales están fechados en un período de tiempo que media entre 1934 y 1943.

La voz de este poeta argentino es tan particular que, si bien parece, no es diversa, si la oímos atentamente, de la que está presente en los poemas del primer conjunto. También la unidad de su espíritu es evidente en la repetición de las preferencias, de las obsesiones y aun de los temas —no necesariamente variados— en que insiste sin monotonía, antes bien con una inevitable y poética fatalidad.

Con lo primero quiero subrayar que Jorge Luis Borges tocó y aun fue tocado por corrientes de poesía en un momento de transición, en que otros poetas se detuvieron ya para siempre, y de las que él salió no sólo indemne, sino enriquecido. Con lo segundo insisto en que tanto su avidez como su riqueza están presentes desde los primeros conjuntos y que, para sólo citar un ejemplo, «La recoleta», poema que figura en *Fervor de Buenos Aires,* pudo haber sido escrita, pongamos, en 1936 y figura muy naturalmente entre los *Otros poemas* y, más aún, pudo no haber sido escrita aún para aparecer, dichosa e inevitablemente, en un futuro conjunto de, digamos, 1948.

Nada cohibe tanto el comentario a un poeta como Jorge Luis Borges y a una poesía como la suya como el hecho de tener presente que el mejor comentarista, que el mejor crítico de ella sería o es Jorge Luis Borges. De ello dan prueba las lúcidas anotaciones y notas a sus poemas que él llama, a veces, ejercicios.

El crítico interesado en relacionar los temas y obsesiones característicos de esta poesía piensa que ha descubierto algo que para otro poeta que no fuera Jorge Luis Borges sería una sorpresa. La sorpresa es para el crítico, porque ya el poeta se ha anticipado a confiar sus propósitos y la reaparición, en otros poemas, de sus propósitos.

«Yo suelo regresar eternamente al Eterno Regreso», dice Jorge Luis Borges en su comentario a uno de sus poemas más recientes y más intensos, «La noche cíclica», escrito en versos alejandrinos en los que la presencia de las palabras esdrújulas es de una dramática inevitabilidad, y en que el poeta comunica al lector la angustia no de un sentimiento desconocido sino de una idea angustiosa ante lo desconocido, y que termina —esto es sólo un decir— también inevitablemente con el verso inicial: «Lo supieron los arduos alumnos de Pitágoras.»

II. FICCIONES

El libro más reciente de Jorge Luis Borges está formado por textos, escritos entre los años 1935 y 1944, que tienen el denominador común —nada común— de ser obras de ficción.

El poeta excelente que hay en Jorge Luis Borges ha creado estas invenciones, estos productos de una imaginación y de una fantasía que se gozan en articular lo que en otras mentes es sólo divagación o sueño disperso. El agudo crítico que hay en Jorge Luis Borges se adelanta a situarlos y a clasificarlos en el título de *Ficciones.* No hay, pues, lugar a dudas ni a equivocaciones ni a equívocos. Se trata de un libro en que la realidad real, fotográfica, ha sido apartada voluntaria, conscientemente, para dar lugar a lo que pudiéramos llamar la *realidad inventada*.

Este volumen junta un libro anterior de Jorge Luis Borges intitulado *El jardín de senderos que se bifurcan* con nuevos textos que el autor llama «artificios». Así, resueltamente, artificios, para mayor placer de quienes amamos este tipo de literatura, y para mayor claridad de quienes, movidos por un monótono y rutinario empeño de convertir la literatura en una pobre copia de la realidad circundante, habrán de desecharlos por lo que ellos llaman falta de humanidad.

Artificios, sí, en el más decidido y decisivo y, desde luego en la prosa hispanoamericana, más atrevido sentido que entraña la palabra. Porque todo en ellos es invención, creación, imaginación y fantasía inteligentes. No pretenden trasladar la realidad a un plano artístico. Pretenden, en cambio, inventar realidades con ayuda de la inteligencia. Y logran añadir a la realidad, por medio del artificio más lúcido, nuevas y posibles y probables realidades mentales que duran, desde luego, el tiempo en que la ficción se desenvuelve pausada o rápida, dominada siempre por el autor, el tiempo de la lectura. Pero que vibran aún y obsesionan, en los mejores casos, después de la lectura, en nuestra memoria. El primer conjunto de textos que forman *Ficciones* y que apareció en un volumen independiente, al tiempo que apareció la singular fantasía de Adolfo Bioy Casares, me llevó a pensar que mientras otras literaturas hispanoamericanas, sin descontar la nuestra, fatigan sus pasos en el desierto de un realismo y de un naturalismo áridos y secos, monótonos e interminables, la literatura argentina presenta ante nuestros ojos no un espejismo sino un verdadero oasis para nuestra sed de literatura de invención. En estos libros de Jorge Luis Borges y de Adolfo Bioy Casares, como en otros libros argentinos actuales, la literatura de ficción recobra sus derechos que al menos aquí, en México, se le niegan. Porque lo cierto es que, entre nosotros, al autor que no aborda temas realistas y que no se ocupa de la realidad nuestra de cada día, se le acusa de deshumanizado, de purista y aun de cosas peores.

De una riqueza y de una precisión admirable, el lenguaje de Jorge Luis Borges sirve para hacer más exactos estos cuentos, estas fantasías, estas narraciones, y para hacerlos más bellos. Porque exactitud y belleza, creación, ciencia y poesía presiden alternativa y, casi siempre, simultáneamente los agudos textos de *Ficciones*.

Una vez más, como en su poesía, Jorge Luis Borges muestra sus preocupaciones intelectuales, sus obsesiones ante los temas eternos de tiempo y espacio.

«Schopenhauer, De Quincey, Stevenson, Mauther, Shaw, Chesterton, Léon Bloy forman el censo heterogénico de los autores que continuamente releo», dice Jorge Luis Borges. Pero si éstos son los autores cuyos libros relee, no olvidemos que Jorge Luis Borges es un escritor que ha leído todos los libros. No es inexacto pensar que estas narraciones y fantasías que ha reunido en un bello volumen se deben a maravillosas conjunciones de un espejo y de una enciclopedia.

III. «SEIS PROBLEMAS PARA DON ISIDRO PARODI», DE H. BUSTOS DOMECQ

No sólo por su multiplicidad, sino también por la popularidad que han alcanzado desde Wilkie Collins —el autor de *The Moonstone* y *The haunted Hotel,* iniciador inglés del género— hasta el inasible autor argentino H. Bustos Domecq, que hace ahora sus primeras armas para la conquista de un género difícil por su aparente sencillez, las novelas policíacas son, en cierto modo, las novelas de caballería de nuestro tiempo. Dirigidas al gran público, si descontamos las excepciones en que ya no sólo se instala Gilbert K. Chesterton y su dialéctico padre Brown, sino también el flamante Bustos Domecq —de nombre escultórico y espirituoso—, satisfacen con sus aventuras y problemas la necesidad que tienen los lectores de experimentar las primeras y resolver los segundos... en cabeza ajena.

La originalidad de estos *Seis problemas para don Isidro Parodi* reside en su argentinidad sonriente e irónica. El ambiente es argentino y los tipos que desfilan ante el Edipo encarcelado son sudamericanos. El lenguaje, salpicado, en boca de los personajes, de frases hechas, latinas, francesas e inglesas, es también argentino, en un sentido geográfico, y además exuberante y numeroso.

Este libro viene a hacer más enfática la frecuencia con que, durante estos últimos años, un distinguido sector de la literatura argentina insiste en la importancia de las obras de imaginación y, más concretamente, como apunta Jorge Luis Borges en el prólogo de una excelente novela de Adolfo Bioy Casares intitulada *La invención de Morel,* de las obras de imaginación razonada. La publicación de una *Antología de la literatura fantástica,* en cuya formación figuran los dos autores argentinos citados, es también un síntoma de una dichosa reacción en contra de lo que en América es simple anécdota o convencional psicología.

Los cuentos y novelas policíacas en que la razón explica o aclara situaciones, desarrollos y problemas que tienen una apariencia misteriosa pero no indescifrable, son ejercicios que no han sido hasta ahora cultivados en la América de habla española ni en España, por indolencia mental. Por ello son bienvenidos estos seis problemas que una serie de personajes argentinos plantean a un detective que habrá de resolverlos después de escuchar los a veces irrefrenables y pintorescos monólogos de los visitantes a la celda número 273.

Don Isidro Parodi resulta ser el primer detective sudamericano de calidad literaria. Tiene a su favor la simpatía que despierta no sólo su reclusión, sino la brevedad con que responde a los interminables aunque no sé si conscientemente impopulares discursos de sus visitantes, y a la seguridad con que ve claro en asuntos que no ha presenciado pero que resuelve desde su celda y con ayuda de sus «pequeñas y grises celdillas», para usar el ritornello aplicado por Agatha Christie a su Hercule Poirot.

¿Quién es el autor de estos cuantos cuentos y problemas policíacos? ¿Existe este Honorio Bustos Domecq que los ampara con su nombre sospechoso a invención? ¿Es apócrifa, como nos lo parece, la silueta del autor, trazada por la señorita y educadora Adelia Puglione? ¿No se habrá escapado del texto el personaje Gervasio Montenegro, para invadir el lugar destinado a un prólogo tan inventado como los cuentos que le siguen? ¿No será más acertado decidir de una vez que entre Borges y Bioy Casares y otros amigos anda el juego? ¿Y no es, por último, más acertado conformarse con la satisfacción de encontrar al fin un libro en que todo, desde el autor y los personajes, pasando por los prologuistas, es una pura invención, un artificio puro?

Los lectores que, insatisfechos o dubitativos, no se conforman con mantener ante sí las seis interrogaciones anteriores tienen aún el recurso de plantearlas, a modo de seis nuevos problemas, a don Isidro Parodi, preso hace más de catorce años en una celda que lleva el número 273.

[*El hijo pródigo,* México, 1944-1945.]

ERNESTO SABATO

LOS RELATOS DE JORGE LUIS BORGES

Arqueología

Las obras sucesivas de un escritor son como las ciudades que se construyen sobre las ruinas de las anteriores: aunque nuevas, prolongan cierta inmortalidad, asegurada por leyendas antiguas, por hombres de la misma raza, por las mismas puestas de sol, por pasiones semejantes, por ojos y rostros que retornan.

Ahora, a propósito de *Ficciones, 1935-1944 (Sur,* Buenos Aires), sería bueno hacer arqueología para ver cómo los viejos mitos laten en el fondo de las nuevas vidas. Cuando se hace una excavación en la obra de Jorge Luis Borges, aparecen fósiles dispares: manuscritos de heresiarcas, naipes de truco, Quevedo y Stevenson, letras de tango, demostraciones matemáticas, Lewis Carroll, aporías eleáticas, Franz Kafka, laberintos cretenses, arrabales porteños, Stuart Mill, de Quincey y guapos de chambergo requintado. La mezcla es aparente: son siempre las mismas ocupaciones metafísicas, con diferente ropaje: un partido de truco puede ser la inmortalidad, una biblioteca puede ser el eterno retorno, un compadrito de Fray Bentos justifica a Hume. A Borges le gusta confundir al lector: uno cree estar leyendo un relato policial y de pronto se encuentra con Dios o el falso Basílides. Las causas eficientes de la obra borgiana son, desde el comienzo, las mismas. Parece que en los relatos que forman este volumen, la materia ha alcanzado su forma perfecta y lo potencial se ha hecho actual. La influencia que Borges ha ido teniendo sobre Borges parece insuperable. ¿Estará condenado, de ahora en adelante, a plagiarse a sí mismo?

Sobre «Pierre Menard»

En el prólogo a la edición española de la *Estética* de Croce, Miguel de Unamuno señala la continuidad de la creación cuando dice: «Una obra de arte sigue viviendo después de producida y acrece su valor según con los años van gozándola nuevas generaciones de contempladores, ya que cada uno de éstos va poniendo algo de su espíritu en ella.»

Quizá sea más inobjetable decir, en vez de *acrece,* simplemente, *cambia su valor.* Una catástrofe que sumiera la humanidad en la miseria y en la ignorancia trasmutaría el valor de todas las obras de arte, aniquilaría las riquezas de alma de Leonardo, de los diálogos platónicos, las sutilezas de Berkeley: nadie puede ver en una novela, en un cuadro, en un sistema de filosofía, más inteligencia, más matices de espíritu que los que él mismo tiene.

Pero aun sin catástrofes, la humanidad cambia constantemente y, con ella, las creaciones del pasado y los personajes históricos: *el futuro engendra el pasado;* el Cervantes que escribió el Quijote no es el mismo que el Cervantes de hoy; aquél era aventurero, lleno de vida y despreocupado humor; el de hoy es académico, envejecido, escolar, antológico. Lo mismo pasa con Don Quijote, oscilando entre la ridiculez y la sublimidad, según la época, la edad de los lectores, su talento.

No hay tal abismo entre la realidad y la ficción. Hoy es tan real —o tan ficticio— Cervantes como Don Quijote. Al fin de cuentas, nosotros no hemos conocido a ninguno de los dos y no nos consta su existencia a inexistencia efectiva, de carne y hueso. Y también podemos decir que conocemos a los dos; de ambos tenemos una noticia literaria, llena de creencias y suposiciones. En rigor, Don Quijote es menos ficticio, porque su historia está relatada en un libro, en una forma coherente, lo que no sucede con la historia de Cervantes.

Borges y la novela de aventuras

En el prólogo a *La invención de Morel,* Borges se queja de que en las novelas llamadas psicológicas la libertad se convierta en absoluta arbitrariedad: asesinos que matan por piedad, enamorados que se separan por amor; y arguye que sólo en las novelas llamadas de aventuras existe el rigor. Creo que esto es cierto, pero no puede ser aceptado como una crítica: a lo más, es una definición. Sólo en ciertas novelas de aventuras —preferentemente en las policiales, inauguradas por Poe— existe ese rigor que se puede lograr mediante un sistema de convenciones simples, como en una geometría o una dinámica; pero ese rigor implica la supresión de los caracteres verdaderamente humanos. Si en la realidad humana hay una Trama o Ley, debe de ser infinitamente compleja para que pueda ser aparente.

La necesidad y el rigor son atributos de la lógica y de la matemática. Pero ¿cómo ha de ser posible aplicarlos a la psicología si ni siquiera son aptos para aprehender la realidad física? Como dice Russell, la física es matemática no porque sepamos mucho del mundo exterior sino porque sabemos muy poco.

Si se compara alguno de los laberintos de *Ficciones* con los de Kafka, se ve esta diferencia: los de Borges son de tipo geométrico o ajedrecístico y producen una angustia intelectual, como los problemas de Zenón, que nace de una absoluta lucidez de los elementos puestos en juego; los de Kafka, en cambio, son corredores oscuros, sin fondo, inescrutables, y la angustia es una angustia de pesadilla, nacida de un absoluto desconocimiento de las fuerzas en juego. En los primeros hay elementos a-humanos, mientras que en los segundos los elementos son —quizá— simplemente humanos. El detective Edik Lönnrot no es un ser de carne y hueso: es un títere simbólico que obedece ciegamente —o lúcidamente, es lo mismo— a una Ley Matemática; no se resiste, como la hipotenusa no puede resistirse a que se demuestre con ella el teorema de Pitágoras; su belleza reside, justamente, en que no puede resistir. En Kafka hay también una Ley inexorable pero infinitamente ignorada; sus personajes se angustian porque sospechan la existencia de algo, se resisten como se resiste uno en las pesadillas nocturnas, luchan contra el Destino; su belleza está, justamente, en esa resistencia, que es vana.

Geometrización

En «La muerte y la brújula» pueden chocar los nombres fantásticos; la ciudad conocida, pero irreal; la inverosímil frialdad de las actitudes. Pero son todas cualidades, no defectos, si se piensa que es la geometría del sistema lo que interesa a Borges, no sus elementos inevitables pero indiferentes. En la demostración de un teorema es inesencial el nombre de los puntos o segmentos, las letras latinas o griegas que los designan: no se demuestra una verdad para un triángulo particular sino para triángulos generales; ni siquiera es necesario que esté bien dibujado y casi es mejor que no lo esté, para evitar la falacia de que el resultado correcto se deba a una figura correcta; por el contrario, la geometría se caracteriza por sacar conclusiones correctas de figuras falsas. Claro que, de todos modos, una figura es necesaria, y también los crímenes de Red Scharlach deben ser cometidos en alguna parte. Pero induciría a error dar a esa figura real demasiada justeza, como si el valor de los resultados dependiese de esa clase de corrección. Por tanto, se necesita una ciudad un poco genérica, concreta y a la vez abstracta, con nombres cualesquiera, internacionales: es un Buenos Aires donde todo ha sido generalizado lo suficiente como para ser geometría, no mera geografía e historia. El cuento podía haber comenzado con las palabras: *Sea una ciudad X cualquiera.*

También se podría decir que Borges hace álgebra, no aritmética (como pasa con el *Teste* o el *Leonardo* de Valéry). El memorioso de Fray Bentos podía ser también de Calcuta o de Dinamarca. Induce a error la necesidad —inevitable, por convención literaria— de dar nombres precisos a los personajes y lugares. Se ve que Borges siente esta limitación como una falla. No pudiendo llamar *alfa, ene* o *kappa* a sus personajes, los hace lo menos locales posible: prefiere remotos húngaros y, este último tiempo, abundantes escandinavos.

Leibniz

La novela policial estricta, que Borges practica, es la reducción al absurdo de un gran problema: el de la racionalidad de la realidad. La novela común parece ser el reino de la contingencia y de las *vérités de fait,* en tanto que la novela policial sería por excelencia el reino de la necesidad y de las *vérités de raison.* El detective que convierte una multitud de hechos incoherentes en un riguroso esquema matemático-lógico realiza el ideal leibniziano del conocimiento verdadero. Lo único que falta saber es si nuestro universo ha sido hecho por un Autor con mentalidad parecida a la de Poe.

Sobre la inmortalidad

En «Tlön, Uqbar, Orbis Tertius», Borges vuelve sobre el tema de la inmortalidad: «Todos los hombres, en el poderoso instante del coito, son el mismo hombre. Todos los hombres que repiten una línea de Shakespeare, *son* William Shakespeare.»

Ya en «El Truco», hace veinte años, decía hermosamente:

> Los jugadores en fervor presente
> copian remotas bazas:
> hecho que inmortaliza un poco,
> apenas,
> a los compañeros muertos que callan.

Propongo a Borges la siguiente posibilidad: «adentro hay otro país». La repetición de remotas bazas significa, allí donde moran los reyes y las sotas, que viejas aventuras se repiten: alguna espada vuelve a matar en las mismas circunstancias al mismo rey. Dentro del universo del naipe, todo se repite.

También nosotros podemos ser barajas que Alguien juega. Y también las bazas de que formamos parte quizá se repitan.

LOS JUEGOS METAFÍSICOS

La escuela de Viena asegura que la metafísica es una rama de la literatura fantástica. Esta afirmación pone de mal humor a los metafísicos y de excelente ánimo a Borges: los juegos metafísicos abundan en su libro. En rigor, creo que todo lo ve Borges bajo especie metafísica: ha hecho la ontología del truco y la teología del crimen orillero; las hipóstasis de su Realidad suelen ser una Biblioteca, un Laberinto, una Lotería, un Sueño, una Novela Policial; la historia y la geografía son meras degradaciones espacio-temporales de algún *topos uranos,* de alguna eternidad regida por algún Gran Bibliotecario.

LOS JUEGOS TEOLÓGICOS

En «Tres versiones de Judas», Borges nos dice —y le creemos— que para Nils Runeberg su interpretación de Judas fue la clave que descifra un misterio central de la teología, fue motivo de soberbia, de júbilo y de terror: justificó y desbarató su vida. Podemos agregar: también por ella, quizá, habría aceptado la hoguera.

Para Borges, en cambio, esas tesis son «ligeros ejercicios inútiles de la negligencia o de la blasfemia». Con la misma alegría —o con la misma tristeza, que da la falta de cualquier fe—, Borges enunciará la tesis de Runeberg y la contraria, la defenderá o la refutará y, naturalmente, no aceptará la hoguera ni por una ni por otra. Borges admira al hombre capaz de *todas* las opiniones, lo que equivale a cierta especie de monismo. Alguna vez planeó un cuento en que un teólogo lucha toda su vida contra un heresiarca, lo refuta y finalmente lo hace quemar: después de muerto, vio que el heresiarca y él formaban una sola persona. También Judas, de alguna manera, refleja a Jesús.

Pero tampoco se dejaría quemar Borges por este monismo, según creo. Porque también es dualista y pluralista.

La teología de Borges es el juego de un descreído y es motivo de una hermosa literatura. ¿Cómo explicar, entonces, su admiración por Léon Bloy? ¿No admirará en él, nostálgicamente, la fe y la fuerza? Siempre me ha llamado la atención, asimismo, que Borges admire a compadres y a guapos de facón en la cintura.

FE

¿Le falta una fe a Borges?
¿No estarán condenados a algún Infierno los que descreen?
¿No será Borges ese Infierno?

BORGISMO

Jorge Luis Borges ha creado, en nuestro idioma, un paradigma de precisión lingüística, de economía, de elegancia, de majestad y estatutaria.

Como todos los descubridores de nuevos continentes, Borges está condenado a ser seguido e imitado. Esto quiere decir lo siguiente: imitarán sus tics, incurrirán en sus errores, reproducirán y afearán sus defectos.

NACIONALIDAD DE BORGES

Lástima que Borges no sea checo o algo por el estilo. ¡Cuántos admiradores tendría en la Argentina! ¡Y cuántos exégetas!

Pensándolo bien, también es una suerte.

FINAL DE LA DIVAGACIÓN

A usted, Borges, heresiarca del arrabal porteño, latinista del lunfardo, suma de infinitos bibliotecarios hipostáticos, mezcla rara de Asia Menor y Palermo, de Chesterton y Carriego, de Kafka y Martín Fierro.

A usted, Borges, ante todo, lo veo como un Gran Poeta.

Y luego: arbitrario, genial, tierno, relojero, débil, grande, triunfante, arriesgado, temeroso, fracasado, magnífico, infeliz, limitado, infantil, inmortal.

[*Sur,* Buenos Aires, núm. 122, marzo de 1945, páginas 69-75.]

NOTAS A BORGES

Jorge Luis Borges ya no es simplemente, como hace años, un escritor personalísimo, sino además un grande y maduro escritor. «Si escribiera en inglés, lo devoraríamos en malas traducciones» [1]. No sé de autor argentino cuyos libros me parezcan tan nuevos a cada nueva lectura. Y cada nuevo libro suyo nos presenta un Borges también renovado y ahondado. Imposible reducir a fórmula el misterio de su ecuación personal; Borges desarma al crítico, se le adelanta, lo invalida por anticipado con esas caricaturas de disquisición retórica que sus relatos ponen en boca de ciertos verbosos personajes.

No sólo hacia el futuro lanza la obra de Borges sus peligrosas radiaciones. Abro al azar los *Cuentos fatales,* y leo:

> Uno de los últimos compromisos de la tarde, cuya tiránica futilidad asume carácter de obligación en el atolondramiento de las ciudades populosas, más atareado que el trabajo y más mudable que la inquietud, habíamos acarreado, con el retraso fatal de las citas porteñas... sin carácter íntimo —pues quiero creer que las de esta clase formarán la excepción, aun aquí— el contratiempo de no encontrar comedor reservado en aquel restaurante, un tanto bullicioso, si se quiere, pero que nuestro anfitrión, Julio D., consideraba el único de Buenos Aires donde pudieran sentarse confiados en la seguridad de una buena mesa, cuatro amigos dispuestos a celebrar sin crónica el regreso de un ausente. Debimos, pues, resignarnos a la promiscuidad, por cierto brillante, del salón común, con sus damas muy rubias, sus caballeros muy afeitados...

Etcétera. Los *Cuentos fatales* tienen otras excelencias que las de una prosa bien meditada y vigilada. Pero ¿puede no pesar hoy letalmente sobre ese estilo su visible parentesco con el de Carlos Argentino Daneri (en *Aleph* de Borges) y con el de H. Bustos Domecq (en los *Seis pro-*

---

[1] Augusto Monterroso, «Jorge Luis Borges», en *Novedades,* México, 31 de julio de 1949.

blemas para don Isidro Parodi y en las inaccesibles publicaciones de Oportet & Haereses)? ¿Podemos leer hoy esas páginas sin que nos salte al oído un tono de *pastiche* socarrón que Lugones no sospechaba? Por su sola presencia, la obra de Borges transforma, corroe y reduce a lugar común mucha parte de la literatura que convive con ella, y hasta de la que la ha pecedido.

Borges desarma al crítico. Los rótulos usuales pierden su sentido cuando se aplican a su obra. Recurso tan gastado y hoy tan frecuentemente tedioso como el de exhibir los andamios de la obra, se utiliza en *El Aleph* con desenvoltura y precisión magníficas, que dejan indemne el delicado y firme equilibrio de sus cuentos. Borges va a narrarnos la historia de Benjamín Otálora («El muerto») y nos avisa: «Ignoro los detalles de su aventura; cuando me sean revelados, he de rectificar y ampliar estas páginas. Por ahora, este resumen puede ser útil.» Y en medio del relato mismo: «Aquí la historia se complica y se ahonda.» Y poco después: «Otras versiones cambian el orden de estos hechos y niegan que hayan ocurrido en un solo día.» Característico es el párrafo, dubitativo y como provisional, con que acaba la historia de Aureliano, el perseguidor, y de Juan de Panonia, el perseguido, en «Los teólogos»:

> El final de la historia sólo es referible en metáforas, ya que pasa en el reino de los cielos, donde no hay tiempo. Tal vez cabría decir que Aureliano conversó con Dios y que Éste se interesa tan poco en diferencias religiosas que lo tomó por Juan de Panonia. Ello, sin embargo, insinuaría una confusión de la mente divina. Más correcto es decir que, en el paraíso, Aureliano supo que para la insondable divinidad, él y Juan de Panonia (el ortodoxo y el hereje, el aborrecedor y el aborrecido, el acusador y la víctima) formaban una sola persona.

Condenada a irremisible frialdad parecería hoy toda literatura que exhiba sus nudos y sus hilos sueltos ante la vista del lector (lector-crítico, lector-escritor); literatura para literatos, en que la voz del autor sustituye despóticamene a la de los personajes. Pero en Borges, apasionado de literatura, y de metafísica y teología, no son materia inerte ni siquiera las más indirectas notas al texto, ni el comentario a las tachaduras de un manuscrito, ni la generosa declaración de fuentes y deudas en el «Epílogo». Y le gusta desplegar con científica precisión los pormenores de técnica y hablar de ellos como si les diese importancia desmesurada; se complace en examinar su propia obra desde el ángulo, sumamente parcial y deformador, del simple argumento, o desde ángulos aún más accidentales de preceptiva literaria. Sabe que las fórmulas de fabricación no importan mucho; que los cuentos, una vez escritos, se desbordan de ellas por todas partes, y que lo que vale es en definitiva ese inexplicable desbordamiento. A propósito de dos de sus relatos, «El Aleph», que da nombre al volumen, y «El Zahir», Borges puntualiza lacónicamente en el «Epílogo»: «creo notar algún influjo del cuento «The crystal egg» (1899) de Wells». ¡Creo notar! También entra en el juego el verse a sí mismo en irónica lejanía, como un objeto entre otros —visión que en las narraciones mismas, no ya en el epílogo, suele cargarse de patéticas resonancias. Todo se sostiene y se ayuda en esta construcción múltiple, donde el toque humorístico, o las maliciosas digresiones, o esa erudición inspirada que alimenta tanta parte de la obra de Borges (sin excluir sus versos), encuentran también su función exacta en el conjunto, y se elevan con él a zonas de ardiente dramatismo.

A muchos he oído lamentar la gradual desaparición del Borges de otros tiempos: Borges poeta, Borges ensayista, Borges crítico. Lo cierto es que él lo ha conservado todo, y todo lo ha puesto al servicio de nuevas y más perfectas creaciones. El poeta Borges, a veces áspero y desigual, el ensayista Borges, generalmente fragmentario, el crítico Borges, que solía atraer demasiado sobre sí mismo la mirada del lector en vez de dirigirla hacia los libros que comentaba, se han fundido y concentrado en el cuentista Borges, el Borges más admirable hasta ahora. Aquel estilo suyo de juventud, tajante y pendenciero, se ha ido llenando de señorío, aplomo y gracia. Hoy escribe Borges una prosa suelta y unitaria a la vez, densa pero clarísima, en que lo fuerte y lo delicado, las tensiones, las sorpresas, los contrastes, las dobles y triples melodías simultáneas, lejos de dividir el goce de la lectura, lo exaltan y multiplican. Una prosa en que los dones menores de la sutileza y la exquisitez arraigan sobre solidísimas virtudes elementales. Entre éstas, y en primer lugar, una profunda capacidad «filosófica» de conmoción ante la grandeza y la miseria del hombre, ante lo que en ellas hay de asombroso y paradójico.

El firme avance de esta inteligencia apasionada —invenciblemente original, y absorta en soledad creadora durante años y años— es ejemplo altísimo para nuestros escritores. Y la creciente calidad de su obra, libro tras libro, una de las mayores felicidades de la literatura argentina.

[*Cuadernos Americanos*, México, núm. 2, marzo-abril de 1951, pp. 286-288.]

II

POESIA

PARA LA PREHISTORIA ULTRAISTA DE BORGES

Hay un aspecto en la personalidad de Jorge Luis Borges que ninguno de sus numerosos exégetas actuales abordará quizá nunca a fondo. Precisamente es el único que yo —inhibido en este caso, por razones obvias, para la crítica propiamente dicha— puedo tratar con desembarazo. Y también —dicho sin jactancia, antes bien, no sin cierta melancolía— con mayor conocimiento de causa. Me refiero a sus orígenes ultraístas. Ahora bien, no ignoro que Jorge Luis Borges reprueba, inclusive desprecia, aquellos comienzos de su obra, abominando del ultraísmo y de todo lo que con él se relaciona. Su entusiasmo de una época, de unos años —de 1919 a 1922— pronto se trocó en desdén y aun en agresividad.

El abandono de una actitud juvenil extremada se explica, aún más, es deseable —¡y desdichados de los que se petrifican, de los que no llegan a alcanzar la adultez mental!—, eliminando las exageraciones y balbuceos en que todos los precoces hemos incurrido. Pero ¿acaso eso supone la obligación de pasarse al extremo opuesto en la apreciación crítica de cualquier estética o ideología de vanguardia? Queden tales excesos, tal falta de medida, para los renegados políticos, para los catecúmenos de nueva data. El caso, en lo que se refiere a Borges y al ultraísmo, es que el escritor fue influido probablemente por varios factores: una actitud de desconfianza innata hacia todo lo afirmativo y una inclinación contraria hacia las dudas y perplejidades, tanto de índole estética como filosófica. Unase a ello su gusto por las lecturas clásicas que hacia los veinte años practicaba, si bien nada «ortodoxas», puesto que se fijaban en los conceptistas, un Quevedo, un Torres Villarroel, alternados con ciertos autores ingleses: Berkeley, Sir Thomas Browne, Quincey... De esta suerte, quizá un mero comparativismo le llevó a considerar muy pronto como pura futileza la técnica del poema ultraísta: enfilamiento de percepciones sueltas, rosarios de imágenes sensuales, plásticas y llamativas. La consecuencia fue que, sin perjuicio de haber inoculado el «virus ultraísta» en algunos jóvenes argentinos aprendices de poetas, muy pocos años después Borges no vacilará en calificar aquellos experimentos: «áridos poemas de la equivocada secta ultraísta». Su descrédito del ultraísmo fue seguido algunos años después por el repudio del criollismo. Pero ésta ya sería otra historia ... que no nos afecta. Ciñámonos a la nuestra.

Por mi parte —habrá de permitírseme la obligada intromisión—, yo que no fui —a despecho de las apariencias— tan convencido o unilateral ultraísta como Borges, tampoco necesité pasarme al extremo opuesto; es decir, «quemar» lo que un día antes había —habíamos— «adorado». Sin que pasaran muchos años, yo acerté a ver el ultraísmo con cierto carácter histórico, situándolo a una virtual distancia; en suma, pude considerarlo con una objetividad que no por incluir la crítica, excluía la simpatía. Téngase en cuenta otro factor: mi reacción —íntima, más que expresa— contra el menosprecio, la ocultación —entre desdeñosa y taimada— que le dispensaron los escritores llegados inmediatamente después, y que formaron lo que se ha convenido en llamar la generación poética española de 1927.

Queriendo ser fiel a un momento histórico, a reserva de considerarlo luego extinguido, superado —no merced a declaraciones o abjuraciones, sino a una gradual evolución posterior en la propia obra—, yo —¿menos precavido, más ingenuo, más resuelto?— recogí mi producción poética ultraísta en un libro (Hélices, 1923) de carácter experimental, con aire deliberado de muestrario. Contrariamente, cuando Borges publica, en la misma fecha su primer libro poético (Fervor de Buenos Aires), excluye, salvo una, todas las composiciones de estilo ultraísta, acogiendo únicamente otras más recientes, de signo opuesto o distinto. De ahí mi asombro, y el de otros compañeros de aquellos días, al recibir tal libro, y no tanto por lo que incluía como por lo que omitía. Y algo de este pequeño desconcierto se refleja en las páginas de las mencionadas Literaturas europeas de vanguardia que hube de dedicar a explicar, ante todo, su cambio temático: el «atrezzo moderno» por los motivos sentimentales del contorno. Porque precisamente el choque psíquico recibido por el reencuentro con su ciudad nativa, Buenos Aires, tras varios años de permanencia en Europa, había sido la causa determinante de tal cambio. A la continuación de una «manera» había preferido el descubrimiento de un «tono». Al «entusiasmo» de tipo whitmaniano, ante la pluralidad del universo, sustituye el «fervor» por el espacio acotado de una ciudad; más exactamente, de unos barrios y un momento retrospectivo. Vuelve a su infancia, y casi a la de su país, idealizando nostálgicamente lo entrevisto. De ese mundo tan exiguo extrae sus riquezas. No hemos de valorizarlas, pues lo que aquí nos importa ahora es determinar el cambio que esa mutación de preferencias supone respecto a su manera de entender el ultraísmo, considerándolo desde entonces como algo «postizo» y «artificial», generalización que no deja de ser abusiva.

Una consecuencia de esta rectificación «antiultraísta» fue la que paso a detallar. Si el ultraísmo en España se había definido como una reacción contra el rubendarismo, en la Argentina tomó como «chivo emisario» de toda la poesía modernista, que se consideraba caducada, a Leopoldo Lugones. Actitud ésta más justificada, en principio, que la de los poetas ultraístas españoles, pues si Rubén Darío había muerto y su influjo era ya muy diluido y de cuarta mano, opuestamente Lugones seguía vivo y actuante, combatiendo con rudeza cualquier intento de innovación literaria. Atacaba sañudamente lo que entonces, en la Argentina, se llamaba «nueva sensibilidad», con frase tomada precisamente de Ortega y Gasset en una de sus conferencias de Buenos Aires, durante su primer viaje, 1916. Sin tregua, en sus frecuentes artículos, el autor del *Lunario sentimental* —que en sus orígenes, a comienzos de siglo se había estrenado como un renovador subversivo—, siguió hasta su muerte, en 1938, despotricando incansablemente, con pertinacia digna de más noble causa, contra el «versolibrismo» —el cual identificaba erróneamente con el «verso sin rima»—, sosteniendo que «donde no hay verso no hay poesía» (¡!). Confusión y furia semejantes utilizaba de modo alternativo el mismo escritor —que, en sus comienzos, había profesado una ideología anarquizante— para denostar el liberalismo, alabando los beneficios de la dictadura militar y saludando como un triunfo, desde 1923, la «hora de la espada».

Pues bien, Jorge Luis Borges que en aquellos años, al igual que todos sus compañeros argentinos de la misma edad —reunidos primero en las revistas por él fundadas, *Prisma* y *Proa,* después en *Martín Fierro*— no aceptaba, antes al contrario, rechazaba con burlas tales puntos de vista, disminuyendo la personalidad de Lugones, algunos años después dio en la tarea contraria de exaltarle sin mesura, acometido de un total arrepentimiento, llevando el «desagravio» a la hipérbole; llegó a proclamarle como otros «padre y maestro mágico», viéndole poco menos que como origen y término de toda la poesía moderna; afirmaba así que todas las novedades posibles, en punto a imágenes y metáforas estaban contenidas en el *Lunario sentimental* (1909); a tal punto que los poetas del ultraísmo argentino venían a ser simplemente unos sumisos «plagiarios».

Y, sin embargo, vista la cuestión en un terreno más general, ¿dónde podría basarse la relación, no ya el débito de Borges con Lugones? A mi parecer, pocas personalidades de rasgos más antitéticos. Sus respectivos estilos sólo disparidades ofrecen. Si el autor de *La guerra gaucha* viene a encarnar lo más vituperable de lo que se entiende —se menosprecia— habitualmente por retórica, esto es, el énfasis, la amplificación, el recargamiento del mal gusto, el de *El hacedor* (último libro de Borges que dedica precisamente a Lugones como saldando una deuda imaginaria...) personifica la sobriedad, el espíritu de síntesis, inclusive la tendencia hacia lo aforístico y lo sentencioso.

Pero al margen de esta cuestión adjetiva, retornando a la «prehistoria» de nuestro autor, he aquí ahora algunos otros detalles y recuerdos de la época ultraísta que le conciernen.

En sus primeras líneas autobiográficas, las que redactó para una *Exposición de la actual poesía argentina* (1927), Borges escribe: «Soy porteño... He nacido en 1900... El 18 fui a España. Allí colaboré en los comienzos del ultraísmo...» Ampliemos este apunte. «Colaboré...» ¡Y con qué frecuencia e intensidad! Apenas se reabre algún número de las revistas propias de aquella tendencia, *Grecia, Ultra, Tableros...* donde no se encuentren escritos suyos en prosa o verso, inclusive algunos de significación programática o teórica, de carácter ultraísta. ¿Son tan desdeñables o «equivocados» como el autor estimó muy pronto? ¿Merecían esa repudiación, ese olvido? Indudablemente, participan de las debilidades y excesos comunes a todas las producciones del mismo estilo, pero también es perceptible en ellos cierto acento personal, mayor seguridad. Así el inductor de mayor edad, o «eminencia gris» del ultraísmo, Cansinos-Asséns (*La nueva literatura, III, los poetas,* Madrid, 1927), elogiaba a Borges (cierto es que ya con referencia a *Luna de enfrente*) por haber acertado a «asimilarse el nuevo espíritu fundiéndolo con el adquirido en su rancia cultura, sin hacer demasiado alarde de la novedad.» Y Gloria Videla viene ahora a confirmar: «Fundió las novedades con el anuncio de un estilo propio. Hay con frecuencia en estos poemas [los de *Fervor...*] emoción, aunque contenida por la reflexión. Casi todos ellos tienen unidad, sentido constructivo, no son meros collares de imágenes.» Algunos ejemplos que daré más adelante podrán evidenciarlo. Pero antes creo que no carecería de interés, junto a estos datos externos, tomados de lo escrito, algunos otros más íntimos y personales, extraídos de lo vivido, que contribuyen a delinear la imagen del primer —y olvidado, voluntariamente por el autor, forzosamente por los que vinieron después— Borges ultraísta.

¿Cuándo le conocí? ¿Dónde nos vimos por primera vez? Epoca: la primavera de 1920 —cuando Georgie (según la designación familiar) no hacía mucho que había reunido los dos guarismos últimos en su edad y a mí aún me faltaba uno para alcanzarlos—; lugar: el ombligo de Madrid, la mismísima Puerta del Sol. Allí, en un hotel que aún subsiste —entre las calles del Carmen y Preciados— se hospedaba, tras vivir un invierno en Sevilla y antes de pasar otra temporada en Mallorca, el muy incipiente escritor, junto con su padre, su madre, la abuela y la hermana. Creo recordar que fue en un trecho de la acera nombrada donde hizo nuestras presentaciones Pedro Garfias, un poeta andaluz del grupo ultraísta. La relación entre ambos se debería probablemente bien a Isaac del Vando Villar, director de *Gracia* en Sevilla (revista donde se había estrenado Borges), o bien a su embajador y «maestro» en Madrid, Cansinos-Asséns. El caso es que ensanchando este pequeño círculo, el poeta argentino, quien había intimado en Sevilla con Adriano del Valle, Luis Mosquera, entre otros, del mismo modo en Madrid entró en relación —dada la fácil comunicatividad del medio— no sólo con Garfias y conmigo, sino también con Eugenio Montes e inclusive con algunos cuya huella se ha perdido completamente, tales Tomás Luque, Antonio M. Cubero... Borges fue tertuliano asiduo de las noches del café Colonial, lugar nada específicamente literario, por cierto, refugio en la alta noche de periodistas, gente de teatro, proxenetas y fauna similar, pero donde el «maestro» Cansinos-Asséns había instalado su «diván lírico». Frecuentó también una tertulia vespertina del «Oro del Rhin», cervecería de la Plaza de Santa Ana, donde acudían por su cuenta, sin «maestro» visible, los colaboradores de *Grecia* y de *Ultra,* es decir, aparte de los ya nombrados, otros como Humberto Rivas, J. Rivas Panedas, César A. Comet... Y naturalmente el poeta argentino —llevado por mí— no dejó de recalar algún sábado en la «sagrada cripta pombiana» de Ramón Gómez de la Serna, «promiscuando» así sus devociones; pues sépase, o recuérdese, que en aquellos años existía cierta latente enemistad entre el inventor de las *Greguerías* y el salmista de *El candelabro de los siete brazos,* disputándose más o menos tácitamente la adhesión de amigos o seguidores jóvenes. Algunas huellas de estas pequeñas disputas por primacías e influencias (que monopolizaría poco más tarde Juan Ramón Jiménez) se encuentran en el libro sobre *Pombo* de Ramón —me refiero a su primera salida en dos tomos (1918 y 1920), bastante distinta en el detalle a la segunda (1946), donde predomina casi únicamente lo anecdótico, pero desaparecen los matices y rincones de la «petite histoire» literaria.

«Huraño, remoto, indócil, sólo de vez en cuando soltaba una poesía que era pájaro exótico y de lujo en los cielos del día»: tal describió Ramón Gómez de la Serna a Borges en un comentario sobre *Fervor de Buenos Aires (Revista de Occidente,* Madrid, abril de 1924). Pero mientras la admiración del segundo por el primero no rebasó cierto nivel, la tributada a Cansinos-Asséns desborda límites y se mantuvo intacta a través de los años. Se explica que sea así puesto que probablemente tal devoción se cimenta, más que en lecturas y confrontaciones, en reminiscencias personales agrandadas, embellecidas por la distancia de «años y leguas».

Mas dejando de lado éstas y otras preferencias —o rechazos—, puesto a evocar los orígenes de Borges, el punto por donde lógicamente yo hubiera debido haber comenzado es por el recuerdo de sus olvidadas, desconocidas, primeras poesías.

Alguna de ellas —por ejemplo, la que transcribo a continuación —pertenece más bien a sus preorígenes; es casi protohistoria. Se trata de su primer texto impreso y apareció en la revista *Grecia* (núm. 37, Sevilla, 31 de diciembre de 1919). He aquí —vedándome cualquier comentario— algunos de sus fragmentos más expresivos:

HIMNO DEL MAR

Yo he ansiado un himno del Mar con ritmos amplios como las olas que gritan;
del Mar cuando el sol en sus aguas cual bandera escarlata flamea;
del Mar cuando besa los pechos dorados de vírgenes playas que aguardan se-
[dientas;
del Mar al aullar sus mesnadas, al lanzar sus blasfemias los vientos,
cuando brilla en las aguas de acero la luna bruñida y sangrienta;
del mar cuando vierte sobre él su tristeza sin fondo la copa de estrellas.
Hoy he bajado de la montaña al valle
y del valle hasta el mar.
El camino fue largo como un beso.
Los almendros lanzaban madejas azuladas de sombra sobre la carretera
y, al terminar el valle, el sol
gritó rubios Golcondas sobre tu glauca selva: ¡Mar!
¡Hermano, Padre, Amado...!
Entro al jardín enorme de tus aguas y nado lejos de la tierra.
Las olas vienen con cimera frágil de espuma, en fuga hacia el fracaso. ¡Hacia
[la costa,
con sus picachos rojos,
con sus casas geométricas,
con sus palmeras de juguete,
que ahora se han vuelto lívidos y absurdos como recuerdos
yertos!
. . . .
¡Oh Mar! ¡Oh mito! ¡Oh sol! ¡Oh largo lecho!
Y sé porqué te amo. Sé que somos muy viejos.
que ambos nos conocemos desde siglos.
Sé que en tus aguas venerandas y rientes ardió la aurora de la vida.
(En la ceniza de una tarde terciaria vibré por vez primera en tu seno.)
¡Oh proteico, yo he salido de ti!
¡Ambos encadenados y nómadas;
ambos con una sed intensa de estrellas;
ambos con esperanza y desengaños;
ambos, aire, luz, fuerza, oscuridades;
ambos con nuestro vasto deseo y ambos con nuestra grande miseria!

Dos libros imaginaba Borges, en torno a 1920, ninguno de los cuales —y no tanto quizá por desistimiento como por falta de incentivos o facilidades— llegó a ver la luz. Uno de ellos habría de titularse *Los naipes del tahur;* de él aparecieron algunas páginas en la revista *Grecia,* cuya colección completa perdí durante la guerra en Madrid y que no he vuelto a encontrar. Era una serie de escritos en prosa donde ya apuntaban algunas de las cavilaciones sobre el azar, el tiempo, la eternidad; probablemente no serían muy distintas de las que años más tarde corporizó en sus cuentos.

Otro, bajo el título de *Salmos rojos* (título que traduce un doble tributo compartido: en su primera palabra, a Cansinos-Asséns; en la segunda, a la revolución soviética de octubre de 1917), reflejaba un deslumbramiento muy natural y extendido entre los escritores jóvenes de todo el mundo por aquellas calendas. Aparte de esa motivación ocasional, los poemas que habrían de integrar tal libro ofrecen valores más permanentes, y traslucen una visión esperanzada del mundo, un tono enérgico y whitmaniano, muy diferentes del desaliento o la incredulidad que reflejarían las composiciones subsiguientes del mismo autor. Véase uno, publicado en *Grecia* (número 48, Sevilla, 1.º de septiembre de 1920).

RUSIA

La trinchera avanzada es en la estepa un barco al abordaje con gallardetes de
[hurras
mediodías estallan en los ojos
Bajo estandartes de silencio pasan las muchedumbres
y el sol crucificado en los ponientes
se pluraliza en la vocinglería de las torres del Kremlin.
El mar vendrá nadando a esos ejércitos
que envolverán sus torsos
en todas las praderas del continente.
En el cuerpo salvaje de un arco iris clamemos su gesta
bayonetas
que portan en la punta las mañanas.

Y he aquí ahora otro, inserto en la revista sucesora de *Grecia,* esto es, *Ultra* (núm. 3, Madrid, 20 de febrero de 1921).

GESTA MAXIMALISTA

Desde los hombros curvos
se arrojaron los rifles como viaductos.
Las barricadas que cicatrizan las plazas
vibran nervios desnudos.
El cielo se ha crinado de gritos y disparos.
Solsticios interiores han quemado los cráneos.

Uncida por el largo aterrizaje
la catedral avión de multitudes quiere romper las amarras.
y el ejército fresca arboladura
de surtidores—bayonetas pasa
el candelabro de los mil y un falos.
Pájaro rojo vuela un estandarte
sobre la hirsuta muchedumbre extática.

Ahora, como ejemplos de lo que era entonces el nuevo arte de metaforizar, una visión de ciudad «moderna» —muy distinta de la ciudad «aprovincianada» que veríamos poco después en *Fervor de Buenos Aires*—, que apareció en *Ultra* (núm. 1, Madrid, 30 de marzo de 1921), bajo el título de

TRANVIAS

Con el fusil al hombro los tranvías
patrullan las avenidas.
Proa del imperial bajo el velamen
de cielos de balcones y fachadas
vertical cual gritos.
Carteles clamatorios ejecutan
su prestigioso salto mortal desde arriba.
Dos estelas estiran el asfalto
y el trolley violinista
va pulsando el pentágrama en la noche
y los flancos desgranan
paletas momentáneas y sonoras.

Si quisiéramos hacer una reconstrucción, o simplemente una evocación completa, de los orígenes y preorígenes borgianos (tarea reservada a esos jóvenes investigadores de la literatura argentina que escarban en el ayer inmediato con tanto ahínco y buena fe como si se tratara de la Edad Media...), sería menester incluir alguna referencia a su importación del expresionismo alemán, merced a las pequeñas noticias y traducciones que en la veintena del siglo y de su edad publicó. Importación y aportación singular a las letras poéticas de nuestro idioma, puesto que venía a contrabalancear el imperio absorbente de lo francés a cuya expansión varios contribuíamos con glosas y versiones de Apollinaire, Reverdy, Cocteau, Cendrars... Basándose quizá en muy pocos elementos (algunos números de la revista berlinesa *Der Sturm,* la antología *Die Aktions-Lyrik, 1914-16)* Borges publica versiones de Johannes R. Becher, Ernst Stadler, Wilhelm Klemm, August Stramm, etc., buena parte de las cuales trascribí en el capítulo sobre expresionismo de mis *Literaturas europeas de vanguardia* (1925). El influjo de tales lecturas y adaptaciones (puesto que no reflejan experiencias propias, sino las de aquellos escritores que vivieron, sufrieron, la guerra del 14) es claramente percibible en algunos de sus poemas de entonces, como éste publicado en *Grecia* (núm. 43, 1920):

TRINCHERA

Angustia
en lo altísimo de una montaña camina.
Hombres color de tierra naufragan en la grieta más baja.
El fatalismo une las almas de aquellos
que bañaron su pequeña esperanza en las piletas de la noche.
Las bayonetas suenan con los entreveros nupciales.
El mundo se ha perdido y los ojos de los muertos lo buscan.
El silencio aúlla en los horizontes incendiados.

En cuanto a los escritos de carácter teórico o programático y aun proselitista que Borges escribió sobre el ultraísmo, son bastante numerosos pero como una buena parte de ellos ya han sido reproducidos o extractados en otras ocasiones, prefiero exhumar únicamente uno que nunca salió de *Prisma*, revista mural, en su primer número, Buenos Aires, sin fecha, pero que corresponde a 1921. Es una «Proclama» que si bien suscrita —en este orden— por mí, por Guillermo Juan (Borges), por Eduardo González Lanuza y Jorge Luis Borges delata como único autor al último firmante. Dice así en una de sus partes:

Nosotros los ultraístas en esta época de mercachifles, que exhiben corazones disecados i plasman el rostro en carnavales de muecas, queremos desanquilosar el arte. Lícito i envidiable como cualquier otro placer es el que motivan las palabras eficazmente trabadas, mas hai que convenir en lo absurdo de honrar los que le venden, traficando con flacas ñoñerías i trampas antiquísimas. Nuestro arte quiere superar esas martingalas de siempre y descubrir facetas insospechadas al mundo. Hemos sintetizado la poesía en su elemento primordial: la metáfora, a la que concedemos una máxima independencia, más allá de los jueguitos de aquéllos que comparan entre sí cosas de forma semejante, equiparando con un circo a la luna. Cada verso de nuestros poemas posee su vida individual i representa una visión inédita. El Ultraísmo propende así a la formación de una mitología emocional i variable. Sus versos que excluyen la palabrería i las victorias baratas conseguidas mediante el despilfarro de palabras exóticas, tienen la contextura decisiva de los marconigramas.

Imperio absoluto de la metáfora...; formación de una mitología... Al segundo deseo se mostraría fiel Borges, si bien traspasándolo a límites más concretos o cercanos (recuérdese su «Fundación mitológica de Buenos Aires»); del primero descreería y abominaría pocos años después. Pero todavía en otro artículo programático, titulado

«Al margen de la moderna lírica» (en *Grecia,* Sevilla, núm. 31, enero de 1920), escribe:

> El ultraísmo es la expresión recién redimida del transformismo en literatura. Esa floración brusca de metáforas que en muchas obras creacionistas abruma a los profanos, se justifica así plenamente y representa el esfuerzo del poeta para expresar la milenaria juventud de la vida que, como él, se devora, surge y renace en cada segundo: La miel de la añoranza no nos deleita y quisiéramos ver todas las cosas en una primicial floración... El ultraísmo no es quizá otra cosa que la espléndida síntesis de la literatura antigua, que la última piedra redondeando su milenaria fábrica. Esa premisa tan fecunda que considera las palabras no como puentes para las ideas, sino como fines en sí, halla en él su **apoteosis.**

Y en otro texto, «Anatomía de mi *Ultra*» (en *Ultra,* núm. 11, Madrid, 20 de mayo de 1921), enumeraba así las «intenciones de sus esfuerzos líricos»:

> Yo busco en ellos la *sensación en sí* y no la descripción de las premisas espaciales o temporales que la rodean. Siempre ha sido costumbre de los poetas ejecutar una reversión del proceso emotivo que se había operado en su conciencia; es decir, volver de la emoción a la sensación, y de ésta, a los agentes que la causaron. Yo —y nótese bien que hablo de intentos y no de realizaciones colmadas— anhelo un arte que traduzca la emoción desnuda depurada de los adicionales datos que la preceden. Un arte que rehúya lo dérmico, lo metafísico y los últimos planos egocéntricos y mordaces. Para esto —como para toda poesía— hay dos imprescindibles medios: el ritmo y la metáfora. El elemento luminoso. El ritmo: no encarcelado en los pentagramas de la métrica, sino ondulante, suelto, redimido, bruscamente truncado. La metáfora: esa curva verbal que traza casi siempre entre dos puntos —espirituales— el camino más breve.

A despecho de cambio de gustos y conceptos, no por ello disminuirá en Borges, la preocupación por los tropos, en general por las cuestiones técnicas de la literatura. Marcando distancias sucesivas de sus primeros enamoramientos, titula luego un artículo «Después de las imágenes» (*Proa,* núm. 5, Buenos Aires, diciembre de 1924). Allí leemos (en una prosa de evidente ritmo cansiniano):

> Dimos con la metáfora, esa acequia sonora que nuestros caminos no olvidarán, y cuyas aguas han dejado en nuestra escritura su indicio. La fatigamos largamente y nuestras vigilias fueron asiduas. Hoy es fácil en cualquier pluma y su brillo —astro de epifanías anteriores, mirada nuestra— es numeroso en los espejos. Pero no quiero que descansemos en ella y ojalá nuestro arte, olvidándola, pueda zarpar a intactos mares.

Quedan también otras muchas páginas posteriores de Borges donde revive y se amplía su gusto, su preocupación por las imágenes aun fuera del pasajero *modo ultraísta*. Así en la *Historia de la eternidad,* en *Otras inquisiciones,* donde escribe que «quizá la historia universal es la historia de la diversa entonación de algunas metáforas», y sobre todo en *Las kenningar*. Este capítulo es, por cierto, uno de los más curiosos e imprevistos catálogos de equivalencias poéticas (no obstante incurrir en el error, algún tiempo común, de incluir unas estrofas de Gracián que éste nunca escribió), tomadas de las antiguas literaturas germánicas, anglosajonas y nórdicoeuropeas: los Eddas, las Sagas, el Beowulf. Recopilación de extrañezas que Borges epilogaba así: «El ultraísta muerto cuyo fantasma sigue siempre habitándome, goza con estos juegos». Líneas que datan de 1935 y que a despecho de nuevas preferencias y naturales evoluciones y felices avatares, mostrarían, en suma, más allá de todos los desdenes, la indeleble impronta que el juvenil, bullicioso, pasajero ultraísmo no dejó de marcar en Borges.

[*Hispania,* Washington, vol. XLVII, 1964, pp. 457-463.]

ZUNILDA GERTEL

LA METAFORA EN LA ESTETICA DE BORGES

En sus primeros manifiestos ultraístas, Borges ya señala la importancia de la metáfora y el ritmo del verso libre, no como meros artificios, sino como principios unificadores de la nueva lírica.

El primer estudio de Borges acerca de la metáfora se publicó en *Cosmópolis* de Madrid, en 1921 [1]. Este artículo, muy poco difundido, es de fundamental importancia para el análisis de la teorización de la metáfora borgiana. Se nota ya entonces cierto escepticismo con respecto a las posibilidades de la metáfora, actitud que la crítica ubica hacia 1925, con la publicación de *Inquisiciones,* pero que comprobamos en el artículo citado de 1921.

Borges define allí la metáfora, como «una identificación voluntaria de dos o más conceptos distintos, con una finalidad de emociones» (art. cit., p. 396). Establece la relación entre metáfora científica —que corresponde a la explicación de un fenómeno— y la poética, pues en ambos casos son «vinculación tramada de cosas distintas», y asimismo «verdaderas o falsas transmutaciones de la realidad». Añade que cuando el geómetra dice que la luna «es una cantidad extensa en las tres dimensiones» su expresión es tan metafórica como la de Nietzsche cuando la define como «un gato que anda por los tejados», ya que en ambos casos se tiende un nexo desde la luna (síntesis de percepciones visuales en el primero y de sensaciones evocadoras, en el segundo.) (p. 395).

Borges se propone presentar una clasificación y sistematización de la metáfora. Destaca el predominio de las imágenes visuales en el recuerdo, y secundariamente, las auditivas. Considera que no hallan cabida «ni lo muscular ni lo olfatorio, ni lo gustable», y el pasado se reduce a «visiones barajadas y a una pluralidad de voces» (p. 396). Observa que nombrar un sustantivo cualquiera equivale a

---

[1] «Apuntaciones críticas: La metáfora», *Cosmópolis,* noviembre de 1921, páginas 395-402.

sugerir su contexto visual, aún tratándose de un instrumento musical: violín-tambor-vihuela [2].

La clasificación de Borges es la siguiente:

I. Imágenes que muestran paralelismo entre dos objetos formales. Aunque son las más sencillas no abundan en las literaturas primitivas como pudiera creerse. Anota que en la literatura española, Góngora es el primero que «sistematiza la explotación de coincidencias formales», y cita como ejemplo el verso «En campos de zafir pacen estrellas» (p. 397).

II. Analiza la traslación de percepciones acústicas en visuales, como asimismo la relación inversa. Agrega que éstas son de menos fijación efectiva, pero más audaces. Cita ejemplos del siglo XVII, «negras voces», «voz pintada» (Quevedo), lo que evidencia que el simbolismo no sería creador, sino renovador de las imágenes sinestésicas [3]. Analiza algunos hallazgos significativos en este aspecto: En 1734, Castel inventó un clavicordio de colores, con el objeto de hacer visible el sonido para interpretarlo en términos cromáticos. Saint-Pol-Roux, observando la similitud de los vocablos *coq* y *coquelicot,* y sugestionado por el color de la cresta, dice que «el gallo es una amapola sonora». También René Ghil, en 1886, amplía las declaraciones de Rimbaud acerca de la visualización de los sonidos: «les Harpes sont blanches; et bleus sont les Violons mollis souvent d'une phosphorescence pour surmener les paroxysmes; en la plénitude des Ovations les cuivres sont rouges; les Flûtes, jaunes, qui modulent l'ingénu s'étonnant de la lueur des lèvres; et, sourdeur de la Terre et des Chairs, synthèse simplement des seuls simples, les Orgues toutes noires plangorent...» (p. 398).

Once años antes, ya el profesor Brühl había estudiado la ligazón de sonidos y colores. Las investigaciones de Francis Galton prueban, al respecto, las diferencias enormes que las asociaciones visuo-auditivas tienen en individuos no vinculados entre sí. Esto demuestra que son traslaciones casuales y carecen de universalidad [4].

---

[2] *Ibíd.,* p. 37. Cabe señalar que estas afirmaciones son discutibles ya que sustantivos abstractos (música, grito, trino) y aun otros concretos, pueden evocarnos no sólo percepciones visuales. Las investigaciones en psicología, precursoras de Francis Galton, en 1880, buscaron conocer hasta qué punto los hombres pueden reproducir visualmente el pasado. Se comprobó que las posibilidades eran muy diversas en las distintas personas y que las imágenes no sólo eran visuales, sino también olfatorias, gustativas, de calor y de presión «(cinestésicas, [*sic*] hápticas, endopáticas»)» y se hacía la distinción entre imágenes estáticas y cinéticas o dinámicas. Véase RENÉ WELLEK y AUSTIN WARREN, *Teoría literaria,* Madrid, Gredos, 1962, p. 222.

[3] En 1925 en «Examen de metáforas», *Inquisiciones,* p. 72, cita un ejemplo más remoto: *tacitatum lumen* (luz callada), de Virgilio.

[4] Borges ejemplifica comparando las interrelaciones audiovisuales de Rimbaud y las citadas de Galton. Aquél veía a las vocales: A negra, E blanca,

III. Más allá de las metáforas que representan traslaciones sensoriales, son aún más ricas en posibilidades y más complejas las que establecen relaciones entre lo conceptual abstracto y lo concreto. Por ejemplo, las creadas mediante la materialización de lo temporal: como en *Las mil y una noches* «Cuando tu cabellera está dispuesta en tres oscuras trenzas, me parece mirar tres noches juntas» (p. 400).

IV. Ofrece también posibilidades de mutaciones la traslación de lo estático en dinámico —que es la inversión de lo anterior. En este caso lo espacial se temporaliza: «Los rieles aserran interminables asfaltos» (p. 400).

V. Las metáforas que encierran imágenes antitéticas prueban, según Borges, el carácter «provisional y tanteador» que asume el lenguaje frente a la realidad. Advierte que si sus momentos fueran encasillables «a cada estado correspondería un rótulo y sólo uno». En tanto en álgebra los signos contrarios se excluyen, en literatura fraternizan «e imponen la conciencia de su sensación mixta, pero no menos verdadera que las demás» (p. 400).

Borges ejemplifica esta unión de elementos opuestos con el verso de Shakespeare: «Looking on darkness which the blind do see» (*Sonnets*, 27). Anota que en el lenguaje árabe persisten vocablos que traducen a la vez términos contrarios. De estas antítesis quedan algunas voces en las distintas lenguas, por ejemplo, *to ravel* y *to cleave* en inglés, y en español el ambiguo huésped, que tienen actualmente la significación contraria a la que tuvieran en su origen.

Esta observación de la unidad que adquiere la fusión de lo antagónico halla su remoto origen en el sentido ambivalente que el lenguaje tenía en época primitiva, y que según las investigaciones de Abel, abarcaba los términos contrarios.

De este consciente estudio, Borges deduce: «He analizado ya bastantes metáforas para hacer posible, y hasta casi segura, la suposición de que en su gran mayoría cada una de ellas es referible a una fórmula general, de la cual pueden inferirse a su vez, pluralizados ejemplos, tan bellos como el primitivo, y que no serán en modo alguno, plagios» (p. 401).

Admite que el poeta puede lograr metáforas excepcionales, pero las juzga hallazgos únicos, «el verdadero milagro de la gesta verbal», como en los inmortales versos de Quevedo: «Su tumba son de Flandes las campañas/y su epitafio la sangrienta luna» (p. 401).

Borges siente que en metáforas como ésta, la realidad objetiva se contorsiona y logra plasmarse una nueva realidad. La aspiración de su arte es esa transmutación, que busca hallar en la metáfora, pero que ya, con escepticismo, teme no alcanzar.

I roja, O azul, U verde. Una de las personas de la investigación de Galton las percibía así: A azul, E blanca, I negra, O blanquecina, U parda: otros, a su vez, presentaban distintas visualizaciones (art. cit., p. 398).

Como conclusión, en este primer artículo de Borges sobre la metáfora podemos inferir:

I. La valoración de ésta como elemento funcional en la poesía ultraísta, en su posibilidad de trasladar y fusionar elementos dispares, en una visión nueva.

II. La reducción de las combinaciones de metáforas a fórmulas arquetípicas, lo que implica una restricción de las infinitas posibilidades que postulaba el ultraísmo.

III. Las metáforas excepcionales, «las que escurren el nudo enlazador de ambos términos en la intelectualización», son casi inasibles.

IV. La imagen antitética en su ambivalencia ofrece la apertura hacia la transmutación de la realidad cotidiana en el mundo del arte. Hallamos ya la valoración de la antítesis como unidad, lo que posteriormente será clave de la lírica borgiana.

Demostramos con estos principios que Borges, en 1921, momento inicial del ultraísmo porteño, opone reparos a la metáfora y advierte ya, objetivos inaccesibles a la audacia de la imagen nueva [5]. Afirma aún los valores del ultraísmo, insiste en su oposición a los sencillistas, y aunque en su lírica hallen plenitud las metáforas, en teoría advierte sus limitaciones.

En 1923, en el prólogo de *Fervor de Buenos Aires,* nos dice: «Siempre fue perseverancia de mi pluma, usar de los vocablos en su primordial acepción, disciplina más ardua de lo que suponen quienes sin lograr imágenes nuevas, fían su pensamiento a la inconstancia de un estilo inveteradamente metafórico y agradable con flojedad». Reconoce su predilección por la metáfora, pero insiste en buscar en ella «antes lo eficaz que lo insólito». Su actitud asume así una directriz personal dentro del ultraísmo, ya que no postula la innovación audaz, sino la genuina.

En 1925, en *Inquisiciones,* publica «Examen de metáforas», que reitera numerosos conceptos expresados en el primer artículo publicado en *Cosmópolis,* y completa además la clasificación expuesta entonces. Agrega que la metáfora «se inventó por pobreza del idioma y se frecuentó por gusto». Considera que la lengua «no ha recabado aún su adecuación a la urgencia poética y necesita troquelarse en figuras» *Inquisiciones* (pp. 65 y 67).

Apunta la carencia de metáforas en la lírica popular y afirma com-

---

[5] CÉSAR FERNÁNDEZ MORENO en *Esquema de Borges,* Buenos Aires, Perrot, 1957, p. 11, da como fecha inicial de estos reparos, el ensayo «Examen de metáforas», incluido en *Inquisiciones* (1925). ALLEN PHILLIPS, en «Borges y su concepto de la metáfora», *Movimientos literarios de vanguardia en Iberoamérica,* México, 1965, pp. 41-53, si bien señala que ya en 1923, nuestro poeta «demuestra su disentimiento con ciertos axiomas de la poética ultraísta», considera también que «Examen de metáforas» es punto de partida de dicha preocupación borgiana.

probarlo con los ocho mil cantares que Rodríguez Marín publicó en Sevilla, en 1883. Las traslaciones populares son las equivalentes de tropos sencillos: niña-flor, labios-clavel, mudanza-luna. Según Borges, la poesía popular se apoya en estas imágenes porque son las únicas poetizables «para el instinto del coplista plebeyo», a quien «le atañe lo sobresaliente que hay en toda aventura humana, no las parciales excepciones». Anota que el coplista se interesa en versificar lo individual; el poeta culto, en lo personal (pp. 70-71).

Observa, sin embargo, que el coplista recurre a la hipérbole que significa una «promesa de milagro». Advierte que es falacia suponer que «toda copla popular, es improvisación». Borges piensa que la poesía del coplista es quehacer auténtico, y en el tránsito de guitarra en guitarra «suelen convivir varias lecciones que ya no incluyen la primitiva, tal vez» [6].

También en *Inquisiciones,* en su ensayo «Después de las imágenes», vuelve a teorizar sobre la metáfora, y manifiesta la necesidad de un cambio: «Hoy es fácil en cualquier pluma [la metáfora] y su brillo es numeroso en los espejos. Pero no quiero que descansemos en ella y ojalá nuestro arte olvidándola pueda zarpar a intactos mares» (p. 28).

Llegamos al momento en que Borges comprueba que en sus principios poéticos la metáfora no aporta los elementos válidos para su creación. Advierte que su búsqueda debe ir más allá de ese momentáneo enlace de sensaciones o conceptos, hacia la imagen esencial. Por ello afirma: «La imagen es hechicería. Transformar una hoguera en tempestad, según hizo Milton, es operación de hechicero. Trastrocar la luna en pez, en una burbuja, en una cometa —como Rosetti lo hizo equivocándose antes que Lugones, es menor travesura. Hay alguien superior al travieso, al hechicero. Hablo del semidiós, del ángel, por cuyas obras cambia el mundo» (p. 28).

Estamos ya ante la decepción del ultraísmo. Borges percibe entonces que, más allá de todo principio innovador, en la poesía hay un sentido de verdad intemporal.

Al comentar la obra *Prisma,* de González Lanuza —que ve como libro ejemplar del ultraísmo— reconoce ya, el cierre definitivo del movimiento: «he comprobado que, sin quererlo, hemos incurrido en otra retórica, tan vinculada como las antiguas al prestigio verbal. He visto que nuestra poesía, cuyo vuelo juzgábamos suelto y desenfadado, ha ido trazando una figura geométrica en el aire del tiempo. Bella y triste sorpresa la de sentir que nuestro gesto de entonces,

---

[6] Borges confunde aquí lo popular con lo tradicional, ya que éste es el concepto que corresponde a la poesía anónima, de transmisión oral, que recibe el aporte de reelaboraciones del pueblo, a la que nuestro escritor se refiere en este caso.

tan espontáneo y fácil, no era sino el comienzo torpe de una liturgia» *Inquisiciones* (pp. 97-98).

Si bien Borges señala el fracaso ultraísta, y en sus versos persisten aún los rasgos de esta corriente literaria, pero en su teoría se advierte la evolución de su pensamiento poético. Afirma aún la validez de la metáfora, mas no por su novedad o frecuencia en el verso, sino por la belleza de la imagen. En *El tamaño de mi esperanza* (1926) postula que «cualquier metáfora por maravillosa que sea, es una experiencia posible», anota la facilidad con que pueden inventarse, pero la dificultad que significa obtener de ellas «la manera que logre alucinar» (p. 147).

En 1927, en «Página sobre la lírica de hoy», declara su firme arrepentimiento «de las ya excesivas zonceras que sobre nueva sensibilidad y no tradición he debido leer, pensar y escuchar y hasta en equivocada hora escribir». Descree de la nueva poesía y de «la nueva sensibilidad», insiste en que la metáfora no es privativa de nuestro tiempo, sino un aporte de la tradición. A la vez expone su actitud ante la tradición, a la que considera «tan indigna de sumisiones como de ultrajes».

Afirma nuevamente la superioridad del verso libre «menos extravagante..., más virtualmente clásico que los estrafalarios rigores del soneto» [7]. No obstante, ya ha publicado en *Luna de enfrente* (1925), sus primeras poesías de métrica regular: «El general Quiroga va en coche al muere», y «Versos de catorce».

En 1928, en «Otra vez la metáfora» y en otros ensayos de *El idioma de los argentinos* expone sus nuevas reflexiones sobre la imagen poética. Afirma que pretender hacer un cómputo de las metáforas de un escritor es como hacerlo de las letras que emplea, y no es cuestión de orden estético. «La metáfora no es poética por ser metáfora, sino por la perfección alcanzada» (p. 69). Asimismo las cosas no son «intrínsecamente» poéticas; para elevarlas a categoría de poesía es necesario vincularlas al vivir humano y «pensarlas con devoción». Agrega que «las estrellas son poéticas porque generaciones de ojos humanos las han mirado y han ido poniendo tiempo en su eternidad y ser en su estar». Postula que en la literatura, un tema recorre dos períodos; uno de poetización, otro de explotación. La metáfora corresponde a éste, pues «requiere un estado de poesía ya formadísimo», Borges la considera «pospoética», ya que las asociaciones convertibles de la metáfora pueden emocionar, lograr el hallazgo lírico, o bien, fallar como inútil artificio retórico (pp. 55-63) [8].

---

[7] *Nosotros*, LVII, núm. 219-220 (1927), p. 75-77.
[8] Se trata aquí de la metáfora poética moderna, no de las tradicionales, acuñadas por el tiempo. HUGO FRIEDRICH en *Estructura de la lírica moderna*, Barcelona, Seix Barral, 1958, p. 317, afirma que la metáfora clásica está condicionada por la analogía entre objeto e imagen, la metáfora moderna atenúa o

7

Su decepción ante las posibilidades de la metáfora lo lleva ya a nuevas reflexiones acerca de la lírica. Su concepto de poesía se define como «el descubrimiento de mitos o el experimentarlos otra vez con intimidad, no el aprovechar su halago forastero y su lontananza» (p. 73).

El mito que persigue Borges no es el extraño y fabuloso mito del modernismo o del culteranismo, «que se llenó de ecos, de ausencias y se engalanó de muertes», sino el que une la fantasía a la historia anónima en la dilucidación de orígenes y destinos. En *El hacedor* (1960) reafirma su convicción: «Porque en el principio de la literatura está el mito, y asimismo, el fin» (p. 38).

En esta búsqueda de un nuevo cauce lírico, Borges reconocerá definitivamente, al cabo de tantas dudas y reticencias, en 1952, el fracaso de la metáfora nueva y la necesidad del retorno a las metáforas eternas.

En *Otras inquisiciones* (1952) dice: «Las verdaderas, las que formulan íntimas conexiones entre una imagen y otra, han existido siempre; las que aún podemos inventar son las falsas, las que no vale la pena inventar». En «La esfera de Pascal» concluye que «quizá la historia universal es la historia de la diversa entonación de algunas metáforas» (p. 16). Al referirse a las críticas de Quevedo, con respecto a las trivialidades o eternidades de la poesía —aguas equiparadas a cristales, manos equiparadas a nieve— «que le incomodaban por fáciles, pero mucho más por ser falsas», Borges nos da la explicación de la inoperancia de la metáfora, porque «es el contacto momentáneo de dos imágenes, no la metódica asimilación de dos cosas» (p. 50).

En *Historia de la eternidad* (1953), vuelve a sus reflexiones sobre la metáfora. De «Las Kenningar» [9] dice que «son las más frías aberraciones que las historias literarias registran». Si bien es común atribuirlas a decadencia, ve en esta poesía de Islandia del año 1000, el primer deliberado intento del goce verbal de una literatura instintiva (p. 43). En el mismo libro, en «Las metáforas», también señala algunas típicas de la poesía de Islandia («gaviota del odio», «halcón de la sangre», «cisne rojo»), como equivalentes al cuervo. Concluye que la emoción no las justifica y las juzga «laboriosas e inútiles». Afirma haber comprobado lo mismo con las figuras del marinismo y del simbolismo (pp. 69-74).

Llega así a la conclusión de «la *reductio ad absurdum* de cualquier propósito de elaborar metáforas nuevas». «Para confirmar que

---

destruye la analogía y fuerza a unirse cosas incoherentes, «procedimiento que resulta en detrimento del objeto y de su valor de realidad», pero, en cambio, favorece la imagen y la fantasía creadora.

[9] *Las Kenningar* se publicó en 1933. Se incluye en *Historia de la eternidad* (1936). Los textos citados corresponden a este libro, edición 1953, que agrega el ensayo «La metáfora».

este problema de la expresión lingüística es eterno, expone su sospecha de que Lugones o Baudelaire no fracasaron menos que los cortesanos de Islandia» (pp. 69-70).

Borges concluye que *La Ilíada,* el primer monumento de las literaturas occidentales, fue escrito hace más de tres mil años y, por tanto, hemos de conjeturar que todas las afinidades necesarias (sueño-muerte, sueño-vida, río-vida) hayan sido reconocidas y escritas. No obstante agrega: «Ello no significa, naturalmente, que se haya agotado el número de metáforas; los modos de indicar o insinuar estas secretas simpatías resultan ilimitados. Su virtud o flaqueza está en las palabras» (p. 74).

Con dos versos famosos, fundamenta que más allá de todo principio, la poesía encierra una esencia mágica imposible de precisar Usando procedimientos aparentemente similares pueden lograrse efectos muy diferentes. Dante define el cielo oriental con la piedra del oriente: «Dolce color d'oriental zaffiro», «más allá de toda duda, admirable». En cambio, en el verso de Góngora que dice: «En campos de zafiro pace estrellas», «es un mero énfasis» [10].

Analizados los rechazos y contradicciones de la teoría de la metáfora en la lírica ultraísta, nos interesa explicar estos cambios. No son ellos azarosos, responden a una convicción de Borges. La metáfora audaz del ultraísmo puede obtener asombro, fusión momentánea, pero no logra asimilación íntima de dos imágenes, pues los elementos de la realidad e irrealidad persisten limitados aún.

Borges comprende la inoperancia de la metáfora vanguardista en su lírica y necesita buscar un cauce más personal, que posteriormente hallará por el camino del mito y del símbolo. De ello derivan sus constantes reflexiones y sus cambios de puntos de vista, los que no obstante, siempre se apoyan en la conciencia de una tradición literaria, en un orden eterno. Podemos también explicar con su rechazo del ultraísmo su cambio de visión de la literatura modernista, y especialmente su actitud ante la obra de Lugones, que varía fundamentalmente y se contradice en críticas sucesivas [11]. Borges no se ubica ya en la posición revolucionaria del escritor vanguardista, sino desde una perspectiva más amplia que incluye distintos puntos de vista, y

---

[10] Estos versos son, respectivamente, del *Purgatorio,* I, 13, y *Soledades,* I, 6.
[11] En 1925, en una carta publicada en *Nosotros,* XLIX (1925), p. 547, Borges llama Nulario al *Lunario sentimental* de Lugones, y agrega: «Ni sufro sus rimas ni me acuerdo del tétrico enlutado ni pretendo que sus imágenes, divagadoras siempre y nunca ayudadoras del pensar, puedan equipararse a las figuras orgánicas que muestran Gómez de la Serna y Rafael Cansinos-Asséns.» En 1937, en una publicación de la revista *El hogar,* recogida en el libro *Leopoldo Lugones* (1955), p. 78, Borges afirma que la obra de los poetas de *Martín*

que le permite ver los movimientos literarios como síntesis y como una apertura en la historia de la literatura.

Esta capacidad de no quedar en el absolutismo de una idea que reconoce errónea con el tiempo, ni tampoco en una situación de relativismo endeble, nos permite ubicar a nuestro escritor en una posición «perspectivista», y usamos el término en la acepción que le confieren Wellek y Warren en *Teoría literaria*: «El 'perspectivismo' no significa anarquía de valores, glorificación del capricho individual, sino un proceso para llegar a conocer el objeto desde diferentes puntos de vista que pueden ser definidos y criticados uno tras otro» (p. 186).

Para Borges la meta del autor es siempre «perfectible» y puede significar críticas y cambios, si éstos responden a un auténtico objetivo.

[*Hispania,* Palo Alto (U.S.A.), vol. LII, núm. 1, marzo de 1969, pp. 33-38.]

Fierro y *Proa* «está prefigurada absolutamente en algunas páginas del *Lunario*». En el mismo libro se refiere a Lugones como poeta ejemplar en su ejercicio literario: «honesta y aplicada ejecución de una tarea precisa, riguroso cumplimiento de un deber que excluía los adjetivos triviales, las imágenes previsibles y la construcción azarosa» (p. 9). Finalmente, en 1960, dedica *El hacedor,* su libro más personal, a Lugones. En el prólogo dice: «Pero esta vez usted vuelve las páginas y lee con aprobación algún verso, acaso porque en él ha reconocido su propia voz...»

BORGES : EL ELOGIO DE LA SOMBRA

A partir de 1958, la actividad poética de Borges se intensifica sensiblemente y aún llega a ser central en su labor creadora. Si es verdad que aún Borges escribe poemas dentro de una métrica tradicional, especialmente sonetos (nada neoclásicos, como podría pretender cierta crítica; escritos, más bien, con cierta desenvoltura, en un estilo que pocas veces pierde el tono coloquial), la forma que tiende a ser dominante en sus nuevos poemas es el verso libre, incorporando una vez más el versículo, combinando también lo narrativo y lo anecdótico. Se trata, en gran medida, de una poesía de lector, pero del vasto lector que ha sido Borges. Y la experiencia estética de Borges ¿no es, acaso, tan inquietante y compleja como cualquier experiencia directa (si la hay) del mundo? ¿No es también la lectura una manera de soñar el mundo? El propio Borges lo ha sugerido así desde el comienzo mismo de su obra. En uno de sus poemas de los años sesenta, evoca la historia del Quijote y conjetura que este caballero del «heroico afán» en verdad «no salió nunca de su biblioteca»; así, fue él mismo y no Cervantes, quien soñó su crónica de aventura y ésta «no es más que una crónica de sueños». Esa ha sido su propia suerte, añade Borges. Y concluye: «Sé que hay algo / Inmortal y esencial que he sepultado / En esa biblioteca del pasado / En que leí la historia del hidalgo». Y en uno de los poemas de su último libro, llega a formular esta misma idea de manera casi paradigmática, resumiendo todo el sentido de su obra. En ese poema dice: «Que otros se jacten de las páginas que han escrito; / a mí me enorgullecen las que he leído».

Es posible que este rasgo pueda verse (quizá Borges mismo lo aceptaría así) como una limitación; en un sentido más profundo, es igualmente una manera de hacer de la literatura, de la tradición, de lo ya escrito una suerte de palimsesto, esa página incesante donde todos escriben y reescriben el mundo. Pero, además, en sus nuevos poemas, Borges rescata muchos de los temas de su primera poesía

(Buenos Aires, la pampa, los antepasados, los gauchos, los compadritos) y aún escribe letras de bailes populares como la milonga. Así, en su biblioteca babélica toma sitio su mundo criollo, que Borges vuelve cada vez más mitológico, al que corrige también desde un futuro que no quiere ser clarividente y que es tan enigmático como el pasado. Escribe, por ejemplo, un poema que lleva este largo título: «Líneas que pude haber escrito y perdido en 1922». En él evoca los ocasos, los arrabales últimos, las albas ruinosas, los negros jardines en la lluvia, los libros; pero habla también de «la mutua noche» (aludiendo a su ceguera), de Walt Whitman («cuyo nombre es el universo»), de los sajones, los árabes y los godos («que, sin saberlo, me engendraron»). Al final se pregunta: «¿soy yo esas cosas y las otras / o son llaves secretas y arduas álgebras / de lo que no sabremos nunca?» Es decir, puesto a escribir desde su pasado con la experiencia de su vida posterior, Borges no logra discernir la clave de sus años: su corrección del pasado es una nueva invención, un nuevo enigma. En otro de sus nuevos poemas dirá: «el presente ya es el porvenir y el olvido». Esta suerte de paradoja no es sino una manera más compleja de vivir el tiempo: el tiempo como una dialéctica incesante entre la memoria y el olvido. Es esta dialéctica, lo veremos, la que rige toda su poesía más reciente.

Si Borges impone límites a su poesía es quizá porque ya él mismo escribe, no desde una situación límite (ello parecería excesivamente patético), sino desde los límites de su propia experiencia, de su vida. Desde tal perspectiva, vivir es sobre todo rememorarse. Así, Borges escribe un poema sobre su destino; ese destino que, de alguna manera, ha sido la sabiduría o el conocimiento, un largo viaje por el universo («haber navegado por los diversos mares del mundo»; «haber regresado, al cabo de cambiantes generaciones, / a las antiguas tierras de su estirpe»; «haber visto las cosas que ven los hombres») y que concluye, sin embargo, en la ignorancia o en el desamparo: «no haber visto nada o casi nada / sino el rostro de una muchacha de Buenos Aires, / un rostro que no quiere que lo recuerde». El poema es, en realidad, tal como se titula, una elegía. Y Borges se ve a sí mismo no como el otro, sino desde el otro: «Oh destino de Borges, / tal vez no más extraño que el tuyo». Es el mismo sentido que encontramos en el dístico que, con el título (en francés) de «Le Regret d'Héraclite», y que Borges adscribe a uno de sus poetas apócrifos, cierra, como un epitafio, su *Obra poética*: «Yo, que tantos hombres he sido, no he sido nunca / Aquel en cuyo abrazo desfallecía Matilde Urbach». Esta lucidez en el desamparo o en la desdicha, no lo abandona. Cada acto de su vida se redobla de esta misma evidencia final. En otro poema compara su destino («hecho de zozobra, de amor y de vanas vicisitudes») con el de una moneda que arroja en un puerto y que llegará al abismo y hasta los más remotos mares. En ese símil, intuye, hay dos series infinitas y paralelas: a cada instante de su vida corresponderá otro de «la ciega moneda». Pero mientras en su sueño o en su vigilia nunca podrá liberarse de la conciencia del tiempo y su laberinto, siente que el viaje de la moneda es ajeno a esa conciencia. Acaso, sugiere, hay una forma no sólo de libertad, sino también de plenitud, en esa ignorancia. En todo caso, es esta ignorancia lo que Borges busca en su pasado. Un poema como «Alguien» (título que también sugiere *nadie*) es aún más revelador en este sentido. En él Borges se ve a sí mismo como «un hombre trabajado por el tiempo» y que, quizá por ello mismo, «ni siquiera espera la muerte», pero que en lo más trivial de su ritual cotidiano («al cruzar la calle») siente «una misteriosa felicidad»; esa felicidad le viene no «del lado de la esperanza / sino de una antigua inocencia, / de su propia raíz o de un dios disperso». La ignorancia que busca Borges es esa inocencia. O mejor: lo que propone Borges es el regreso no sólo a su pasado sino a su propio origen, a esa dimensión donde la evocación se identifica con la invención, donde la memoria se nutre del olvido; más aún: donde el olvido es el no-ser que es una forma del ser. Por ello, al final del poema, Borges intuye que esa inocencia (la «indescifrable raíz») no surgirá sino en la muerte; la muerte, no como negación, sino como verdadera revelación de la identidad del tiempo. Así, escribe:

> Quizá en la muerte para siempre seremos,
> cuando el polvo sea polvo,
> esa indescifrable raíz,
> de la cual para siempre crecerá,
> ecuánime o atroz,
> nuestro solitario cielo o infierno.

La meditación de Borges sobre su pasado es, en el fondo, una meditación sobre la muerte. Y quizá ella encuentra verdadera coherencia en su último libro *Elogio de la sombra*. «A mis años toda empresa es una aventura / que linda con la noche», dice en uno de sus poemas. Esa noche es la muerte, pero la muerte como iluminación. Por ello, al final del último poema (lleva igual título) de este libro, Borges dice haber llegado a su centro, a su álgebra y a su clave, a su espejo. Y luego, con serena convicción, concluye: «Pronto sabré quién soy». Es la reiterada convicción de un poema de años un poco anteriores, en el que al interrogante final sucedía la intuición de su destino: «¿Quién es el mar, quién soy? Lo sabré el día / Ulterior que sucede a la agonía».

Pero uno de los temas dominantes en la obra de Borges ha sido, por el contrario, la certeza de que todo hombre siempre ignora quién es. El saber que ahora espera, debemos pensar, es la revelación de la muerte —quizá, mejor, la muerte como revelación. De alguna manera es también la experiencia de aquel Francisco Laprida que, antes de morir, descubre jubiloso su «destino sudamericano» en medio de la pampa bárbara («Poema conjetural»). Pero tal vez debamos pensar también que para Borges esta experiencia última es como una sabiduría más amplia, de la que se nutre justamente su libro más reciente. Esa sabiduría implica que si el destino del hombre es finalmente la muerte, ese destino abarca, en realidad, toda su vida, y aún la modifica. Formulada en futuro, como lo hace Borges, nos remite más bien a un pasado, un pasado cambiante y también indescifrable. Así, la lectura del libro debería empezar a partir de este poema último. Este poema cierra el libro, pero abre un interrogante sobre el sentido total de la obra de Borges; de igual modo, podría cerrar su vida, pero nos convoca a pensar en todo su decurso.

Aparentemente, la lectura que proponemos habría de ser doble: la de los poemas y la de la existencia de quien los ha escrito. Pero sabemos que, en el fondo, no se trata sino de una sola y única lectura posible. Poesía y vida se entrelazan una vez más en Borges: ambas participan de una misma fuerza imaginaria. Así también lo que parece postular Borges es que el sentido de la más alta poesía es el de prefigurar un destino. Lo que ya sabíamos: es algo que sugiere toda su obra anterior. ¿Habría que citar el admirable epílogo de *El hacedor*? Allí Borges ha escrito: «Un hombre se propone la tarea de dibujar el mundo. A lo largo de los años puebla un espacio con imágenes de provincias, de reinos, de montañas, de bahías, de naves, de peces, de habitaciones, de instrumentos, de astros, de caballos y de personas. Poco antes de morir, descubre que ese paciente laberinto de líneas traza la imagen de su cara.» ¿Y no es en cierto modo lo mismo que nos ha dicho en su «Arte poética»? Este nuevo libro, ahora, tiende no ya tan sólo a confirmar, sino a hacer *real* esa intuición.

La muerte es ahora para Borges una suerte de iluminación en tanto revela el sentido de una vida. La relación entre muerte y vida ¿no es entonces la misma que entre obra y creador? De ahí que Borges no se sienta vulnerado por la muerte. Tampoco busca afanosamente el sentido (¿el de su vida, el de su obra?) que ella le deparará. Borges, simplemente, lo espera; la espera es una de las formas de la fatalidad. «Seguro de mi vida y de mi muerte, miro los ambiciosos / y quisiera entenderlos», había escrito en uno de los poemas de su juventud. De alguna manera ahora también asume esa *jactancia de quietud,* título de aquel poema. Como en la dialéctica de otros tantos contrarios que aparecen en su obra, la quietud es nuevamente una forma de posesión. El poema «Elogio de la sombra» es la más conmovida aceptación de la vejez («puede ser el tiempo de nuestra dicha»), del despojo del tiempo y de la ceguera («Siempre en mi vida fueron demasiadas las cosas; / Demócrito de Abdera se arrancó los ojos para pensar; / el tiempo ha sido mi Demócrito.») Y aún ante la progresiva pérdida del mundo, escribe: «Todo esto debería atemorizarme, / pero es una dulzura, un regreso.» En un poema de 1964 (lleva, incluso, esta fecha como título) había escrito: «Lo que era todo tiene que ser nada.» En poema de este nuevo libro llega a expresar esa idea pero a través de un deseo radical y profundo: «Quiero morir del todo; quiero morir con este compañero, / mi cuerpo.» Morir del todo es la forma más irrevocable de dejar de ser. Pero ¿quién no recuerda que para Borges dejar de ser o ser nada es quizá un modo más singular de plenitud? Así como el olvido es también la posibilidad de una más recóndita presencia. «Espero que el olvido no se demore», escribe en ese mismo poema en que anhela la muerte. Y en otro nos dice que el olvido «es una posesión, porque el olvido / es una de las formas de la memoria, su vago sótano, / la otra cara secreta de la moneda.» En un poema anterior, de los años sesenta, Borges se muestra incluso más radical. Ese poema es una meditación sobre la muerte, en el que, al final, se condensa una de las más extrañas visiones y aspiraciones de Borges: «Quiero beber su cristalino Olvido, / Ser para siempre; pero no haber sido.» La muerte se presenta, así, como una transparencia en la que todo se borra y, sin embargo, todo adquiere un nuevo rostro: el de la permanencia. Se trata, pues, de una voluntad no sólo de morir, sino de ser olvidado, y aun de olvidarse. Borges está y no está en el mundo; su vida está y no está en el recuerdo. En uno de sus ensayos de *Discusión,* Borges ha reivincado a los gnósticos y sugerido que de haber triunfado sus doctrinas otro sería el sentido de nuestra historia; en los libros canónicos, añade, se inscribirían frases fulminantes como la de Novalis: «La vida es una enfermedad del espíritu», o como la de Rimbaud (de tantas consecuencias en el pensamiento poético contemporáneo; en los surrealistas, por ejemplo): «La vraie vie est absente. Nous ne sommes pas au monde.» Borges no sólo ha intuido también esa otra dimensión del espíritu; su poesía actual es un intento por acceder a ella. Y esa dimensión quizá sea para él la inocencia.

La muerte es ciertamente para Borges un regreso y un reencuentro; quizá también la verdad. La vida, en cambio, es ilusoria; pero ilusoria, no simplemente vana. La vida y el mundo mismo son ilusorios porque son laberintos en los que nos perdemos sin vislumbrar nuestra identidad, nuestra imagen verdadera. Borges ya lo ha dicho en textos memorables como el ensayo «El espejo de los enigmas». Aun lo ha desarrollado poéticamente en una de sus parábolas de *El hacedor,* titulada «Everything and nothing», figuración del destino de Shakespeare, así como en uno de sus relatos más sobrecogedores, «Las ruinas circulares.» En varios pasajes de *Elogio de la sombra* reitera la misma intuición, la misma experiencia. «Sentí, como otras veces, la tristeza de comprender que somos como un sueño», escribe. Y en otros poemas observa: «Han cambiado las formas de mi sueño», ante el paisaje de Cambridge; «Vivieron su destino como en un sueño, sin saber quiénes eran / o qué eran», al evocar a los gauchos; «Vivió matando y huyendo. / Vivió como si soñara», al resumir la historia de uno de los personajes de sus milongas.

Al comienzo de *Aurélia* se dice: «Le rêve est une seconde vie.» Este sentido del sueño en Nerval y luego también en el surrealismo, no parece exactamente el mismo que en Borges. Para Nerval y los surrealistas el sueño asume los plenos poderes de la imaginación; es como la realidad privilegiada. Aunque no es ajeno a este sentido, Borges siente que el sueño es una forma del laberinto y de la continua perplejidad de la existencia. Escribir es, también para él, una actividad onírica, pero en una aceptación más inocente que en los surrealistas y, por supuesto, sin los métodos que éstos invocan. Recuerda que Jung (uno de los pocos psicólogos modernos que parece estimar) equiparaba la literatura a los sueños. En otra ocasión ha escrito: «Toda poesía es misteriosa; nadie sabe del todo lo que le ha sido dado escribir.» Idea que reafirma en el prólogo de este nuevo libro: «La poesía no es menos misteriosa que los otros elementos del orbe. Tal o cual verso afortunado no puede envanecernos, porque es del Azar o del Espíritu; sólo los errores son nuestros.» Declara también, en ese prólogo, no tener una estética, sino algunas astucias que le ha enseñado el tiempo (lo que es igualmente una astucia y una forma más de su ironía). Aún más, dice no creer en las estéticas. «En general —escribe— no pasan de ser abstracciones inútiles; varían para cada escritor y aun para cada texto y no pueden ser otra cosa que estímulos o instrumentos ocasionales.»

«Ningún hombre sabe quién es.» El sentido de esta frase de Léon Bloy es uno de los temas esenciales, ya lo hemos dicho, de la obra borgiana. Ahora, sin embargo, Borges tiene la esperanza de saber quién es él. Ha vivido su vida como en un sueño —y también en una espantosa vigilia. Ahora cree despertar. Lo que él es se (nos) lo revelará la muerte, pero sobre todo, claro está, su propia obra. La aventura mortal se hace vital y se confunde así con la poética. Son, en verdad, una sola aventura, y es ahora cuando empieza. Por ello este libro es un *elogio de la sombra;* la sombra como un variado símbolo: la ceguera, la vejez y el presentimiento de la muerte, pero también, y sobre todo, la verdadera iluminación. Ese elogio es igualmente un elogio del mundo: un mundo visto por un hombre a la vez vulnerado y sereno, perplejo y también dichoso. Ese elogio es una sabiduría o el comienzo de una sabiduría. A través de ella alcanzará Borges su auténtica *persona,* creada e inventada por su obra. Esa persona borgiana es también, como a él le gustaría decirlo, muchos y nadie («Mi nombre es alguien y cualquiera», escribió en uno de sus primeros poemas). Pero es sobre todo la que nace de su obra. Lo que él mismo ha sugerido en otro texto («Borges y yo») que ya hemos comentado. Aunque intuye incluso que las páginas válidas de «Borges» no podrán salvarlo, finalmente reconoce: «Yo he de quedar en Borges, no en mí (si es que alguien soy).» ¿Borges criatura mortal y a la vez *persona* inmortal? ¿Creerá de verdad en ello? Quizá sí, pero no sólo dudándolo, sino asumiendo el riesgo que ello implica. «¿Qué morirá conmigo cuando yo muera, qué forma patética o deleznable perderá el mundo?», se pregunta en uno de los textos de *El hacedor*. En otro de ese mismo libro afirma que «no hay en la tierra una sola cosa que el olvido no borre o que la memoria no altere y (...) nadie sabe en qué imágenes lo traducirá el porvenir.» Pero la secreta voluntad de Borges es la de permanecer en la palabra poética. En uno de sus poemas de los años sesenta expresa esa voluntad: «Pido a mis dioses o a la suma del tiempo / Que mis días merezcan el olvido / Que mi nombre sea Nadie como el de Ulises, / Pero que algún verso perdure / En la noche propicia a la memoria / O en la mañana de los hombres.» Borges intuye, sin embargo, que su poesía misma es una aventura y un riesgo: no le pertenece del todo, se le escapa, está sometida al tiempo. Tal vez debamos leer este nuevo libro como la última manifestación de ese riesgo.

Elogio de la sombra es una fragmentada y hasta desordenada suma del universo borgiano. Están en él: los laberintos, los espejos, la soledad, el amor, el tiempo, la historia, la memoria, los antepasados, los amigos muertos, los gauchos, los compadritos, Buenos Aires, Inglaterra, la Biblia, Whitman («cuyo gran eco ojalá reverbere» en estas páginas), De Quincey («padre de las palabras que no se olvidan»), las bibliotecas, los viajes (en el espacio y en el tiempo), la ceguera. Todo lo que ha dado un sentido mitológico a ese universo. Nada nuevo aparentemente (acaso el lector encontrará, como lo propone el propio Borges, dos temas nuevos: la vejez y la ética). Pero nos enfrentamos a ese universo bajo una luz distinta y hasta más intensa: sentimos, como pocas veces, la presencia inmediata y retrospectiva de un hombre que al llegar al término de su destino intuye que también lo empieza. «His end and his beginning» es el título de una de las parábolas de este libro. Después de morir, un hombre cree seguir viviendo: estaba aún soñando. Cumple con sus tareas cotidianas y lee sus libros habituales. Dentro del sueño siente una pesadilla: rostros, seres y cosas empiezan a borrarse y a dejarlo. No sopechó la verdad, sino que ésta lo iluminó de pronto. Comprendió que ya no podía recordar; ya no había recuerdos, ni formas, ni sueños. Estos «eran su realidad, una realidad más allá del silencio y de la visión y, por consiguiente, de la memoria». Esta evidencia lo lleva a aceptar su destino y, desde otra lucidez, comienza su largo viaje. «De algún modo sintió que su deber era dejar atrás esas cosas; ahora pertenecía a este nuevo mundo, ajeno de pasado, de presente y de porvenir. Poco a poco este mundo lo circundó. Padeció muchas agonías, atravesó regiones de desesperación y de soledad. Esas peregrinaciones eran atroces porque trascendían todas sus anteriores percepciones, memorias y esperanzas. Todo el horror yacía en su novedad y esplendor. Había merecido la gracia, desde su muerte había estado siempre en el cielo.» Este viaje en la postvida, en el vacío, es también una aventura —dolorosa, pero serenamente asumida— hacia el ser, hacia un nuevo éxtasis y una nueva plenitud. Una suerte de mística se transparenta en esta dialéctica borgiana. Más que parábola o símbolo, textos como éste sobrecogen porque son verdaderas *visiones*. Si el pasado es irreal o ilusorio (perdido «en los reinos espectrales de la memoria»), el futuro —esa larga peregrinación que nos ha descrito— se hace visible. Pero, además, pasado y futuro se tocan, se iluminan recíprocamente. Lo que es se torna en lo que fue, pero lo que fue se torna en lo que será, e inversamente. Esta dialéctica de los tiempos vale para la existencia y para la obra misma; de igual modo, ésta se sumerge en la aventura de la muerte, una continua correspondencia entre el olvido y la memoria.

El más perfecto laberinto ha sido para Borges una línea recta. Esa línea se convierte ahora en un círculo, que se cierra y se abre de nuevo, e incesantemente. El secreto de Borges quizá sea (como dijo de Carriego, proyectándose más bien él) el «sentido de inclusión y de círculo» que hay en su existencia. Borges no sólo reescribe lo ya escrito, reescribe también su propia obra; no sólo evoca su vida, evoca igualmente su propia evocación, interpola otra memoria dentro de su memoria misma. Su fuerza reside en estas recurrencias y repeticiones. Así, el laberinto es uno de los temas que subyace en todo el desarrollo de *Elogio de la sombra;* aparece, además, como tema esencial en dos poemas. Uno de ellos se titula «El laberinto»; el otro, simplemente «Laberinto». El artículo que define al primero y el tratamiento mismo del tema nos figuran el laberinto mítico del minotauro. Es como la transposición poética de uno de sus cuentos, «La casa de Asterión». Como en el relato, Borges nos presenta al minotauro narrando su propia vida («sigo el odiado / camino de monótonas paredes / que es mi destino»), pero sin saber exactamente quién es él («El aire me ha traído / en las cóncavas tardes un bramido / o el eco de un bramido desolado», dice de manera patética). Intuye, sí, la presencia de su perseguidor (el Otro) y aun su muerte, pero este destino final lo siente más bien como un anhelado desenlace. «Nos buscamos los dos. Ojalá fuera / éste el último día de la espera», dice al final. Como en el relato, Borges concentra en este poema múltiples significaciones; en él, sin embargo, hay una que no aparece en aquél. Es la imagen del laberinto que ahora nos da; el laberinto son «rectas galerías / que se curvan en círculos secretos / al cabo de los años». Es decir, el laberinto se convierte en círculo por obra del tiempo, y la muerte parece cerrarlo. También lo abre. Ese círculo es de alguna manera infinito, sólo que un infinito quizá distinto ahora: su progresión es concebible a partir de la muerte, es movimiento hacia el origen. En el otro poema, el laberinto es todo el universo y no deja de ser revelador que la *persona* que habla en él es un *yo* que se desdobla en un *tú*. Dice: «No habrá nunca una puerta. Estás adentro / y el alcázar abarca el universo / Y no tiene ni anverso ni reverso / Ni externo muro ni secreto centro.» El laberinto es el universo y el caos. Además, ya no hay en él monstruos: «No existe. Nada esperes. Ni siquiera / En el negro crepúsculo la fiera.» Mientras en el primer poema la muerte es un final deseado y hasta una liberación, en éste ni siquiera la muerte existe: el laberinto es perpetuo y lo abarca y domina todo. Esta dualidad y paradoja no debe asombrar: la obra de Borges encarna siempre una doble naturaleza, un doble movimiento. (En cierta medida, Borges aún sigue fiel a aquel principio de la literatura de «Tlön» sobre el libro que encierra su contralibro, su réplica.) Pero quizá ahora tiende a una posible fusión o coherencia: la muerte restituye el orden en el universo dado que cumple con una clave secreta. Es decir, la vida (el laberinto) adquiere sentido a partir de la muerte misma (¿no decía también Malraux que la muerte convierte a la vida en destino?). Así, a partir de su prevista muerte, Borges evoca en este libro su propia vida. En esta evocación se mezclan lo íntimo y lo impersonal; la estricta aventura del Borges que se desplaza —es verdad que como en sueño— desde Buenos Aires hasta Cambridge y Texas, pero también la otra aventura que de algún modo es memorable y aun ancestral: la de los libros, de la historia, la de la cultura. En otras palabras, la aventura de un hombre que es igualmente muchos hombres (y ninguno).

De ahí que uno de los grandes temas de este libro sea el de la memoria. «Esa moneda que nunca es la misma», dice el primer poema. Este poema tiene también un sentido dominante en el libro. La *persona* que en él habla es Cristo, según uno de los versículos de San Juan (el Verbo hecho carne). Y en uno de los pasajes esenciales del poema dice:

> He encomendado esta escritura a un hombre cualquiera;
> no será nunca lo que quiero decir,
> no dejará de ser su reflejo.
> Desde Mi eternidad caen estos signos.
> Que otro, no el que ahora es su amanuense, escriba el poema.

Este poema es dominante porque lo que en él se propone es la idea del Libro o del Poema que encierre el secreto o el orden del universo. Una vez más, Borges asume la tentativa de gran parte de su poesía anterior y de sus relatos (cf. «Mateo XXV», «Parábola del Palacio», «La biblioteca de Babel»). Las frecuentes referencias a la Biblia (el Libro «que es el espejo / De cada rostro que sobre él se inclina»), no invalidan tal tentativa. Es un punto de llegada, pero también de partida. Por ello Borges escribe ahora su «Evangelio apócrifo». En uno de sus recientes poemas (suerte de continuación del «Poema de los dones»), Borges evoca nuevamente su destino en las bibliotecas; está ya ciego y dice:

> El hombre que está ciego,
> sabe que ya no podrá descifrar
> Los hermosos volúmenes que maneja
> y que no le ayudarán a escribir
> El libro que le justificará ante los otros.

Así, la escritura del Libro parece una vez más imposible, pero no por ello Borges deja de concebirla. «Desconocemos —dice en otro texto— los designios del universo, pero sabemos que razonar con lucidez y obrar con justicia es ayudar a esos designios, que no nos serán revelados.» Borges entiende que, al menos, su libro no será tan solo expresión de lo personal; de alguna manera se inscribe en un propósito cósmico; igualmente, se nutre de los demás libros ya escritos y que él sigue «leyendo en la memoria, / leyendo y transformando». Si no el libro total y único, Borges nos propone uno en el que los otros se reconozcan. Es decir, propone una forma impersonal de arte: el poema es sólo un objeto; el hecho estético —y humano— empieza cuando el lector se reconoce en él o cuando se le opone también, tranformándolo continuamente.

De esta manera, el tema de la memoria en Borges parece acoger varias significaciones: evocación de un pasado que, en lo esencial, puede concernir a muchos; esa evocación, a su vez, y en gran medida, es una continua invención. La memoria no nos da una realidad o un pasado unívoco, sino ambiguo y quizá múltiple. La memoria es, nos dice Borges, un «quimérico museo de formas inconstantes, / ese montón de espejos rotos». El pasado es, pues, como un mundo fragmentado que hay que reconstruir o iluminar. También, además, ese pasado tiene su propia vida: las cosas que lo forman son insensibles a nuestro transcurrir. Al evocarlas en otro poema, Borges comprende a través de ellas lo que hay en toda vida de la fatalidad del tiempo: «Durarán más allá de nuestro olvido; / No sabrán nunca que nos hemos ido.» Fragmentación, olvido: obras del tiempo. Otro de los temas esenciales, como en toda la obra borgiana, de este libro.

En uno de sus ensayos escrito para refutar el tiempo, Borges ha dicho que nuestro destino es espantoso no por irreal, sino porque es irreversible y de hierro. «El tiempo es la sustancia de que estoy hecho», agrega luego. Es decir, el tiempo no es algo que esté fuera sino dentro de nosotros mismos. En esa frase hay, por supuesto, toda una ambigüedad. «El río me arrebata y soy ese río», dice también en un poema de ahora titulado «Heráclito», retomando la misma concepción y hasta la misma imagen que antes había desarrollado en el ensayo a que aludimos. Pero quizá en el poema tiende a esclarecer la anterior ambigüedad cuando sugiere: «Acaso el manantial está en mí. / Acaso de mi sombra / surgen, fatales e ilusorios, los días.» Si el tiempo es irreversible y nos devora (por ello nuestro destino es de hierro), ¿no es posible también, si el hombre es el manantial del cual fluye, que puede ser sometido a esquemas humanos, aunque estos esquemas sean provisorios, como diría Borges? Así, paralelamente, en este nuevo libro Borges hace una vez más de su poesía una refutación del tiempo.

En un poema de los años sesenta, Borges comprende que la única posesión del hombre sobre el tiempo es el instante: «El hoy fugaz es tenue y es eterno; / Otro Cielo no esperes, ni otro Infierno.» Precaria o no, esa posesión tiene, sin embargo, la virtud de ser continua; la fugacidad y la eternidad se confunden: ambas son tiempo en movimiento. Y en uno de los poemas que en *Elogio de la sombra* dedica a James Joyce se dice al comienzo: «En un día del hombre están los días / del tiempo.» En esta frase que condensa con sencillez toda la tentativa creadora de Joyce en «Ulysses», se siente igualmente toda la concepción borgiana de lo que podríamos llamar *el éxtasis del tiempo:* movimiento que no es sucesión sino superposición y simultaneidad. Perpetuo móvil inmóvil, ese día total no está sometido a un ritmo progresivo sino circular. Así, nos dice Borges, «el ubicuo río del tiempo terrenal» tornará a su fuente, «que es lo Eterno», y se apagará «en el presente, / el futuro, el ayer, lo que ahora es mío». Borges sabe que sólo lo temporal es su dominio, pero no por ello deja de intuir y buscar la eternidad. De ahí que al final de este poema anhele «coraje y alegría / para escalar la cumbre de este día». Lo que Borges anhela, ciertamente, es el enfrentamiento con la muerte, que es lo eterno, pero lo eterno no como abstracción sino como sustancia hecha del tiempo mismo (tal como ya lo había concebido en su *Historia de la eternidad*). Así, en otro poema, Borges evoca el suicidio de un poeta amigo en 1928. Sobre ese mismo tema había escrito un poema que aparece en *Cuaderno San Martín* (1929), en el que al despojo de la muerte oponía «los cargados minutos / por los que se salva el honor de la realidad» y en el que, además, figuraba «un sedimento de eternidad, un gusto del mundo», aun cuando el tiempo abandone al hombre.

Ahora, casi cuarenta años después (¿no es en cierta manera sobrecogedor?), se vuelve sobre esa muerte en uno de los poemas más lúcidos e intensos de este libro, y no para reiterar la elegía, sino esta vez, para descubrir la intención de esa muerte. Con precisión casi geométrica, y también obsesionante, reconstruye los actos que precedieron al suicidio, como si se desarrollaran según otra precisión: la «disciplina» de la voluntad. Es quizá el tema de la muerte como deliberada conquista de un destino y de la eternidad misma. Por ello Borges dice: «Ahora es invulnerable como los dioses», y también: «Ahora es invulnerable como los muertos.» Evocando luego, en otro poema, a Ricardo Güiraldes, lo ve presente entre los amigos conversando «como en el puro sueño de un espejo», y añade: «Tú eres la realidad, yo su reflejo.» Así, lo que Borges espera secretamente es ser el espejo mismo, esa última realidad exacta que da la muerte.

El olvido, la muerte, la ausencia: formas de una nueva posesión. En otro poema de *Elogio de la sombra,* Borges rememora la promesa de un pintor amigo de regalarle un cuadro; el amigo muere antes de cumplir su promesa. Y Borges afirma: «Sólo los dioses pueden prometer, porque son inmortales.» Pero luego piensa que de haber tenido el cuadro, éste se habría convertido en una cosa más con el tiempo, habría sido, incluso, un objeto más atado a las vanidades de la casa. La irrealizada promesa, en cambio, le otorga una presencia más profunda del cuadro: una cosa que «ahora es ilimitada, incesante, capaz de cualquier forma y / cualquier color y no atada a ninguno». Así, en esa ausencia, en esa irrealidad, el cuadro estará más presente en él (en Borges, en su memoria de lo no visto) y hasta el fin. Borges concluye: «Gracias, Jorge Larce. / (También los hombres pueden prometer, porque en la promesa / hay algo inmortal).» Lo que recuerda otro texto de Borges que ya hemos citado: «Los hombres inventaron el adiós porque se saben de algún modo inmortales, aunque se juzguen contingentes y efímeros» (*El hacedor*). En este nuevo poema —que significativamente se titula «The unending gift»— vienen a condensarse algunos de los grandes temas borgianos: la desposesión como verdadera posesión, la ausencia como signo de otra presencia más invulnerable, lo imaginario como dimensión más reveladora de la realidad. Por ello el universo de Borges es mítico: un universo que se inventa y se justifica por medio de la palabra. Si el lenguaje de Borges, como todo lenguaje, es «tiempo sucesivo», es igualmente «emblema». Lo es, de igual modo, el mundo real o el espacio íntimo que ese lenguaje rememora. Así, por ejemplo, aunque Borges viaje por la geografía siempre sigue existiendo y viéndose en Buenos Aires. Está en otras latitudes, pero dice: «Buenos Aires, yo sigo caminando / por tus esquinas, sin por qué ni cuándo.» Y al evocar especialmente a la ciudad de su fervor, en un largo poema que es una intensa enumeración de todos sus elementos familiares, concluye:

> No quiero proseguir; estas cosas son demasiado individuales, son demasiado lo que son, para ser también Buenos Aires.
> Buenos Aires es la otra calle, la que no pisé nunca, es el centro secreto de las manzanas, los patios últimos, es lo que las fachadas ocultan, es mi enemigo, si lo tengo, es la persona a quien desagradan mis versos (a mí me desagradan también), es la modesta librería en que acaso entramos y que hemos olvidado, es esa racha de milonga silbada que no reconocemos y que nos toca, es lo que se ha perdido y lo que será, es lo ulterior, lo ajeno, lo lateral, el barrio que no es tuyo ni mío, lo que ignoramos y queremos.

Aun lo más real, lo que ya forma parte de nuestra intimidad y de nuestra memoria, puede volverse limitado y efímero. La verdadera posesión de Borges es lo que no posee, o lo que ha perdido («los poseo en el olvido», dice en otro poema). Su mundo es mítico y tiene un centro en donde todo confluye. Ese centro, de alguna manera, es Buenos Aires, la ciudad conocida y reconocida, pero también la posible, la entrevista, la que acaso lo niega a él mismo. Finalmente, ese centro es todo el universo. Evocando a sus antepasados, gente del campo, de la tierra abierta, Borges dice: «La llanura es ubicua. Los he visto / En Iowa, en el Sur, en tierra hebrea, / En aquel saucedal de Galilea / Que hollaron los humanos pies de Cristo.» Por otra parte, si en un día están todos los días del tiempo, para Borges también en un hombre están todos los hombres. Lo que exalta en el judío no es sólo su capacidad de sufrimiento o su voluntad creadora; es sobre todo su fuerza memoriosa, el ser, en cada momento, un símbolo de su estirpe. En un poema que titula «Israel», en el que además se afirma un compromiso muy actual, dice:

> es Spinoza y el Baal Shem y los cabalistas,
> un hombre que es el Libro,
> una boca que alaba desde el abismo
> la justicia del firmamento,
> un procurador o un dentista
> que dialogó con Dios en una montaña,
> un hombre condenado a ser el escarnio,
> la abominación, el judío,
> un hombre lapidado, incendiado
> y ahogado en cámaras letales,
> un hombre que se obstina en ser inmortal
> y que ahora ha vuelto a su batalla,
> a la violenta luz de la victoria,
> hermoso como un león al mediodía.

De igual modo, esta suerte de panteísmo se revela en la estructura elocutiva de todo el libro. La voz que habla en varios de sus poemas es la de muchos hombres, es una y muchas *personas*. Borges las crea y se crea a sí mismo a través de ellas; en ellas se distancia y también se reconoce. Aun su propia voz resulta con frecuencia la de *otro* («No he vivido. Quisiera ser otro hombre», dice el Emerson que habla en uno de sus poemas de los años sesenta). Así, Borges ahora llega a escribir los «Fragmentos de un evangelio aprócrifo». En ellos está su ética: «Feliz el que no insiste en tener razón, porque nadie la tiene o todos la tienen», «La puerta es la que elige, no el hombre»; su ironía, a veces muy poco piadosa (o evangélica): «No basta ser el último para ser alguna vez el primero»; su incesante dialéctica o su espíritu intencionalmente contradictorio: «Bienaventurados los que no tienen hambre de justicia, porque saben que nuestra suerte, adversa o piadosa, es obra del azar, que es inescrutable» y «Bienaventurados los que padecen persecución por causa de la justicia, porque les importa más la justicia que su destino humano»; «Hacer el bien a tu enemigo puede ser obra de justicia y no es arduo; amarlo, tarea de ángeles y no de hombres» y «Hacer el bien a tu enemigo es el mejor modo de complacer tu vanidad». Hasta llega a expresar una de sus más secretas vocaciones, pero esta vez en una dimensión quizá sobre todo moral y que le concierne más personalmente: «Felices los valientes, los que aceptan con ánimo parejo la derrota o las palmas.»

En suma, lo que de verdad sugiere Borges en *Elogio de la sombra* es que la contingencia nos limita por ser lo dado e irreductible; es posiblemente también la falsa posesión, de la que nos libera la muerte. Lo posible, en cambio, es una apertura hacia lo permanente, lo inmortal. La inmortalidad es invención, creación del hombre, que es temporal. El hombre mismo tiene acceso a su más profundo dominio cuando deja de ser él y encuentra su identidad en los otros, en el *otro*. En otro texto de este libro, Borges esclarece aún más su concepción. «La libertad de mi albedrío —dice— es tal vez ilusoria, pero puedo dar o soñar que doy. Puedo dar el coraje, que no tengo; puedo dar la esperanza, que no está en mí; puedo enseñar la voluntad de aprender lo que sé apenas o entreveo.»

Pero en el último poema de este libro, Borges cree que pronto habrá de saber quién es él. Esta sabiduría —quizá ahora lo comprendamos mejor— no postula un conocimiento último, una verdad definitiva, sino más bien un reconocimiento a través de una memoria que está más allá de la memoria personal: la nueva invención que aportará la muerte. Por ello dice Borges que a sus años toda empresa linda con la noche; la aventura hacia la muerte y también hacia la vida, la del fin y la de un nuevo comienzo. Pero, además, esa sabiduría que conquistará Borges no puede ser revelada: obviamente morirá con él. La clave de Borges es *su* clave y el misterio que designa indescifrable. El propio Borges parece sugerirlo lateralmente en uno de los textos en prosa (que también son relatos) de este libro. Es la historia de un joven etnógrafo que acepta la misión de estudiar ciertos ritos esotéricos de las tribus del oeste norteamericano; a su regreso, presentará un informe sobre ese secreto. Después de dos años de perfecta comunión con aquellas tribus, vuelve, pero resuelto a no publicar nada sobre sus estudios y su experiencia. No lo ata ningún juramento, ni la imposibilidad de expresar el secreto en lengua inglesa (podría «enunciarlo de cien modos distintos y aun contradictorios»). El secreto es ciertamente precioso, pero explica: «El secreto, por lo demás, no vale lo que valen los caminos que me condujeron a él. Esos caminos hay que andarlos.» Tampoco regresará a la pradera para convivir definitivamente con aquellas tribus, como pudo creer su maestro. «Lo que me enseñaron sus hombres —aclara— vale para cualquier lugar y cualquier circunstancia.» Finalmente —narra Borges—, el joven se casó, se divorció «y es ahora uno de los bibliotecarios de Yale». Este destino último, aparentemente trivial, es también simbólico. El relato, como muchos de *El hacedor*, es una parábola. No sólo la palabra como silencio o inversamente; igualmente la quietud como una forma más profunda de acción, de posesión o de sabiduría. De la misma manera el secreto de Borges es indecible. El mundo y el arte, aunque impersonales, son aventuras que cada individuo debe vivir radicalmente. Y aun lo que los hace posibles es esa experiencia individual. Es lo que Borges parece proponer también en el poema, que ya hemos comentado en otro capítulo, «Invocación a Joyce». En ese poema, recordamos, Joyce, el verdadero solitario, el desterrado, el hombre de los «infiernos espléndidos», es el gran símbolo de la aventura creadora del arte contemporáneo. Por ello Borges dice no poder escribir ya «El libro que lo justificará ante los otros». Ese libro es de alguna manera el Libro, pero quedará siempre inconcluso. Cada hombre, cada generación asume incesantemente la tarea de escribirlo o reescribirlo. La muerte lo detiene. Pero la muerte es también un comienzo. Ese libro es circular como el universo. «Le monde, s'il pouvait être exactement traduit et redoublé en un livre, perdrait tout commencement et toute fin et deviendrait ce volume sphérique, fini et sans limites, que tous les hommes écrivent et où ils sent écrits», observa Maurice Blanchot en uno de los ensayos más reveladores sobre Borges. «La Biblioteca es ilimitada y periódica», concluye el narrador de uno de los cuentos de Borges, después de la fatigante tarea («Hace ya cuatro siglos») de buscar el libro total en uno de los anaqueles del universo. En cierta manera, es también la misma conclusión de Borges en «Otro poema de los dones», concebido y desarrollado como un largo agradecimiento

(«Gracias quiero dar al divino / Laberinto de los efectos y las causas») por lo que le ha sido dado. Hacia el final de ese poema (¿final?) dice:

> Por Whitman y Francisco de Asís, que ya escribieron el poema,
> Por el hecho de que el poema es inagotable
> Y se confunde con la suma de las criaturas
> Y no llegará jamás al último verso
> Y varía según los hombres.

En *Elogio de la sombra* Borges intuye haber llegado a una sabiduría, pero, finalmente, lo que nos propone es un enigma. Este enigma es también una forma de su saber. La mejor experiencia que queda después de leer este libro es la continua perplejidad. Antes de leerlo, quizá sabíamos lo que Borges iba a decir en él. Borges se repite y se reitera, *Elogio de la sombra* es una inmensa tautología borgiana, pero esa tautología modifica toda su obra. Regresamos a Borges y recomenzamos a Borges. También nuestra lectura es circular, sometida a esa inminencia de una revelación que no se produce, con que el propio Borges ha definido el hecho estético.

[*Revista Iberoamericana*, vol. XXXVI, núm. 72, julio-septiembre de 1970.]

UN POEMA DE BORGES

EL «POEMA CONJETURAL»

En el suplemento literario de *La Nación* del 4 de julio de 1943 publicó Borges su «Poema conjetural», poema que, a la vez, se repite y clausura la primera edición de la obra que con el título de *Poemas* (aquí, 1922-1943)[1] se publicó ese mismo año.

El poema reapareció en una «Nota final» a los *Aspectos de la literatura gauchesca,* folleto editado en Montevideo (1950)[2], donde suprime la nota histórica que figura en los *Poemas* y agrega, en cambio, un dramático prólogo en relación a los años que vivía la Argentina.

En una conferencia de 1952, Borges consideraba que el «Poema conjetural» era el poema que mejor lo justificaba en lo que declara irregularidad de su lírica[3].

No sé si, efectivamente, éste es su mejor poema, pero no cabe duda de que figura y figurará en el no muy extenso número de sus obras en verso que tienen ganada la supervivencia[4]. Mejor aún, creo

---

[1] Esta obra abarca la mayor parte de las poesías escritas por Borges hasta entonces y ofrece abundantes correcciones en los textos. Con posterioridad y con el título general de *Poemas* aparecieron otras dos ediciones, con incorporaciones finales (Buenos Aires, 1954 y 1958).

[2] Reproduce una conferencia pronunciada en la Universidad de Montevideo, el 29 de octubre de 1945. (Cf. JORGE LUIS BORGES, *Aspectos de la literatura gauchesca,* ed. de la revista *Número,* Montevideo, 1950, pp. 33-35.) Sobre la «Declaración final», volveré más adelante.

[3] Tomo el dato de ANA MARÍA BARRENECHEA, *La expresión de la irrealidad en la obra de Jorge Luis Borges,* México, 1957, p. 10.

[4] En una breve declaración, creo que publicada en la revista *Leoplán* de Buenos Aires, alrededor de 1940 (tengo el recorte, pero no el nombre ni la fecha de la publicación), Borges señalaba su predilección por estos poemas: «Remordimiento por cualquier defunción» y «Llaneza» (de *Fervor de Buenos Aires*) y los poemas «Isidoro Acevedo», «Muertes de Buenos Aires», y «La noche que en el sur lo velaron» (de *Cuaderno San Martín);* ninguno, de *Luna de enfrente.*

que, con todo el respeto que nos merecen las opiniones de los escritores sobre sus obras, hay algún otro poema suyo que puede ostentar con más nitidez ese lugar. Sin embargo, no dejo de considerar que el «Poema conjetural» —y aquí sí bien vio su autor— es el que mejor nos da idea del escritor, el que mejor lo revela (ideas, lecturas, estructuras, etc.) como escritor ya que no como poeta. Y como poeta, sirva, en fin, la maciza, la recordable vitalidad de este poema que todos recordamos con especial fijeza.

Me parece que ciertos agregados y aún postizas interpretaciones o generalizaciones han oscurecido un tanto el limpio origen de este poema, nacido ya con inalterables versos a mediados de 1943.

Una vez más debemos decir que Borges gusta con frecuencia de señalar pistas (pistas de todo tipo, entre las que no falta algún guiño o burla para su ocasional crítico futuro). Aquí, por ejemplo, el edificio del poema, al reproducirse por primera vez en libro, está flanqueado por dos notas de aparente importancia decisiva: el epígrafe, que nos dice escuetamente: «El doctor Francisco Laprida, asesinado el día 22 de septiembre de 1829 por los montoneros de Aldao, piensa antes de morir...» [5]. Y una nota final: «El capitán que la segunda estrofa menciona es el gibelino Buonconte, que murió en la derrota de Campaldino el 11 de junio de 1289 (*Purgatorio*, V, 85-129).»

Digo, aparente importancia, puesto que el cuerpo del poema, por una parte, nos traza una escueta biografía de Laprida, con mención de su nombre; y, por otra, se refiere a «aquel capitán del Purgatorio».

Como vemos, pues, lo que las dos aclaraciones hacen es reforzar lo que muy limpiamente aparece dicho en los versos. Señal, en consecuencia, de que el autor quiere que nos fijemos bien en los datos de la prosa [6]. Y, en efecto, de allí, sin ir más lejos, acercamos estas fechas capitales que han dirigido la elaboración del poema:

Laprida, muerto el 22-9-1829
Buonconte, muerto el 11-6-1289

Aquí está, pues, marcada, en esta inicial proximidad de núme-

---

[5] Claro que el breve epígrafe puede tener también (creo que tiene) sentido de rectificación para otras fechas que se han dado, y que no convienen —veremos— a la intención del poeta. José Rivera Indarte, por ejemplo, señala que Laprida murió asesinado el 19 de septiembre de 1829. (Cf. José Rivera Indarte, *Tablas de sangre*, Buenos Aires, 1946, p. 100).

[6] En la segunda y tercera edición de sus Poemas (1.ª ed. Buenos Aires, Losada, 1943; 2.ª ed. Buenos Aires, Emecé, 1954; 3.ª ed. Buenos Aires, Emecé, 1958) no figura la nota final. Creo, por lo expuesto que dicha nota ayuda a penetrar en la urdimbre del poema, y por eso la colocó el autor en la 1.ª edición, si bien el poema posee ya la base esencial del dato en la alusión a «aquel capitán del Purgatorio...».

ros, la «recóndita clave», «la suerte de Francisco de Laprida». Si bien después volveré con más amplitud sobre esto, conviene decir que personaje y mito se anuncian, curiosamente, en un poema poco anterior, «La noche cíclica» [de 1940]:

> Lo supieron los arduos alumnos de Pitágoras:
> los astros y los hombres vuelven cíclicamente...
> De mi sangre: Laprida, Cabrera, Soler, Suárez...

Por lo visto, Laprida pertenece a la ascendencia de Borges. Hacia 1943, lo que imaginamos especial frecuentación y estudio de la *Divina Comedia* (de lo cual pueden ser testimonio las notas y comentarios publicados esos años)[7] le revela en el episodio de Buonconte di Montefeltri no sólo la proximidad de una fecha y unos números, sino también cercanías biográficas en el final de dos personajes separados —¿separados?— por seis siglos de distancia. Radicalmente, en el hecho de que tanto Buonconte como Laprida murieron sin que después se pudiera encontrar el cadáver.

Como he dicho —y a través de la declaración del propio Borges— Laprida pertenece a una tradición familiar. No era aquí necesario ningún estímulo inmediato ni ningún intento de aproximación apoyado en libros. La chispa surgió, indudablemente, del personaje dantesco, que encendía, así, algo que ya existía en el conocimiento de Borges. Sin embargo, bien pudo ser que la edición de los *Recuerdos de provincia* de Sarmiento, edición en que Borges trabaja por esos años[8], le haya traído también un estímulo visible o se haya reunido al ahondamiento del texto de Dante.

Es sabido que Sarmiento, al describir la batalla del Pilar y su juvenil intervención en el combate, se detiene en la presencia de Laprida:

> Saben todos el orijen de la vergonzosa catástrofe del Pilar... Laprida, el ilustre Laprida, el presidente del Congreso de Tucumán, vino en seguida i me amonestó, me encareció en los términos más amistosos el peligro que acrecentaba por segundos. ¡Infeliz! ¡Fuí yo el último, de los que sabían estimar i respetar su mérito, que oyó aquella voz próxima a enmudecer para siempre! Si yo lo hubiera seguido, no pudiera deplorar ahora la pérdida del hombre que más honró a San Juan, su patria, i ante quien se inclinaban los personajes más eminentes de la República como ante uno de los padres de la patria, como ante la personificación de aquel Congreso de Tucumán que declaró la Indepen-

---

[7] Cf. «El seudo problema de Ugolino» en *La Nación,* Buenos Aires, 30 de mayo de 1948; «El encuentro en un sueño» en *Idem,* 3 de octubre de 1948; reproducido en *Otras inquisiciones,* Buenos Aires, 1952, pp. 116-120 y otros.

[8] Domingo Faustino Sarmiento, *Recuerdos de provincia.* Prólogo y notas de Jorge Luis Borges. Buenos Aires, Emecé, 1944.

dencia de las Provincias Unidas. A poco andar lo asesinaron, sanjuani-
nos, se dice, i largos años se ignoró el fin trájico que le alcanzó aquella
tarde... [9].

Aún más, creo que algunos rasgos comunes —no muy nítidos,
es cierto— sirven para mostrar que posiblemente Borges tuvo presente o recordó con vaguedad el cálido testimonio sarmientino.

> Silban las balas en la tarde última...
> Yo, Francisco Narciso de Laprida,
> cuya voz declaró la Independencia
> de estas crueles provincias...
> A esta ruinosa tarde me llevaba...

La segunda estrofa del poema de Borges es, en gran parte, comentario y traducción de los versos de Dante, especialmente de dos
famosos tercetos. He aquí la mayor parte de los versos de la *Divina
Comedia* dedicados al capitán Buonconte:

> Io fui di Montefeltro, io son Buonconte:
> ....
> Ed io a lui: «Quel forza o qual ventura
> ti travió si fuor di Campaldino
> che non si seppe mai tua sepoltura?»
> «Oh» rispos'egli: «A pie del Casentino
> traversa un'acqua c'ha nome l'Archiano,
> che sovra l'Ermo nasce in Apennino.
> Dove il vocabol suo diventa vano,
> arriva'io, forato nella gola,
> fuggendo a piede e sanguinando il piano.
> Quivi perdei la vista e la parola
> nel nome di Maria finii, e quivi
> caddi, e rimase la mia carne sola.
> Io diró il vero, e tu il ridi'tra i vivi:
> l'angel di Dio mi presse, e quel d'Inferno
> gridava: «O tu del ciel, perché mi privi?
> Tu te ne porti di costui l'eterno
> per una lagrimetta che'l mitoglie;
> ma io faró dell'altro altro governo!»
> ....
> Lo corpo mio gelato in su la foce
> trovó l'Archian rubesto; e quel sospinse
> nell'Arno, e sciolse al mio petto la croce
> ch'io fei di me, quando il dolor mi vinse:

---

[9] Cf. SARMIENTO, *Recuerdos de provincia*, Buenos Aires, 1896, pp. 186-187.
El propio Borges parece confirmarlo cuando, en un abundante párrafo del
prólogo que escribió para esa edición, dice: «El decurso del tiempo cambia
los libros; *Recuerdos de provincia,* releído y revisado en los términos de 1943...»,
etcétera (ver p. 10).

voltommi per le ripe e per lo fondo,
poi di sua preda mi coperse e cinse»[10].

¿Quién fue éste, para nosotros alejado, olvidado Buonconte? Buonconte da Montefeltro es en el poema dantesco un personaje que el poeta encuentra en el Purgatorio. Buonconte le ruega lo recuerde ante su mujer y demás parientes. A las preguntas de Dante, descubre su identidad y explica por qué sus restos no fueron encontrados.

El Buonconte «real» era hijo del conde Guido da Montefeltro e intervino como capitán de los gibelinos de Arezzo en la guerra contra los güelfos de Florencia. Buonconte fue muerto en la batalla de Campaldino el 11 de junio de 1289 y su cadáver —como dice el poema de Dante— no fue encontrado en el campo de lucha[11].

Verso y prosa

Hallada la particular proximidad de los dos personajes históricos y su trágico y mismo fin, con la ulterior y repetida desaparición de los cadáveres, Borges se enfrenta con los problemas de construcción y expresión.

En primer lugar, ¿relato o poema?, ¿verso o prosa?

El tema llevaba ya, en Borges, el destino del verso. Siempre que nuestro escritor trató temas históricos argentinos con un protagonista «histórico», no importa con qué intención ni con qué alcance, eligió el verso. Cf.: «Rosas»; «El general Quiroga va en coche al muere»; «Al coronel Francisco Borges»; «La fundación mitológica de Buenos Aires»; «Isidoro Acevedo»; «Página para recordar al coronel Suárez». No son muchos poemas dentro de la totalidad de su obra lírica, pero son, por lo menos, significativos, y dos de ellos se cuentan entre los más populares (no mejores) de Borges. A ellos agregó en el «Poema conjetural» una «originalidad», una jerarquía mayor, fuera de generalidades subjetivas («Rosas», «La fundación mitológica de Buenos Aires»), de pintoresquismos («El general Quiroga...») y de resonancias ceñidamente genealógicas («Al coronel Francisco Borges»; «Isidoro Acevedo...»; «Al coronel Suárez»)[12].

---

[10] DANTE ALIGHIERI, *La divina commedia*, «Purgatorio», V, versos 88-129. Sigo el texto de G. A. Scartazzini, Milán, 1903.

[11] Cf. G. A. SCARTAZZINI, notas a DANTE ALIGHIERI, *La divina commedia*, ed. cit., pp. 394-395; ATTILIO MOMIGLIANO, notas a su edición, Florencia, 1948, II, pp. 298-300.

[12] Por lo que nos dice Borges en «La noche cíclica» —ya lo he dicho— también Laprida entra en su genealogía: «...De mi sangre: Laprida, Cabrera, Soler, Suárez...». Pero no es la simple evocación familiar —o que destaca lo familiar— la que lleva al personaje en el «Poema conjetural».

Vale decir, el verso como realce de lo histórico en relación a lo argentino; y el verso como comprensión y, si se quiere, sublimación, en relación a una natural libertad de la materia lírica. En cambio, recreaciones o variantes de personajes literarios (Cf. Cruz) no lo obligan de la misma manera.

Por cierto que Borges no escribe (nada más apartado de él) «evocaciones» históricas. Su poema es, indirectamente, un homenaje a Laprida, pero, mucho más, el pretexto de una recreación fantástica que el conocimiento de aproximaciones y coincidencias notables le permiten. A su vez, lo propiamente histórico y demás rasgos de la biografía de Laprida están reducidos en el poema a noticias elementales, al alcance de todos los argentinos.

DESTINOS Y TIEMPOS CÍCLICOS

El «Poema conjetural» se agrega a una línea (o, mejor, a una serie de líneas) en la obra de Borges. Hasta puede hablarse de uno de sus temas preferidos. La diferencia está en que casi siempre es la prosa del relato la que le permite más adecuada expresión a la anécdota y al problema. Me refiero al tema del destino y al del tiempo cíclico, cuyos mundos se conjugan, como vemos, en el «Poema conjetural».

Nos encontramos aquí, es evidente, frente a temas muy utilizados en la literatura fantástica. Basta sólo con mencionar lo que comúnmente se llama el tema del doble, con tantos y tan notables ejemplos (Poe, Stevenson, Henry James, Chesterton, etc.).

Lo que particulariza a los relatos de Borges es el acopio conceptual, explicativo: algo así como el andamiaje en que los problemas metafísicos se apoyan. A veces, acierto; a veces, redundante armazón de tratado alrededor de la ficción propiamente dicha. Pero, en todos los casos, ostentación y singularidad.

Plantean esa conjugación de destinos y tiempos repetidos, la «Historia del guerrero y de la cautiva», la «Biografía de Tadeo Isidoro Cruz», «El tema del traidor y del héroe». Otros relatos ofrecen contactos más bien marginales («La lotería en Babilonia»; «El inmortal»; «El jardín de los senderos que se bifurcan»). Y no es casual, pues, que Borges explique dentro del relato (como en ciertos poemas lo hace en notas finales) fundamentos de teorías y pruebas para su tesis. En la «Biografía de Tadeo Isidoro Cruz», escribió:

> Cualquier destino, por largo y complicado que sea, consta en realidad *de un solo momento*: el momento en que el hombre sabe para siempre quién es. Cuéntase que Alejandro de Macedonia vio reflejado

su futuro de hierro en la fabulosa historia de Aquiles; Carlos XII de Suecia, en la de Alejandro. A Tadeo Isidoro Cruz, que no sabía leer, ese conocimiento no le fue revelado en un libro; se vio a sí mismo en un entrevero y un hombre... [13].

Y no hace falta aclarar aquí dónde y cómo encontró Cruz la revelación de su destino. En la «Historia del guerrero y de la cautiva», relato más cerca de nuestro poema por los mundos que acerca, leemos:

> Mil trescientos años y el mar median entre el destino de la Cautiva y el destino de Droctulft. Los dos ahora son igualmente irrecuperables. La figura del bárbaro que abraza la causa de Ravena, la figura de la mujer europea que opta por el desierto, pueden parecer antagónicas. Sin embargo, a los dos los arrebató un ímpetu secreto, un ímpetu más hondo que la razón, y los dos acataron ese ímpetu que no hubieran sabido justificar. El anverso y el reverso de esta moneda son, para Dios, iguales [14].

De las tres formas que señala Borges en «El tiempo circular» (que es, en realidad, la nota primitiva que puso a su poema «La noche cíclica»), el protagonista del «Poema conjetural» pertenece a la primera, es decir, a la de raíz pitagórico-platónica: «...al cabo de cada año platónico renacerán los mismos individuos y cumplirán el mismo destino...» [15].

Como vemos, el tema del tiempo circular y los dobles ofrece en Borges abundantes ejemplos en la ficción y hasta en el planteo o discusión del problema. Encontrada la «clave», el autor penetra en zonas más sutiles —puesto que tienen que ver con la elabora-

---

[13] BORGES, «Biografía de Tadeo Isidoro Cruz (1829-1874)», en *El Aleph,* Buenos Aires, 1949, pp. 57-58.

[14] BORGES, «Historia del guerrero y de la cautiva», en *El Aleph,* p. 54.

[15] Las otras dos son, según Borges, la explicación nietzscheana, de base algebraica y, por último, la concepción de los ciclos similares, no idénticos. (Cf. J. L. BORGES, «El tiempo circular», en *Historia de la eternidad,* Buenos Aires, 1953, pp. 91-97.) Para Nietzsche, ver «El retorno» en *Obras Completas,* VI, trad. de E. Ovejero y Maury. Buenos Aires, 1949, pp. 11-36. Lo que podemos agregar nosotros es que la concepción del eterno retorno aparece en las sociedades primitivas como uno de sus rasgos definidores, y a través de múltiples manifestaciones de carácter esencialmente religioso. Mircea Eliade ha estudiado, con su maestría acostumbrada, *El mito del eterno retorno en las sociedades primitivas.* Mejor dicho, considera que el problema es una característica de esas sociedades, en contraposición al hombre moderno, «histórico», «que se sabe y se quiere creador de historia». El hombre de las sociedades primitivas, en cambio, pretende, a través de repeticiones, ciclos o significaciones escatológicas, anular el tiempo, la historia. Por último, Mircea Eliade llega hasta ver también, en ciertos sectores populares de las sociedades modernas, una prolongación o supervivencia del mito. (Cf. MIRCEA ELIADE, *El mito del eterno retorno. Arquetipos y repetición,* traducción de Ricardo Anaya, Buenos Aires, 1952.)

ción del poema y sus rasgos expresivos— al encarar el desarrollo de una «vida repetida» a tanta distancia y en un ámbito tan diferente a aquél en que se desarrolló la vida (y muerte) de Buonconte. El relato en primera persona, otra vez, agrega especiales, inusitadas resonancias a la obra. Inusitadas, puesto que al hablar en primera persona el personaje debe «descubrir» y anunciar su propia muerte. Laprida —a través de la ficción borgiana— encuentra la clave de su vida, descifra el final de su destino, la misma tarde de la batalla del Pilar, en las cifras de Buonconte, y de ellas deduce su propio e irreparable fin y hasta su ulterior contingencia. Buonconte habla también en primera persona cuando Dante lo encuentra en el Purgatorio. Por supuesto, su relato se nos aparece más «natural», y con el interés que despierta la narración de quien había muerto sin dejar rastros.

Volviendo a Laprida, la coincidencia se refuerza con la condición de este personaje, ya que Laprida es hombre de lecturas [16]. Cualquier personaje pudo haber «descubierto» la fuente dantesca. Pero es indudable que la situación se refuerza en un hombre que —como Laprida— estudió «las leyes y los cánones» y anheló ser un hombre «de sentencias, de libros, de dictámenes».

El especial eje autobiográfico gana así singular originalidad y dramatismo, frente a procedimientos comunes o muy utilizados. Lo corriente es que el final trágico de un personaje se coloque en boca de pitonisas, augures, arúspices, astrólogos, adivinos, brujas, magos, nigrománticos, etc. [17], pero no en el anticipo del propio personaje. Es decir, no es un muerto que cuenta su muerte (como Buonconte), sino un hombre aún vivo, en las lindes de la muerte y anticipándola a través de su cercano «descubrimiento».

No sé si hace falta decir que estas intencionales, originales variantes son algo común en Borges. Es muy posible que el punto de arranque esté en su admirado Chesterton («La muestra de la 'espada rota'», por ejemplo). Con todo, lo concreto es que Borges la

---

[16] Por eso también, en la reconstruida vida de Tadeo Isidoro Cruz, la lógica borgiana se encarga de decirnos que, como éste no sabía leer, encontró la revelación de su destino, no en un libro sino en un hecho: «un entrevero y un hombre».

[17] En relación a personajes históricos, el ejemplo famoso, de la poesía en lengua española es el de la maga de Valladolid, que pronostica el trágico fin del Condestable Don Alvaro de Luna en *El Laberinto, de* JUAN DE MENA (estrofas 233-267). Episodio famoso de factura más original de lo que comúnmente se cree, según muestra MARÍA ROSA LIDA DE MALKIEL, *Juan de Mena, poeta del prerrenacimiento español.* México, 1950, pp. 79-83. No establezco ninguna relación entre Borges y Mena (lo veo a Borges muy desasido del poeta español), pero no está de más recordar que ya María Rosa Lida de Malkiel estableció algunas coincidencias —muy pocas— entre uno y otro. (Cf. M. R. LIDA DE MALKIEL, «Contribución al estudio de las fuentes literarias de Jorge Luis Borges», en *Sur,* Buenos Aires, 1952, núms. 213-214, pp. 53 y 54-55.)

utiliza, con variedad dentro de la variante, en relatos suyos como el «Tema del traidor y del héroe» y «La forma de la espada» [18].

Después, el poeta remarca semejanzas entre Buonconte y Laprida a través de una —imaginamos— intencionada sustitución de elementos. Güelfos y gibelinos [19] se reemplazan aquí por «Civilización y Barbarie», «Cultos» y «Gauchos», y, salvo las balas del primer verso, queda una elemental guerra (igual que en Campaldino) de caballos, lanzas y cuchillos, igualación centrada en los dos personajes que se unen a través de los siglos y en sus destinos (europeos y sudamericanos).

Hay algo más. En rigor, no se sabe exactamente cómo murió Laprida, aunque se sospeche de qué manera (a pesar de que el General Paz —y algo sabía él— suponga que fue enterrado vivo en un calabozo) [20]. Borges acepta la versión tradicional de que murió degollado, si bien sospecho que los versos dantescos contribuyeron también a esta creencia. Laprida «ve» en el último verso del poema, «el íntimo cuchillo en la garganta», y Buonconte describía su agonía, «...forato nella gola». Antes, Laprida anticipa su muerte: «...la noche lateral de los pantanos/me acecha y me demora...»; «en cielo abierto yaceré entre ciénagas...», y Buonconte narra su muerte y su cuerpo helado llevado por el río: «Voltommi per le ripe e per lo fondo/poi di sua preda mi coperse e cinse» [21].

En fin, fuera ya de cortejos más o menos ceñidos, lo importan-

---

[18] Cf. J. L. Borges, *La muerte y la brújula*, Buenos Aires, 1951, pp. 69-89.

[19] La lucha de elementos antitéticos no termina aquí. En el poema de Dante —y con mayor nitidez que la oposición entre güelfos y gibelinos— un ángel y el diablo se disputan el alma de Buonconte (versos 103-108).

[20] «El cadáver del Dr. Laprida, cuyo nombre figura honrosamente de presidente del Congreso que declaró la Independencia Nacional, fue hallado después de tiempo en un oscuro calabozo donde, sin duda, fue enterrado vivo...» (José M. Paz, *Memorias póstumas*, II, Buenos Aires, 1855, página 196.) Como vemos, esta aseveración no coincide con el párrafo de Sarmiento ni con el de Damián Hudson, testigos, estos dos, más cercanos de los hechos.
Se ha dicho que el cadáver de Laprida fue hallado mutilado, que expuesto bajo los portales del Cabildo de Mendoza fue identificado por el juez de crimen, doctor don Gregorio Ortiz, quien constató serlo [sic] además por la marca L. N. que descubrió en la pechera de la camisa. Pero tal referencia no ha sido plenamente aseverada. El señor don Damián Hudson, en *Recuerdos históricos de la provincia de Cuyo* (II) dice que «el cadáver de Laprida no se pudo encontrar, por más investigaciones que se practicaran...». (José Ignacio Yani, *La independencia*, Buenos Aires, 1916, p. 121).

[21] Esto es lo concreto y hasta previsible. Sin embargo, no nos adelantemos demasiado ni entremos en el fetichismo de las grandes fuentes. (Cf. A. M. Barrenechea, *La expresión de la irrealidad...*, p. 60, nota, con su referencia a otras posibles sugestiones dantescas). En una biografía escolar de Laprida, como es la que trae Jacinto R. Yaben, leemos: «En la dispersión, Laprida salió a caballo con el capitán D. Nicolás Barreda, tomando la calle de San Francisco del Monte, con la idea de salir al camino-carril y ocultarse en las ciénagas o matorrales que lo limitaban por el este... (Jacinto R. Yaben, *Biografías argentinas y sudamericanas*, III, Buenos Aires, 1939, p. 302.)

te no reside tanto en presuntas identidades como en el hecho de permitirle a Borges algunos de los mejores versos del poema:

> Oigo los cascos
> de mi caliente muerte que me busca
> con jinetes, con belfos y con lanzas...
> ... ...
> Pisan mis pies la sombra de las lanzas
> que me buscan, las befas de mi muerte,
> los jinetes, las crines, los caballos,
> se ciernen sobre mí... Ya el primer golpe,
> ya el duro hierro que me raja el pecho,
> el íntimo cuchillo en la garganta.

Agreguemos, por último, en un ámbito de ideas caras a Borges, la aglutinación remarcadora de pitagorismo-platonismo, cabalismo y teología cristiana. Pitagorismo (¿Eudemo?), Platonismo (concepto del eterno retorno), Cábala («Al fin he descubierto / la recóndita clave de mis años / ... / la letra que faltaba...») y teología cristiana concurren en el poema para dar, en rápido curso, el respaldo conceptual.

A propósito de la elemental distinción entre «Civilización y Barbarie», entre «Hombres de leyes» y «Gauchos» (usado aquí en sentido despectivo), Borges se coloca en una tradición acorde con el personaje y la época. Si bien no hace falta referirse a Sarmiento, la verdad que en ninguno como en éste adquiere tal fijeza y persistencia. Por eso es para nosotros referencia ineludible, dentro de la cual, y en un sector nítido, entra claramente un personaje como Laprida. En todo caso, se trata de una posición histórica que puede defenderse a través de la vida y la muerte del hombre, y que permite también la amplia antítesis que marca, por un lado, la Declaración de la Independencia; y, por otro, el caudillaje, la anarquía...

La intensificación verbal se logra en el poema a través de vocablos, frases y versos de acuñación acorde con el tema («son» el tema), diversificados en dos planos:

a) El rigor ciego de la batalla y la huida sin clemencia:

> Zumban las balas...
> Hay viento y hay cenizas en el viento...
> ...de sangre y de sudor manchado el rostro...
> ...huyendo a pie y ensangrentando el llano...
> ...Oigo los cascos...
> ...con jinetes, con belfos y con lanzas...
> ...los jinetes, las crines, los caballos,
> se ciernen sobre mí...

b) El final inevitable del personaje, que atraviesa todo el poema a partir del primer verso:

```
        ...tarde última...
        ...derrotado...
        ...perdido...
        ...arrabales últimos...
        ...fue cegado y tumbado por la muerte...
            ...Hoy es el término.
        La noche lateral de los pantanos
        me acecha y me demora... 22
        ...caliente muerte...
        ...a cielo abierto yacerá entre ciénagas...
            ...Las befas de mi muerte...
```

No importa que algunos de estos materiales estén ya en la *Divina Comedia* y que aún se extiendan más allá de la estrofa que en el poema de Borges evoca al capitán del Purgatorio. Lo que importa es que sirvan para subrayar, con laconismo pero con certeza, rasgos de una época y de una vida. Y, no cabe duda, eso se logra adecuadamente dentro de personales expresiones borgianas (vocablos, adjetivos nuevos) a las que agregamos, sobre todo, las que resaltan en dos versos felices:

```
        ...el laberinto múltiple de pasos...
        ...la recóndita clave de mis años...
```

y hasta:

```
        ...huyo hacia el sur por arrabales últimos...
        ...pero me endiosa el pecho inexplicable
        un júbilo secreto...
        ...de mi caliente muerte que me busca... 23.
```

---

22 Cf. en la posterior «Página para recordar al coronel Suárez, vencedor en Junín»: *...y la gente muriendo en los pantanos...* (*Poemas*, Buenos Aires, 1958, página 154).

23 Borges no descubre el *laberinto*, el *arrabal*, la *clave*, ni el *secreto* (para ceñirnos al vocabulario del *Poema*), pero es innegable que dentro del mundo expresivo que el escritor ha ido construyendo con sus obras, mundo expresivo en el que pensamiento y lengua coinciden, reiteraciones y personalizaciones sirven de identificación. Estos vocablos nos acercan a columnas medulares de la lengua borgiana. Aquí, sin embargo, no deja de ser curioso encontrar semejanzas en obras sarmientinas (*Recuerdos de provincia; Facundo*) que hemos citado:

...cuando la hora de la reflección [*sic*], de la zozobra i el miedo vino para mí, fue cuando habiendo salido de aquel laberinto de muertes, por un camino que entre ellas me trazó mi buena estrella... (*Recuerdos de provincia*, p. 187. Es decir, la misma página en que se refiere a Laprida.)
...Desde que [Quiroga] llega a la edad adulta, el hilo de su vida se pierde en un intrincado laberinto de vueltas i revueltas, por los diversos pueblos vecinos... (*Facundo*, La Plata, 1938, pp. 93-94.)
...Desde los tiempos de la presidencia, los decretos de la autoridad civil encontraban una barrera impenetrable en los arrabales exteriores de la ciudad... (*Facundo*, p. 162).

En fin, el verso blanco, en el pausado y grave andar de los endecasílabos, y procedimientos elementales de reiteración (de vocablos en el poema y de vocablos en el verso: «Hay viento y hay cenizas en el viento...»; «Vencen los bárbaros, los gauchos vencen...») y de enumeración («...con jinetes, con belfos y con lanzas...»). La notable hipérbole, ya hacia la clausura del poema («Pisan mis pies la sombra de las lanzas...»). Todos estos elementos se justifican en el macizo, identificador cuerpo del poema. Aquí también podemos decir: «son» el poema.

LAPRIDA, BORGES Y LA FRUSTRACIÓN

Acierto grande de Borges fue el haber trazado su poema, impulsado por el primitivo hallazgo, sobre el eje personal de don Francisco Narciso de Laprida, figura realmente noble, sin sombras ni polémicas retaceadoras, en nuestra historia.

Laprida estuvo vinculado —como todos sabemos— al hecho capital de nuestra Independencia, ya que fue durante su actuación de presidente que el Congreso de Tucumán la declaró: éste fue el hecho más trascendente de su vida y el signo popular de su supervivencia, puesto que lo restante de su actuación pública (sin grandes sucesos espectaculares) y de su vida en general es apenas conocido. Quizá sea ocasión de decir aquí que nos falta una buena biografía de Laprida, biografía que sirva, al menos, para rescatarlo de un injusto olvido.

Borges recoge en su poema (por tradición familiar o por fuentes librescas comunes) la semblanza noble del patriota, su perfil de hombre de leyes, el episodio máximo de su vida y el sacrificio de su muerte, en duros tiempos.

El breve epígrafe del poema nos habla de «los montoneros de Aldao», en cuyas manos encontró Laprida la muerte. No hace falta que nos diga Borges que el hecho ocurrió en Mendoza, después de la batalla del Pilar... Lo que interesa aquí no es precisar datos, sino enfrentar dos mundos, dos órdenes: *Laprida,* el derecho, el orden, la «civilización», encarnados precisamente en aquel «cuya voz declaró la Independencia»; *la montonera,* el caos, la barbarie.

Y la oposición, el contraste, crece —repito— ante la magnífica calidad humana del protagonista. Laprida fue hombre (todos lo recuerdan, aunque casi todos los argentinos conozcan su vida vagamente) de acendrada nobleza, de desinterés probado, de humildad ejemplar [24], que encuentra la muerte en defensa de sus ideales.

---

[24] «Francisco Narciso de Laprida —escribió Mitre—, bellísimo carácter, que realzaban grandes virtudes cívicas y privadas...» (B. MITRE, *Historia de San Martín y de la emancipación sudamericana,* I, Buenos Aires, 1950, p. 43.)

Esta semblanza es la que resalta, por encima de la singular clave que revelan la cercanía de los números y el «doble» del dantesco Buonconte. El alarde fantástico se repliega ante el sacrificio del patriota, sacrificio que nos llega con tanta claridad a los argentinos. Y eso es también lo que hace que se hable de «fracaso», de sacrificio vano, con o sin referencia a versos concretos del poema.

¿Es el «Poema conjetural» el simple reflejo de un fracaso, como parece indicar el poema, y como se desprende de palabras de Ana María Barrenechea? [25]. ¿Es el «Poema conjetural» el compendio de «la íntima, perversa y metafísica renuncia a la libertad», a la «entrega», como quiere Patricio Canto en reciente ensayo? [26]. Creo que vale la pena detenernos en este planteo.

Yo no creo que el poema sea la exaltación del fracaso. Por lo pronto, que sea primordialmente eso. La vida de Laprida marca su nivel más alto en el Congreso de Tucumán, muchos años antes. Su oscura muerte es un episodio olvidado o casi olvidado, que rescata en nuestros días el magnífico poema de Borges. Con otras palabras, no es la muerte lo que marca la culminación de Laprida, sino su gestión en la Asamblea de Tucumán. Esta es la exaltación «histórica» de Laprida, a la cual Borges no quiere superponer (¿cómo lo haría?) una culminación «poética». Lo que el poeta quiere es rescatar el dramatismo, la singularidad de una muerte y no de un fracaso, aunque nosotros —como lectores, al fin— podamos agregarle otras resonancias.

La elección del asunto —lo hemos visto de sobra— está determinada por un texto dantesco y por una curiosa serie de coincidencias o proximidades, elementos, todos, que indican el inocultable origen estético del poema, origen que crece después con aciertos fundamentales de construcción y con su engarce en la maciza lengua poética borgiana.

La publicación del poema, con un comentario explicativo, en los *Aspectos de la literatura gauchesca* (Montevideo, 1950), ha contribuido, me parece, a derivaciones no siempre claras (a veces, contradictorias) en lo que al carácter del poema se refiere.

Borges publicó su poema a mediados de 1943, a los pocos días

---

[25] «Borges congrega un mundo de fracaso para este juicio final de Narciso de Laprida...» (A. M. BARRENECHEA, *op. cit.*, p. 61.)

[26] Ver el interesante artículo de PATRICIO CANTO titulado «La personalidad argentina», en *Gaceta literaria*, Buenos Aires, 1960, IV, núm. 20, p. 5, un tanto desvirtuado por su interpretación «ahormada» de textos literarios. Por lo pronto, y en el caso del poema de Borges, una lectura atenta del mismo no me parece que muestre «la supuesta muerte voluntaria del prócer Francisco Narciso de Laprida a mano de los malones del caudillaje». Y si se quiere extender el rasgo al autor yo creo que lo esencial Borges es el egonista de una lucha dramática entre orgullo y humildad, entre alarde y timidez, entre triunfo y fracaso.

9

de la Revolución del 4 de junio (y digo «publicó», como límite final de una elaboración que pudo ser anterior). No creo que el 4 de junio de 1943 se pueda hablar todavía de «dictadura» en el país, sino de incertidumbre y desorientación.

Claro que la situación había cambiado cuando en 1945 Borges pronuncia la conferencia sobre los gauchescos en Montevideo, y, sobre todo, cuando en 1950 se publica la conferencia en un folleto. Además, Borges, como autor del poema, puede extender intenciones o posibilidades más allá del momento en que él escribió el «Poema conjetural». Tiene todo el derecho. El puede —en 1945 y, más aún, en 1950— dolerse de desprecios y ataques, de desconocimientos y omisión, como pueden aplicarse, a la realidad de 1950, versos de su «Poema conjetural».

Pero no hagamos nosotros, desde fuera de la elaboración y del poema, una fácil generalización que, sin duda, la obra inicial no tenía. Por otra parte, poco cuesta encontrar en años posteriores (aunque no alcance la felicidad del «Poema conjetural») un poema que, aun dentro de la evocación histórica, muestra más claras alusiones a la realidad que el poeta vive. Es el poema titulado «Página para recordar al coronel Suárez, vencedor en Junín», que lleva la fecha de 1953. Hacia el final, leemos:

> Su bisnieto escribe estos versos y una tácita voz
> desde lo antiguo de la sangre le llega:
> ... ...
> Junín son dos civiles que en una esquina maldicen a un tirano,
> o un hombre oscuro que se mete en la cárcel [27].

---

[27] Cf. J. L. BORGES, *Poemas,* Buenos Aires, 1958, pp. 154-155. En fin, esto que señalo lo veo confirmado en un hecho significativo, aunque no creo que se haya reparado en ello. La «Declaración final» que antecede al poema en los *Aspectos de la literatura gauchesca* es, con alguna variante, un párrafo del prólogo a su edición de *Recuerdos de provincia,* de Sarmiento. La diferencia mayor está en que aquí comparaba la obra sarmientina y la realidad de 1943 centrada en la guerra en Europa y Asia, mientras que en la «Declaración» los puntos de referencia son los poemas gauchescos y la realidad argentina de los días en que —dice— escribió el poema. Cito unas pocas líneas:

> ...*Recuerdos de provincia,* entonces [veinte años atrás], era el documento de un pasado irrecuperable y, por lo mismo grato, ya que nadie pensaba que sus rigores pudieran regresar y alcanzarnos... La peligrosa realidad que describe Sarmiento era, entonces, lejana e inconcebible; ahora es contemporánea. (Corroboran mi aserto los telegramas europeos y asiáticos)... (Borges, prólogo a SARMIENTO, *Recuerdos de provincia,* página 10.)
>
> ...Los poemas gauchescos eran, entonces, documentos de un pasado irrecuperable y, por lo mismo, grato, ya que nadie soñaba que sus rigores pudieran regresar y alcanzarnos.
>
> Muchas noches giraron sobre nosotros y aconteció lo que no ignoramos ahora. Entonces comprendí que no le había sido negado a mi

No conviene separar —sin degenerar intenciones— al personaje y al autor. Laprida —el Laprida «histórico»— es cristiano como el lejano Buonconte que Dante coloca en el Purgatorio. La muerte, ni aún en las circunstancias en que murió Laprida, no debe verse como un fracaso para el cristiano. A su vez, el propio Borges no puede eludir (a pesar de pitagorismos y elementos cabalísticos) la referencia a un vago Dios cristiano y la predestinación, en pensamiento que defiende su original composición del personaje —ya «literario»— y su trágico sacrificio.

Colocándonos en el verdadero lugar, para no desvirtuar la esencia del personaje histórico que sirve de eje al poema, y que el poeta puede ampliar, matizar, pero no desvirtuar, creo que éste es el verdadero sentido que corresponde: *Sacrificio,* y no fracaso. Si Laprida no fuera personaje «histórico», si no estuviera fijado su nombre, para todos los argentinos, en el hecho trascendental de la Independencia, podríamos pensar, sí, de otra manera. Pero ni Borges (a través de su magnífico poema) ni nadie puede borrar esa nítida, esa invariable fisonomía de don Francisco Narciso de Laprida.

Bien sabemos que el «Poema conjetural» no es un poema «patriótico» ni un alegato inflamado. No hagamos de Borges un poeta «nacional» en el sentido corriente del término (a pesar de Laprida y la Independencia), ni tampoco un propagandista de la frustración, y mirémosle en lo que realmente es: un poeta metafísico, un enamorado de los sorprendentes juegos de la fantasía, un escritor con ansias universalistas que, precisamente, escribió el poema empujado por la reconocible *clave,* la clave que aproxima dos vidas en el tiempo. Miremos, en fin, al «Poema conjetural» como un producto estético, de ineludible origen literario, que alcanza en límites estrictamente poéticos su mayor y mejor dimensión.

El «Poema conjetural» es ya un poema poco menos que insustituible en la esencial antología lírica de nuestra poesía (y pienso en una selección hecha con severidad y competencia). El hecho de suscitar diferentes interpretaciones y controversias es también consecuencia que emana de la obra perdurable y del lugar que ya se ha ganado por «prepotencia» de poesía.

[*Revista Hispánica Moderna,* año XXIX, núm. 1, enero de 1963, pp. 32-45.]

patria la copa de amargura y de hiel... (BORGES, *Aspectos de la literatura gauchesca,* pp. 33-34.)

Por último, no considero la «Declaración» como una nota apócrifa, pero no deja de ser inusitado en Borges esta acomodación de un párrafo anterior.

III

FICCION

III

FICCIÓN

ENRIQUE ANDERSON IMBERT

UN CUENTO DE BORGES: «LA CASA DE ASTERION»

Jorge Luis Borges (Argentina, 1899), que hace pocos años era un escritor de minorías, apenas leído en su propio país, ha venido conquistando un público cada vez más vasto, hasta colocar su obra en el foco de la atención internacional. Hoy se reconoce a Borges como uno de los escritores más interesantes de nuestro tiempo, traducido y estudiado en varias lenguas. Este éxito, que es un merecido premio a su talento, prueba también que aun la literatura más difícil puede convertirse en popular cuando halaga la necesidad deportiva de novedad. Todos agradecemos al escritor que nos excita con una continua sucesión de imprevistos cambios. Nuestra existencia fluye en el tiempo. Si nuestra conciencia temporal se nos vacía, caemos en el aburrimiento. Nos divierte, por el contrario, toda experiencia que nos obliga a esperar. Y cuando un cuento, pongamos por caso, va activando nuestra mente con tensiones y distensiones, ocultamientos y revelaciones, preguntas y respuestas, problemas y soluciones, sentimos que ese cuento tiene la forma interior de un pasatiempo. Aceptamos el desafío y nos ponemos a la expectativa. La fruición de un cuento aumenta, pues, con el análisis de su estructura. En Borges es tan imperiosa la voluntad de jugar con el lector a acertijos de leyes estrictas, que en la relectura es cuando más se lo disfruta. Si no el más leído, es, sin duda, uno de los escritores más releídos de nuestra literatura. Nos proponemos a continuación analizar uno de sus cuentos. No es el mejor de Borges. Ni siquiera es uno de los diez mejores. Pero por ser breve se presta a que podamos escudriñarlo en los límites de un breve ensayo.

ESTRUCTURA

Es posible que un conocedor de los clásicos descifre la charada al comienzo mismo, al leer el epígrafe de Apolodoro. Es posible que un crítico, aunque desconozca quién es ese Asterión al que se refiere Apolodoro, pueda imaginarlo por las insinuaciones del texto. Pero en la mayoría de los casos, ¿no es verdad que el lector se sorprende cuando, en las últimas líneas, en las palabras de Teseo a Ariadna, descubre que lo que ha leído es nada menos que la autobiografía del Minotauro?

«La casa de Asterión», a pesar de su brevedad, consta de tres partes: 1) el epígrafe de Apolodoro, que nos da la clave para reconocer al protagonista; 2) el cuento en sí, puesto en boca del Minotauro, pero sin decirnos que se trata del Minotauro, y 3) las palabras finales de Teseo, que resuelven el misterio. Obsérvense, en esas tres partes, las personas que hablan y los tiempos verbales que usan. En la primera parte, el verbo inicial es *dio:* una tercera persona. Apolodoro informa sobre un nacimiento pretérito. En la segunda parte, el verbo inicial es *sé:* una primera persona, el Minotauro, cuenta su vida presente. En la tercera parte, el verbo final es *se defendió:* una tercera persona, Teseo, da noticias de una muerte pretérita.

EL MITO

El mito del Minotauro es conocidísimo. ¿Con qué disfraz se nos ha escapado, mientras leíamos «La casa de Asterión»? Engañar, Borges no nos ha engañado. Suministró todos los datos para que pudiéramos anticiparnos al desenlace. Comenzó por darnos la clave en el epígrafe de Apolodoro. En *La Biblioteca,* atribuida a Apolodoro de Atenas (c. 144 a. de C.), se nos cuenta el mito del Minotauro. Ese mito de la civilización cretense procede de los tiempos de Minos II, a mediados del siglo xii a. de C.[1]. De reconocer el mito, «La casa de Asterión» no nos hubiese asombrado. ¿Cómo hizo Borges para mantenernos a oscuras hasta la última línea? Sencillamente, adoptó el procedimiento de las adivinanzas: mostró to-

---

[1] He aquí un resumen de los pasajes pertinentes de *La Biblioteca:* Minos, para probar que los dioses lo habían destinado a reinar en Creta, rogó a Poseidón que, desde el abismo, le enviase un toro, y le prometió inmolarlo. Recibió el toro, blanco y tan hermoso, que Minos no lo quiso inmolar. Entonces Poseidón, irritado, encendió en Pasifae, mujer de Minos, una ardiente pasión por la bestia. Del ayuntamiento del toro con Pasifae nació Asterio, llamado el Minotauro. Tenía cara taurina, pero el resto de su cuerpo era humano. El Minotauro vivía en el Laberinto, construido por Dédalo. Más tarde Minos impuso a los atenienses un tributo de siete donceles y siete doncellas para que el Minotauro los sacrificase. Teseo fue uno de los que, en el tercer tributo, debía ser sacrificado; pero Ariadna, hija de Minos, se enamoró de él y le dio una espada y un ovillo de hilo: con la espada, Teseo mató al Minotauro; con el hilo, que había desovillado mientras avanzaba por el Laberinto, pudo rehacer sus pasos y encontrar la salida.

das las claves, pero las únicas palabras que no mencionó fueron precisamente *laberinto* y *Minotauro* [2]. «Casa» es el nombre que se da al laberinto. «Asterión» es el nombre que se da al Minotauro. Circunloquios retóricos, pues, son los que indican la solución de la adivinanza. Veamos con qué rodeos Borges va describiendo la situación de su cuento.

DESCRIPCIÓN DEL LABERINTO

«Es verdad que no salgo de mi casa, pero también es verdad que sus puertas (cuyo número es infinito) están abiertas día y noche a los hombres y también a los animales. Que entre el que quiera. El original dice *catorce,* pero sobran motivos para inferir que, en boca de Asterión, ese adjetivo numeral vale por *infinitos*.» Catorce es el número de los siete mancebos más las siete damiselas ofrendados, según el mito, al Minotauro [3]. «Que entre el que quiera» es una definición a medias del laberinto; la otra mitad sería «salsipuedes». Un laberinto es laberinto, no porque no se pueda entrar, sino porque no se puede salir.

«No hay *un solo mueble* en la casa.» El subrayado es ambiguo: podría sugerir que no hay un mueble solo, sino muchos; lo que quiere decir es que no hay ninguno. Siendo el mueble para uso exclusivo de los hombres, con esa frase se avisa que no es humano quien vive allí.

«Unos se encaramaban al estilóbato del templo de las Hachas... Alguno, creo, se ocultó bajo el mar.» El paisaje marino corresponde a la isla de Creta. El templo de las Hachas es una metonimia por laberinto. El mismo Borges, en *Manual de Zoología fantástica* (México, «Breviarios del Fondo de Cultura Económica», 1957, «El Minotauro», pp. 101-102), habla del «culto del toro y de la doble hacha (cuyo nombre era *labrys,* que luego pudo dar *laberinto*).

«Asimismo hallará una casa como no hay otra en la faz de la

---

[2] En otro de los cuentos de Borges —«El jardín de los senderos que se bifurcan»—ocurre este diálogo:

—En una adivinanza cuyo tema es el ajedrez, ¿cuál es la única palabra prohibida?
Reflexioné un momento y repuse:
—La palabra ajedrez.

En «Sobre el Vathek de William Beckford», *Otras inquisiciones* (Buenos Aires, 1952), recuerda que Carlyle bromeaba con la idea de una biografía de Miguel Angel que omitiera toda mención de las obras de Miguel Angel.

[3] La idea de que a cada persona le está destinada una puerta y que detrás de cada puerta hay infinitas puertas viene de Kafka y otros autores a quienes Borges cita en «Sobre Chesterton», ensayo publicado el mismo año del cuento que analizamos (véase *Otras inquisiciones*).

tierra. (Mienten los que declaran que en Egipto hay una parecida).» La negación apasionada y polémica de que haya otra casa igual es alusión al laberinto que mandó construir Amenemhat III, faraón de la XII dinastía, que vivió alrededor de 2300 a. de C. (Es el laberinto que describieron Herodoto y Plinio el Viejo.)

«Corro por las galerías de piedra hasta rodar al suelo, mareado»; «vuelta de un corredor»; «azoteas desde las que me dejo caer»; «volvemos a la encrucijada anterior»; «desembocamos en otro patio»; «ya verás cómo el sótano se bifurca»; «Todas las partes de la casa están muchas veces, cualquier lugar es otro lugar. No hay un aljibe, un patio, un abrevadero, un pesebre; son catorce (son infinitos) los pesebres, abrevaderos, patios, aljibes»; «Los cadáveres ayudan a distinguir una galería de otra»: todas estas pinceladas van completando la descripción del laberinto.

Descripción del Minotauro

Aunque oblicuos, los siguientes rasgos son también suficientes: «Por lo demás, algún atardecer he pisado la calle; si antes de la noche volví, lo hice por el temor que me infundieron las caras de la plebe, caras descoloridas y aplanadas, como la mano abierta.» Vista con los ojos de una prominente y pigmentada cabeza de toro, la cara humana parece descolorida y aplanada; el recelo del protagonista-narrador es el que todo animal de una especie siente por el de otra.

«... el desvalido llanto de un niño y las toscas plegarias de la grey dijeron que me habían reconocido.» Llanto, plegarias de hombres ante un espantoso enemigo.

«No en vano fue una reina mi madre.» Se refuerza la clave del epígrafe atribuido a Apolodoro.

«El hecho es que soy único.» El adjetivo «único», que al pronto sonó a jactancia, señala en verdad el hecho objetivo de que no hay otro monstruo igual. Las distracciones, los juegos del Minotauro, son los de un solitario: «Pero de tantos juegos, el que prefiero es el de otro Asterión. Finjo que viene a visitarme y que yo le muestro la casa.» El brío de esta distracción, de este juego del Minotauro, consiste precisamente en que es pura fantasía; por ser impar, es imposible otro Asterión.

«Semejante al carnero que va a embestir.» El Minotauro no compara solamente las embestidas, sino también los cuernos. Comparación de cornúpeto con cornúpeto, que es más cabal de lo que dio a entender a la primera lectura.

«Abrevadero», «pesebre»; o sea, las comodidades de una bestia.

«Cada nueve años entran en la casa nueve hombres para que

yo los libre de todo mal»⁴. En el «Padre nuestro», la fórmula «líbranos de todo mal» se refiere al pecado. Para el Minotauro el mal es la vida: librar a los hombres de todo mal es un eufemismo por matarlos.

«La ceremonia dura pocos minutos.» Ceremonia del sacrificio lustral.

«Uno tras otro caen sin que yo me ensangriente las manos.» Las manos limpias de sangre no prueban la inocencia del protagonista-narrador; sus cuernos son los que se ensangrientan.

«¿Será un toro o un hombre? ¿Será tal vez un toro con cara de hombre? ¿O será como yo?» Con estas últimas líneas de la autobiografía la figura del narrador queda desenmascarada: por eliminación, tiene que ser un hombre con cara de toro⁵.

EL PUNTO DE VISTA

Además de estas descripciones perifrásticas del Laberinto y el Minotauro, despista Borges al lector con una serie de estratagemas. La mayor: haber puesto el relato en la monstruosa boca del Minotauro. El cuento comienza: «Sé que me acusan de soberbia.» No se nos ocurre que una bestia pueda tener un «yo» narrativo; la tradición nos ha dado siempre el punto de vista de Teseo. Ahora, inesperadamente, el héroe es el Minotauro. ¿Cómo le vino a Borges esta idea de completar el doble destino del mito dándonos también la autobiografía del Minotauro?

---

⁴ En las leyendas del ciclo minoico el número nueve recurre varias veces: el tributo al Minotauro, ¿es anual durante nueve años o se cumple cada nueve años? Hay diferentes versiones. Como quiera que sea, ¿de dónde sacó Borges que entran en la casa nueve hombres? En 1959 lo consulté personalmente sobre este punto, y me respondió que ya se había olvidado del cuento y que era muy posible que eso de los nueve hombres fuera un descuido.

⁵ En «Abenjacán el Bojarí, muerto en su laberinto» (publicado originalmente en *Sur,* agosto de 1951, núm. 202, y recogido en la segunda edición de *El Aleph*) se discute el mito del «laberinto, cuyo centro era un hombre con cabeza de toro». «Cabeza de toro tiene en medallas y esculturas el Minotauro. Dante lo imaginó con cuerpo de toro y cabeza de hombre.» En el capitullo sobre «El Minotauro» (en el ya citado *Manual de Zoología fantástica*), Borges agrega estas noticias: «Ovidio, en un pentámetro que trata de ser ingenioso, habla del *hombre mitad toro y mitad hombre*. Dante, que conocía las palabras de los antiguos, pero no sus monedas y monumentos, imaginó al Minotauro con cabeza de hombre y cuerpo de toro.» Borges, pues, describe al Minotauro siguiendo *La Biblioteca,* atribuida a Apolodoro: «Tenía cara taurina, pero el resto de su cuerpo era humano.»

— 139 —

Dice Borges en el epílogo a *El Aleph:* «a una tela de Watts, pintada en 1896, debo 'La casa de Asterión' y el carácter del pobre protagonista». Es muy probable que Borges vio la reproducción del cuadro en el libro de G. K. Chesterton, *G. F. Watts,* London, 1904. Sabemos que leyó este libro porque lo cita por lo menos cinco veces en ocasiones distintas en *Otras inquisiciones.* Chesterton habla de la «brutalidad boba» del Minotauro de Watts y lo interpreta como una reacción moral, entre estoica y puritana, contra las crueldades de la ciudad moderna. En otras biografías de Watts (vgr., la de Loftus Hare, de 1915) se recuerda que pintó el Minotauro en tres horas, inflamado de indignación por la codicia y voracidad de la civilización materialista de nuestro tiempo. Ignoramos si Borges alcanzó a distinguir que el monstruo, en la tela de Watts, ha aplastado con su manaza un pájaro, y parece mirar hacia el mar, en espera de otras bellas víctimas. Lo cierto es que Borges vio la reproducción del cuadro y pensó en otro símbolo, no moral, sino metafísico, como se verá más adelante. Se instaló con simpatía, con compasión dentro del monstruo. Repárese en su piadoso adjetivo: «el carácter del pobre protagonista». Borges lo vio solitario, en lo alto de un parapeto de su laberinto, soñador, melancólico, contemplando el mar y como esperando. Esperando, ¿qué? Esperando a su redentor: «Sé que uno de ellos profetizó, en la hora de su muerte, que alguna vez llegaría mi redentor. Desde entonces no me duele la soledad.» Lo que le habrán profetizado es que vendrá su victimario, quien lo redimirá de su fiero destino. Pero el Minotauro interpreta la redención de otro modo. El no se siente monstruo: está orgulloso de ser único, como el sol. Asterio, hijo del Sol. Cree que el redentor le traerá amor y lo sacará de su laberinto. «Ojalá me lleve a un lugar con menos galerías y menos puertas.» Por eso, porque el Minotauro espera un redentor amigo, acaso afín, «apenas se defendió» cuando Teseo le clavó la espada. El carácter del Minotauro es conmovedor. Le hieren las acusaciones (de soberbia, misantropía y locura). No es un prisionero, dice. Si se refugia en el laberinto es porque los hombres lo asustan: «volví... por el temor que me infundieron las caras de la plebe». Por ser único, vive desolado. Su entretenimiento es desdoblarse como un solipsista neurótico y hablar consigo mismo. ¿Que oye pasos o voces? Entonces, dice, «corro alegremente a buscarlos». Puede que sean los pasos o las voces del redentor. Si, en cambio, son muchachos y muchachas, los matará; pero es que matarlos es parte de la ceremonia a que le obliga el Destino.

El cuento como juego

En *Los Anales de Buenos Aires* (mayo-junio de 1947, número 15-16) se había publicado «La casa de Asterión». En julio, número 17, apareció allí otro cuento de Borges, «El Zahir», dentro del cual el protagonista compone un relato fantástico de idéntico esquema. Con perífrasis enigmáticas se disimula que se está reelaborando un mito de los Nibelugos. El relato esta vez corre en boca de la serpiente Fafnir. «La aparición de Sigurd corta bruscamente la historia.» El protagonista-narrador califica su propio relato de «fruslería». ¿Es de veras una fruslería? Si es así, ¿también será fruslería este cuento gemelo, «La casa de Asterión»? No hay duda que a Borges le divierte jugar con el lector y que su técnica favorita es la del desenlace sorpresivo: contra hechos cuya interpretación sólo se ha de revelar en las últimas palabras. Pero ¿es su propósito lúdico, y nada más?

El tema del laberinto

Reparemos ante todo en que su tema —el laberinto— es el más significativo en toda la obra de Borges [6]. Casi no hay cuento, poema o ensayo en que no asome. Toda clase de laberintos. Laberintos como construcciones en el espacio o en el tiempo, como formas de la realidad o de la mente, como hechos o como alegorías. Más aún: hay cuentos construidos como laberintos, cuentos dentro de cuentos, cuentos que aunque a primera vista parezcan autónomos, son en verdad pedazos de un gran laberinto que los atraviesa a todos. En *El Aleph,* por ejemplo, hay tres cuentos correlacionados. En «Abenjacán el Bojarí, muerto en su laberinto», el rector Allaby predica desde el púlpito un sermón con el tema del laberinto. Este sermón es el cuento «Los dos reyes y los dos laberintos» que le sigue. Pero en «Abenjacán el Bojarí» hay dos personajes, Dunraven y Unwin, que platican sobre el Minotauro y su laberinto, y complementan así «La casa de Asterión». ¿Por qué el tema del laberinto es una constante en la literatura de Borges? ¿Por qué? Porque responde a una cosmovisión.

---

[6] Véase Ana María Barrenechea: «Los símbolos del caos y del cosmos. Los laberintos», *La expresión de la irrealidad en la obra de Jorge Luis Borges* (El Colegio de México, 1957), 57-60.

Para Borges, el mundo es caos, y dentro del caos, el hombre está perdido como en un laberinto. Sólo que el hombre, a su vez, es capaz de construir laberintos propios. Laberintos mentales, con hipótesis que procuran explicar el misterio del otro laberinto, ese dentro del cual andamos perdidos. En «La casa de Asterión», a pesar de su brevedad (y a pesar de su pobreza), se tocan estos aspectos gnoseológicos y metafísicos del laberinto como símbolo del Universo. El Minotauro medita melancólicamente e imagina su laberinto multiplicado por la tierra y por el cielo:

> También he meditado sobre la casa. Todas las partes de la casa están muchas veces, cualquier lugar es otro lugar. No hay un aljibe, un patio, un abrevadero, un pesebre; son catorce (son infinitos) los pesebres, abrevaderos, patios, aljibes. La casa es del tamaño del mundo; mejor dicho, es el mundo. Sin embargo, a fuerza de fatigar patios con un aljibe y polvorientas galerías de piedra gris he alcanzado la calle y he visto el templo de las Hachas y el mar. Eso no lo entendí hasta que una visión de la noche me reveló que también son catorce (son infinitos) los mares y los templos. Todo está muchas veces, catorce veces, pero hay dos cosas en el mundo que parecen estar una sola vez: arriba, el intrincado sol; abajo, Asterión. Quizá yo he creado las estrellas y el sol y la enorme casa, pero ya no me acuerdo.

Aquí se alude a otro de los temas que Borges suele desarrollar en sus cuentos: el de un dios tan caótico como su creación. Un dios, en este caso, que se ha olvidado de su creación. En otras palabras, que para comprender el laberíntico y caótico Universo en que estamos metidos no nos basta la idea de un dios, puesto que este dios puede ser también defectuoso, irracional y arbitrario. La ocurrencia de un dios insatisfactorio en los cuentos y ensayos de Borges es demasiado frecuente para citar sus casos aquí. Cuando el Minotauro, pensando en el redentor a quien espera, dice: «si mi oído alcanzara todos los rumores del mundo, yo percibiría sus pasos», está repitiendo un tópico muy borgiano: una inteligencia divina podría ejemplificarse, dice, en la capacidad de percibir en una sola figura todos los pasos que ha dado un hombre (*Otras inquisiciones,* p. 149).

Borges adoptó, por ser artísticamente fecunda, la filosofía del idealismo absoluto. Cada conciencia fabrica su propia realidad e intenta darle un sentido. Hay pensadores que proponen hipótesis simples: Dios, la Materia... Borges prefiere complicar las suyas. Es radicalmente escéptico, pero cree en la belleza de todas las teorías, las colecciona, y al estirarlas hasta sus últimas consecuencias las reduce al absurdo. La agnóstica visión de Borges se expresa en una dialéctica de buen humor. Encierra en un laberinto lingüístico al lector y juega con él hasta derrotarlo. En su fruición estética se perciben, sin embargo, sobretonos de angustia, una angustia que dimana de saberse único, solitario, delirante, perdido y perplejo en un ser ciego. Borges es Asterión, el Minotauro.

[*Revista Iberoamericana*, vol. XXV, núm. 49, enero-junio de 1960.]

PAUL DE MAN

UN MAESTRO MODERNO: JORGE LUIS BORGES

> *Empty eyeballs knew*
> *That knowledge increases unreality, that*
> *Mirror on mirror mirrored is all the*
> *Show.*
>
> W. B. YEATS

Aunque ha escrito poesía, cuentos y ensayos críticos de la más alta calidad desde 1923, el escritor argentino Jorge Luis Borges es todavía mejor conocido en la América Latina que en los Estados Unidos. Tal abandono resulta algo injusto para el traductor de John Peale Bishop, Hart Crane, E. E. Cummings, William Faulkner, Edgar Lee Masters, Robert Penn Warren y Wallace Stevens. Hay indicios, sin embargo, de que se le está descubriendo aquí con algo del mismo entusiasmo que despertó en Francia, donde la crítica le dispensó atención de primera plana y donde ha sido muy bien traducido. Recientemente han visto la luz varios volúmenes de traducciones al inglés, incluyendo una cuidada edición de su obra más reciente, *El hacedor,* y una nueva edición de *Laberintos,* que apareció por primera vez en 1962. Críticos americanos e ingleses lo han designado como uno de los más grandes escritores vivos, pero hasta la fecha (y hasta donde tengo conocimiento) no han hecho aportaciones importantes a la interpretación de su obra. Hay buenas razones para esta demora. Borges es un escritor complejo, particularmente difícil de situar. En vano los comentaristas buscan en su derredor puntos de comparación; y la misma admiración literaria que le profesan añade a la confusión. Como Kafka y los escritores existencialistas contemporáneos franceses, a menudo se le considera un moralista, rebelde contra su tiempo. Pero tal enfoque lleva a conclusiones falsas.

Es cierto que, especialmente en sus primeras obras, Borges escribe sobre villanos: la colección *Historia universal de la infamia,* 1935, contiene un conjunto atractivo de pícaros. Pero primariamente Borges no considera la infamia un tema moral; en ningún modo sugieren las narraciones una acusación a la sociedad o a la naturaleza humana o al destino. Tampoco sugieren la frívola visión de Lafcadio, el protagonista nietzschesiano de Gide. En lugar de esto, la infamia actúa aquí como un principio estético, formal. Desde el punto de vista literario las invenciones no hubieran podido tomar forma sin la presencia de la villanía en su esencia misma. Se conjuran muchos mundos diferentes —plantaciones de algodón a orillas del Mississipí, mares del Sur plagados de piratas, el Oeste de los pioneros, los barrios bajos de Nueva York, patios japoneses, el desierto árabe, etc.— todo lo cual carecía de contornos sin la presencia reguladora de un villano en su centro.

Un buen ejemplo nos lo ofrecen los ensayos imaginarios sobre temas literarios que escribía Borges al mismo tiempo que *Historia universal de la infamia*. Haciendo uso de las convenciones estilísticas de la literatura crítica erudita, estos ensayos se leen como una combinación de Empson, Paulhan y PMLA, pero mucho más suscintos y tortuosos. En un ensayo sobre los traductores de *Las mil y una noches,* Borges cita una lista impresionante de ejemplos que demuestran cómo un traductor tras otro cortó, añadió, deformó y falsificó despiadadamente el original a fin de conformarlo a las normas artísticas y morales propias y a las de sus lectores. La lista, que de hecho viene a ser un catálogo completo de los pecados del hombre, culmina en el incorruptible Enno Littmann, cuya edición de 1923-1928 es escrupulosamente exacta: «Incapaz como Washington de mentir, no hay otra cosa que la probidad de Alemania.» Esta traducción es muy inferior, a juicio de Borges, a las otras. Le falta la riqueza de la asociación literaria que permite a los otros —traductores infames— dar a su lenguaje profundidad, sugestividad, ambigüedad, en una palabra: estilo. El artista tiene que ponerse la máscara del villano a fin de crear un estilo.

Hasta aquí, todo está bien. Todos sabemos que el poeta es del partido del diablo y que del pecado resultan mejores historias que de la virtud. Requiere algún esfuerzo preferir *La nouvelle Héloise* a *Les liaisons dangereuses* o, en cuanto a esto, la segunda parte de *La nouvelle Héloise* a la primera. El tema de la infamia en Borges podría ser una forma más del esteticismo de fin de siglo, un estertor tardío de la agonía romántica. O quizá peor, su obra podría ser consecuencia de una desesperación moral como escape a las ataduras del estilo. Pero tales suposiciones son contrarias a la naturaleza de un escritor cuyo compromiso con el estilo es incorruptible; no importa cuáles sean las inquietudes existenciales de Borges, poco tienen en común con el concepto robustamente prosaico que tiene Sartre de la literatura, con el celo del moralismo de Camus, o con la ponderada profundidad del pensamiento existencialista alemán. Más bien son el consistente incremento de una conciencia puramente poética llevada a sus límites extremos.

Los cuentos que forman el grueso de la obra literaria de Borges no son fábulas moralizadoras o parábolas como las de Kafka con las que a menudo falsamente se les compara; mucho menos son intentos de análisis psicológico. La analogía literaria mas inadecuada sería compararlos con el cuento filosófico del siglo XVIII: su mundo es la representación, no de una experiencia real, sino de una proposición intelectual. No se espera la misma clase de penetración psicológica o la misma inmediatez de experiencia personal de *Candide* que de *Madame Bovary,* y Borges debe leerse con expectativas más cerca de las que nos provoca una narración de Voltaire que las de una novela del siglo XIX. Se diferencia, sin embargo, de sus antecesores del siglo XVIII en que el sujeto de sus cuentos es la creación misma de un estilo; en esto, Borges es definitivamente postromántico y aun post-simbolista. Sus protagonistas son prototipos para el escritor, y sus mundos lo son para una clase de poesía o de ficción altamente estilizada. No importa la variedad en tono y ambientes, los distintos relatos tienen un punto de partida similar, una estructura, un punto crítico y un desenlace similares; la fuerza interna que une estos cuatro momentos constituye el estilo distintivo de Borges, así como su comentario a este estilo. Sus narraciones tratan del estilo en que están escritas.

En el centro de ellas, como ya he apuntado, hay siempre un acto de infamia. El primer cuento de *Laberintos,* «Tlön, Uqbar, Orbis Tertius», describe el mundo totalmente imaginario de un planeta ficticio; este mundo se atisba por primera vez en una enciclopedia que es ella misma una reimpresión falsificada de la *Britannica.* En «La forma de la espada» un irlandés, persona ignominiosa que resulta haber traicionado al hombre que le salvó la vida, se hace pasar por su propia víctima, a fin de darle interés a su relato. En «El jardín de senderos que se bifurcan» el protagonista es un chino que durante la Primera Guerra Mundial hace trabajo de espionaje contra los ingleses, más que nada por la satisfacción que le proporciona el disimulo laberíntico refinado. Todos estos crímenes son delitos como el plagio, la falsa representación, el espionaje, en los cuales alguien pretende ser lo que no es, sustituye una apariencia engañosa por su ser real. Uno de los mejores de sus primeros cuentos describe las proezas del impostor religioso Hakim, que esconde su rostro tras una máscara de oro. Aquí la función simbólica de los actos infames se destaca claramente: Al principio, Hakim fue tintorero, es decir, alguien que presenta en colores vivos y bellos lo que originalmente fue monótono y gris. En esto se asemeja al artista que atribuye cualidades irresistiblemente atractivas a algo que no las posee necesariamente.

La creación de belleza comienza, pues, como un acto de duplicidad. El escritor engendra otro ser que es el reverso de su imagen, como se reflejaría ésta en un espejo. En este anti-ego, las virtudes y vicios del original quedan curiosamente deformadas e invertidas.

Borges describe el proceso con agudeza en un texto posterior titulado «Borges y yo» (aparece en *Laberintos* y también, un poco mejor traducido, en *El hacedor*). Aunque se da cuenta de «su perversa costumbre de falsear y magnificar» del otro Borges, cede más y más a su máscara poética «que comparte esas preferencias, pero de modo vanidoso que las convierte en atributos de un actor». Este acto, por el cual el hombre se pierde en la imagen que ha creado, es para Borges inseparable de la grandeza poética. Cervantes lo logró cuando ideó y se convirtió en Don Quijote; Valéry lo logró al concebir y convertirse en Monseiur Teste. La duplicidad del artista, la grandiosidad así como la miseria de su vocación es un tema recurrente íntimamente ligado al tema de la infamia. Quizá donde se trata más ampliamente es en el cuento «Pierre Ménard, autor del Quijote» en *Laberintos.* La obra y vida de un escritor imaginario descrita por un biógrafo dedicado. Según se va desarrollando la trama, algunos de los detalles comienzan a cobrar un aire familiar: aun el ambiente mediterráneo, falso, mercantil, snob, parece traernos a la memoria una persona real y cuando se nos dice que Ménard publicó en sus primeros tiempos un soneto en una revista llamada *La conque,* el lector de Valéry identificará el modelo sin remedio. (Algunas de las primeras poesías de Valéry de hecho aparecieron en *La conque,* editada por Pierry Louys, aunque en fecha algo anterior a la mencionada por Borges para la primera publicación de Ménard.) Cuando, algo más tarde, descubrimos que Ménard es el autor de una invectiva contra Paul Valéry, así como el que comete el chocante crimen estilístico de trasponer *Le cimetière marin* a alejandrinos (Valéry siempre ha insistido en que la esencia misma de este famoso poema reside en su metro decasilábico) ya no podemos dudar que estamos tratando con el antiego de Valéry, es decir, Monsieur Teste. Las cosas se complican más unos párrafos más adelante, al embarcarse Ménard en el curioso proyecto de reinventar a Don Quijote, palabra por palabra, y ya cuando Borges nos regala con la lectura atenta de dos pasajes verbalmente idénticos de Don Quijote, uno escrito por Cervantes, el otro por Pierre Ménard (que también es Monsieur Teste, quien es también Valéry) hay en juego tal conjunto complejo de ironías, parodias, reflexiones y puntos de discusión, que es imposible siquiera tratar de hacerles justicia en un breve comentario.

La invención poética comienza con la duplicidad, pero no termina ahí, pues la duplicidad particular del escritor (la imagen del tintorero en «El tintorero enmascarado Hákim de Meru») brota del hecho que él presenta la forma inventada como si poseyera los atributos de la realidad, permitiendo así que ésta a su vez se reproduzca imitativamente en otra imagen reflejada en el espejo que toma la pseudo-realidad anterior como *su* punto de partida. A esto lo mueve la intención blasfema de atribuir la divina categoría de *ser* a meros entes. Como resultado, la duplicidad alcanza una multiplicidad de imágenes sucesivas reflejadas. En «Tlön, Uqbar, Orbis Tertius», por ejemplo, la enciclopedia plagiada está falsificada por alguien que le añade una referencia sobre la región imaginaria de Uqbar, presentándola como si fuera parte del mundo real. Usando esta descripción de un país imaginario como *su* punto de partida, otro falsificador (que, dicho sea de paso, es un racista millonario del Sur) hace aparecer, con la ayuda de un grupo de expertos sospechosos, una enciclopedia completa sobre un planeta imaginario llamado Tlön— una pseudorrealidad igual en tamaño a nuestro mundo real. A esta edición seguirá a su vez una edición revisada y aun más detallada, escrita no en inglés sino en uno de los idiomas de Tlön y titulada *Orbis Tertius*.

Todas las narraciones tienen una estructura similar de imagen reflejada en el espejo, aunque los artificios varían con ingeniosidad diabólica. A veces sólo hay un efecto de espejo, como cuando al final de «La forma de la espada», Vincent Moon revela su verdadera identidad como el villano, no el héroe, de su propia historia. Pero en la mayoría de los cuentos de Borges hay varios estratos de reflejos. En «El tema del traidor y del héroe» de *Laberintos* tenemos: 1) un hecho realmente histórico — un caudillo revolucionario traiciona a sus confederados y tiene que ser ejecutado; 2) una narración imaginaria acerca de un hecho (aunque en forma inversa) como el *Julio César* de Shakespeare; 3) un hecho realmente histórico que copia la ficción: la ejecución se lleva a cabo de acuerdo con la trama de Shakespeare, para asegurarse de que será un buen espectáculo; 4) el historiador perplejo reflexionando sobre el curioso intercambio de la identidad de la ficción y los hechos históricos y derivando una teoría falsa sobre arquetipos históricos; 5) Borges, el historiador más sagaz (o, más bien, su anti-ego lleno de duplicidad reflejándose en el historiador crédulo y reconstruyendo el curso real de los sucesos.) En otros cuentos de *Laberintos,* «El Inmortal», «El Zahir» o «La muerte y la brújula», la complicación se lleva tan lejos que resulta virtualmente imposible describirla.

Esta multiplicidad de reflejos constituye para Borges una indicación del éxito poético. Las obras literarias que más admira contienen este elemento; le fascinan los efectos de espejo en la literatura, tales como el drama dentro de otro drama de la época isabelina, el personaje Don Quijote leyendo *Don Quijote,* Scherezada que una noche empieza a recitar palabra por palabra el cuento de *Las mil y una noches.* Porque cada imagen reflejada en el espejo es estilísticamente superior a la anterior, como el paño teñido es más bello que el simple, la traducción deformada más rica que el original, el Quijote de Ménard estéticamente más complejo que el de Cervantes. Llevando este proceso a sus límites, el poeta puede a la larga lograr el éxito— una pintura ordenada de la realidad que contiene la totalidad de todas las cosas, sutilmente transformada y enriquecida por el proceso imaginativo que las engendró. El mundo imaginario de Tlön es sólo un ejemplo de este logro poético; se repite a través de la obra de Borges y de hecho constituye la imagen central, culminante, alrededor de la cual organiza sus cuentos. Puede ser la serie filosóficamente coherente de leyes que forma el universo mental de Tlön, o el mundo fantástico de un hombre agraciado (pero también condenado) con el pavoroso don de una memoria perfecta, un hombre que sabe de memoria «las formas de las nubes australes del amanecer del treinta de abril de mil ochocientos ochenta y dos», así como la de «las aborrascadas crines de un potro, con una punta de ganado en una cuchilla, con el fuego cambiante y con la innumerable ceniza» («Funes el memorioso» en *Laberintos*). Esto puede extenderse ilimitadamente como el laberinto infinitamente complejo que es también un libro sin fin en «El jardín de senderos que se bifurcan», o reducirse al mínimo, como cierto punto en cierta casa desde el cual puede observarse el universo todo (*El Aleph*), o una única moneda que, no importa lo insignificante que sea por sí misma, «no implique la historia universal y su infinita concatenación de efectos y causas» («El Zahir»). Todos estos puntos o dominios de visión total simbolizan el desenlace completamente logrado y engañoso de la irreprimible necesidad de orden que tiene el poeta.

El triunfo de estos mundos poéticos queda expresado por su totalidad omniabarcadora y ordenada. Su naturaleza engañosa es más difícil de definir, pero esencial para comprender a Borges. Las imágenes reflejadas son en verdad duplicaciones de la realidad, pero cambian la naturaleza temporal de esta realidad en forma insidiosa, aun cuando —podría decirse especialmente— la imitación esté completamente lograda (como en el *Quijote* de Ménard). En la experiencia real el tiempo nos parece continuo pero infinito; pero esta continuidad es también aterradora, ya que nos arrastra sin remedio hacia un futuro incognoscible. Nuestro universo «real» es como el espacio: estable pero caótico. Si por un acto de la mente comparable a la voluntad de estilo de Borges, ordenamos este caos, muy bien podemos conseguir cierto orden, pero disolvemos la sustancia cohesiva, espacial, que mantenía unido nuestro universo caótico. En lugar de una masa infinita de sustancia tenemos un número finito de sucesos aislados, incapaces de establecer relaciones entre sí. Los habitantes del mundo totalmente poético de Uqbar creado por Borges «no conciben que lo especial persista en el tiempo. La percepción de una humareda en el horizonte y después del campo incendiado y después del cigarro a medio apagar que produjo la quemazón es considerada un ejemplo de asociación de ideas». De modo que en Borges el estilo se convierte en el acto ordenador pero des-integrante que transforma la unidad empírica en la enumeración de sus partes isladas. De aquí su rechazo del *style lié* y su preferencia por lo que los gramáticos llaman parataxis: el mero colocar de suce-sus partes aisladas. De aquí su rechazo del *style lié* y su preferencia de su propio estilo como barroco, «el estilo que deliberadamente agota (o quiere agotar) sus posibilidades»[1]. El estilo es un espejo, pero diferente al espejo de los realistas que no nos permite olvidar ni por un momento su irrealidad: es un espejo que crea lo que imita.

Probablemente por ser Borges un escritor tan brillante, su mun-do-espejo es también profunda, aunque siempre irónicamente, sinies-tro. Los tonos del terror varían desde el placer criminal de *Historia universal de la infamia* hasta el mundo más oscuro y mísero de las posteriores *Ficciones,* y en *El hacedor* la violencia es aún mayor y más sombría, más parecida, me imagino, al ambiente de la Argen-tina natal de Borges. En un cuento de 1935, Hakim el impostor pro-clama: «La tierra que habitamos es un error, una incompetente pa-rodia. Los espejos y la paternidad son abominables porque la mul-tiplican y afirman». Esta aseveración continúa repitiéndose a través de la obra posterior, pero en ésta llega a ser mucho más comprensi-ble. Sin dejar de ser la metáfora principal para el estilo, el espejo adquiere poderes fatales— un motivo que se halla en toda la litera-tura de Occidente, pero del cual la versión de Borges es particular-mente rica y compleja. — En sus primeras obras el espejo del arte representaba la intención de evitar que el correr del tiempo se per-diera para siempre en el vacío informe del infinito. Como las espe-culaciones de los filósofos, el estilo es un intento de alcanzar la inmortalidad. Pero este intento está condenado a fallar. Citando uno de los libros favoritos de Borges, *Hydrothapia, Urn-Burial,* de Sir Thomas Browne (1658): «No hay antídoto contra el *Opio* del tiem-po que considera todas las cosas temporalmente...» Esto no es, como se ha dicho, porque el Dios de Borges le hace la misma jugarreta al poeta que le hace el poeta a la realidad; Dios no resulta ser el archivillano empeñado en engañar al hombre con una ilusión de eter-nidad. El impulso poético en toda su duplicidad perversa, es atributo del hombre, señala al hombre como esencialmente humano. Pero Dios aparece en escena como el poder de la realidad misma, en forma de una muerte que demuestra el fracaso de la poesía. Esta es la razón más poderosa para la violencia que permea todos los cuentos de Borges. Dios está de parte de la realidad caótica y el estilo es impotente para vencerlo. Su aspecto es como el rostro horrible de Ha-kim cuando pierde la máscara reluciente que ha estado usando y muestra un rostro devastado por la lepra. La multiplicidad de espe-

---

[1] Prólogo a la edición de 1954 de *Historia universal de la infamia.*

jos es más aterradora aún porque cada nueva imagen nos pone un paso más cerca de su rostro.

A medida que Borges entra en años y su vista se debilita consistentemente, esta confrontación final lanza sus ensombrecedores espectros sobre toda su obra, sin extinguir, sin embargo, la lucidez de su lenguaje. Pues, aunque el último reflejo puede ser el rostro de Dios mismo, con su aparición la vida de la poesía toca a su fin. La situación es muy parecida a la del hombre estético de Kierkegaard, con la diferencia de que Borges se niega a abandonar su predicamento poético y dar un salto hacia la realidad. Esto le imparte una gloria sombría a las páginas de *El hacedor,* tan diferente a la brillantez reluciente de los cuentos de *Laberintos.* Para entender toda la complejidad de este último estado de ánimo, es necesario haber seguido la tarea de Borges desde sus comienzos y mirarla como el desdoblamiento de un destino poético. Para esto sería necesario no solamente la traducción al inglés de las primeras obras de Borges, sino también serios estudios críticos dignos de este gran escritor.

[*The New York Review of Books,* Nueva York, 19 de diciembre de 1964. Traducción de Aida Fajardo, con la colaboración de Nilita Vientós Gastón.]

JOHN UPDIKE

EL AUTOR BIBLIOTECARIO

El tardío reconocimiento norteamericano del genio de Jorge Luis Borges progresa ahora a paso acelerado. En 1964, la Editorial de la Universidad de Texas publicó dos volúmenes de este fantasista, crítico, poeta y bibliotecario argentino: *Dreamtigers* (traducción del español *El hacedor* por Mildred Boyer y Harold Morland) y *Other Inquisitions, 1937-1952* (traducido por Ruth L. C. Simms). Estas traducciones, junto con *Ficciones* publicado por Grove Press, elevan a tres el número de libros completos de Borges disponibles en inglés. Existe también *Labyrinths,* publicado por New Directions: una excelente selección traducida por autores varios. Y en 1965, la Editorial de New York University publicó un libro *sobre* Borges: *Borges the Labyrinth Maker,* de Ana María Barrenechea (traducido del español por Robert Lima).

Cuatro años atrás, cuando Borges compartió con Samuel Beckett el Prix International des Editeurs, era conocido aquí sólo por unos pocos hispanistas. Unos cuantos poemas y cuentos habían aparecido desperdigados en antologías y revistas. Yo mismo había leído solamente «El jardín de senderos que se bifurcan», publicado originalmente en *Ellery Queen's Mystery Magazine* y desde entonces un relato favorito en antologías de cuentos policiales. Aunque se trata de un cuento cuya intensidad e intelectualismo sobrepasan las exigencias del género, puede leerse sin tomar conciencia de que su creador es un gigante de la literatura universal. Una circunstancia fortuita me impulsó a leer a Borges seriamente: una observación hecha en Rumanía donde, después de un absoluto menosprecio por la narrativa francesa y alemana, Borges fue elogiado por un joven crítico en un tono que previamente había él reservado para Kafka. Una analogía con Kafka es inevitable, pero no sé si el abrupto lanzamiento de Borges a las librerías por las editoriales universitarias y de vanguardia tendrá el alcance que tuvo la publicación de Kafka por la firma comercial Knopf en los años treinta. No se trata de la excelencia de Borges. El más árido de sus párrafos tiene algo de apremiante. Sus fábulas están escritas desde un nivel de inteligencia menos raro en filosofía y física que en la ficción. Más aún: Borges es, al menos para aquéllos cuyo gusto se inclina hacia los rompecabezas y la pura especulación, deleitosamente entretenido. La cuestión es, creo, si la obra de Borges que nos llega ahora en su totalidad (nació en 1899 y desde su juventud ha sido una figura activa y honrada en la literatura argentina), puede servir, en su gravemente considerada singularidad, como guía para salir del estancado narcisismo y del estado de lamentable desperdicio en que se encuentra la narrativa norteamericana actual.

Las innovaciones narrativas de Borges surgen de un claro sentimiento de crisis de la literatura como técnica. A pesar de su modestia y tono de moderación, Borges propone una suerte de revisión esencial de la literatura misma. La absoluta concisión de su estilo y la abrumadora amplitud de su carrera (además de haber escrito poemas, ensayos y cuentos, ha colaborado en novelas policiales, ha traducido de varios idiomas, ha sido redactor y editor, ha enseñado y hasta escrito libretos cinematográficos), producen una impresión extrañamente concluyente: parece ser el hombre para quien la literatura no tiene futuro. Me entero no sin obsesión que este lector insaciable está ahora virtualmente ciego.

Un afán libresco constante otorga a la variada producción de Borges una extraordinaria consistencia. Sus cuentos tienen la tupida textura de una demostración; sus artículos críticos, el suspenso y la tensión de la ficción. La crítica reunida en *Otras inquisiciones, 1937-1952,* adquiere casi en su totalidad la forma de la averiguación detectivesca, del descubrimiento de algo secreto. Busca, y localiza, los ocultos ejes de la historia: el momento (en Islandia en 1225) cuando un cronista rinde el primer tributo a un enemigo, el verso mismo (en Chaucer en 1382) cuando la alegoría cede al naturalismo. Su interés gravita hacia lo oscuro, lo olvidado: John Wilkins, el inventor *ab nihilo* del siglo xvii de un lenguaje analítico; J. W. Dunne, el proponente del siglo xx de una grotesca teoría del tiempo; Layamon, el poeta del siglo xiii aislado entre la muerte de la cultura sajona y el nacimiento del idioma inglés. Cuando una cualidad arcana no existe ya, Borges la introduce. Su juicio del satirista y estilista clásico español Francisco de Quevedo comienza: «Como la otra, la historia de la literatura abunda en enigmas. Ninguno de ellos me ha inquietado, y me inquieta, como la extraña gloria parcial que le ha tocado en suerte a Quevedo». Su ensayo sobre Layamon concluye: «*"Nadie sabe quién es"*, escribió Léon Bloy. El mejor símbolo de esa íntima ignorancia es este hombre olvidado que aborreció su legado sajón con vigor sajón y que fue el último poeta sajón sin jamás saberlo.»

Implacablemente, Borges lo reduce todo a una condición de misterio. Su estilo gnómico y su enciclopédico suministro de alusiones generan una suerte de iluminación invertida, una atmósfera gótica en la que los autores más lúcidos y famosos aparecen con un dejo de amenaza. Su ensayo sobre Bernard Shaw comienza: «A fines del siglo XIII, Raimundo Lulio (Ramón Lull) se aprestó a resolver todos los arcanos mediante una armazón de discos concéntricos, desiguales y giratorios, subdivididos en sectores con palabras latinas». Concluye con una nota igualmente ominosa y sorpresiva: «(Los existencialistas) suelen jugar a la desesperación y a la angustia, pero en el fondo halagan la vanidad; son, en tal sentido, inmorales. La obra de Shaw, en cambio, deja un sabor de liberación. El sabor de las doctrinas del Pórtico y el sabor de las sagas.»

Las severas conjunciones y las plausibles paradojas de Borges no se limitan a asuntos literarios. En «Anotación al 23 de agosto de 1944», Borges medita sobre la reacción ambivalente de sus amigos fascistas a la ocupación de París por los aliados y concluye con este párrafo audaz:

> Ignoro si los hechos que he referido requieren elucidación. Creo poder interpretarlos así: para los europeos y americanos, hay un orden —un solo orden— posible: el que antes llevó el nombre de Roma y que ahora es la cultura de Occidente. Ser nazi (jugar a la barbarie enérgica, jugar a ser un vikingo, un tártaro, un conquistador del siglo XVI, un gaucho, un piel roja) es, a la larga, una imposibilidad mental y moral. El nazismo adolece de irrealidad, como los infiernos de Erígena. Es inhabitable; los hombres sólo pueden morir por él, mentir por él, matar y ensangrentar por él. Nadie, en la soledad central de su yo, puede anhelar que triunfe. Arriesgo esta conjetura: *Hitler quiere ser derrotado*. Hitler, de un modo ciego, colabora con los inevitables ejércitos que lo aniquilarán, como los buitres de metal y el dragón (que no debieron de ignorar que eran monstruos) colaboraban, misteriosamente, con Hércules.

El rastreo de ocultas semejanzas, de genealogías filosóficas, es el ejercicio mental favorito de Borges. De su vasta lectura, el autor de *Ficciones* destila unas pocas imágenes vinculadas, cuyo paralelismo, tersamente presentado, tiene la fuerza de un pensamiento nuevo. «Quizá la historia universal es la historia de unas cuantas metáforas. Bosquejar un capítulo de esa historia es el fin de esta nota», escribe en «La esfera de Pascal» y compila a continuación, en menos de cuatro páginas, veintitantos ejemplos de la imagen de una esfera «cuyo centro está en todas partes y la circunferencia en ninguna». Estas referencias están ordenadas como un argumento, comenzando con Jenófanes, que alegremente sustituyó los dioses antropomórficos de los griegos por una esfera divina y eterna, y concluyendo con Pascal que al describir la naturaleza como «una esfera infinita» escribió primero *effroyable* —«una esfera espantosa»— y después rechazó esa palabra. Muchas de las genealogías de Borges reconstruyen una degeneración: en la evolución de la teología y en la reputación de Shakespeare descubre «una glorificación de la nada» semejante; a través de versiones sucesivas, observa cómo sucumbe una leyenda india hasta hincharse de irrealidad. En las obras de Léon Bloy sigue la pista de las interpretaciones progresivamente desesperadas de una sola frase en San Pablo —«*per speculum in aenigmate*» («por un espejo en oscuridad»). El propio Borges se ocupa con recurrencia de la segunda paradoja de Zenón —la carrera nunca concluida entre Aquiles y la tortuga, el formalizado argumento del *regressus in infinitum*— y llega a la conclusión de que es, para usar su adjetivo favorito, monstruosa: «Hay un concepto que es el corruptor y el desatinador de los otros... hablo del infinito... Nosotros (la indivisa divinidad que opera en nosotros) hemos soñado el mundo. Lo hemos soñado resistente, misterioso, visible, ubicuo en el espacio y firme en el tiempo; pero hemos consentido en su arquitectura tenues y eternos intersticios de sinrazón para saber que es falso».

Borges no es un antiséptico patólogo de lo irracional; él mismo es susceptible a infecciones. Su afán de conocimiento tiene un toque de locura. En su «Kafka y sus precursores», descubre en ciertas parábolas y anécdotas de Zenón, Han Yu, Kierkegaard, Browning, Bloy y Lord Dunsany, una prefiguración del tono de Kafka y concluye que cada escritor crea a sus precursores: «Su labor modifica nuestra concepción del pasado, como ha de modificar el futuro». Esto es bastante razonable y, en realidad, ha sido señalado por T. S. Eliot a quien Borges cita en una nota al pie de página. Pero Borges continúa: «En esta correlación nada importa la identidad o la pluralidad de los hombres». Esta oración expresa, creo, no un pensamiento, sino una *sensación* que Borges tiene; la describe —mezcla de una ruptura semejante a la muerte y de una atemporalidad extática— en su ensayo más ambicioso: «Nueva refutación del tiempo». Es esta sensación la que estimula su peculiar visión del pensamiento humano como el producto de una mente única, y de la historia humana como un vasto libro mágico que puede leerse kabalísticamente. Su elogio más alto, otorgado a las narraciones fantásticas del primer H. G. Wells, consiste en sostener que «habrán de incorporarse, como la fórmula de Teseo o la de Ahasverus, a la memoria general de la especie y que se multiplicarán en su ámbito, más allá de los términos de la gloria de quien los escribió, más allá de la muerte del idioma en que fueron escritos».

Como crítico literario, Borges demuestra gran sensibilidad y sentido. El lector norteamericano de estos ensayos se sentirá gratificado por la generosa cantidad de espacio dedicado a escritores de lengua inglesa. Borges, que procede de una tradición literaria española de «diccionarios y retórica», se siente atraído por la naturaleza onírica y alucinatoria que percibe en literaturas como la norteamericana, alemana e inglesa. Valora a Hawthorne y Whitman por su intensa irrealidad y siente especial afición y apego por los escritores ingleses que leyó durante sus años de muchacho. Los gigantes edwardianos y de *fin-de-siècle,* cuya reputación ha palidecido en su mayor parte, entusiasman a Borges de nuevo cada vez que los relee:

> Leyendo y releyendo, a lo largo de los años, a Wilde, noto un hecho que sus panegiristas no parecen haber sospechado siquiera: el hecho comprobable y elemental de que Wilde, casi siempre, tiene razón... Fue un hombre del siglo XVIII, que alguna vez condescendió a los juegos del simbolismo. Como Gibbon, como Johnson, como Voltaire, fue un ingenioso que tenía razón, además.

Los tributos de Borges a Shaw y a Wells han sido ya citados más arriba. En relación a Wells y Henry James es una saludable sacudida encontrar los términos de la común y malhadada comparación invertidos: «el triste y laberíntico Henry James... un escritor harto más complejo que Wells, si bien menos dotado de esas agradables virtudes que es usual llamar clásicas». Pero de esta generación ninguno es más caro a Borges que Chesterton, en quien encuentra, debajo de la superficie de optimismo dogmático, un temperamento parecido al de Kafka: «Chesterton se defendió de ser Edgar Allan Poe o Franz Kafka, pero algo en el barro de su yo propendía a la pesadilla, algo secreto, y ciego y central... la valerosa obra de Chesterton, prototipo de la sanidad física y moral, siempre está a punto de convertirse en una pesadilla... invenciblemente suele incurrir en atisbos atroces». Mucho de lo que en la narrativa de Borges sugiere a Kafka deriva, en efecto, de Chesterton. Como crítico y artista a la vez, Borges media entre el presente postmoderno y los vitales, prolíferos y desatendidos premodernos.

Sobre los modernos mismos, sobre Yeats, Eliot y Rilke, sobre Proust y Joyce, tiene, al menos en *Otras inquisiciones,* poco que decir. Pound y Eliot, afirma de pasada, practican «el deliberado manejo de anacronismos, para forjar una apariencia de eternidad» (lo cual parece, si verdadero, más bien incidental), y admira a Valéry menos por su obra que por su personalidad, «el símbolo de un hombre infinitamente sensible a todo hecho» (lo cual representa más bien un elogio basado en razones hieráticas). Los ensayos abundan en ideas trasmitidas en paréntesis —«Dios no debe teologizar»; «enamorarse es crear una religión que tiene un dios falible». Pero la totalidad de sus textos no se abre al exterior. Mientras, digamos, un Eliot renueva una tradición continua de criticismo literario a través de relativos tanteos, los ceñidos ordenamientos de Borges semejan una extraña especialización de la tradición. Sus ensayos guardan una cualidad que sólo puedo definir con el adjetivo *sellados*. Son lo que Borges llama a los poemas de Quevedo «objetos verbales». Están estructurados como laberintos y se reflejan el uno en el otro como espejos. Hay una frecuente repetición de adjetivos y frases que denotan algunas de las nociones favoritas de Borges de misterio, secreto, y una «íntima ignorancia». De su inmensa lectura ha destilado una estrechez apasionada. Las mismas parábolas, las mismas citas reaparecen una y otra vez; un largo pasaje de Chesterton ha sido reproducido tres veces.

Aquí y allá aparecen oraciones («Una literatura difiere de otra, ulterior o anterior, menos por el texto que por la manera de ser leída») que en otros lugares han sido transformadas en «ficciones» —«Pierre Menard, autor del Quijote», donde un escritor moderno reconstruye pasajes de *Don Quijote* que, aunque verbalmente idénticos, se leen de manera diferente. Este cuento, en efecto, fue el primero que Borges escribió, según sus propias palabras en una entrevista que tuvo lugar en Buenos Aires en 1960. Largamente respetado como poeta y crítico, intentó la narración con gran timidez. En sus palabras:

> Sé que la parte menos perecedera de mi producción literaria son los cuentos, sin embargo, durante muchos años no me atreví a escribir relatos. Creía que el paraíso del cuento me había sido prohibido. Un día sufrí un accidente. Estuve en un sanatorio, donde me operaron. No sabía si estaba fuera del tiempo: una época que no puedo recordar sin horror, un período de fiebre, insomnio y fuerte inseguridad... Si después de la operación y de una extremadamente larga convalecencia yo intentara escribir un poema o un ensayo y fracasara, sabría que había perdido mi integridad intelectual. Opté por una segunda posibilidad y me dije: «Voy a escribir un cuento y si no puedo hacerlo no importa porque nunca he escrito cuentos antes. De todas maneras, sería mi primer intento.» Entonces, comencé a escribir un cuento... que no salió mal; a éste le siguieron otros... y descubrí que no había perdido mi integridad intelectual y que ahora podía escribir cuentos. He escrito muchos desde entonces.

Cuando pasamos de los ensayos de Borges a sus cuentos se percibe la liberación que debió haber sentido al entrar al «paraíso del relato». Hay en sus ensayos literarios algo perturbador y fascinante al mismo tiempo, algo deformado y forzado. Sus ideas rayan en alucinaciones; las oscuras insinuaciones —de un culto de los libros, de una unidad kabalística oculta en la historia— que tan estudiosamente desarrolla son peculiares de la luz ofuscada de las bibliotecas y podrían desvanecerse al aire libre. Es incierto el grado de seriedad con que propone sus diagramas textuales, que parecen cifras de disimuladas emociones. La intensidad que Borges concentra en las márgenes de libros reales exige páginas en blanco; todos sus ensayos tienden a abrirse hacia el interior, poniendo al descubierto una imaginación obsedida y una personalidad arrogante, estoica, casi cruelmente masculina.

Dreamtigers, una colección de párrafos, bocetos, poemas y citas apócrifas intitulado en español *El hacedor,* sucede cronológicamente al período creador de sus narraciones que sus ensayos anticipan. Es, a decir verdad, la obra miscelánea de un escritor que alcanza la vejez, afectuosamente dedicado a un enemigo muerto —el poeta modernista Leopoldo Lugones que, como Borges, fue director de la Biblioteca Nacional:

> Los rumores de la plaza quedan atrás y entro en la Biblioteca. De una manera casi física siento la gravitación de los libros, el ámbito sereno de un orden, el tiempo disecado y conservado mágicamente... Estas reflexiones me dejan en la puerta de su despacho. Entro; cambiamos unas cuantas convencionales y cordiales palabras y le doy este libro... Mi vanidad y mi nostalgia han armado una escena imposible. Así será (me digo) pero mañana yo también habré muerto y se confundirán nuestros tiempos y la cronología se perderá en un orbe de símbolos y de algún modo será justo afirmar que yo le he traído este libro y que usted lo ha aceptado.

El epílogo repite esta predicción de su propia muerte:

> Pocas cosas me han ocurrido y muchas he leído. Mejor dicho: pocas cosas me han ocurrido más dignas de memoria que el pensamiento de Schopenhauer o la música verbal de Inglaterra.
>
> Un hombre se propone la tarea de dibujar el mundo. A lo largo de los años puebla un espacio con imágenes de provincias, de reinos, de montañas, de bahías, de naves, de islas, de peces, de habitaciones, de instrumentos, de astros, de caballos y de personas. Poco antes de morir, descubre que ese paciente laberinto de líneas traza la imagen de su cara.

El libro está dividido en dos partes. La primera, traducida al inglés por Mildred Boyer, consiste de esos bocetos en prosa, musicales y firmes, que Borges no puede escribir y que compone en su memoria. El primero de ellos, «El hacedor», describe a Homero: «Gradualmente, el hermoso universo fue abandonándolo; una terca neblina le borró las líneas de la mano, la noche se despobló de estrellas, la tierra era insegura bajo sus pies». En un ensayo crítico, Borges había trazado la evolución de Dios y Shakespeare, como categorías, de alguien a nadie; ahora esta negación de la individualidad es descubierta por el propio Shakespeare, íntimamente: «Nadie hubo en él; detrás de su rostro (que aun a través de las malas pinturas de la época no se parece a ningún otro) y de sus palabras, que eran copiosas, fantásticas y agitadas, no había más que un poco de frío, un sueño no soñado por alguien». Dante es imaginado moribundo en Ravenna, «tan injustificado y tan solo como cualquier otro hombre». Dios en un sueño le declara el secreto propósito de su vida y su obra, que es como el del leopardo que encerrado en una jaula vive para que Dante lo mire y ponga su figura en el primer canto del *Inferno*. «Padeces cautiverio, pero habrás dado una palabra al poema», le dice Dios al leopardo, «pero cuando despertó sólo hubo en él una oscura resignación, una valerosa ignorancia...» Y el ilustre italiano Giambattista Marino, declarado «el nuevo Homero y el nuevo Dante», sintió en su lecho de muerte «que los altos y soberbios volúmenes que formaban en un ángulo de la sala una penumbra de oro no eran (como su vanidad soñó) un espejo del mundo, sino una cosa más agregada al mundo». Es como si en su ceguera y vejez, la unicidad de todos los hombres, que Borges profesó como una teoría y una premonición, se convirtiera ahora en hecho; Borges *es* Homero, Shakespeare, Dante, y percibe a fondo el amargo vacío del esplendor creador. La usurpación de la identidad privada del escritor por el animal literario no ha sido más triste o agudamente expresada que en «Borges y yo»:

Al otro, a Borges, es a quien le ocurren las cosas. Yo camino por Buenos Aires y me demoro, acaso ya mecánicamente, para mirar el arco de un zaguán y la puerta cancel; de Borges tengo noticias por el correo y veo su nombre en una terna de profesores o en un diccionario biográfico. Me gustan los relojes de arena, los mapas, la tipografía del siglo XVIII, el sabor del café y la prosa de Stevenson; el otro comparte esas preferencias, pero de un modo vanidoso que las convierte en atributos de un actor.

Borges incita a citarlo demasiado extensamente. Estos breves pasajes compuestos en su memoria poseen una aptitud infrangible. Su capacidad de cristalizar ideas vagas y emociones más vagas aún en precisas imágenes ha crecido. La imagen de Layamon, el último poeta sajón, retorna en la figura de un hombre viejo, anónimo, moribundo e inconsciente de que es el último hombre en haber sido testigo de los ritos de Woden. Está tendido en un establo: «Afuera están las tierras aradas y un zanjón cegado por hojas muertas y algún rastro de lobo donde empiezan los bosques». Esta sobria oración, con su zanjón inesperadamente vívido, contiene la totalidad de una Inglaterra primitiva y nos traspasa con un confuso sentimiento de tiempo transcurrido. Estos bocetos testimonian una disminución de adjetivos como «misterioso», «secreto», «atroz» con que el Borges más joven insistía en su sentimiento de lo extraño. En su lugar, hay un delicado manejo de lo concreto —listas y catálogos en los que uno o dos términos de la serie parecen anómalos («... islas, peces, habitaciones, instrumentos, astros, caballos...») y el uso, de vez en cuando, de algún sorpresivo adjetivo de color («una penumbra de oro» en una cita anterior, «un rojo Adán en el Paraíso», y, a propósito de Homero, «negros navíos que buscan en el mar una isla amada»). La inmensidad abstracta se concretiza por medio de los colores: «Cada cien pasos una torre cortaba el aire; para los ojos el color era idéntico, pero la primera de todas era amarilla y la última escarlata, tan delicadas eran las gradaciones y tan larga la serie». Aquí el concepto del infinito —el concepto que «corrompe y confunde a los demás»— se morigera en una imagen lírica y hasta bella. Se siente en *El hacedor* una calma, una sutil insinuación de tregua, una tranquila fragilidad. Como muchas obras últimas, o casi últimas —como *The Tempest, The Millionairess* o *Investigations of a Dog*— *El hacedor* preserva las preocupaciones permanentes del autor, pero de un modo templado, despojadas de urgencia; el horror ha cedido a un humor resignado y festivo. Estos bocetos pueden leerse por su gracia e ingenio pero apenas por su condición de estímulos narrativos; el más estimulante de ellos, «Ragnarök», da cuerpo a una de las visiones más terribles de Borges de un Dios imbécil, o grupo de dioses, pero ocurre dentro de un sueño y concluye con cierta facilidad: «Sacamos los pesados revólveres (de pronto hubo revólveres en el sueño) y alegremente dimos muerte a los Dioses».

La segunda parte de este delgado volumen recoge poemas, tempranos y más recientes. Debe recordarse que la poesía constituye el cimiento de la ramificada carrera literaria de Borges. La traducción, de Harold Morland, adopta generalmente el ritmo de cuatro unidades y versos rimados a intervalos e impresiona por su vigor y claridad. Las estrofas, cuando ocurren, se aproximan fielmente —hay que inferir— a los aciertos del original:

> En su grave rincón, los jugadores
> Rigen las lentas piezas. El tablero
> Los demora hasta el alba en su severo
> Ambito en que se odian los colores.

Como poeta, Borges posee algunas de las cualidades —una circularidad meditativa, una rigurosa contención— de Wallace Stevens:

> Con lento amor miraba los dispersos
> Colores de la tarde. Le placía
> Perderse en la compleja melodía
> O en la curiosa vida de los versos.

Y:

> Un tercer tigre buscaremos. Este
> Será como los otros una forma
> De mi sueño, un sistema de palabras
> Humanas y no el tigre vertebrado
> Que, más allá de las mitologías,
> Pisa la tierra...

Pero los poemas, en inglés, son interesantes, sobre todo por su contenido; son más autobiográficos y más emocionalmente directos que la prosa de Borges. El primero, «Poema de los dones», describe conmovedoramente al poeta y su ceguera:

> Lento en mi sombra, la penumbra hueca
> Exploro con el báculo indeciso,
> Yo, que me figuraba el Paraíso
> Bajo la especie de una biblioteca.

Los pensamientos anónimamente sublimados en el laberinto de sus ficciones son enunciados ahora con la propia voz del poeta. En un artículo de una enciclopedia imaginaria, Borges dice de «los filósofos de Uqbar» que compartían la creencia de «que los espejos y la cópula son abominables... Para uno de esos gnósticos, el visible universo era una ilusión o (más precisamente) un sofisma. Los espejos y la paternidad son abominables porque lo multiplican y lo divulgan». En un poema, «Los espejos», esa creencia resulta ser la del propio Borges:

> Infinitos los veo, elementales
> Ejecutores de un antiguo pacto,
> Multiplicar el mundo como el acto
> Generativo, insomnes y fatales.

El profundo sentido de la atemporalidad que en la prosa genera tanto aparato textual se resuelve en el verso en una nostalgia elemental:

> ...La lluvia es una cosa
> Que, sin duda, sucede en el pasado.
> ....
> ...La mojada
> Tarde me trae la voz, la voz deseada,
> De mi padre que vuelve y que no ha muerto.

Y su largo poema sobre la casa de su infancia en Adrogué culmina:

> El antiguo estupor de la elegía
> Me abruma cuando pienso en esa casa
> Y no comprendo cómo el tiempo pasa,
> Yo, que soy tiempo y sangre y agonía.

11

La prosa y la poesía de *El hacedor,* juntas, nos permiten entrever dos de las oscuridades mayores de Borges: sus preocupaciones religiosas y su vida afectiva. El amor físico, cuando finalmente aparece en su obra, representa algo remoto, como una religión antigua: «(Shakespeare) consideró que en el ejercicio de un rito elemental de la humanidad, bien podía estar lo que buscaba y se dejó iniciar por Anne Hathaway, durante una larga siesta de junio». Y Homero recuerda que «una mujer, la primera que le depararon los dioses, lo había esperado en la sombra de un hipogeo, y él la buscó por galerías que eran como redes de piedra y por declives que se hundían en la sombra». Aunque *El hacedor* contiene dos poemas dirigidos a mujeres —Susana Soca y Elvira de Alvear— son más bien panegíricos expresados en un tono de afecto heroico no diferente del afecto con que escribe, en otros poemas, sobre amigos como Alfonso Reyes y Macedonio Fernández. Esto constituye el polo opuesto de la homosexualidad; lejos de identificarse con la mujer, la femineidad se siente como un extrañamiento que se funde con el extrañamiento cósmico del hombre. Hay dos bocetos en prosa que si hubieran sido escritos por otro escritor habrían mostrado algún calor erótico, habrían cedido a lo femenino. En uno, Borges escribe sobre Julia: «una chica sombría», con un «cuerpo estricto», en quien adivinaba «una intensidad que era del todo extraña a la erótica». En sus paseos, juntos, debió haber hablado sobre espejos porque ahora (en 1931) acaba de saber que se ha enloquecido «y que en su dormitorio los espejos están velados, pues en ellos ve mi reflejo, usurpando el suyo». En el otro, escribe sobre Delia Elena San Marco de quien se despidió un día junto a «un río de vehículos y de gente». No volvieron a verse y un año después ella había muerto. De lo accidental de su trivial despedida, Borges concluye, tentativamente, que somos inmortales: «Porque si no mueren las almas, está muy bien que en sus despedidas no haya énfasis».

Sería equivocado creer que Borges escribe como un ateísta dogmático. Hay frecuentes invocaciones de Dios en su obra, no siempre de un modo irónico o panteísta:

> Dios ha creado las noches que se arman
> De sueños y las formas del espejo
> Para que el hombre sienta que es reflejo
> Y vanidad...

Lo anima seriamente la esperanza de la inmortalidad. La muerte es «el espejo / En que no veré a nadie o veré a otro». Uno de los muchos enigmas que lo preocupa es el aspecto de Cristo, y lo emociona la posibilidad de que «el perfil de un judío en el subterráneo es tal vez el de Cristo; las manos que nos dan unas monedas en una ventanilla tal vez repiten las que unos soldados, un día, clavaron en la cruz». Pero sentimos que examina esas posibilidades de un modo casi blasfemo; están aisladas, para él, del *corpus* de ética y argumentos con que asociamos al cristianismo histórico. Borges descarta la creencia ortodoxa de la vida eterna: «Desconfiamos de su inteligencia, como desconfiaríamos de la inteligencia de un Dios que mantuviera cielos e infiernos». Escudriña la apologética cristiana en busca de rarezas que ilustren sus inconsecuencias: «Aquéllos que rechazan automáticamente lo sobrenatural» (yo trato, siempre, de pertenecer a este gremio)...» Si el cristianismo no está muerto en Borges, está *dormido* en él y sueña caprichosamente. Su lealtad ética se inclina hacia el heroísmo pre-cristiano, el estoicismo, «las doctrinas del Pórtico de Zenón y... las sagas», los valores acerados del gaucho formulados en el poema gauchesco *Martín Fierro*. Borges es un precristiano a quien el recuerdo del cristianismo llena de premoniciones y espanto. Es europeo en todo, excepto en la objetividad con que examina la civilización europea, como algo intrínsecamente extraño —un montón de reliquias, un universo de libros sin una clave central. Esta objetividad que raya en indiferencia puede ser, en parte, geográfica; por tortuosas rutas retorna a esa patria en el espacio y en el tiempo que encuentra

> ...en los ruinosos
> Ocasos de los vastos arrabales
> Y en esa flor de cardo que el pampero
> Trae al zaguán...
> ....
> Y en la bandera casi azul y blanca
> De un cuartel y en historias desganadas
> De cuchillo y de esquina y en las tardes
> Iguales que se apagan y nos dejan...

Tal vez América Latina, que nos ha dado ya el escepticismo absoluto de Machado de Assis, está destinada a reconstituir los modelos intelectuales de la antigua Grecia. La voraz y vagamente vana erudición de Borges, su teología ecuménica y problemática y sin consuelo, su disposición a considerar las cuestiones filosóficas más primitivas, su tolerancia de la superstición en sí mismo y en otros, su tímida y pesarosa aceptación de las mujeres y su desinterés en los mundos psicológicos y sociales que las mujeres dominan, su modestia casi oriental, su soledad final, su serena dignidad —esta constelación de atributos estoicos, reflejados en el hemisferio austral, se presenta espantosamente invertida.

La traducción inglesa de *La expresión de la irrealidad en la obra de Jorge Luis Borges,* de Ana María Barrenechea, presenta en la tapa del volumen el diseño de un laberinto que no tiene salida. No sé si este detalle es intencional o un error en el dibujo. El libro es un ordenamiento metódico y eficiente de citas de Borges en categorías abstractas: el infinito, el caos y el cosmos, el panteísmo y la personalidad, el tiempo y la eternidad, el idealismo y otras formas de irrealidad. En el prefacio, Borges dice que el libro «ha revelado muchos eslabones secretos y afinidades en mi obra, de los cuales no he tenido conciencia. Le doy las gracias por esas revelaciones de un proceso inconsciente». Los cotejos de la profesora Barrenechea, sin embargo —incluyendo muchas oraciones y párrafos de Borges traducidos al inglés por primera vez—, me parecen una admirable explicación de sus preocupaciones filosóficas más conscientes que moldean, adjetivo tras adjetivo, sus ficciones. Lo que es verdaderamente inconsciente —el sentido de la vida que lo conduce de las afirmaciones inequívocas, filosóficas y críticas a la ambigüedad esencial de la narración— está apenas tratado en el libro de A. M. Barrenechea. El laberinto de las formas del pensamiento de Borges está descrito sin indicar cómo emerge su arte concreto y vigoroso y la autora lo admite: «Solamente un aspecto de la obra del escritor —la expresión de la irrealidad— ha sido tratado, pero la creación de Borges se caracteriza por la riqueza y complejidad de su arte».

El gran logro de su arte son sus cuentos. Para redondear esta recensión de volúmenes complementarios voy a describir dos de mis favoritos.

«La espera» pertenece al segundo de sus dos volúmenes más importantes, *El Aleph,* y se encuentra, traducido al inglés por James E. Irby, en *Labyrinths.* Es una rareza en la obra de Borges: un cuento en el cual nada increíble ocurre. Un pistolero que huye de la venganza de otro pistolero busca una existencia anónima en la parte noroeste de la ciudad de Buenos Aires. Después de algunas semanas de vida solitaria, lo descubren y lo matan. A estos hechos se les consigna un escenario detallado y mundano. Se menciona el número mismo de la pensión donde se aloja (4004: una fórmula borgiana de inmensidad) y el barrio está descrito meticulosamente: «El hombre notó con aprobación los manchados plátanos, el cuadrado de tierra al pie de cada uno, las decentes casas de balconcitos, la farmacia contigua, los desvaídos rombos de la pinturería y ferretería. Un largo y ciego paredón de hospital cerraba la acera de enfrente; el sol reverberaba, más lejos, en unos invernáculos». Y, sin embargo, se retiene mucha información. «El hombre» le da por error al cochero una moneda uruguaya «que estaba en su bolsillo desde esa noche en el hotel de Melo». Lo que pasó esa noche en Melo y la naturaleza del agravio a su enemigo no se revelan. Y cuando la dueña de la pensión —cuyo nombre no se menciona y que tenía, se nos dice, un «aire distraído o cansado»— le preguntó cómo se llamaba, le da el nombre, Villari, del hombre que lo persigue. Hace esto, explica Borges, «no como un desafío secreto, no para mitigar una humillación que, en verdad, no sentía, sino porque ese nombre lo trabajaba, porque le fue imposible pensar en otro. No lo sedujo, ciertamente, el error literario de imaginar que asumir el nombre del enemigo podía ser una astucia».

Villari —Villari el perseguido— es prosaico y hasta estúpido. Una noche se anima a entrar en un cine y, aunque ve historias del hampa que contienen imágenes de su vida anterior, no las advierte, «porque la idea de una coincidencia entre el arte y la realidad era ajena a él». Cuando lee sobre otro mundo hampesco en Dante, «no juzgó inverosímiles o excesivas las penas infernales». Tiene un dolor de muelas y se ve forzado a que le arranquen la muela: «En ese trance no estuvo más cobarde ni más tranquilo que otras personas». Hasta su voluntad de vivir está envuelta en un halo negativo: «sólo quería perdurar, no concluir». La oración siguiente, que vincula la aversión a la muerte con las cosas más simples e insignificantes, recuerda a Unamuno: «El sabor de la yerba, el sabor del tabaco negro, el creciente filo de sombra que iba ganando el patio, eran suficientes estímulos».

Sin darse cuenta, el lector llega a sentir simpatía por Villari, a respetar su insulsa humildad y a compartir su temor animal. Cada contacto con el mundo exterior es un toque de terror. El dolor de muelas —«una íntima descarga de dolor en el fondo de la boca»— tiene la fuerza de un «horrible milagro». Cuando vuelve del cine, siente que lo empujan, y encarándose «con el insolente, con ira, con indignación, con secreto alivio... le escupió una injuria soez». Tanto el transeúnte como el lector quedan atónitos ante este asomo salvaje del criminal que Villari es. Todas las noches, hacia el amanecer, soñaba que Villari —Villari el perseguidor— y sus cómplices lo atrapaban, y que él descargaba el revólver contra los hombres, el revólver que «guardaba en el cajón de la mesa de luz». Finalmente —tal vez traicionado por la visita al dentista, o la salida al cine, o el haber tomado el nombre del otro que no conocemos— sus perseguidores lo despiertan una mañana del mes de julio:

Altos en la penumbra del cuarto, curiosamente simplificados por la penumbra (siempre en los sueños del temor habían sido más claros), vigilantes, inmóviles y pacientes, bajos los ojos como si el peso de las armas los encorvara, Alejandro Villari y un desconocido lo habían alcanzado, por fin. Con una seña les pidió que esperaran y se dio vuelta contra la pared, como si retomara el sueño. ¿Lo hizo para despertar la misericordia de quienes lo mataron, o porque es menos duro sobrellevar un acontecimiento espantoso que imaginarlo y aguardarlo sin fin, o —y esto es quizá lo más verosímil— para que los asesinos fueran un sueño, como ya lo habían sido tantas veces, en el mismo lugar, a la misma hora?

De este modo, la acción interna de la narración ha consistido en convertir al héroe absolutamente inimaginativo en un mago. Retrospectivamente, esta conversión ha sido escrupulosamente prefigurada. El cuento, en realidad, es una hermosa sucesión cinematográfica de figuras y sombras; las más hermosas son aquéllas citadas anteriormente que simplifican a los asesinos —«(siempre en los sueños del temor habían sido más claros)». El paréntesis, por supuesto, apunta a una noción filosófica: opone la ambigüedad de la realidad a la relativa claridad y simplicidad de lo que nuestra inteligencia concibe. Funciona también al nivel realista del relato, conformando simultáneamente el clima, la hora del amanecer, la atmósfera del cuarto, el estado de visión del soñador, la amenaza y naturalidad de los hombres, «bajos los ojos como si el peso de las armas los encorvara». Trabajando desde la realidad artificial de films y novelas de pistoleros, y tejiendo sus hipersutiles sensaciones de irrealidad en la trama de su historia, Borges ha creado un episodio de brutalidad criminal más convincente en algunos sentidos que los de Hemingway. También en «The Killers» (Los asesinos), hay que recordar, Ole Andreson vuelve la cara contra la pared. La posibilidad de que Borges se hubiera propuesto escribir una suerte de glosa del cuento clásico de Hemingway no es del todo descartable. De ser así, Borges ha enriquecido el tema con una compasión superior y una atención más aguda al mundo periférico. En su ensayo sobre Hawthorne, Borges habla del talento literario de los argentinos para el realismo; su propia fantasía exuberante está injertada en ese tronco nativo.

«La Biblioteca de Babel», que aparece en *Ficciones,* es totalmente fantástica y, sin embargo, alude a la experiencia del bibliotecario con libros. Cualquiera que ha recorrido los pasillos de una gran biblioteca reconocerá el aura emocional, la fatigosa impresión de un caos inagotable y mecánicamente ordenado que envuelve el universo mítico de Borges compuesto «de un número indefinido, y tal vez infinito, de galerías hexagonales, con vastos pozos de ventilación en el medio, cercados por barandas, bajísimas». Cada hexágono contiene cinco anaqueles, cada anaquel encierra treinta y dos libros, cada libro es de cuatrocientas páginas, cada página, de cuarenta renglones, cada renglón, de unas ochenta letras. El ordenamiento de estas letras es casi uniformemente caótico y amorfo. El anónimo narrador de «La Biblioteca de Babel» expone el desarrollo, de manera pedante, de la historia de la especulación filosófica por los seres humanos que habitan este cosmos inflexible e inescrutable y equipado, aparentemente para su comodidad, con escaleras espiral, espejos, letrinas y lámparas («La luz que emiten es insuficiente, incesante»).

Este monstruoso y cómico modelo del universo contiene toda la gama de escuelas filosóficas —idealismo, misticismo, nihilismo:

> Los idealistas arguyen que las salas hexagonales son una forma necesaria del espacio absoluto o, por lo menos, de nuestra intuición del espacio. Razonan que es inconcebible una sala triangular o pentagonal. Los místicos pretenden que el éxtasis les revela una cámara circular con un gran libro circular de lomo continuo, que da toda la vuelta de las paredes... Ese libro cíclico es Dios.
> Yo sé de una región cerril cuyos bibliotecarios repudian la supersticiosa y vana costumbre de buscar sentido en los libros y la equiparan a la de buscarlo en los sueños o en las líneas caóticas de la mano... Hablan (lo sé) de «la Biblioteca febril, cuyos azarosos volúmenes corren el incesante albur de cambiarse en otros y que todo lo afirman, lo niegan y lo confunden como una divinidad que delira».

Aunque la Biblioteca parece ser eterna, los hombres en ella no lo son y tienen una historia interrumpida por ciertos descubrimientos y ciertas deducciones ahora consideradas axiomáticas. Hace quinientos años, en un hexágono superior, se descubrieron dos hojas de líneas homogéneas y en un siglo fueron identificadas como «un dialecto samoyedo-lituano del guaraní, con inflexiones de árabe clásico» y traducidas. El contenido de estas dos páginas —«nociones de análisis combinatorio»— condujo a la deducción que la Biblioteca es total; es decir, sus anaqueles contienen todas las combinaciones posibles de los símbolos ortográficos:

> Todo: la historia minuciosa del porvenir, las autobiografías de los arcángeles, el catálogo fiel de la Biblioteca, miles y miles de catálogos falsos, la demostración de la falacia del catálogo verdadero, el evangelio gnóstico de Basílides, el comentario de ese evangelio, el comentario del comentario de ese evangelio, la relación verídica de tu muerte, la versión de cada libro a todas las lenguas, las interpolaciones de cada libro en todos los libros.

Los hombres saludaron esta revelación con alegría; «el universo bruscamente usurpó las dimensiones ilimitadas de la esperanza». Se lanzaron escaleras arriba a la búsqueda de Vindicaciones —libros que vindicaban y explicaban los actos de cada hombre. Las sectas se multiplicaron. Una usaba dados y letras de metal en un intento de «remedar el divino desorden» y componer al azar los libros canónicos. Otra, la de los Purificadores, destruyó millones de libros, arrojándolos al fondo de los túneles. Creían en el «Hexágono Carmesí: libros de formato menor que los naturales, omnipotentes, ilustrados y mágicos». Una tercera secta rendía culto al Hombre del Libro —un hipotético bibliotecario que en algún remoto hexágono había recorrido un libro que es «la cifra y el compendio perfecto *de todos los demás*». Este bibliotecario es un dios: «Muchos peregrinaron en busca de El».

Las analogías con el cristianismo se buscan ingeniosamente y sin el tedio de la sátira. El propio narrador confiesa: «No me parece inverosímil que en algún anaquel del universo haya un libro total; ruego a los dioses ignorados que un hombre —¡uno solo, aunque sea, hace miles de años!— lo haya examinado y leído». Pero él mismo, como personaje, tiene solamente la «elegante esperanza» de que la Biblioteca, si se la atravesara en cualquier dirección, se repetiría en el mismo desorden que constituiría entonces un orden. Por momentos, en este caos ilegible, irrumpen tenues rayos de sentido momentáneo, conglomeraciones de letras como *Oh tiempo tus pirámides, Trueno peinado* o *El calambre de yeso.*

Esta clase de comedia y desesperación, estos temas de las vindicaciones y lo inalcanzable, sugieren a Kafka. Pero *El castillo* es una obra más humana, más personal y neurótica; las realidades fantásticas de las narraciones de Kafka son proyecciones de las ansiedades del héroe-narrador y no tienen unidad o trabazón sin él. La Biblioteca de Babel, en cambio, tiene una solidez adamantina. Hecha de matemáticas y de ciencia, sobrevivirá ciertamente a la voz fatigada que la describe y durará mucho más que todos sus bibliotecarios ya decimados, leemos en una nota al pie de página, por «el suicidio y las enfermedades pulmonares». Con Borges, avanzamos más allá de la psicología, más allá de lo humano, y su obra nos confronta con un mundo atomizado y vacante. Quizá desde Lucrecio no ha habido poeta que sintiera de manera tan definitiva que los hombres son meros incidentes en el espacio.

¿Cómo debemos comprenderlo? La economía de su prosa, el tacto de su imaginería, la valentía de su pensamiento, están allí para ser admirados y emulados. Al hacer resonar las últimas notas de lo maravilloso de la literatura inglesa a través de Wells y Chesterton, al permitir que el infinito entre y retuerza su imaginación, Borges ha levantado la narrativa de la tierra chata en que todavía se encuentran la mayor parte de nuestras novelas y cuentos. Y, sin embargo, amplias zonas de la verdad parecen haber sido excluidas de su visión. Aunque la población de la Biblioteca se reabastece de alguna manera, y se tienen en cuenta las «necesidades fecales», no se mencionan ni la comida ni el sexo —y, en realidad, no se encuentran, por lo general, en las bibliotecas. Presiento en Borges una curiosa implicación: las irrealidades de las ciencias físicas y las absurdas repeticiones de la historia han convertido al mundo fuera de la biblioteca en un vacío inhabitable. La literatura —ese imperio europeo ensanchado con traducciones de reinos remotos— es ahora el único mundo capaz de alojar y asegurar la existencia de nueva literatura. ¿Es esto demasiado extraño? ¿No recomendó acaso Eliot, hace cuarenta años al reseñar el *Ulises,* que las nuevas novelas debían recontar viejos mitos? ¿No es la más grande de las novelas modernas, *El tiempo recobrado,* acerca de su propia escritura? ¿No hay acaso ya muchos libros que han sido escritos como derivaciones de Homero o de la Biblia? ¿No escribió Cervantes desde las páginas de Ariosto y Shakespeare desde las páginas de Holinshed? Borges, por preferencia y por decisión, lleva estas insinuaciones a su extremo lógico: la visión de libros, en suma, como una creación de alternativa, vasta, accesible, altamente desfigurada, rica en arcanos, posiblemente sagrada. Así como el hombre físico, en sus ciudades, ha manufacturado una realidad cuyo alcance, intensidad y hostilidad eclipsan la del mundo natural, también el hombre literario ha levantado un universo falsificado capaz de sostener la vida. No cabe duda de que la novela tradicional entendida como una imitación transparente de la situación humana tiene «un aire distraído o cansado». Aunque el mensaje oculto de Borges parezca irónico y blasfemo, la textura y el método de su creación, a pesar de ser estrictamente inimitables, satisfacen una profunda necesidad en el arte literario contemporáneo: la necesidad de confesar la realidad del artificio.

[*The New Yorker,* 30 de octubre de 1965. Traducción de J. A.]

JOHN BARTH

LITERATURA DEL AGOTAMIENTO

Voy a ocuparme de tres cuestiones más o menos simultáneamente: primero, algunas viejas preguntas planteadas por las artes híbridas; segundo, algunos aspectos del escritor argentino Jorge Luis Borges, por quien profeso gran admiración; tercero, algunas preocupaciones profesionales mías propias, relacionadas con esos otros asuntos y que tienen que ver con lo que llamo «la literatura de la posibilidad agotada» —o, más elegantemente, «la literatura del agotamiento».

Por «agotamiento» no quiero decir nada tan manido como el tema de la decadencia física, moral o intelectual; tan sólo el desgaste de ciertas formas o el agotamiento de ciertas posibilidades que no son, de ninguna manera, motivo necesario de desesperación. No cabe duda de que durante muchos años un gran número de artistas occidentales han polemizado en torno a las definiciones de las varias artes, de los géneros y las formas: el arte pop, «happenings» dramáticos y musicales, toda la gama de artes híbridas o «medios combinados», han sido testigos de la tradición que se rebela contra la Tradición. Un catálogo que recibí por correo hace algún tiempo, por ejemplo, incluía anuncios de artículos, tales como *Ample Food for Stupid Thought* (Amplio alimento para pensamientos estúpidos), de Robert Filliou: una caja llena de tarjetas postales que llevan inscritas «preguntas aparentemente sin sentido», para ser enviadas a quien el comprador juzgue apropiado; *Paper Snake* (La víbora de papel), de Ray Johnson: una colección de escritos caprichosos, «a menudo agudos», remitidos alguna vez a varios amigos (lo que el catálogo describe como La Escuela de Literatura por Correspondencia Nueva York); y *Anecdoted Typography of Chance* (Tipografía anecdótica del azar), de Daniel Spoerri: «aparentemente» una descripción de todos los objetos que se encontraban sobre el escritorio del autor, «pero en realidad... una cosmología de la existencia de Spoerri».

«Aparentemente», por lo menos, el documento que describía estos artículos es un catálogo de la Editorial Otra Cosa. «Pero, en realidad», puede ser, calculo, una de sus ofertas: La Escuela Publicitaria de Literatura por Correo Directo Nueva York. De todas maneras, sus productos son vivamente difundidos y constituyen material interesante de conversación en clases sobre el arte de escribir ficción, por ejemplo, donde discutimos la desencuadernada, despaginada, armada al azar novela-en-una caja de Alguien-o-cualquiera y lo deseable de imprimir *Finnegans Wake* en una larga toalla-en-rollo. Es más fácil y sociable hablar sobre técnica que hacer arte, y el campo de los «happenings» y su parentela es, sobre todo, una manera de tratar cuestiones estéticas, aunque no parezca: ilustrando «dramáticamente» puntos más o menos válidos e interesantes sobre la naturaleza del arte y la definición de sus términos y géneros.

Un hecho sobresaliente, por ejemplo, en las artes híbridas es su tendencia (notada inclusive por la revista *Life*) a eliminar no solamente el público tradicional —«los que captan el arte del artista» (en los «happenings» los espectadores son a menudo los actores, como en los «environments», y algo de la música nueva no está destinada del todo a la ejecución)—, sino además la noción más tradicional del artista: el agente aristotélico y consciente que logra con técnica e ingenio el efecto artístico; en otras palabras, alguien dotado con talento fuera de lo común, que ha desarrollado y disciplinado ese talento en virtuosismo. Es aparentemente una noción aristocrática que el Occidente democrático desearía haber ya liquidado; no solamente el autor «omnisciente» de la literatura más antigua, sino la idea misma del artista que controla, ha sido condenada como políticamente reaccionaria, y hasta fascista.

Ahora bien, teniendo un temperamento que elige «rebelarse contra las formas tradicionales», me inclino a preferir el tipo de arte que no muchos pueden *hacer*: un arte que exige dominio de las formas y especialización, además, de ideas estéticas sólidas y/o inspiración. Me gusta el arte pop en la famosa colección Albright-Knox, a unas pocas cuadras de mi casa en Buffalo, como una vívida conversación en su mayor parte, pero a fin de cuentas me impresionaron más los malabaristas y acróbatas del viejo Hipódromo de Baltimore adonde iba cada vez que renovaban el programa: genuinos virtuosos haciendo cosas que cualquiera puede soñar y discutir, pero que casi nadie puede hacer.

Supongo que la distinción es entre cosas que merecen comentario —preferentemente con un vaso de cerveza, si uno pertenece a mi generación— y cosas que merecen hacerse. «Alguien debería hacer una novela con escenas que se levantan de la página, como los viejos libros de cuentos para niños», dice uno con la implícita convicción de que uno mismo no se molestará en hacerla.

Sin embargo, el arte y sus formas y técnicas viven en la historia y ciertamente cambian. Simpatizo con una observación atribuida a Saul Bellow que comentaba que estar al día técnicamente es el atributo menos importante de un escritor, aunque yo tendría que agregar que este atributo menos importante es, a pesar de todo, esencial. De cualquier manera, estar técnicamente fuera de onda * constituye probablemente un defecto genuino: la Sexta Sinfonía de Beethoven o la Catedral de Chartres creadas hoy avergonzarían a sus autores. Un buen número de novelistas actuales escriben sus obras siguiendo el modelo de la novela de fines del siglo pasado, solamente que emplean un lenguaje de más o menos mediados del siglo xx y sobre gente y temas contemporáneos; esto los hace considerablemente menos interesantes (para mí) que excelentes escritores que además son técnicamente contemporáneos; Joyce y Kafka, por ejemplo, en su tiempo, y en el nuestro, Samuel Beckett y Jorge Luis Borges. Las artes híbridas, yo diría, tienden a ser intermediarias ** entre las esferas tradicionales de la estética de un lado y la creación artística del otro; creo que el artista sabio y civil las considerará con la misma clase y grado de seriedad con que escucha una buena conversación de café: oirá cuidadosamente, aunque sin tomar partido, y observará vigilantemente a sus colegas de las artes híbridas, aunque más no sea muy de costado. Pueden muy posiblemente sugerirle algo utilizable en la creación o comprensión de obras genuinas del arte contemporáneo.

El hombre sobre el cual quiero hablar aquí, Jorge Luis Borges, ilustra bien la diferencia entre un artista técnicamente anticuado, un civil técnicamente al día, y un artista técnicamente al día. En la primera categoría yo situaría a todos aquellos novelistas que, para bien o para mal escriben no como si el siglo xx no existiera, sino como si los grandes escritores de los últimos sesenta y pico de años no hubieran existido (*nota bene* que nuestro siglo ha consumido ya más de sus dos terceras partes; es lamentable observar a un gran número de nuestros escritores siguiendo los modelos de Dostoevsky o Tolstoi o Flaubert o Balzac, cuando la cuestión técnica real me parece ser como suceder ni siquiera a Joyce y Kafka, sino a aquéllos que han *sucedido* a Joyce y Kafka y que están ahora en el ocaso de sus propias carreras). En la segunda categoría hay gente como un artista vecino mío en Buffalo que hace Winnies-the-Pooh muertos, algunas veces en escala monumental, de hule rellenos con arena y empalados

---

* En inglés, Barth usa un calembur: *up to date/out of date*. (Nota del traductor.)

** Un segundo calembur: *intermedia arts/intermediary arts*. (Nota del traductor.)

en estacas o colgados por el cuello. A la tercera pertenecen unas pocas personas cuyas ideas artísticas son tan *hip* como las de cualquier nuevo-novelista francés, pero que, sin embargo, se la ingenian para hablar elocuente y memorablemente a nuestros corazones y condiciones aún-humanas, como los grandes artistas lo han hecho siempre. De éstos, dos de las mejores especies vivas que yo conozco son Beckett y Borges, casi los únicos contemporáneos que mi lectura conoce que pueden mencionarse junto a los «viejos maestros» de la narrativa del siglo xx. En la aburrida historia de los premios literarios, el Premio Internacional de Editores de 1961, compartido entre Beckett y Borges, es realmente una excepción feliz.

Uno de los aspectos modernos de estos dos escritores es que en una era de ultimidades y de «soluciones finales» —por lo menos, de las ultimidades *sentidas,* en todo, desde armamentos hasta teología, la celebrada deshumanización de la sociedad, y la historia de la novela— sus obras, por caminos separados, reflejan y se ocupan de lo ultimativo, técnica y temáticamente a la vez, como, por ejemplo, hace *Finnegans Wake* a su manera. Hay que notar, de pasada, por lo que tenga de valor sintomático, que Joyce quedó ciego en sus últimos años, Borges lo está literalmente y Beckett se ha vuelto virtualmente mudo, respecto a su musa, habiendo progresado de frases inglesas maravillosamente construidas a través de frases francesas más y más breves hasta la prosa sin sintaxis ni puntuación de *Comment c'est* y, «por último», a la mímica sin palabras. Se podría inferir un curso teorético para Beckett: el lenguaje, después de todo, consiste de silencio tanto como de sonido, y la mímica es aún comunicación —«esa idea del siglo xix» me espetó una vez un estudiante de Yale—, pero por el lenguaje de la acción. Pero el lenguaje de la acción consiste de quietud como asimismo de movimiento y de esta manera, en el contexto del progreso inmóvil de Beckett, las figuras silentes no son aún últimas o ultimativas del todo. ¿Qué diríamos entonces de un escenario vacío y silencioso, o de páginas en blanco [1] —un «happening» donde no pasa nada, como la composición *4/33* de Cage ejecutada en una sala vacía? Pero la comunicación dramática consiste de la ausencia como asimismo de la presencia de los actores; «tenemos nuestras salidas y nuestras entradas»; y así todavía esto sería lo imperfectamente «último» en el caso de Beckett. Nada del todo, me imagino: pero la nada es necesaria e inextricablemente el trasfondo contra el cual el Ser, etcétera; para Beckett, a esta altura de su carrera, dejar de crear del todo sería bastante significativo: su obra coronadora, su «última palabra». ¡Qué situación perfecta, qué cómodo desemboque! «Y

---

[1] Un ejemplo de lo ultimativo ya conseguido en el siglo xix por el vanguardista de Eeast Aurora, Nueva York, ELBER HUBBARD, en su *Essay on Silence* (*Ensayo sobre el silencio*).

ahora terminaré» —el valet Arsene dice en *Watt*— «y no volverás a oír mi voz». *Molloy* solamente habla del silencio «del cual está hecho el universo».

Después de lo cual, agrego en nombre de todos nosotros, sería concebible redescubrir válidamente los artificios del lenguaje y la literatura —nociones tan demoledoras como la gramática, la puntuación... ¡hasta la caracterización! ¡Hasta el *argumento!*— si uno discurre de manera correcta, consciente de lo que los predecesores de uno han sido capaces de hacer.

Ahora bien, J. L. Borges tiene perfecta conciencia de todas estas cosas. Ya en las grandes décadas del experimentalismo literario estuvo vinculado con *Prisma,* una revista mural que publicaba sus páginas en las paredes y carteleras de las calles; sus libros más tardíos, *Laberintos* (una selección inglesa) y *Ficciones,* no solamente anticipan las estrambóticas ideas del grupo de la Editorial Otra-Cosa —algo no difícil de hacer—, sino que, siendo además maravillosas obras de arte, ilustran de manera simple la diferencia entre el *hecho* de la ultimidad estética y su *uso* artístico. De lo que se desprende que un artista no se reduce a ejemplificar la ultimidad; la emplea.

Considérese el cuento de Borges «Pierre Menard, autor del Quijote»: el héroe, un simbolista francés de fines de siglo, extremadamente sofisticado, por medio de un asombroso esfuerzo de la imaginación, produce —no *copia* o *imita* sino, atención, *compone*— varios capítulos de la novela de Cervantes. Borges narrador nos dice:

> Es una revelación cotejar el don Quijote de Menard con el de Cervantes. Este, por ejemplo, escribió (primera parte, noveno capítulo):
>
> *...la verdad, cuya madre es la historia, émula del tiempo, depósito de las acciones, testigo de lo pasado, ejemplo y aviso de lo presente, advertencia de lo por venir.*
>
> Redactada en el siglo diecisiete, redactada por el «ingenio lego» Cervantes, esa enumeración es un mero elogio retórico de la historia, Menard, en cambio, escribe:
>
> *...la verdad, cuya madre es la historia, émula del tiempo, depósito de las acciones, testigo de lo pasado, ejemplo y aviso de lo presente, advertencia de lo por venir.*
>
> La historia, madre de la verdad: la idea es asombrosa. Menard, contemporáneo de William James, no define la historia como una indagación de la realidad sino como su origen...

Etcétera. Ahora bien, ésta es una idea interesante, de considerable validez intelectual. He dicho antes que si la Sexta de Beethoven se compusiera hoy sería embarazoso; pero es claro que no lo sería, necesariamente, si se hiciera con una intención irónica por un compositor lo bastante consciente del pasado y del presente. Tendría entonces, potencialmente, para bien o para mal, el tipo de significación del aviso publicitario para sopas Campbell de Warhol, con la diferencia de que en el primer caso se ha reproducido una obra de arte en lugar de una obra de no-arte, y el comentario irónico, por tanto, estaría dirigido más directamente hacia el género y la historia del arte que hacia el estado de la cultura. Por supuesto, para otorgar validez intelectual a este punto no se necesita ni siquiera recomponer la Sexta Sinfonía, de la misma manera que Menard no necesitó en realidad re-crear el *Quijote*. Habría sido suficiente con que Menard se *atribuyera* la novela a sí mismo para tener una nueva obra de arte, desde un punto de vista intelectual. En efecto, en varios de sus cuentos Borges juega con esta misma idea, y puedo de inmediato imaginar la próxima novela de Beckett, por ejemplo, como *Tom Jones,* de la misma manera que la última de Nabokov fue el multi-volumen de la traducción anotada de Pushkin. Yo mismo he aspirado siempre a escribir la versión de Burton de *Las mil y una noches,* completa con apéndices y lo demás, en doce volúmenes, y para mis propósitos intelectuales ni siquiera necesito escribirla. ¡Qué veladas podríamos pasar (con cerveza) hablando del Parthenon de Saarinen, del *Wuthering Heights,* de D. H. Lawrence, o del Gobierno de Lyndon B. Johnson de Robert Rauschenberg!

La idea, insisto, es intelectualmente seria, como lo son las otras ideas típicas de Borges, en su mayor parte de naturaleza metafísica más que estética. Pero lo que es importante observar es que Borges *no* se atribuye el *Quijote* a sí mismo, y mucho menos lo recompone como Pierre Menard; en su lugar, escribe una obra de literatura original y notable, cuyo tema implícito es la dificultad, tal vez la falta de necesidad, de escribir obras originales de literatura. Su victoria artística, si se quiere, reside en que confronta un callejón sin salida y lo emplea contra sí mismo para conseguir una obra nueva. Si esto corresponde a lo que hacen los místicos —«a cada momento saltando al infinito», dice Kierkegaard, «y a cada momento cayendo inevitablemente de vuelta en lo finito»— es solamente un aspecto más de esa vieja analogía. En términos más caseros, es cuestión de tirar el agua sucia del baño a cada momento sin perder en ningún momento al bebé.

Otra forma de describir el logro de Borges es a través de un par de sus términos favoritos, *álgebra y fuego.* En su cuento más a menudo antologizado «Tlön, Uqbar, Orbis, Tertius», imagina un mundo completamente hipotético, la invención de una sociedad secreta de estudiosos que elaboran cada uno de sus aspectos en una enciclopedia subrepticia. Esta *Primera Enciclopedia de Tlön* (¿qué fabulador no desearía haber soñado la *Britannica?*) describe una alternativa coherente a este mundo, completa en todo respecto, desde su álgebra a su fuego, nos dice Borges, y de tal poder imaginativo que, una vez concebida, comienza a imponerse en nuestra realidad primera y eventualmente la reemplaza. Mi idea es que ni el álgebra ni el fuego, metafóricamente hablando, pueden conseguir separadamente este resultado. El álgebra de Borges es lo que pongo a consideración aquí —es más fácil hablar sobre el álgebra que sobre el fuego—, pero cualquier gigante intelectual podría igualarla. Los autores imaginarios de la *Primera Enciclopedia de Tlön* no son artistas, aunque sus obras son de alguna manera de ficción y encontrarían en nuestro tiempo un editor dispuesto en Nueva York. El autor del cuento «Tlön, Uqbar, Orbis Tertius», que tan sólo *alude* a la fascinante *Enciclopedia, es* un artista; lo que lo convierte en creador de primera línea, como Kafka, es la combinación de esa idea intelectualmente profunda con una gran visión humana, un poder poético, y un dominio consumado de sus medios, una definición que habría sido superflua, supongo, en cualquier siglo menos en el nuestro.

No hace mucho, entre paréntesis, en una nota al pie de página a una edición crítica de Sir Thomas Browne (*The Urn Burial,* creo que era) me encontré con un perfecto dato a lo Borges que recordaba la auto-realización de Tlön: el caso real de un libro llamado *The Three Impostors* (Los tres impostores), al cual se aludía en *Religio Medici* de Browne entre otros lugares. *The Three Impostors* es un tratado blasfemo, no existente, contra Moisés, Cristo y Mahoma, que en el siglo XVII se aceptaba como existente, o que había existido alguna vez. Los exégetas se lo atribuían variablemente a Boccaccio, Pietro Aretino, Giordano Bruno y Tommaso Campanella, y aunque nadie, Browne incluido, había visto nunca un ejemplar del libro, frecuentemente se lo citaba, refutaba, denunciaba, discutía como si todos lo hubieran leído —hasta que, como era de esperar, en el siglo XVIII apareció una obra espuria falsamente fechada en 1598 con el título *De Tribus Impostoribus.* Es extraño que Borges no mencione esta obra, puesto que parece haber leído absolutamente todo, incluyendo todos los libros que no existen, y Browne es en especial uno de sus favoritos. En efecto, el narrador de «Tlön, Uqbar, Orbis Tertius», declara al final:

> Entonces desaparecerán del planeta el inglés y el francés y el mero español. El mundo será Tlön. Yo no hago caso, yo sigo revisando, en los quietos días del hotel de Adrogué, una indecisa traducción quevediana (que no pienso dar a la imprenta) del *Urn Burial* de Browne[2].

---

[2] Más aún, al releer «Tlön...», encuentro una observación que podría jurar no estaba en la versión del año pasado: que el excéntrico millonario americano que costea la *Enciclopedia* lo hace con la condición de que «la obra no pactará con el impostor Jesucristo».

Esta «contaminación de la realidad por el sueño», como Borges la llama, es uno de sus temas predilectos, y los comentarios sobre tales contaminaciones es uno de sus recursos narrativos favoritos. Como muchos de los mejores recursos del género narrativo, convierte al modo o forma que maneja el artista en una metáfora de sus preocupaciones, tal como se hace al final del diario del *Portrait of the Artist As a Young Man* (*Retrato del artista adolescente*) o en la construcción cíclica de *Finnegans Wake*. En el caso de Borges, el cuento «Tlön...», por ejemplo, es un trozo real de realidad imaginada en nuestro mundo, análogo a esos artefactos tlönianos llamados *hrönir* que se imponen en la existencia por la imaginación. En suma, la forma del cuento es en sí mismo no solamente un paradigma o una metáfora sino que el *hecho* del cuento es simbólico: «el medio es el mensaje».

Más aún, como toda la obra de Borges, ilustra en otro de sus aspectos mi tema: cómo un artista puede paradójicamente convertir la *ultimidad sentida* de nuestro tiempo en materia y medio de su obra —*paradójicamente* porque al hacerlo trasciende lo que parecía ser su refutación, de la misma manera que el místico que trasciende lo finito dice estar posibilitado para vivir, espiritual y físicamente, en el mundo finito. Supongamos que Fulano es un escritor por vocación —un «degenerado con debilidad por la letra impresa» como nos llaman los MacLuhanitas— y siente, por ejemplo, que la novela, si no la literatura narrativa en general, ha jugado a estas alturas su última carta, como mantienen Leslie Fiedler y otros. (Me inclino a estar de acuerdo, con algunas reservas y rodeos. Las formas literarias tienen por supuesto sus historias y contingencias históricas, y podría ser que el tiempo de la novela como forma de arte mayor ha expirado, como tuvo su tiempo la tragedia clásica, la gran ópera o la secuencia del soneto. Lo cual no es necesariamente un motivo para alarmarse, con excepción tal vez de ciertos novelistas, y una forma de canalizar tal sentimiento podría ser escribiendo una novela sobre la muerte de la novela. Si históricamente la novela expira o persiste me parece sin importancia; si suficientes escritores y críticos *se sienten* apocalípticos al respecto, sus sentimientos devienen un factor cultural considerable, como el sentimiento de que la civilización occidental, o el mundo, pronto va a sucumbir. Si uno condujera un grupo de gente al desierto y el mundo no se acabara, volvería avergonzado, me imagino; pero la persistencia de una forma de arte no invalida obras creadas en el ambiente apocalíptico comparable. Este es uno de los beneficios laterales de ser un artista en vez de un profeta. Hay otros.) Si uno fuera Vladimir Nabokov podría sublimar la *ultimidad sentida* escribiendo *Pale Fire*: una buena novela escrita por un pedante culto, en forma de un comentario pedante sobre un poema inventado para ese propósito. Si uno fuera Borges podría escribir *Laberintos*: ficciones de un culto bibliotecario en forma de notas al pie de página, como él las describe, o libros imaginarios o hipotéticos. Y yo agrego, puesto que creo que la idea de Borges es aún más interesante, que si uno fuera el autor de este artículo, habría escrito algo así como *The Sot-Weed Factor* o *Giles Goat-Boy* [3]: novelas que imitan la forma de la Novela, por un autor que imita el rol del Autor.

Si todo esto suena desagradablemente decadente es, sin embargo, acerca de los comienzos del género, con el *Quijote* imitando al *Amadís de Gaula,* Cervantes haciéndose pasar por Cide Hamete Benengeli (y Alonso Quijano simulando ser don Quijote), o Fielding parodiando a Richardson. «La historia se repite como una farsa» —significando, por supuesto, como la forma o modo de la farsa, no que la historia es farsa. La imitación (como el dadaísta que reaparece en la obra de las artes híbridas) es algo nuevo y puede ser muy seria y apasionada a pesar de su aspecto de farsa. Esta es una diferencia importante entre una novela propiamente dicha y una imitación deliberada de una novela, o una novela que imita otros tipos de escritos. Los primeros intentos, históricamente, por imitar acciones más o menos directamente, y sus recursos convencionales —causa y efecto, anécdota lineal, caracterización, selección del narrador, ordenamiento, e interpretación— pueden ser y han sido desde hace mucho tiempo objetados como nociones obsoletas, o metáforas de nociones obsoletas: pienso en los ensayos de Robbe Grillet *Para una novela nueva.* Hay respuestas a estas objeciones, que aquí no vienen al caso, pero se puede ver que de cualquier forma son refutadas por las novelas-de-imitación que intentan representar no la vida directamente, sino una representación de la vida. Tales obras, en efecto, no son más ajenas a la «vida» que las novelas epistolares de Richardson o Goethe: ambos tipos imitan escritos «reales», y el tema de ambos, en última instancia, es la vida, no los escritos. Una novela es tan parte del mundo real como una carta, y las cartas en *Las cuitas de Werther* son, después de todo, ficticias.

Uno podría imaginablemente componer esta imitación, y aunque Borges no llega a hacerlo se siente fascinado con la idea: una de sus alusiones literarias más frecuentes es la noche 602 de *Las mil y una noches,* cuando, debido a un error del copista, Scheherezade comienza a contarle al Rey la historia de las 1001 noches, desde el comienzo. Felizmente, el Rey la interrumpe; si no lo hubiera hecho no habría ocurrido jamás la noche 603, y mientras esto resolvería el problema de Scheherezade —que es el problema de todo narrador:

---

[3] *The Sot-Weed Factor* (1960) y *Giles Goat-Boy* (1966) son las novelas más importantes de John Barth. (Nota del traductor.)

publicar o perecer— pondría al autor del libro en aprietos. (Sospecho que Borges inventó todo este episodio: el asunto que menciona no aparece en ninguna edición de *Las mil y una noches* que he podido consultar. No aparece *todavía,* de todas maneras: después de leer «Tlön...» uno se siente inclinado a revisar el texto cada semestre más o menos.)

Ahora bien, Borges (que alguien una vez *me* acusó irritado de haber inventado) se interesa en la Noche 602 porque es un ejemplo del cuentro-dentro-del-cuento replegándose sobre sí mismo, y su interés en tales ejemplos tiene tres razones: primero, como él mismo declara, nos perturban metafísicamente: cuando los personajes de una obra de ficción devienen lectores o autores de su propia ficción, nos recuerdan el carácter ficticio de nuestra propia existencia, uno de los temas cardinales de Borges, como lo fue de Shakespeare, Calderón, Unamuno y otros. Segundo, la Noche 602 es una ilustración literaria del *regressus in infinitum,* como lo son casi todos los motivos e imágenes principales de Borges. Tercero, el gambito accidental de Scheherezade, como las demás versiones de Borges del *regressus in infinitum,* es una imagen del agotamiento, o del intento de agotamiento, de posibilidades —en este caso posibilidades literarias— y de este modo retornamos a nuestro tema central.

Lo que torna la actitud de Borges, si se quiere, más interesante para mí que, digamos, la de Nabokov o Beckett, es la premisa desde la cual Borges se aproxima a la literatura; en las palabras de uno de sus editores: «Para [Borges] nadie puede alegar originalidad en literatura; todos los escritores son más o menos leales amanuenses del espíritu, traductores y anotadores de arquetipos preexistentes.» Así se explica su inclinación a escribir breves comentarios sobre libros imaginarios: intentar agregar manifiestamente a la suma de literatura «original» aún a través de un brevísimo cuento convencional, no digamos una novela, sería demasiado presuntuoso, demasiado ingenuo; hace mucho tiempo que la literatura ha sido ya escrita. ¡El punto de vista de un bibliotecario! Y sería en sí misma demasiado presuntuoso si no fuera parte de una visión metafísica apasionada y vivamente relevante, y astutamente empleada contra sí misma precisamente para producir literatura nueva y original. Borges define el Barroco como «ese estilo que deliberadamente agota (o procura agotar) sus posibilidades y raya en su propia caricatura». Mientras su propia obra *no* es barroca, excepto intelectualmente (el barroco no fue nunca tan terso, lacónico, económico), sugiere la idea de que la historia intelectual y literaria ha sido barroca y ha agotado casi completamente la posibilidad de la novedad. Sus *ficciones* son no solamente notas al pie de página de textos imaginarios, sino posdatas al cuerpo real de la literatura.

Esta premisa otorga resonancia y relación a todas sus imágenes principales. Los espejos enfrentados que recurren en sus cuentos son un *regressus* dual. Los dobles con los cuales sus personajes, como los de Nabokov, se enredan, sugieren vertiginosos múltiplos y recuerdan una de las observaciones de Browne de que «todo hombre es no solamente él mismo... los hombres son revividos otra vez». (Le agradaría a Borges, e ilustra a la vez el aserto de Browne, llamar a Browne un precursor de Borges. «Todo escritor», dice Borges en su ensayo sobre Kafka, «crea sus propios precursores».) La secta herética favorita de Borges es la de los Histriones del siglo III —creo y espero que él los haya inventado— que creían que la repetición es imposible en la historia y por eso vivieron viciosamente para purgar el futuro de los vicios que ellos cometerían; en otras palabras, se trata de agotar las posibilidades del mundo para acelerar su fin.

El autor que Borges menciona más frecuentemente, después de Cervantes, es Shakespeare; en un texto imagina al dramaturgo en su lecho de muerte pidiéndole a Dios que le permita ser uno y él mismo, después de haber sido todos y nadie; Dios le responde desde el torbellino que Él tampoco es nadie; Él ha soñado el mundo como Shakespeare, incluyendo a Shakespeare. La historia de Homero, en el libro IV de la *Odisea,* sobre Menelao en la playa de Pharos, luchando con Proteo, impresiona a Borges profundamente: Proteo es quien «agota las *versiones* de la realidad» mientras Menelao —que, debe recordarse, disfrazó su propia identidad para prepararle una emboscada— se aferra a la suya. La paradoja de Aquiles y la Tortuga de Zenón da cuerpo a un *regressus in infinitum* que Borges lleva a la historia filosófica, haciendo notar que Aristóteles la usó para refutar la teoría de las formas de Platón, Hume para refutar la deducción silogística, William James para refutar la noción del pasaje temporal, y Bradley para refutar la posibilidad general de las relaciones lógicas; el propio Borges la usa, citando a Schopenhauer, como evidencia de que el mundo es nuestro sueño, nuestra idea, en el cual pueden encontrarse «tenues y eternos intersticios de sinrazón» que nos recuerdan que nuestra creación es falsa, o, por lo menos, ficticia.

La biblioteca infinita de uno de sus cuentos más populares es una imagen especialmente pertinente a la literatura del agotamiento; «La biblioteca de Babel» contiene todas las posibles combinaciones de letras y espacios y, por tanto, todos los libros y juicios posibles, incluyendo mis refutaciones y vindicaciones y las de todos los lectores, la historia del futuro real, la historia de todos los futuros posibles, y aunque él no lo mencione, las enciclopedias no solamente de Tlön sino de todos los demás mundos imaginables —puesto que, como en el universo de Lucrecio, el número de elementos, y consecuentemente de combinaciones, es finito (aunque muy grande), y el número de recurrencias de cada elemento y combinación de elementos es infinito, como la biblioteca misma.

Esto último nos conduce a su imagen favorita, el laberinto, y a mi punto central. *Laberintos* es el nombre del volumen más sustancial de su obra traducida al inglés, y el único libro que estudia a Borges en inglés, de Ana María Barrenechea, se llama *Borges el creador de laberintos* [4]. Un laberinto es, después de todo, un lugar en el que, idealmente, todas las posibilidades de elección (de dirección, en este caso) están dadas, y —con excepciones muy especiales como la de Teseo— debe ser agotado antes de poder alcanzar su centro, donde, recuérdese, el Minotauro espera con dos posibilidades finales: derrota y muerte, o victoria y libertad. El legendario Teseo, en efecto, es no-barroco; gracias al hilo de Ariadna, puede seguir un atajo a través del laberinto en Knossos. Pero Menelao en la playa de Pharos, por ejemplo, es genuinamente barroco en el espíritu borgeano, e ilustra una moralidad artística positiva en la literatura del agotamiento. Menelao no está allí, después de todo, por mero gusto (tal como Borges y Beckett no están en el gremio de la literatura por razones de salud): Menelao está *perdido,* en el gran laberinto del mundo, y tiene que mantenerse firme mientras el Viejo del Mar agota las espantosas máscaras de la realidad para que él pueda arrancarle un rumbo cuando Proteo retorne a su «verdadero» yo.

Es una empresa heroica cuyo objeto es la salvación —recuérdese que el objetivo de los Histriones es agotar la historia para que Jesús pueda retornar más pronto, y que la heroica metamorfosis de Shakespeare en «Everything and Nothing» culmina no meramente en una teofanía, sino en una apoteosis.

Ahora bien, no cualquier individuo está equipado para esta labor, y Teseo en el laberinto de Creta deviene, finalmente, la imagen más adecuada de Borges después de todo. Este hecho resulta deprimente para nosotros demócratas liberales; la comunidad, ay, perderá siempre su rumbo y sus almas: es el resto, el grupo escogido, el virtuoso, el *héroe* teseano, quien, confrontado con la realidad barroca, la historia barroca, el estado barroco de su arte, no necesita ensayar sus posibilidades de agotamiento, tal como Borges no necesita *escribir* la *Enciclopedia de Tlön* o los libros de la Biblioteca de Babel. Necesita solamente tener conciencia de su existencia o posibilidad, reconocer tal posibilidad y con la ayuda de

---

[4] Título en inglés de *La irrealidad en la obra de J. L. Borges.* El artículo de Barth apareció en 1967; desde entonces han aparecido siete nuevos libros en inglés que estudian la obra de Borges y varios números especiales de revistas de investigación dedicados a Borges. (Nota del traductor.)

dotes *muy especiales* —tan extraordinarias como la santidad o el heroísmo y que con toda probabilidad no se encuentran en la Escuela de Literatura por Correspondencia Nueva York— atravesar directamente el laberinto para el logro de su obra.

[*The Atlantic Monthly,* vol. 220, núm. 2, agosto de 1967. Traducción de J. A.]

TLÖN Y ASTERION:
METAFORAS EPISTEMOLOGICAS

> *El hombre occidental se encuentra en peligro de*
> *perder del todo su sombra, de identificarse con su*
> *personalidad ficticia y de identificar el mundo con el*
> *cuadro abstracto pintado por el racionalismo científico.*
>
> C. G. JUNG, *The Undiscovered Self*

> *El mundo será Tlön.*
>
> J. L. BORGES, «Tlön, Uqbar, Orbis Tertius»

El concepto *metáfora epistemológica* ha sido acuñado por Umberto Eco para definir la condición de las formas del arte de metáforas que reflejan el modo como la ciencia, o sin más, la cultura de la época, ven la realidad. Eco reconoce que el conocimiento del mundo tiene en la ciencia su canal autorizado; el arte, en cambio, «más que *conocer* el mundo, produce complementos del mundo, formas autónomas que se añaden a las existentes exhibiendo leyes propias y vida personal». Y concluye: «No obstante toda forma artística puede muy bien verse, si no como sustituto del conocimiento científico, como metáfora epistemológica» [1]. En la obra de arte, según Eco, los conceptos enunciados por las ciencias se resuelven en figuras, se transmutan en metáforas que lejos de intentar competir con los conceptos troquelados por las ciencias, devienen sus complementos: son reacciones de la sensibilidad a esos conceptos. El mecanismo sería semejante al que ofrece la metáfora como procedimiento estilístico: el vehículo no reemplaza al tenor sino que provee un elemento de parentesco que aproxima vehículo y tenor y los relaciona en el vértice de la semejanza. Más aún: el vehículo ex-

---

[1] UMBERTO ECO, *Obra abierta; forma e indeterminación en el arte contemporáneo*, Barcelona, Seix Barral, 1965. Véase en especial pp. 43-55 y 315-321.

presa algún aspecto intrínseco del tenor recurriendo a objetos o nociones tan diferentes como lo son las formas del arte respecto a las conceptualizaciones de la ciencia. La metáfora funciona así como un puente que nos transporta de un territorio a otro completamente diferente cuando no opuesto. Al cruzarlo percibimos en la nueva geografía la presencia de la antigua, ahora reducida a este punto de apoyo sobre el cual descansa la base («grounds» en la terminología de Richards), pero dotada, en cambio, de un poderío nuevo. Más adelante explica Eco: «Metáfora, se recuerda, y por tanto no traducción literal de situaciones formalmente análogas. En estos límites además la obra (de arte) no puede y no debe compararse con un sistema determinado del que resultaría la imagen ortodoxa; se trata más bien de individuar en ella motivos que pueden hacerse ascender a adquisiciones científicas a menudo discordantes, como si el autor hubiera confusamente advertido la posibilidad de ver las cosas en algunos modos diversos de los tradicionales, y hubiera aplicado sucesivamente al lenguaje "ópticas" diferentes, encontrando en él una gama de perspectivas capaces de coexistir allá donde en el ámbito de una serie de definiciones conceptuales rigurosas una asunción habría excluido las otras» [2]. Partiendo de estas premisas, Eco ha estudiado el *Finnegan's Wake* como una obra que «trata de reflejar, de modo fantástico y metafórico, los procedimientos, los métodos, las conclusiones puramente conceptuales de la nueva ciencia transportando formas de la investigación y formas de la definición matemática a formas del lenguaje y de las relaciones semánticas» [3].

Nuestro estudio de los cuentos «Tlön, Uqbar, Orbis Tertius» y «La casa de Asterión» responde a coordenadas semejantes. La solución fantástica que Borges otorga a sus metáforas difiere radicalmente de la solución adoptada por Joyce. En Borges, la narración fantástica se desliza sobre ese equilibrio creado por la relación significado-significante; en *Finnegan's Wake* se produce un desequilibrio en favor de los significantes: el lenguaje se repliega sobre sí mismo y crea «un discurso de tipo absolutamente formal al nivel de sus estructuras técnicas» [4]. Pero en ambos casos se trata de metáforas que intentan definir el esfuerzo humano de conocer el mundo, en ambos casos se convierte a la cultura en imágenes literarias. En la primera parte de este ensayo se esbozan algunos desarrollos claves que tanto en la epistemología como en las ciencias han modificado diametralmente la relación del hombre ante el mundo. Entre la idea hegeliana de que «lo real es lo racional» y la modesta definición de la razón como «una limitada habilidad humana» —una entre muchas otras— media un espacio semejante al que separa el *Tratado*

---

[2] *Ibíd.*, p. 315.
[3] *Ibíd.*, p. 322.
[4] *Ibíd.*, p. 337.

lógico-filosófico (1919) de las *Investigaciones filosóficas* (1953). En el primero, Wittgenstein ve en el lenguaje «un cuadro de la realidad», «una imagen de los hechos», «un reflejo del mundo» y por eso «la lógica del lenguaje describe la estructura lógica de los hechos»[5]. En su segundo libro, en cambio, Wittgenstein postula el reverso de esa idea: el lenguaje ha sido reducido a un instrumento que sólo se justifica por los varios usos que hacemos de él, a un juego que, como todo juego, genera una realidad ficticia que cancela o reemplaza la histórica[6]. Esa realidad artificial no es sino el mundo creado por la cultura: la casa que habita Asterión, el universo descrito en los cuarenta volúmenes de la Primera Enciclopedia de Tlön.

I

Apoyándose en los avances de la experimentación, la observación y la ciencia empírica, Bertrand Russell presenta en su obra *Our Knowledge of the External World* una revisión de las posibilidades epistemológicas de la lógica y una crítica de la filosofía de la tradición clásica: «Para los griegos —escribe—, para quienes la geometría era prácticamente la única ciencia conocida, era posible dar asenso a un razonamiento aun cuando condujera a las más extrañas conclusiones. Pero para nosotros, con nuestros métodos de experimentación y observación y nuestro conocimiento de la larga historia de errores *a priori* refutados por la ciencia empírica, resulta natural sospechar una falacia en cualquier deducción en la cual la conclusión parece contradecir hechos patentes»[7]. La tradición clásica, concluye Russell, «ha construido el mundo por medio de la lógica sin apelar casi a la experiencia concreta, y mientras ha liberado la imaginación respecto a lo que el mundo *podría ser,* se ha negado a legislar el mundo tal como *es*»[8]. Russell se vuelve contra la tra-

---

[5] Véase LUDWIG WITTGENSTEIN, *Tractatus Logico-Philosophicus,* Londres, 1961. En 4.121 escribe: «Propositions *show* the logical form of reality. They display it» (p. 51). En 4.21: «The simplest kind of proposition, an elementary proposition, asserts the existence of a state of affairs» (p. 59). En 5.6: «*The limits of my* language mean the limits of *my* world. Logic pervades the world: the limits of the world are also its limits» (p. 115).

[6] Véase LUDWIG WITTGENSTEIN, *Philosophical Investigation,* Nueva York, 1953. En 109 define la filosofía como «una batalla contra el hechizo de nuestra inteligencia por medio del lenguaje» (p. 47), y en 119, resumen: «The results of philosophy are the uncovering of one or another piece of plain nonsense and of bumps that the understanding has got by runnings its head up against the limits of language» (p. 48).

[7] BERTRAND RUSSELL, *Our Knowledge of the External World,* Nueva York, Mentor, 160, pp. 14-15.

[8] *Ibíd.,* p. 15.

dición clásica en filosofía, echándole en cara el haber confiado demasiado en la imaginación y el haber prescindido, en cambio, del fundamento de la observación, piedra angular de la ciencia empírica. El punto vulnerable en el argumento aducido por Russell es su certeza en la posibilidad de establecer «hechos patentes». La física moderna, por ejemplo, ha reconocido que lo observado no es independiente del observador [9], y para Einstein la ciencia es «una creación del espíritu humano por medio de ideas y conceptos inventados libremente» [10]. La antropología estructuralista ha puesto en una perspectiva más humana (para no decir más real) las ínfulas de la ciencia moderna. Hoy sabemos que «Freud o el psicólogo de nuestro tiempo no son unos observadores absolutos, sino que más bien pertenecen a la historia del pensamiento occidental. Según la regla de doble crítica, que es la del método etnológico, se trata de ver el psicoanálisis como mito y el psicoanalista como brujo o chamán. Las investigaciones psicosomáticas permiten comprender cómo cura el chamán, cómo, por ejemplo, ayuda a un parto difícil. Pero el chamán también nos hace comprender que el psicoanálisis es nuestra brujería» [11]. Las observaciones de Merleau-Ponty son una paráfrasis del ensayo de Lévi-Strauss «La efectividad de los símbolos», que concluye con esta paradójica aserción: «La versión moderna de la técnica chamanística, llamada psicoanálisis, deriva sus características específicas del hecho que en la civilización industrial no hay ya lugar para el tiempo mítico, excepto en el hombre mismo. De esta observación, el psicoanálisis puede confirmar su validez, como también la posibilidad de fortalecer sus fundamentos teóricos y de comprender mejor las razones de su efectividad si compara sus métodos y objetivos con aquellos de sus precursores, los chamanes y brujos» [12].

El propio Freud, adelantándose a esta perspectiva estructuralista, ya había escrito en 1933, en una carta a Albert Einstein: «Puede tal vez parecerle a usted que nuestras teorías son una suerte de mitología, y en este caso (la teoría del instinto de muerte) ni siquiera una mitología agradable. Pero ¿acaso toda ciencia no desemboca en un tipo de mitología como ésta?, ¿acaso no puede decirse lo mismo de su propia física?» [13]. Jung ha contado que en una ocasión Freud le confesó que había sido necesario hacer un dogma de su teoría

---

[9] C. G. JUNG, *The Undiscovered Self*, Boston, Little, Brown & Co., 1957, página 13.

[10] MAURICE MERLEAU-PONTY, *Signos*, Barcelona, Seix Barral, 1964, p. 237,

[11] *Ibíd.*, pp. 147-148.

[12] CLAUDE LÉVI-STRAUSS, *Structural Anthropology*, Nueva York, Doubleday, 1967, p. 200.

[13] SIGMUND FREUD, «Why War» (Letters exchanged between Einstein and Freud in 1933), in *The Standard Edition* (Complete Psychological Works of S. Freud), Londres, Hogarth Press, 1962, XXII, 211.

sexual porque ésta era el único bastión de razón contra un posible estallido de la inundación negra del ocultismo [14]. La ciencia más contemporánea manifiesta un desacostumbrado escepticismo respecto a la objetividad y cuantificación de sus métodos. El geólogo norteamericano Frank Rhodes, por ejemplo, expresa esta actitud a través de un inquietante símil: «Es posible —dice— que las cualidades que nosotros los científicos medimos tengan poca relación con el mundo como un número de teléfono respecto a su abonado» [15]. Para Rhodes y otros científicos las proposiciones de la ciencia deben aceptarse no como verdades literales sino más bien como metáforas. Ya en 1927 el principio de indeterminación formulado por el físico Werner Heisenberg reducía la capacidad de las ciencias de conocer y comprender el universo al poder de conjeturación de los adivinos, y más recientemente el biólogo Gunther Stent observa en su libro *The Coming of the Golden Age* (El advenimiento de la Edad de Oro) que «el hombre nunca llegará a conocer los orígenes del universo o cuál es la partícula atómica más fundamental, porque tales misterios permanecen ocultos en una sucesión infinita y tediosa de cajas chinas». El físico David Finkelstein, de la Universidad Yeshiva de Nueva York, va todavía más lejos y propone: «El camino está preparado para invertir la estructura de la física actual y considerar el espacio, el tiempo y la masa como ilusiones del mismo modo que la temperatura es solamente una ilusión sensoria.» Las ciencias, pues, comienzan a abandonar su status tradicional de bastiones inexpugnables de la verdad para reconocer, en las palabras de un distinguido científico norteamericano: «Hemos creado un tipo de mundo que no podemos hacer volver atrás.» El aserto es una advertencia y una rúbrica a la vez; una advertencia respecto a los peligros que implica rectificar los postulados que sostienen la imagen del mundo trazada por las ciencias; una rúbrica en el sentido de que confirma la noción de que el mundo en el cual habitamos es una construcción fabricada por el intelecto. Los matemáticos, por su parte, coinciden hoy en considerar casi como un lugar común la idea que los enunciados de las matemáticas puras no expresan nada acerca de la realidad [16]. Lo mismo puede afirmarse de la historia. Lévi-Strauss ha mostrado que la historia de un país o civilización, tal como la conocemos a través de los libros, nada tiene que ver con la historia real de ese país o civilización real. «Cada episodio de una revolución —explica Lévi-Strauss— o de una gue-

---

[14] C. G. Jung, *op. cit.*, pp. 48-49.
[15] Esta cita y las subsiguientes están tomadas de un ensayo dedicado a las direcciones heterodoxas de las ciencias —«Reaching Beyond the Rational»— publicado en la revista *Time* (23 de abril de 1973).
[16] CLAUDE LÉVI-STRAUSS, *El pensamiento salvaje*, México, Fondo de Cultura, 1964, p. 359.

rra se resuelve en una multitud de movimientos psíquicos e individuales; cada uno de estos movimientos traduce evoluciones inconscientes, y éstas se resuelven en fenómenos cerebrales, hormonales, nerviosos, cuyas refencias son de orden físico o químico... Por consiguiente, el hecho histórico no es más *dado* que los otros; es el historiador, o el agente del devenir histórico, el que lo constituye por abstracción, y como si estuviese amenazado de una regresión al infinito... Una historia verdaderamente total confrontaría al historiador (que elige, corta y recorta) con el caos; una historia verdaderamente total se neutralizaría a sí misma: su producto sería igual a cero» [17]. El historiador que sabe que no hay una sino varias historias de, por ejemplo, la Revolución francesa y que cada una de ellas es igualmente verdadera, «tiene que reconocer a todas una realidad igual, pero sólo para descubrir que la Revolución francesa, tal como se la conoce, no ha existido» [18].

Desde otro ángulo, Ernst Cassirer ha observado que «el conocimiento no puede reproducir jamás la verdadera naturaleza de las cosas tal como ellas son, sino que está obligado a presentar su esencia en "conceptos". Pero ¿qué son los conceptos sino formulaciones y creaciones del pensamiento que en lugar de darnos las verdaderas formas de los objetos nos muestran en su lugar las formas del pensamiento mismo? Consecuentemente, todos los esquemas que la ciencia desarrolla para clasificar, organizar y resumir los fenómenos del mundo real no son otra cosa que esquemas arbitrarios, vanidosas fabricaciones de la mente que expresan no la naturaleza de las cosas sino la naturaleza de la mente. El conocimiento, pues, ha sido reducido a una suerte de ficción: una ficción recomendable por su utilidad, pero que no debe medirse en estrictos términos de la verdad si no queremos que se disipe en la nada» [19]. El lenguaje, como instrumento del conocimiento, deja de ser una traducción para convertirse en una paráfrasis, de reflejo de la realidad deviene una realidad independiente: significado y significante abandonan la paralela para abrirse en un ángulo sin posible punto de intersección. «Se ha deshecho la profunda pertenencia del lenguaje y del mundo. Se ha terminado el primado de la escritura. Desaparece, pues, esta capa uniforme en la que se entrecruzaban indefinidamente lo *visto* y lo *leído*, lo visible y lo enunciable. Las cosas y las palabras van a separarse. El ojo será destinado a ver y sólo a ver; la oreja sólo a oír. El discurso tendrá desde luego como tarea el decir lo que es, pero no será más que lo que dice» [20].

[17] *Ibíd.*, pp. 372-373.
[18] *Ibíd.*, p. 374.
[19] Ernst Cassirer, *Language and Myth*, Nueva York, Dover, 1953, pp. 7-8.
[20] Michel Foucault, *Las palabras y las cosas*, México, Siglo Veintiuno, 1968, p. 50.

II

Así planteadas las posibilidades epistemológicas del hombre en relación con el mundo, el escepticismo de Borges, lejos de ser una concesión o un esoterismo gratuito, se define como la más acertada y cuerda de las posturas gnoseológicas. Aunque argentino, Borges no estaba tan perdido, como él se creía (o decía que se creía), en la metafísica. Parte de una premisa, que es un verdadero punto de llegada, y la presenta como un arbitrio, a veces como una broma; otras, como un desafío: «No me tomen en serio», parece decirnos con una modestia olímpica, casi avergonzado de su propia lucidez. Su tendencia a «estimar las ideas religiosas o filosóficas por su valor estético y aun por lo que encierran de singular y de maravilloso» (O. I. 259) resume, en dos líneas esenciales, las limitaciones cognoscitivas que han hecho del hombre no un descubridor, sino un inventor; no un percibidor de realidades, sino un creador de mitos. Esas líneas resumen la idea central que, desde perspectivas varias, postulan las ilustres citas anteriores. Así, enfocados los cuentos de Borges, comenzamos a comprender que sus arbitrios y «fantasías» deben leerse como oblicuas alusiones a la situación del hombre frente al mundo, como símbolos que trasuntan su condición de acuñador de ficciones en un mundo que se niega a entregarse en su íntima realidad. Borges convierte esta absurda situación (una biblioteca de libros ilegibles) en una sonrisa que se solaza en la naturalidad de esa situación y en una fe en el hombre que genera sus fuerzas de sus propias impotencias. En el revés de esa paradoja comienza a dibujarse una imagen más clara, aunque indefinida en todos sus contornos, de la imposibilidad humana de tocar el mundo.

Que Michel Foucault abra su libro *Les mots et les choses* con la frase «Este libro nació de un texto de Borges» es sólo un indicio del grado de seriedad con que han sido tomados los «sofismas» de Borges. Una relectura de Borges desde una perspectiva epistemológica revela que sus «sofismas» no son menos falaces que las «verdades» de la filosofía o la ciencia. En el contexto de esa distancia entre las palabras y las cosas, ¿qué otra cosa son, pueden ser, Parménides, Platón, Juan Escoto Erígena, Alberto Magno, Spinoza, Leibniz, Kant, Francis Bradley, sino los mayores maestros del género fantástico? (D. 172). Cuando Borges se culpa de haber omitido en su antología de la literatura fantástica a esos insospechados maestros del género, lo de la «culpa» es sólo una astucia retórica, una fina alusión en cuyo arte Borges es un maestro; pero, en cambio, en la inversión ha descubierto las posibilidades y los alcances metafísicos de la ficción fantástica. El descubrimiento tiene consecuencias similares a las anotadas por Lévi-Strauss en la relación psicoanalista-chamán: así como el psicoanálisis puede llegar a comprender mejor sus métodos y objetivos a la luz de la brujería y la técnica chamanística, mucho de lo que queda irresuelto en la especulación metafísica se resuelve con mayor eficacia en los espacios y silencios de la literatura fantástica. Era necesario definir el relieve fantástico de toda doctrina filosófica para poder entrever las posibilidades filosóficas del género fantástico. Borges puede no ser original en la primera de estas tareas, pero ningún escritor ha capitalizado como él las implicaciones y posibilidades que emergen de la primera de las dos proposiciones respecto a la segunda.

«Una doctrina filosófica —ha escrito Borges con brevedad y lucidez apabullantes— es al principio una descripción verosímil del universo; giran los años y es un mero capítulo —cuando no un párrafo o un nombre— de la historia de la filosofía» (F. 55). Ver en una doctrina filosófica o en una teoría científica (¿no es acaso la historia de la ciencia otro manual de literatura fantástica?) una imagen del universo es tan descabellado como el hechicero de Novalis, «que se hechizara hasta el punto de tomar sus propias fantasmagorías por apariciones autónomas» (O. I. 156). Y, sin embargo, es esto, precisamente, lo que ha ocurrido. La cultura —«ese universo artificial en el cual vivimos como miembros de una sociedad» [21]— es una creación del hombre, es la imagen del mundo pacientemente tejida por su imaginación. Hemos dejado de verla como un producto para aceptarla como una realidad, nos hemos olvidado de que es un sueño para adoptarla como el único mundo —nuestro mundo— al cual tenemos acceso. «Nosotros hemos soñado el mundo —dice Borges—. Lo hemos soñado resistente, misterioso, visible, ubicuo en el espacio y firme en el tiempo; pero hemos consentido en su arquitectura tenues y eternos intersticios de sinrazón para saber que es falso» (O. I. 156). Borges entrará por esos intersticios y desde allí comenzará a destejer ese prolijo laberinto, que forma la cultura de todos los tiempos, para comprobar que el arte y el lenguaje (y para el caso, la ciencia) son, pueden ser, solamente símbolos. Símbolos, «pero no en el sentido de meras figuras que aluden a una realidad dada por medio de la sugestión y la representación alegórica, sino en el sentido de fuerzas capaces de producir y establecer un mundo propio» [22]. Iluminado por esta comprobación, Borges encuentra el camino que lleva al universo de sus ficciones: «Admitamos —dice— lo que todos los idealistas admiten: el carácter alucinatorio del mundo. Hagamos lo que ningún idealista ha hecho: busquemos irrealidades que confirmen ese carácter» (O. I. 156). Borges

---

[21] CLAUDE LÉVI-STRAUSS, *Arte, lenguaje, etnología* (Entrevistas con Georges Charbonnier), México, Siglo Veintiuno, 1968, p. 132.
[22] E. CASSIRER, *op. cit.*, p. 8.

encuentra esas irrealidades no en el ámbito de lo sobrenatural y maravilloso, sino en esos símbolos y sistemas que definen nuestra realidad: en metafísicas y teologías que de alguna manera constituyen el meollo de nuestra cultura. De aquí su constante insistencia en que lo que él ha escrito ya estaba en otras literaturas. Estaba de la misma manera que el *Quijote* había sido escrito antes de Menard. El mérito de Menard es leer el *Quijote* como no pudo leerse en tiempos de Cervantes. Borges, para quien «una literatura difiere de otra, ulterior o anterior, menos por el texto que por la manera de ser leída» (O. I. 218), leerá ese «respetable sistema de perplejidades que llamamos filosofía» en un contexto nuevo. Los ingredientes no varían, como el número de objetos contenidos en un calidoscopio es siempre el mismo, pero la imagen cambia con cada movimiento del tubo. Borges toma en sus manos la cultura humana como se sujeta un calidoscopio, pero después de su golpe maestro la imagen ya no es la misma. La alquimia consiste en mostrarnos nuestra realidad, lo que hemos aceptado como nuestra realidad, transfigurada en sueño, en una fantasmagoría más del espíritu que nada o muy poco tiene que ver con ese mundo real que se propone penetrar.

«Tlön, Uqbar, Orbis Tertius» es la expresión más cabal de esta alquimia. El hechizo es una inversión de nuestra propia hechicería. En lugar de presentar nuestras propias fantasmagorías (el mundo de la cultura) como una imagen del mundo real, Borges construye un planeta que de antemano es presentado como imaginario, para persuadirnos luego, con toda la fina destreza e invisible paciencia de un mago, que ese planeta ficticio es el nuestro. Para que la inversión se produzca, Borges hace como el disfrazado que escoge la máscara que más íntimamente lo define. El disfraz sólo es tal en relación a una realidad convencionalmente aceptada. Más allá de la convención, la ficción de la máscara continúa actuando como ficción, pero a la vez da expresión a la realidad más honda del disfrazado. La operación es semejante a la practicada en el *Quijote*. Las aventuras de Don Quijote son «un recorrido minucioso para destacar, sobre toda la superficie de la tierra, las figuras que muestran que los libros dicen la verdad... La hazaña consiste en transformar la realidad en signo. En signo de que los signos del lenguaje se conforman con las cosas mismas. Don Quijote lee el mundo para demostrar los libros» [23]. En el cuento de Borges la realidad ha sido ya transformada en signo y el planeta Tlön es la prueba de que esos signos (los cuarenta volúmenes de la Primera Enciclopedia de Tlön) nada tienen que ver con la verdad. Mientras Don Quijote lee el mundo para demostrar los libros, Tlön es la lectura de los libros para de-

[23] M. FOUCAULT, *op. cit.*, p. 54.

mostrar el mundo: lo que se ha hecho siempre podrá argüirse, pero ahora con la variante de que esa demostración es la imposibilidad de demostrar el mundo.

La Primera Enciclopedia de Tlön es, en última instancia, una parodia (¿una paráfrasis?) de la *Encyclopaedia Britannica,* tan cara a Borges que uno se sorprende de que no la haya mencionado entre las culpables omisiones a su antología de la literatura fantástica. Los orígenes de Tlön se describen en los siguientes términos: «Circulaban entonces los veinte tomos de la *Encyclopaedia Britannica;* Buckley sugiere una enciclopedia metódica del planeta ilusorio. Les dejará sus cordilleras auríferas, sus ríos navegables, sus praderas holladas por el toro y por el bisonte, sus negros, sus prostíbulos y sus dólares, bajo una condición: "La obra no pactará con el impostor Jesucristo." Buckley descree de Dios, pero quiere demostrar al Dios no existente que los hombres mortales son capaces de concebir un mundo» (F. 30). Pero si la cultura es «ese universo artificial en el cual vivimos como miembros de una sociedad», qué duda cabe que ese mundo que tan erudita y meticulosamente describe la *Encyclopaedia Britannica* es sólo una invención concebida por los hombres. El celo de Buckley hacia Dios es tal vez el celo de todo el género humano hacia una realidad que, por estar «ordenada de acuerdo a leyes divinas que no acabamos nunca de percibir», es inaccesible a la inteligencia de los hombres. «Tlön será un laberinto —dice Borges hacia el final de su cuento—, pero es un laberinto urdido por hombres, un laberinto destinado a que lo descifren los hombres» (F. 34). Ante una incógnita insoluble (el mundo real) el hombre inventa su propia incógnita (el mundo de la cultura), pero esta nueva incógnita, cuyas soluciones forman la historia de nuestra cultura, además de ser la alternativa a un inconfesado fracaso, ha ido reemplazando al laberinto de los dioses. Donde Borges pregunta: «¿Quiénes inventaron a Tlön?» (F. 19), podríamos reemplazar Tlön por el mundo y la respuesta sería la misma: «Este *brave new world* es obra de una sociedad secreta de astrónomos, de biólogos, de ingenieros, de metafísicos, de poetas, de químicos, de algebristas, de moralistas, de pintores, de geómetras...» (F. 19). Borges ha disfrazado la *Encyclopaedia Britannica* (que es la enciclopedia por antonomasia) con la máscara de Tlön para conseguir ese doble relieve que genera toda buena literatura fantástica. Este cuento, tal vez más que ningún otro, es un buen ejemplo de que el arte fantástico «emerge más que del sujeto de la manera de tratarlo», según la observación de Roger Caillois [24]. Si recorriéramos en todos sus detalles la descripción que Borges nos presenta de la Primera Enciclopedia de Tlön, constataríamos que hasta lo más aparentemente fan-

---

[24] ROGER CAILLOIS, *Au coeur du fantastique,* París, Gallimard, 1965, p. 9.

tástico de este planeta se corresponde con nuestra prolija imagen del mundo. Así, por ejemplo, si «los conceptos son sólo formulaciones y creaciones del pensamiento que en lugar de darnos las verdaderas formas de los objetos nos muestran en su lugar las formas del pensamiento mismo», y si «todas las ciencia no son sino vanidosas fabricaciones de la mente que expresan no la naturaleza de las cosas sino la naturaleza de la mente», según la aserción de Ernest Cassirer [25], ¿cómo sorprenderse de que «la cultura clásica de Tlön comprenda una sola disciplina: la psicología», y de que «no haya ciencias en Tlön..., aunque existan en casi innumerable número»? (F. 22). Si ya Kant, medio en serio y medio en broma, sugirió que «el sistema de Swedenborg, que Kant llamó "fantástico", no era tal vez más fantástico que la metafísica ortodoxa» [26], ¿por qué asombrarse de que «los metafísicos de Tlön juzguen que la metafísica es una rama de la literatura fantástica»? (F. 23). Si como ha observado Lévi-Strauss «la Revolución francesa, tal como se la conoce a través de la historia, no ha existido» [27], nada tan sensato como la conclusión que Borges nos propone al final de su cuento: «El contacto y el hábito de Tlön han desintegrado este mundo... Ya ha penetrado en las escuelas el (conjetural) "idioma primitivo" de Tlön; ya la enseñanza de su historia armoniosa (y llena de episodios conmovedores) ha obliterado a la que presidió mi niñez; ya en las memorias un pasado ficticio ocupa el sitio de otro, del que nada sabemos con certidumbre, ni siquiera que es falso» (F. 34). Puesto que, como lo ha enseñado Borges, la «irrealidad es condición del arte» (F. 162), ya que es absurdo pensar que la realidad, en su interminable riqueza, «es representable por un mecanismo arbitrario de gruñidos y de chillidos», ¿por qué admirarnos de que «la literatura de Uqbar sea de carácter fantástico y [de] que sus leyendas no se refieran jamás a la realidad, sino a las dos regiones imaginarias de Mlejnas y de Tlön...»? (F. 16). Es redundante aclarar que las varias escuelas filosóficas de Tlön corresponden a sistemas metafísicos y doctrinas teológicas que el propio Borges ha comentado y, a veces, desarrollado en sus ensayos. Al presentarlos como «sistemas increíbles, pero de arquitectura agradable o de tipo sensacional» (F. 23), Borges las convierte en fantasías que buscan el asombro; pero, a su vez, les otorga esa doble visibilidad reconocible a lo largo de todo el cuento: una ficción que contiene en sí misma una realidad intrínseca.

El mundo ficticio que Borges nos presenta en su planeta imaginario es una parodia —como toda buena máscara— del mundo

---

[25] E. Cassirer, op. cit., p. 7.

[26] Bertrand Russell, A History of Western Philosophy, Nueva York, Simon and Schuster, 1965, pp. 705-706.

[27] C. Lévi-Strauss, El pensamiento salvaje, p. 374.

13

inventado por la enfebrecida imaginación de los hombres. Como Don Quijote, Borges lee la realidad no como es (tarea de los dioses y no de los hombres), sino siguiendo los signos troquelados por la cultura; pero a diferencia de Don Quijote, que busca transformar la realidad en signo para demostrarnos que los libros dicen la verdad, Borges sugiere en su cuento que la realidad toda ya ha sido transformada en signo y que este simétrico signo está tan lejos de la realidad como lo estaban los libros de caballerías de la España de Don Quijote: «Una dispersa dinastía de solitarios —dice Borges— ha cambiado la faz del mundo. Su tarea prosigue. Si nuestras previsiones no erran, de aquí a cien años alguien descubrirá los cien tomos de la Segunda Enciclopedia de Tlön» (F. 34). Con ingeniosa travesura, Borges aclara que esa «dinastía de solitarios» (astrónomos, biólogos, ingenieros, metafísicos, poetas, etc.) no ha cambiado el mundo sino solamente su faz: la cultura ha agregado al mundo una máscara que sólo oculta su rostro inescrutable. Los cien tomos de la Segunda Enciclopedia de Tlön son un anticipo del inexorable empeño humano por dibujar «ese paciente laberinto de líneas que traza la imagen de la cara» del mundo. Empeño inalcanzable: la faz del mundo, si está ordenada, lo está «de acuerdo a leyes divinas que no acabamos nunca de percibir». Nos resta sólo la ilusión de Tlön, la realidad de ese planeta creado por el hombre y destinado a ser descifrado por el hombre. Esto último es lo que hace Borges-narrador en las últimas líneas del cuento: «Yo no hago caso, yo sigo revisando en los quietos días del hotel de Adrogué una indecisa traducción quevediana (que no pienso dar a la imprenta) del *Urn Burial,* de Browne» (F. 34). Borges da aquí expresión a una fe inconmovible en la cultura, a una necesidad inescapable de vivir en el mundo a pesar de su impermeabilidad. «Aunque Dios no exista, vivamos como si El existiera», decía Unamuno [28], aunque Tlön sea un planeta fantástico —parece decir Borges—, vivamos como si él fuera el mundo. Esta fe en la cultura emerge, paradójicamente, de su escepticismo hacia la cultura; escepticismo hacia la cultura como imagen del mundo, fe en la cultura como una creación del hombre. Si «la imposibilidad de penetrar el esquema divino del universo no puede disuadirnos de planear esquemas humanos» (O. I. 143), esos esquemas son fantasmagorías respecto al mundo, pero en cambio respecto al hombre dan expresión a su más íntima realidad, a su inalienable necesidad de conocer el mundo aun cuando lo sabe inconocible. La imaginación del hombre sería así ese estado de inconsciencia que proyecta en la cultura un gran sueño en el cual sus frustraciones frente al mundo son finalmente superadas. En «Tlön»

---

[28] MIGUEL DE UNAMUNO, *Del sentimiento trágico de la vida,* Madrid, Aguilar, *Ensayos,* vol. II, p. 877.

ese sueño es interpretado en su íntimo sentido: los cuarenta volúmenes de la Enciclopedia de Tlön, los veinticuatro volúmenes de la *Encyclopaedia Britannica,* no son en nada diferentes de esos «altos y soberbios volúmenes» de la biblioteca de Giambattista Marino, que «no eran (como su vanidad soñó) un espejo del mundo, sino una cosa más agregada al mundo» (H. 21-32).

Don Quijote, que en la primera parte de la novela es sólo una ficción inventada por Cervantes, en la segunda «encuentra personajes que han leído la primera parte del texto y que le reconocen, a él, el hombre real, como el héroe del libro. El texto de Cervantes se repliega sobre sí mismo, se hunde en su propio espesor y se convierte en objeto de su propio relato para sí mismo... Don Quijote, que a fuerza de leer libros se había convertido en un signo errante en un mundo que no le reconoce, se ha convertido ahora, a pesar de sí mismo y sin saberlo, en un libro que detenta su verdad... Entre la primera y la segunda parte de la novela, en el intersticio de estos dos volúmenes y por su solo poder, Don Quijote ha tomado su realidad» [29]. Una magia semejante se produce en el cuento de Borges. Tlön es al comienzo de la narración un planeta ficticio; hacia el final entendemos que su irrealidad es nuestra realidad, e inversamente, que nuestra realidad, lo que hemos definido como nuestra realidad, no es menos ficticia que Tlön. Abrumado por el insoluble laberinto de los dioses, el hombre crea su propio laberinto; vencido por lo impenetrable de esa realidad que se le resiste, el hombre inventa en la cultura su propia realidad. Vive, así, en un mundo que es el producto de su fallida arquitectura. Sabe, sin embargo, que hay otro que constantemente le asedia y le fuerza a sentir la enormidad de su presencia. Y entre estos dos mundos, entre estos dos sueños (uno soñado por Dios y otro por el hombre), transcurre la historia humana como una inevitable desgarradura. Cuando Borges dice: «El mundo, desgraciadamente, es real; yo, desgraciadamente, soy Borges», expresa críptica y lúcidamente esa trágica y heroica condición del hombre en la cual se sabe un sueño y un soñador, el habitante perdido y frustrado de un mundo inescrutable y el habitante risueño y realizado de ese planeta construido por su imaginación.

III

Desde esta perspectiva epistemológica, «La casa de Asterión» se redibuja como el símbolo más quintaesenciado de la situación del hombre frente al mundo. Esta narración ha sido ya estudiada con

---

[29] M. FOUCAULT, *op. cit.,* p. 55.

erudita minucia y fina sensibilidad [30]. Aquí nos limitaremos a algunas observaciones pertinentes a nuestro enfoque y relectura del cuento.

Tal vez el punto más heterodoxo de «La casa de Asterión» en relación al mito que recrea sea el hecho de que mientras en la leyenda el Minotauro es encerrado en el laberinto (para cuyo fin ha sido construido), en el cuento el laberinto es más que la prisión de Asterión, su casa: «Por lo demás, algún atardecer he pisado la calle; si antes de la noche volví, lo hice por el temor que me infundieron las caras de la plebe» (A. 67). Más que cumplir una condena, Asterión parece hacer aceptado un destino. Regresa al laberinto por el temor que le causan los hombres y porque, después de todo, «la casa es del tamaño del mundo; mejor dicho, es el mundo». La diferencia entre este mundo y el mundo que se extiende más allá del laberinto es que el primero ha sido construido por los hombres; el otro, en cambio, es obra de los dioses. *Casa* es «un circunloquio retórico» [31] para despistar al lector, pero una casa es también un producto de la cultura, una alternativa humana a las fuerzas ciegas de la naturaleza. Asterión se siente cómodo en su casa: «De tantos juegos el que prefiero es el de otro Asterión. Finjo que viene a visitarme y que yo le muestro la casa. Con grandes reverencias le digo: *Ahora volvemos a la encrucijada anterior*, o *Ahora desembocamos en otro patio*, o *Bien decía yo que te gustaría la canaleta*, o *Ahora verás una cisterna que se llenó de arena*, o *Ya verás cómo el sótano se bifurca*. A veces me equivoco y nos reímos buenamente los dos» (A. 68-69). Entre un mundo que le infunde temor y otro que le depara momentos de felicidad, Asterión, es claro, prefiere el segundo. Entre una casa donde «son catorce, son infinitos los pesebres, abrevaderos, patios, aljibes», y un mundo en el cual también «son catorce, son infinitos los mares y los templos», Asterión conoce mejor, puede conocer mejor, el primero. Cuando Asterión dice: «Quizá yo he creado las estrellas y el sol y la enorme casa, pero ya no me acuerdo» (A. 69), Asterión se define en términos de esa divinidad decrépita de las religiones gnósticas en cuya teología «el mundo es el bosquejo rudimentario que un dios inferior abandonó a medio hacer» (O. I. 143); pero su observación puede entenderse también como una alusión a ese mundo de la cultura creado por el hombre y en el cual el sol y las estrellas son productos tan imaginarios como las casas que desde los días de las cavernas hasta Le Corbusier (una invención, a su vez, de Charles Edouard Jeanneret) no han cambiado mucho menos que el espacio celeste desde Ptolomeo hasta Einstein. En última instancia, también el hombre, tal vez celoso de esas divinidades inferiores, ha bosque-

---

[30] Véase el artículo de E. Anderson Imbert «Un cuento de Borges: "La casa de Asterion"», en *Crítica interna*, Madrid, Taurus, 1960, pp. 247-259. [Recogido en este volumen, pp. 135-143.]

[31] *Ibíd.*, p. 251.

jado su propia imagen del universo con su sol, sus estrellas y una enorme casa para sus juegos: «La casa es el mundo», nos recuerda Asterión.

«El hecho es que soy único», dice Asterión; pero Borges ha recordado asimismo que «todo individuo es único e insondable» (A. 48). Asterión es tan único como lo es cualquier hombre y acepta su destino con el mismo heroísmo y resignación con que la vida se impone a todos los hombres. Sus juegos (los de Asterión) son los juegos con los cuales se solaza cualquier existencia, juegos que en un Cortázar, por ejemplo, alcanzan visos épicos aun dentro de las realidades triviales de cada día (viajar en ómnibus, vivir en una casa, escribir cartas), sin dejar de ser por eso juegos que todos jugamos, tal vez porque íntimamente, como Asterión, nos sentimos solos y buscamos en las «distracciones» un disolvente de nuestra soledad. ¿No ha jugado siempre el hombre, como Asterión —«A cualquier hora puedo jugar a estar dormido, con los ojos cerrados y la respiración poderosa» (A. 68)—, a estar dormido (tal vez por la futilidad de estar despierto), a ver en su sueño el mundo y a sentirse él mismo un sueño de alguien que lo está soñando y que él le reza, como hace la liturgia de todas las religiones —decía Unamuno— [32] para que no se despierte y deje de soñarlo?

Cuando Asterión dice: «No me interesa lo que un hombre pueda transmitir a otros hombres; como el filósofo, pienso que nada es comunicable por el arte de la escritura» (A. 68), alude a su condición de monstruo incapaz de escribir («Cierta impaciencia generosa no ha consentido que yo aprenda a leer»); pero apunta, además, a la imposibilidad epistemológica implícita en la esencia del lenguaje: ¿de qué otro modo comprender el oxímoron «impaciencia generosa»? Hoy aceptamos como axiomático que saber «no es ni ver ni demostrar, sino interpretar; saber consiste en referir el lenguaje al lenguaje. Hacer hablar a todo. Comentarios de la escritura, comentarios de los antiguos, comentarios de lo que relatan los viajeros, comentarios de leyendas y de fábulas: a ninguno de estos discursos se pide interpretar su derecho a enunciar una verdad; lo único que se requiere de él es la posibilidad de hablar sobre él» [33]. Asterión da expresión a una insuficiencia del lenguaje que convierte a éste no en instrumento expresivo, como creíamos, sino en un instrumento creador de irrealidades, de sueños y de mitos; el lenguaje deja de ser un traductor de la realidad para convertirse en un generador de realidad. Los árboles son para el poeta —explica Whitehead— símbolos de la palabra *árbol* [34]. El poeta retorna a los orígenes míticos del lenguaje: «El nexo

[23] MIGUEL DE UNAMUNO, *Niebla*, Madrid, Espasa-Calpe, 1958, p. 93.
[33] M. FOUCAULT, *op. cit.*, p. 48.
[34] ALFRED NORTH WHITEHEAD, *Symbolism, its Meaning and Effect*, Nueva York, Macmillan, 1927, pp. 11-12.

original entre la conciencia lingüística y la conciencia mítico-religiosa se expresa, ante todo, en el hecho de que todas las estructuras verbales aparecen *también* como entidades míticas, dotadas de ciertos poderes míticos, que la palabra, de hecho, deviene una suerte de fuerza primigenia en la cual se originan todos los seres y los hechos. En todas las cosmogonías míticas, hasta donde ha sido posible rastrear, se encuentra esta posición suprema de la palabra»[35]. Tal vez en ningún otro texto como en «El Aleph» define Borges con mayor claridad ese espacio inabarcable que separa las palabras de las cosas: «Lo que vieron mis ojos fue simultáneo: lo que transcribiré, sucesivo, porque el lenguaje lo es» (A. 164). El escritor exige del lenguaje una destreza que el lenguaje no puede ejecutar, y de esta inevitable desobediencia dimana la desesperación con que Borges se confronta con *El Aleph*. En «El Aleph» Borges busca una alternativa a esa falsedad inherente a la esencia del lenguaje; falsedad en relación a las cosas, en relación a esa distancia que toman las palabras respecto a las cosas hasta abandonarlas y convertirse en signos ya no de las cosas, sino de una realidad nueva, la literatura, que, como el hombre respecto a Dios, existe independientemente, aunque creado a imagen y semejanza de su hacedor. Mientras en «La casa de Asterión» el Minotauro logra esa resignada calma que viene con toda aceptación, en este caso la aceptación del filósofo que sabe que «la profunda pertenencia del lenguaje y del mundo se ha deshecho»[36], en «El Aleph» la actitud es de desafío: es el poeta aceptando la condición de fracaso de la palabra en relación a la realidad y creando una realidad nueva a partir de ese fracaso. Por boca de Asterión habla el filósofo; en el escritor que quiere comunicar lo incomunicable en «El Aleph» asoma el poeta. Hoy aceptamos que el antropoideo no se humaniza por el trabajo, como creíamos, sino por el lenguaje[37]. El poeta sabe que en la palabra se juega su propia realidad: es el hechicero de Novalis que toma sus propias fantasmagorías como apariciones autónomas, tal vez porque ha intuido que el lenguaje es su más íntima realidad humana. «Contra el silencio y el bullicio —dice Paz—

---

[35] E. CASSIRER, *op. cit.*, pp. 44-45.
[36] M. FOUCAULT, *op. cit.*, p. 50.
[37] En oposición a la tesis de «la humanización del mono por el trabajo» sostenida y desarrollada por Engels en su obra *Anti-Duhring*, Lévi-Strauss contesta a la pregunta ¿cuál es el signo que se acepta como representativo de la cultura? en los siguientes términos: «Durante mucho tiempo se pensó, y muchos etnólogos lo creen todavía, que era la presencia de objetos manufacturados. Se ha definido al hombre como *homo faber*, fabricante de herramientas, por haber descubierto en este carácter la marca misma de la cultura. Pero algunos animales son capaces, hasta cierto punto, de fabricar herramientas o rudimentos de herramientas. Confieso que no estoy de acuerdo y que uno de mis fines esenciales ha sido siempre fijar la línea de demarcación entre cultura y naturaleza no en los instrumentos y enseres, sino en el lenguaje articulado. Es ahí, verdaderamente, donde se produce el salto. Las hormigas pueden construir pa-

invento la Palabra, libertad que se inventa y me inventa cada día» [38].
Asterión, en cambio, adopta la postura del filósofo. Es el busto en
el cuadro de Chirico, que deja el espacio de cielo enmarcado por la
ventana al poeta para mirar el mismo retazo de cielo hecho signo
en el cuadro. El filósofo, en esa memorable pintura de Chirico, ha
renunciado al cielo real, lo sabe impenetrable y se vuelve resignado
hacia su signo: allí se siente seguro, es su propio laberinto, es un
cielo creado por el hombre que nada tiene que ver con ese otro que
se abre ancho e insondable de la ventana afuera y que el poeta mira
en desafío, con esperanza, con ilusión, con nostalgia: el signo como
puente, como ventana abierta a una revelación.

El acepticismo de Asterión es una reverberación del escepticismo
de Borges, pero en esa metáfora de su escepticismo alcanza Borges
la síntesis más concentrada de una visión de mundo que relampaguea
por toda su obra. La casa del Minotauro es el laberinto creado por
el hombre y destinado a que lo descifren los hombres: es la cultura
en cuyo seno el hombre encuentra su *habitat,* su modo de vivir en el
mundo. Más allá está la calle, los catorce mares y los catorce templos:
la naturaleza, el gran laberinto creado por los dioses, ése que infunde
temor a Asterión y que le obliga a volver al suyo, donde ha encontrado alguna felicidad. Asterión no ignora el gran laberinto: «Algún
atardecer he pisado la calle», pero ha renunciado a él: «Antes de la
noche volví por el temor que me infundieron las caras de la plebe».
Ha encontrado en ese laberinto construido por el hombre una forma
de vivir en aquél, una forma de escapar del infinito (los catorce mares) en cuyo caos se pierde despavorido, para encontrar un infinito
humano (los catorce patios y aljibes) en cuyo orden se pasea como
en su casa. Hasta la ceremonia de los nueve hombres que entran a la
casa cada nueve años podría explicarse, ajustando las clavijas, como
el residuo fatal de la historia en cuyo curso el hombre se desgarra
entre dos mundos irreconciliables. Asterión, el hombre [39], lo sabe.

---

lacios subterráneos extraordinariamente complicados, entregarse a cultivos tan
complicados como el de los hongos, que sólo en una determinada etapa de su
desarrollo pueden servirles de alimento, no obstante lo cual no salen de la
animalidad. Pero si fuésemos capaces de intercambiar mensajes con las hormigas
y de discutir con ellas, la situación sería completamente diferente, estaríamos
en el orden de la cultura y ya no en el de la naturaleza» (*Arte, lengua, etnología,* pp. 133-134).

[38] OCTAVIO PAZ, *Libertad bajo palabra,* México, Fondo de Cultura, 1968,
página 10.

[39] JAMES IRBY, en su entrevista a Borges en 1964, sugiere ya la posibilidad
de interpretar el Minotauro como un símbolo del hombre. A su pregunta de
si el Minotauro «podría ser un símbolo del hombre, de la humanidad», Borges
respondió: «Usted recordará que en el epílogo a *El Aleph,* llamo a Asterión
"mi pobre protagonista'. Lo llamo así porque, siendo un ser ambiguo e impar,
está condenado fatalmente a la soledad. Sí, podría ser un símbolo del hombre.
Ningún hombre está hecho para la felicidad». «Encuentro con Borges», en
Vida Universitaria, Monterrey (México), 12 de abril de 1964, p. 12.

Sabe que su casa no es un reflejo del mundo, sino «una simetría con apariencia de orden» diseñada por la imaginación de Dédalo e interpolada como un universo artificial en el mundo real; sabe que entre el orden humano y el orden divino se abre un abismo insalvable, pero sabe también que no puede renunciar a la ilusión de que su sueño es el mundo y proclama triunfal (son palabras de Asterión): «La casa es del tamaño del mundo; mejor dicho, es el mundo», que no es sino una forma de decir que el mundo es, ahora, Tlön.

[*Nueva Narrativa Hispanoamericana,* vol. I, núm. 2, septiembre de 1971.]

IV

ENSAYO Y PROSA DE VARIA INVENCION

GERARD GENETTE

LA UTOPIA LITERARIA

A primera vista la obra crítica de Borges parece poseída por el extraño demonio de los paralelismos. Algunos de sus ensayos se reducen a un breve catálogo de las *diversas entonaciones* adoptadas en el curso de los siglos por una idea, un tema, una metáfora: Ricketts y Hesketh Pearson atribuyen a Oscar Wilde la paternidad de la expresión *purple patches* (retazos de púrpura), pero esta fórmula se encuentra ya en la *Epístola a los Pisones;* Philipp Mainländer inventa, dos siglos después de John Donne, la hipótesis de un suicidio de Dios; el argumento de la apuesta se encuentra en Arnobe, en Sirmond, en Algazel; los dos infinitos resucitan en Leibniz y Víctor Hugo; el ruiseñor de Keats prolonga a Platón y se adelanta a Schopenhauer; la flor de Coleridge, extraída de un sueño, anticipa la flor de Wells, sacada del futuro, y el retrato de James, sacado del pasado; Wells «reescribió para nuestro tiempo el Libro de Job, *esa gran imitación hebrea del diálogo platónico»* [1]*;* la esfera de Pascal proviene de Hermes Trismegisto a través de Rabelais o de Parménides, vía Platón, a través del *Roman de la Rose;* Nietzsche ha refutado la teoría presocrática del Eterno Retorno mucho antes de descubrir esa misma teoría en una iluminación tardía...

Cuando no busca fuentes, Borges gustosamente sigue la pista de los precursores: los de Wells (Rosney, Lytton, Paltock, Cyrano, Bacon, Luciano de Samosata), los de Beckford (Herbelot, Hamilton, Voltaire, Galland, Piranese, Marino), los de Kafka: «Yo premedité alguna vez un examen de los precursores de Kafka. A éste, al principio, lo pensé tan singular como el fénix de las alabanzas retóricas; a poco de frecuentarlo creí reconocer su voz, o sus hábitos, en textos de diversas literaturas y de diversas épocas. Registraré unos pocos

---

[1] JORGE L. BORGES, *Otras inquisiciones,* 3.ª edición, Buenos Aires, Emecé, 1966, p. 128.

aquí, en orden cronológico» [2]. Vienen luego Zenón, Han Yu, Kierkegaard, Browning, Bloy y Lord Dunsany. Al encontrar tales enumeraciones sin reconocer la idea que las anima, se corre el riesgo de aprobar en su acepción más severa la frase de Néstor Ibarra en su prefacio a *Ficciones* [3] donde habla de un «flirt muy consciente y a veces amable con la pedantería», y de imaginar la crítica de Borges semejante a las más desesperadas empresas realizadas por los compiladores universitarios. Igualmente podríamos evocar esas extensas enumeraciones de opiniones y costumbres concordantes o discordantes que constituían para Montaigne la materia de sus primeros ensayos. A decir verdad, a partir de aquí el paralelo con Montaigne resultaría justificado y la inclinación común por los catálogos es, de cualquier manera reveladora, probablemente, de un cierto parentesco entre esos dos espíritus llevados en forma semejante a mantener su vértigo o su perplejidad dentro de los secretos laberintos de la erudición.

Pero el gusto por los encuentros y los paralelismos responde en Borges a una idea más profunda y cuyas consecuencias nos interesan. Encontramos una formulación agresiva de esta idea en el cuento *Tlön Uqbar Orbis Tertius:* «se ha establecido que todas las obras son obra de un solo autor, que es intemporal y es anónimo» [4]. En nombre de esta certeza, los escritores de Tlön no firman sus libros, e incluso la idea de plagio les es desconocida, como sin duda la de influencia, del pastiche o de lo apócrifo. Tlönianos a su manera son George Moore o James Joyce que «han incorporado en sus obras páginas y sentencias ajenas» [5]; tlöniano a su modo, complementario, es Oscar Wilde, que «solía regalar argumentos para que otros los ejecutaran» [6], o aun Carlyle, Cervantes, Moisés de León y tantos otros e incluso tal vez Borges mismo, que atribuyen a algún fabuloso autor supuesto la paternidad de sus obras; tlöniano por excelencia es ese Pierre Ménard, simbolista de Nimes, que a principio del siglo, cansado de especular sobre Leibniz y Raimundo Lulio o de transcribir en alejandrinos el *Cementerio Marino* (así como Valéry mismo propone [7] alargar en un pie los versos heptasilábicos de la *Invitación al viaje),* emprendió un día, la tarea de reinventar por su propia cuenta y sin anacronismo de pensamiento, las dos partes de el *Quijote,* dando a su propósito un principio de realización de milagrosa exactitud. Aplicándose a sí mismo su propio método, Borges no ha dejado de señalar las versiones anteriores de la idea que nos ocupa

---

[2] JORGE L. BORGES, ibíd., p. 145.
[3] Prefacio a la edición francesa publicada por Gallimard.
[4] JORGE L. BORGES, *Ficciones,* 7.ª edición, Buenos Aires, Emecé, 1966, p. 27.
[5] JORGE L. BORGES, *Otras inquisiciones,* cit., p. 22.
[6] *Ibídem,* p. 22.
[7] JEAN PRÉVOST, *Baudelaire,* p. 329.

proporcionadas por Shelley, Emerson o Valéry. Según Shelley, todos los poemas son otros tantos fragmentos de un poema universal único. Para Emerson «diríase que una sola persona ha redactado cuantos libros hay en el mundo» [8]. En cuanto a Valéry, todos recuerdan que reclamaba una historia de la literatura concebida «como la Historia del Espíritu como productor o consumidor de literatura. Esa historia podría llevarse a término sin mencionar un solo escritor» [9].

Esta visión de la literatura como un espacio homogéneo y reversible en el que las particularidades individuales y los datos cronológicos no tienen cabida, ese sentimiento *ecuménico* que hace de la literatura universal una vasta creación anónima donde cada autor no es más que la encarnación fortuita de un Espíritu intemporal e impersonal, capaz de inspirar, como el dios de Platón, el más bello de los cantos al más mediocre de los cantores, y de resucitar en un poeta inglés del siglo XVIII el sueño de un emperador mongol del XII, esta idea puede parecer a los espíritus positivos una simple fantasía o una pura locura.

Veamos allí, más bien, un mito en el sentido por excelencia del término, una determinación profunda del pensamiento. Borges mismo sugiere dos niveles posibles de interpretación para esta conjetura: la versión extrema o «panteísta» según la cual un solo espíritu habita la aparente pluralidad de los autores y las obras, de los acontecimientos y de las cosas, descifrando en las más audaces combinaciones de átomos la escritura de un dios. Según esta hipótesis, el mundo de los libros y el libro del mundo no son más que uno, y si el héroe de la segunda parte del *Quijote* puede ser lector de la primera, y Hamlet espectador de *Hamlet,* es posible concluir que nosotros, sus lectores o espectadores, somos sin saberlo personajes ficticios, y que en el momento en que leemos *Hamlet* o *Don Quijote* alguien está ocupado en leernos, escribirnos o borrarnos. La otra lección, es esa idea «clásica» que reinó sin rivales hasta principios del siglo XIX: la pluralidad de autores, simplemente, no merece ninguna consideración; si Homero era ciego, su obra no presenta rastros de eso. Si uno quiere, se puede encontrar en la primera versión una metáfora de la segunda, o en la segunda una tímida intuición de la primera. Pero la idea *excesiva* de la literatura, a la que Borges se complace a veces en arrastrarnos, designa tal vez una tendencia profunda de los escritos, que consiste en atraer ficticiamente a una esfera la totalidad de las cosas existentes (e inexistentes) como si la literatura sólo pudiera mantenerse y justificarse ante sus propios ojos dentro de esta utopía totalitaria. El mundo existe, decía Mallarmé, para llegar a un Libro. El mito borgiano resume ese moderno *todo*

---

[8] JORGE L. BORGES, *Otras inquisiciones, cit.,* p. 19.
[9] *Ibídem,* p. 19.

está por escribirse y el clásico *todo está escrito* es una fórmula más ambiciosa aún que sería: *todo está Escrito*. La biblioteca de Babel, que existe *ab aeterno* y contiene «todo lo que es dable expresar en todos los idiomas» [10], se confunde evidentemente con el Universo, e Ibarra considera, incluso, que le desborda infinitamente [11]; mucho antes de ser lector, bibliotecario, copista, compilador, «autor», el hombre es una página de escritura. Borges concluyó una conferencia sobre lo fantástico con esta pregunta irónicamente angustiada: «¿A qué tipo de literatura pertenecemos, yo que les hablo, ustedes que me escuchan, novela realista o cuento fantástico?» Se puede recordar aquí la hipótesis (apenas diferente en su fundamento) de Unamuno, según la cual Don Quijote sería simplemente el autor de la novela que lleva su nombre: «No cabe duda sino que en *El ingenioso hidalgo Don Quijote de la Mancha* que compuso Miguel de Cervantes Saavedra se mostró éste muy por encima de lo que podríamos esperar de él juzgándolo por sus obras; se sobrepujó con mucho a sí mismo. Por lo cual es de creer que el historiador arábigo Cide Hamete Benengeli no es un puro recurso literario, sino que encubre una profunda verdad, cual es la de que esa historia se la dictó a Cervantes otro que llevaba dentro de sí, y al que ni antes ni después de haberla escrito trató una vez más; un espíritu que en las profundidades de su alma habitaba. Y esta inmensa lejanía que hay de la historia de nuestro Caballero a todas las demás obras que Cervantes escribió, este patente y espléndido milagro es la razón principal —si para ello hiciesen, que no hacen falta, razones, miserables siempre— para creer nosotros y confesar que la historia fue real y verdadera, y que el mismo Don Quijote, envolviéndose en Cide Hamete Benengeli, se la dictó a Cervantes.» El autor visible sólo es entonces un secretario, tal vez una pura ficción: «... Muchas veces tenemos a un escritor por persona real y verdadera e histórica por verle de carne y hueso, y a los sujetos que finge en sus ficciones no más sino por de pura fantasía, y sucede al revés, y es que estos sujetos lo son muy de veras y de toda realidad y se sirven de aquel otro que nos parece de carne y hueso. para tomar ellos ser y figura ante los hombres» [12]. Este es el momento en que la fábula de Unamuno y la de Borges se reúnen en una moraleja rigurosa, la más rigurosa tal vez; si tomamos a Cervantes en serio, debemos creer en la existencia de Don Quijote, pero si Don Quijote existe, es Cervantes y nosotros, sus lectores, quienes no existimos casi, o no tenemos otro medio de existencia que deslizarnos entre dos páginas del libro y hacernos literatura, del mismo modo que el héroe de *La Invención de Morel*

[10] JORGE L. BORGES, *Ficciones,* cit., p. 89.
[11] *Cahier de l'Herne* dedicado a Borges, p. 438.
[12] MIGUEL DE UNAMUNO, *Vida de Don Quijote y Sancho Panza,* 13.ª edición. Madrid, Espasa-Calpe, pp. 226-227.

se desliza entre dos imágenes, se hace imagen, sale de la vida para entrar en la ficción. Es que a la literatura, ese monstruo insaciable, no puede concedérsele nada sin abandonárselo todo: «Quizá la historia universal es la historia de unas cuantas metáforas» [13].

En el universo decididamente monista de Tlön, la crítica se ve obligada a recurrir a extraños recursos para mantener la necesidad de su existencia. Puesto que no hay autores, debe evidentemente inventarlos: «elije dos obras disímiles —el *Tao Te King* y las *Mil y una noches,* digamos— las atribuye a un mismo escritor y luego determina con toda probidad la psicología de este interesante *homme de lettres*» [14]. Se reconoce aquí el eco de la ingeniosa técnica de lectura inaugurada por Pierre Ménard, la «del anacronismo deliberado y de las atribuciones erróneas. Esa técnica de ampliación infinita, nos insta a recorrer la *Odisea* como si fuera posterior a la *Eneida*... Puebla de aventuras los libros más calmosos. Atribuir a Louis Ferdinand Céline o a James Joyce *La Imitación de Cristo* ¿no es una suficiente renovación de esos tenues avisos espirituales?» [15]. Método audaz, sin duda, pero ¿no existe también cierto riesgo (y con seguridad menos encanto) en atribuir, como lo hacemos ¡ay! todos los días, *Andrómaca* a Jean Racine o *Por el camino de Swann* a Marcel Proust? ¿En considerar las fábulas de La Fontaine como si fueran posteriores a las de Fedro o Esopo? ¿En leer siempre Cyrano como a un precursor de Wells o de Julio Verne y nunca Wells o a Julio Verne como antecedentes de Cyrano? ¿En tomar dos obras tan disímiles como, digamos, los *Cantos de Maldoror* y las *Poesías* y atribuirlas a un mismo escritor, Lautréamont, por ejemplo, y determinar con toda probidad la psicología de tan interesante hombre de letras? En el fondo, la crítica tlöniana no es *lo contrario* de nuestra crítica positiva, es nada más que su hipérbole.

Desde hace más de un siglo, nuestro pensamiento —y nuestro uso— de la literatura se hallan afectados por un prejuicio cuya aplicación siempre más sutil y más audaz no ha dejado de enriquecer, aunque también de pervertir y finalmente de empobrecer el comercio de las Letras, el postulado conforme al cual una obra está esencialmente determinada por su autor y en consecuencia lo expresa. Esta temible evidencia no sólo modificó los métodos y hasta los objetos de la crítica literaria, repercute sobre la operación más delicada y más importante de todas las que contribuyen al nacimiento de un libro: la lectura. En tiempos de Montaigne, leer era un diálogo si no igual al menos fraternal; hoy es una indiscreción erudita que tiene algo de lugar oculto desde donde se escucha y de sala de tortura. Y por un pequeño misterio divulgado (o desentrañado) ¡qué

[13] JORGE L. BORGES, *Otras inquisiciones, cit.,* p. 13.
[14] JORGE L. BORGES, *Ficciones, cit.,* p. 27.
[15] *Ibídem,* p. 57.

de grandes mensajes perdidos! Cuando Borges propone a nuestra admiración el ejemplo de un Valéry, «de un hombre que trasciende los rasgos diferenciales del yo y de quien podemos decir, como William Hazlitt de Shakespeare, *he is nothing in himself*» [16], nos invita evidentemente a reaccionar contra esta insidiosa degradación glorificando un pensamiento y una obra que no quieren ser las de *nadie en particular;* igualmente cuando invoca la figura, tan diferente, de Whitman, que se ha forjado con todas sus piezas, en su obra y por su obra —desesperación de biógrafos— una segunda personalidad, sin relación con la primera, o la de un Quevedo, imagen perfecta del hombre de letras en quien las Letras han devorado al hombre o al menos al individuo, al punto que su obra no aparece ya como una creación personal, sino como el resultado fortuito de alguna misteriosa aventura bibliográfica: Quevedo «literato de literatos... menos un hombre que una dilatada y compleja literatura» [17]. Es que para Borges, como para Valéry, el autor de una obra no detenta y no ejerce sobre ella ningún privilegio, la obra pertenece desde su nacimiento (y tal vez antes) al dominio público, y vive sólo de sus innumerables relaciones con las otras obras en el espacio sin fronteras de la lectura. Ninguna obra es original, porque «el número de fábulas o de metáforas de que es capaz la imaginación de los hombres es limitada» [18], pero toda obra es universal, ya que «esas contadas invenciones pueden ser todo para todos como el Apóstol» [19]. «La obra que perdura es siempre capaz de una infinita y plástica ambigüedad... es un espejo que declara los rasgos del lector...» [20] y esta participación del lector constituye toda la vida del objeto literario. «La literatura no es agotable, por la suficiente y simple razón de que un solo libro no lo es. El libro no es un ente incomunicado: es una relación, es un eje de innumerables relaciones» [21]. Cada libro renace en cada lectura y la historia literaria es al menos tanto la historia de las maneras o de las razones de leer, como la de las maneras de escribir o de los objetos de escritura: «Una literatura difiere de otra, ulterior o anterior, menos por el texto que por la manera de ser leída: si me fuese otorgado leer cualquier página actual —ésta, por ejemplo— como la leerán el año dos mil, yo sabría cómo será la literatura el año dos mil» [22].

Así las aparentes reiteraciones de la literatura no indican solamente una continuidad, revelan una lenta e incesante metamorfosis.

---

[16] Jorge L. Borges, *Otras inquisiciones, cit.,* p. 107.
[17] *Ibídem,* p. 64.
[18] *Ibídem,* p. 263.
[19] *Ibídem,* p. 263.
[20] *Ibídem,* p. 127.
[21] *Ibídem,* p. 218.
[22] *Ibídem,* p. 218.

¿Por qué los precursores de Kafka evocan todos a Kafka sin parecerse entre sí? Porque su único punto de convergencia está en esa obra futura que dará retrospectivamente un orden y un sentido a sus encuentros. «El poema *Fears and scruples* de Robert Browning profetiza la obra de Kafka, pero nuestra lectura de Kafka afina y desvía sensiblemente nuestra lectura del poema. Browning no lo leía como ahora nosotros lo leemos... El hecho es que cada escritor *crea* a sus precursores. Su labor modifica nuestra concepción del pasado, como ha de modificar el futuro»[23]. Este volver hacia atrás autoriza y justifica todos los «anacronismos» caros a Borges, porque si el encuentro, digamos, de Browning y de Kierkegaard sólo existe en función de esa resultante ulterior que es la obra de Kafka, es necesario recorrer al revés el tiempo de los historiadores y el espacio de los geógrafos: la causa es posterior al efecto, la «fuente» está después, puesto que la fuente, aquí, es una confluencia. En el tiempo reversible de la lectura, Cervantes y Kafka son ambos nuestros contemporáneos y la influencia de Kafka sobre Cervantes no es menor que la influencia de Cervantes sobre Kafka.

Tal es la admirable utopía que nos propone la literatura según Borges. Está permitido encontrar en este mito más verdad que en las verdades de nuestra «ciencia» literaria. La literatura es ese campo plástico, ese espacio curvo en el cual las relaciones más inesperadas y los encuentros más paradojales son posibles a cada instante[24]. Las normas que se nos presentan como las más universales por su existencia y por su uso —tales como el orden de sucesión cronológico y el lazo de parentesco entre el autor y su obra— son nada más que maneras relativas, entre tantas otras, de abordar el sentido de la literatura. La génesis de una obra en el tiempo histórico y en la vida de un autor, es el momento más contingente y más insignificante de su duración. De todos los grandes libros se puede decir lo que Borges escribe de las novelas de Wells: «Pienso que habrán de incorporarse como la fórmula de Teseo o la Ahasverus, a la memoria general de la especie y que se multiplicarán en su ámbito, más allá de los términos de la gloria de quien las escribió, más allá de la muerte del idioma en que fueron escritas»[25].

[23] *Ibídem,* pp. 147-148.

[24] «El "presente intemporal", rasgo constitutivo de la literatura, implica que la literatura del pasado puede actuar siempre en la literatura de cualquier presente. Así, Homero en Virgilio, Virgilio en Dante, Plutarco y Séneca en Shakespeare, Shakespeare en el *Götz von Berlichingen* de Goethe, Eurípides en la *Ifigenia* de Racine y en la de Goethe. O, en nuestro tiempo, *Las Mil y una noches* y Calderón en Hofmannsthal, la *Odisea* en Joyce, y Esquilo, Petronio, Dante, Tristán Corbiere y la mística española en T. S. Eliot. Hay aquí un número inagotable de posibles interrelaciones». ERNST R. CURTIUS, *Literatura europea y Edad Media latina*, México, F. C. E., 1955, p. 34.

[25] JORGE L. BORGES, *Otras inquisiciones, cit.*, p. 128.

14

El tiempo de las obras no es el tiempo definido de la escritura, no es el tiempo indefinido de la lectura y de la memoria. El sentido de los libros está delante de ellos y no detrás, está en nosotros: un libro no es un sentido dado de una vez para siempre, una revelación que nos toca sufrir, es una reserva de formas que esperan sus sentidos, es la «inminencia de una revelación que no se produce...»[26] y que cada uno debe producir por sí mismo. Así Borges repite, o dice a su manera, que la poesía está hecha por todos, no por uno. Pierre Ménard es el autor del *Quijote* por la razón suficiente de que todo lector (todo verdadero lector) lo es. Todos los autores son un solo autor porque todos los libros son un solo libro, de aquí que un solo libro sea todos los libros «y sé de algunos que a la par de la música son todo para todos los hombres»[27]. La biblioteca de Babel es perfecta *ab aeterno;* el hombre, dice Borges, es un bibliotecario imperfecto; a veces, ante la imposibilidad de encontrar el libro que busca, escribe otro: el mismo, o casi. La literatura es esa tarea imperceptible, e infinita.

[*L'Herne,* París, 1964. Traducción de Nora Rosenfeld y María Cristina Mata].

---

[26] *Ibídem,* p. 12.
[27] JORGE L. BORGES, *El Aleph,* 6.ª edición, Buenos Aires, Emecé, 1966, página 99.

EL INFINITO LITERARIO: *EL ALEPH*

Hablando del infinito, Borges dice que esta idea corrompe a las demás. Michaux evoca el infinito, enemigo del hombre, y dice de la mescalina que «niega el movimiento de lo infinito»: «*Infinivertie, elle détranquillise.*»

Sospecho que Borges ha recibido el infinito de la literatura. Si digo esto no es para dar a entender que tiene de ese infinito solamente un conocimiento pasivo, procedente de obras literarias, sino para afirmar que la experiencia de la literatura es fundamentalmente vecina de las paradojas y sofismas de eso que Hegel, para descartarlo, llamaba el infinito malo.

La verdad de la literatura residiría en el error del infinito. El mundo donde vivimos y tal como lo vivimos es afortunadamente limitado. Con algunos pasos salimos de nuestro cuarto, con algunos años salimos de nuestra vida. Pero supongamos que en este espacio estrecho, de repente oscuro, nos volvemos ciegos y nos extraviamos. Supongamos que el desierto geográfico se convierte en desierto bíblico: ya no nos faltan cuatro pasos ni once días para atravesarlo, sino el tiempo de dos generaciones, toda la historia de la humanidad, y aún más. Para el hombre mesurado y moderado, el cuarto, el desierto y el mundo son lugares estrictamente definidos. Para el hombre desértico y laberíntico, consagrado al error de un curso necesariamente un poco más largo que su vida, el mismo espacio será realmente infinito, aunque él sepa que no lo es y tanto más si lo sabe.

El error y el hecho de avanzar sin poder detenerse jamás cambian lo finito en infinito, a lo cual hay que agregar estos rasgos singulares: de lo finito, que es un espacio cerrado, siempre hay esperanza de poder salir, mientras que la vastedad infinita es una prisión sin salida; del mismo modo, todo lugar absolutamente desprovisto de salida se torna infinito. El lugar del extravío ignora la línea recta; nunca se va de un punto a otro; ni se sale de aquí para ir allá; la marcha no tiene principio ni punto de partida. Antes de haber empezado ya se vuelve a empezar; y antes de haber concluido se cae en repeticiones. Esta especie de absurdo que consiste en regresar sin haber jamás partido, o comenzar recomenzando, es el secreto de la «mala eternidad» que se corresponde con la «mala infinitud»: ambas ocultan, tal vez, el sentido del devenir.

Borges, un hombre esencialmente literario (lo cual quiere decir que siempre está dispuesto a comprender según el modo de comprensión que autoriza la literatura), contiende con la mala eternidad y la mala infinitud, las únicas tal vez que podemos poner a prueba, hasta alcanzar ese glorioso trastrocamiento que se llama éxtasis. Para Borges, el libro es en principio el mundo y el mundo es el libro. Esto debía tranquilizarlo respecto al sentido del universo, ya que se podrá poner en duda la razón del universo, pero los libros que escribimos, y particularmente aquellos libros de ficción organizados con ingenio, que proponen problemas perfectamente oscuros a los cuales convienen soluciones perfectamente claras, como las novelas policiales, a ésos los sabemos repletos de inteligencia y animados por ese poder de ordenación que es el espíritu. Pero si el mundo es un libro, todo libro es el mundo, y de esta inocente tautología resultan inquietantes consecuencias.

Una de ellas es que carecemos de puntos de referencia. El mundo y el libro se remiten eterna e infinitamente a sus imágenes reflejadas. Este poder indefinido de reflexión, esta multiplicación centelleante e ilimitada —un laberinto de luz y que, sin embargo, no es la nada— es todo lo que nos es dado encontrar, vertiginosamente, en el fondo de nuestro deseo de comprender.

Otra, que si el libro es la posibilidad del mundo, debemos concluir que en él actúan no solamente el poder de acción, sino además ese gran poder de fingir, de falsificar, de engañar que proviene de toda obra de ficción, y esto de modo más evidente cuanto más oculto esté ese poder. *Ficciones, Artificios* son tal vez los nombres más honrados que convienen a la literatura, y reprocharle a Borges de escribir relatos que se conforman demasiado a estos títulos es reprocharle un exceso de sinceridad sin el cual estamos obligados a tomar la mistificación, no sin torpeza, al pie de la letra (Schopenhauer, Valéry, se notará, son los astros que relucen en este cielo sin cielo).

La palabra engaño, la palabra falsificación, aplicadas al espíritu y a la literatura, nos chocan. Pensamos que ese modo de engañar es demasiado sencillo, pensamos que si hay una falsificación universal, es todavía en nombre de una verdad tal vez inaccesible pero venerable y hasta adorable para ciertas personas. Pensamos que la hipótesis de un genio travieso no es la más abrumadora: un falsificador, hasta si es todopoderoso, constituye una verdad firme que nos exime de pensar más allá. Borges comprende que la peligrosa dignidad de la literatura no reside en hacernos suponer que en el mundo hay un gran autor, absorto en mistificadores ensueños, sino en hacernos sentir la proximidad de un poder extraño, neutro e impersonal. Le gusta que se diga de Shakespeare: «Se parecía a todos los hombres, salvo en parecerse a todos los hombres.» Ve en todos los autores un solo autor que es el Carlyle único, el Whitman único, que no es nadie. Se reconoce en George Moore y en Joyce —él podría decir en Lautréamont, en Rimbaud—, autores capaces de incorporar a sus libros páginas y personajes que no les pertenecían, ya que lo esencial es la literatura y no los individuos, y lo esencial en la literatura es que sea, impersonalmente y en cada libro, la unidad inagotable de un solo libro y la repetición fatigada de todos los libros.

Cuando Borges nos propone imaginar un escritor francés contemporáneo escribiendo, según su propio entendimiento, algunas páginas que van a reproducir textualmente dos capítulos del *Quijote,* este absurdo memorable no es sino lo que se cumple en toda traducción. En una traducción, tenemos la misma obra en un doble idioma; en la ficción de Borges, tenemos dos obras con una misma identidad lingüística y, en esta identidad que no lo es, el fascinante espejismo de la duplicidad de los posibles. Ahora bien, cuando hay un duplicado perfecto, el original, y hasta el origen, se borran. De este modo, el mundo, si pudiera ser exactamente traducido y duplicado en un libro, perdería todo principio y todo fin y devendría ese volumen esférico, finito y sin límites, que todos los hombres escriben y en el que están escritos: esto no sería el mundo, sería, o será, el mundo pervertido en la suma infinita de sus posibilidades. (Esta perversión es, tal vez, el prodigioso, el abominable Aleph).

La literatura no es un sencillo engaño, es el peligroso poder de ir hacia lo que es por la infinita multiplicidad de lo imaginario. La diferencia entre lo real y lo irreal, el inestimable privilegio de lo real, reside en que hay menos realidad en la realidad, puesto que solamente la irrealidad es negada y apartada por el enérgico trabajo de la negación y por la negación que también es trabajo. Es esta deficiencia, una especie de adelgazamiento, de reducción del espacio, la que nos permite ir de un punto a otro, según el curso feliz de la línea recta. Es lo más indefinido, esencia de lo imaginario, lo que impide a K. alcanzar jamás el Castillo, como le impide eternamente a Aquiles alcanzar a la tortuga, y quizá al hombre vivo alcanzarse a sí mismo en un punto que haría de su muerte algo perfectamente humano y, por consiguiente, invisible.

[*Le livre à venir,* Paris, Gallimard, 1959. Traducción de Edith Jonsson.]

ANA MARIA BARRENECHEA

BORGES Y EL LENGUAJE

Jorge Luis Borges [1] es un escritor no sólo lúcido y preciso, sino extremadamente sensible a lo problemático de su tarea, y urgido por la necesidad de teorizar. Piensa, contra Angelus Silesius, que la rosa tiene su porqué [2] y que, si el ejercicio de las letras es su vida entera [3], sería vergonzoso no poner plenamente su inteligencia al servicio de esa pasión. Sus motivos tenía Amado Alonso cuando, al publicar en 1935 *El problema de la lengua en América*, lo dedicó «a Jorge Luis Borges, compañero en estas preocupaciones».

LA BÚSQUEDA DE LO ARGENTINO

Con la independencia política de las colonias hispanoamericanas, nació el deseo y el programa de independencia literaria, que cada ge-

---

[1] He aquí una lista de las obras a que nos referimos más a menudo (publicadas todas en Buenos Aires): *Fervor de Buenos Aires* (Imprenta Serantes, 1923) (lo citaremos con la abreviatura *Fervor*); *Inquisiciones, Luna de enfrente, El tamaño de mi esperanza* (=*Tamaño*) y *Cuaderno San Martín* (=*Cuaderno*) (Editorial Proa, 1925, 1926 y 1929); *El idioma de los argentinos* (= *Idioma*), *Evaristo Carriego* (=*Carriego*) y *Discusión* (M. Gleizer, 1928, 2930 y 1932); *Historia universal de la infamia* (Editorial Tor, 1935; vol. III de la colección *Megáfono*); *Poemas* (Editorial Losada, 1943); *Ficciones* (*1935-1944*) (Ediciones Sur, 1944); *El Aleph* (Losada, 1940, 2.ª ed., aumentada, 1952); *Otras inquisiciones* (*1937-1952*) (Sur, 1952); *Historia de la eternidad* (Vian y Zona, 1936).

[2] BORGES, «Elementos de preceptiva», en *Sur*, núm. 7, abril de 1933, p. 160: «*Die Ros ist ohn Warum*, la rosa es sin porqué, leemos en el libro primero del *Cherubinischer Wandersmann* de Silesius. Yo afirmo lo contrario, yo afirmo que es imprescindible una tenaz conspiración de porqués para que la rosa sea rosa».

[3] «En el decurso de una vida consagrada a las letras y (alguna vez) a la perplejidad metafísica...» (*Otras inquisiciones*, p. 203); «Algo creo entender de literatura, ya que en mí no descubro otra pasión que la de las letras ni casi otro ejercicio» (*Sur*, núm. 91, abril de 1942, p. 56); véase también *Inquisiciones*, p. 5, y *Sur*, núm. 129, julio de 1945, p. 120.

neración renovó[4]. Los escritores argentinos, en busca de un arte que reflejara más fielmente a América, fueron elaborando dos grandes temas: la pampa y Buenos Aires. Primero surgió la llanura, creación del paisajismo romántico, y, más tardíamente, Buenos Aires. En poesía, los modernistas abrieron el camino del sentir urbano, y Evaristo Carriego, un post-modernista, nos mostró el perfil de la ciudad.

Borges ha insistido a menudo en los dos tópicos: la pampa, ya fijada literariamente por Ascasubi, Del Campo, Hernández, Hudson, Güiraldes, y la ciudad, que espera su Dios[5] (Tamaño, pp. 8-9):

> Nuestra realidá vital es grandiosa y nuestra realidá pensada es mendiga. Aquí no se ha engendrado ninguna idea que se parezca a mí Buenos Aires... Ya Buenos Aires, más que una ciudá, es un país y hay que encontrarle la poesía y la música y la pintura y la religión y la metafísica que con su grandeza se avienen. Ese es el tamaño de mi esperanza, que a todos nos invita a ser dioses y a trabajar en su encarnación.

El se aplicó a la tarea, y con sus versos construyó una perdurable visión poética de Buenos Aires[6]. Por otra parte, dedicó varios ensayos a dilucidar lo esencial en el criollo[7]: fatalismo (Inquisiciones,

---

[4] Véase PEDRO HENRÍQUEZ UREÑA, Seis ensayos en busca de nuestra expresión, Buenos Aires, 1927.

[5] Véase en Tamaño el artículo «La pampa y el suburbio son dioses», páginas 18-24. También pp. 24, 143 y ss., e Inquisiciones, pp. 28 y ss. Los uruguayos Ipuche, Silva Valdés, Amorim, continuaron la tradición grauchesca (Inquisiciones, pp. 57 y 61, y Tamaño, pp. 88). En Carriego, pp. 98 y ss., reconoce a éste su condición de descubridor del suburbio; en Tamaño, pp. 22 y ss., cita otros nombres unidos al arrabal: Félix Lima, «Fray Mocho», el propio Borges, Arlt, Tallón, Marcelo del Mazo. Varias veces aparece Macedonio Fernández como «sentidor» de lo porteño.

[6] Me refiero a sus primeros libros de poesía, Fervor de Buenos Aires, Luna de enfrente, Cuaderno San Martín, a los que habría que agregar algunos pasajes de sus ensayos, especialmente del Carriego. En poemas posteriores, en Ficciones, en El Aleph, en Otras inquisiciones, se advierte una marcada evolución hacia el predominio de lo fantástico-metafísico y lo universal, pero no puede decirse con Néstor Ibarra que «personne n'a moins de patrie que Jorge Luis Borges» o que «son créolisme des années 25 ou 30 fut une attitude modeste, parfois touchante, désintéressée d'ailleurs, mais d'un si outrageux artifice qu'elle n'a jamais pu faire illusion même à un Prix National» (prefacio de la traducción francesa de Ficciones, París, 951, pp. 7-8). En «La noche cíclica» (1940) Borges ha dicho hermosamente: «Ahí está Buenos Aires. El tiempo que a los hombres / trae el amor o el oro, a mí apenas me deja / esta rosa apagada, esta vana madeja / de calles que repiten los pretéritos nombres / de mi sangre...» (Poemas, p. 165. Este volumen reúne por primera vez la poesía completa del autor con correcciones y supresiones). Ultimamente Borges ha vuelto a los temas de orilleros en poemas («El tango», las milongas Para las seis cuerdas) y en ficciones, por ejemplo, las incluidas en El informe de Brodie («La intrusa», «El indigno», «Historia de Rosendo Juárez»), pero con un lenguaje depurado de pintoresquismos.

[7] En Inquisiciones, «Queja de todo criollo» (pp. 131-138); en Tamaño, «El tamaño de mi esperanza» (pp. 5-10), «Las coplas acriolladas» (75-84),

páginas 82, 132-134), socarronería (*Inquisiciones,* pp. 132, 135; *Tamaño,* pp. 75 y sgs), descreimiento (*Tamaño,* pp. 10 y 83), coraje estoico (*Tamaño,* p. 77), radical individualismo (*Otras inquisiciones,* páginas 43 y sgs., y uno de los relatos de *El Aleph,* «Biografía de Tadeo Isidoro Cruz», que es una fabulación del tema); también, a proclamar nuestra pobreza de imaginación y su esperanza de que alcancemos a expresar las más hondas experiencias metafísicas (*Idioma,* pp. 182 y sgs.; *Discusión,* pp. 11-17). Pero sería empequeñecer a Borges el reducirlo, aun en su primera época, a la sola preocupación de lo argentino. Desde el comienzo lo solicitan muy diversas cuestiones estéticas y filosóficas, y en él no se excluyen el ser argentino y el ser ampliamente humano.

EL IDIOMA DE LOS ARGENTINOS

De Echevarría en adelante, las cuestiones idiomáticas han apasionado a la Argentina. El libro de Luciano Abeille, *Idioma nacional de los argentinos* (1899), marcó en su época el límite extremo a que llegaron los defensores de un idioma exclusivo. Otros oscilaron entre el sometimiento a las reglas académicas y la mayor libertad dentro de la estructura tradicional del español[8]. También Borges ha dicho cuál debe ser la posición de los escritores argentinos ante la lengua. Dos artículos resultan reveladores en ese sentido, «Invectiva contra el arrabalero» y «El idioma de los argentinos», especialmente el último. Borges distingue el arrabalero del lunfardo. El lunfardo —la lengua del delito— es pobre en presentaciones y rico en palabras, cuya renovación explica Borges atendiendo más al propósito de ocultación que al impulso de la fantasía o a la rebelión contra un orden establecido. La jerga arrabalera deriva de él y lo divulga. Los sainetes, los tangos y cierto periodismo han contribuido a su difusión, y el porteño lo ha adoptado a veces, según variables incitaciones de ambiente y de época. En su «Invectiva contra el arrabalero», Borges lo denuncia como contaminador del habla corriente, aunque sin concederle gravedad para el porvenir de la lengua. En «El idioma de los argentinos», restringe la importancia de su uso: «No hay un dialecto general de nuestras clases pobres: el arrabalero no lo es. El criollo no lo usa, la mujer lo habla sin ninguna frecuencia, el propio compadrito lo exhibe con evidente y descarada farolería, para gallear» (*Idio-*

«Invectiva contra el arrabalero» (136-144); en *El idioma de los argentinos,* el artículo del mismo nombre (pp. 163-183); en *Discusión,* «Nuestras imposibilidades» (pp. 11-17); en *Otras inquisiciones,* «Nuestro pobre individualismo» (páginas 43-45).
   [8] ARTURO COSTA ALVAREZ, en *Nuestra lengua,* Buenos Aires, 1922, ha reseñado estas opiniones. Para una comprensión rica y profunda del problema, véase AMADO ALONSO, *Castellano, español, idioma nacional,* Buenos Aires, 1938.

ma, pp. 166-167). Allí y en *Otras inquisiciones* (pp. 35 y ss.), observa que las creaciones idiomáticas de sainetes y tangos son meramente caricaturescas [9]. Borges considera el arrabalero, por su misma indigencia, como inepto para las grandes aventuras del espíritu: «Jerga que desconoce el campo, que jamás miró las estrellas y donde son silencio decidor los apasionamientos del alma y ausencias de palabras lo fundamental del espíritu, es barro quebradizo que sólo un milagroso alfarero podrá amasar en vasija de eternidad» [10]. Y lo rechaza en nombre de una lengua más rica en representaciones, el mismo argumento con que arremete contra el culteranismo, la metáfora baldía, la mera sorpresa verbal, la estrechez purista, el gusto «hispánico» por las simetrías y, en general, la busca del solo halago externo y ornamental. En el caso preciso del arrabalero, su rechazo se expresa así (*Idioma*, pp. 167-168):

> El vocabulario es misérrimo: una veintena de representaciones lo informa y una viciosa turbamulta de sinónimos lo complica... El arrabalero, por lo demás, es cosa tan sin alma y fortuita que las dos clásicas figuraciones literarias de nuestro suburbio pudieron llevarse a cabo sin él... Lo cierto es que entre los dos [Carriego y «Fray Mocho»] opinaron que ni para las diabluras de la gracia criolla ni para la recatada piedad, el lunfardo es bueno.

Por eso repudia también lo gauchesco que se ampara en un hablar postizo buscador del color local, en algunos trastos criollos o en las «lástimas» de los proverbios [11]. Si valora la literatura gauchesca y destaca sagazmente las características diferenciales de Ascasubi, Hernández y Estanislao del Campo [12], advierte al mismo

---

[9] Por otra parte, no hay duda de que el lenguaje arrabalero, en auge entre los años 1920 y 1930, ha ido decayendo.

[10] *Tamaño*, p. 142; y pp. 137-138: «... hay escritores y casi escritores y nada escritores que la practican. Algunos lo hacen bien, como el montevideano «Last Reason» y Roberto Arlt; casi todos, peor. Yo, personalmente, no creo en la virtualidad del arrabalero ni en su dictadura de harapos. Aquí están mis razones: La principal estriba en la cortedad de su léxico...».

[11] *Lástimas*, con valor parecido, en Lugones (cf. *Discusión*, p. 55). Comp. *Tamaño*, pp. 83-84: «Lo demás —el gauchismo, el quichuísmo, el juanmanuelismo [es decir, el culto a Juan Manuel de Rosas]— es cosa de maniáticos. Tomar lo contingente por lo esencial es oscuridá que engendra la muerte y en ella están los que, a fuerza de color local, piensan levantar arte criollo... El cacharro incásico, las lloronas, el escribir *velay*, no son la patria».

[12] *Inquisiciones*, pp. 51-56; *Tamaño*, pp. 11-17; *Discusión*, pp. 29, 42 y 51-64; *Aspectos de la literatura gauchesca*, edición de *Número*, Montevideo, 1950. Sus artículos sobre Ipuche y Silva Valdés (*Inquisiciones*, pp. 57-60; *Tamaño*, pp. 88-91) se explican por los ideales de su generación y quizá por amistades literarias. Véase la transformación de su actitud en «Los romances de Fernán Silva Valdés» (*Sur*, núm. 54, marzo de 1939, pp. 70-72), aunque ya en *Inquisiciones*, p. 160, manifiesta su desacuerdo con el criollismo de ese autor.

tiempo las limitaciones de ese mundo poético («Nos propone un orbe limitadísimo, el orbe rudimental de los gauchos» [13]) y propugna para el arte argentino un porvenir abierto a las incitaciones de la literatura universal. Lo cierto es que, años antes de formular esa general objeción a la literatura gauchesca, Borges había señalado la presencia del interés metafísico en Hernández, en ese «contrapunto larguísimo» del *Martín Fierro* en que un gaucho y un negro «definieron el amor y la ley y el contar y el tiempo y la eternidá» [14].

La posición de Borges como escritor aparece claramente fijada en estas palabras de elogio a Eduardo Wilde [15]:

> Perteneció a esa especie ya casi mítica de los prosistas criollos, hombres de finura y de fuerza, que manifestaron hondo criollismo sin dragonear jamás de paisanos ni de compadres, sin amalevarse ni agaucharse, sin añadirse ni una pampa ni un comité. Fue todavía más: fue un gran imaginador de realidades experienciales y hasta fantásticas.

Si a propósito de los conflictos entre la antigua colonia y la metrópoli puede polemizar a veces con crueldad (*Otras inquisiciones*, páginas 35-40), no deja de ver la unidad idiomática del mundo hispánico, aunque recabe, dentro de ella, la expresión del matiz criollo (*Idioma*, p. 178; cf., también, p. 169):

> Muchos, con intención de desconfianza, interrogarán: ¿Qué zanja insuperable hay entre el español de los españoles y el de nuestra conversación argentina? Yo les respondo que ninguna, venturosamente para la entendibilidad general de nuestro decir. Un matiz de diferenciación sí lo hay: matiz que es lo bastante discreto para no entorpecer la circulación total del idioma y lo bastante nítido para que en él oigamos la patria.

Adviértase que Borges busca lo argentino, no tanto en las expresiones formalmente distintas y exclusivas, sino en la resonancia afectiva especial que ciertas voces españolas han adquirido en el Plata:

> No pienso aquí en algunos miles de palabras privativas que intercalamos y que los peninsulares no entienden. Pienso en el ambiente distinto de nuestra voz, en la valoración irónica o cariñosa que damos a determinadas palabras, en su temperatura no igual. No hemos variado el sentido intrínseco de las palabras, pero sí su connotación. Esa

---

[13] *Sur*, núm. 85, octubre de 1941, p. 11. Véase también «El escritor argentino y la tradición», en *CurCon*, XLII, 1953, pp. 515-525, donde ataca el nacionalismo literario, falso y estrecho.
[14] *Tamaño*, p. 84. Sobre las preocupaciones metafísicas del propio Borges, cf. *Inquisiciones*, pp. 99, 103 y 109; *Tamaño*, p. 10; *Historia de la eternidad*, Buenos Aires, 1936, pp. 32 y 55; *Otras inquisiciones*, pp. 202 y ss.
[15] *Idioma*, pp. 159-160. Véase también el prólogo de *Luna de enfrente*, suprimido en la reedición de sus poemas.

divergencia, nula en la prosa argumentativa o en la didáctica, es grande en lo que mira a las emociones [16].

Y, cosa poco corriente en quienes parten de esa posición y se detienen especialmente en lo diferencial, Borges denuncia como engañosa y pedantesca esa posición localista:

> Lo también español no es menos argentino que lo gauchesco y, a veces, más: tan nuestra es la palabra *llovizna* como la palabra *garúa,* más nuestra es la de todos conocida palabra *pozo* que la dicción campera *jagüel* [17].

Lunfardismo, gauchismo, galicismo haragán (*Tamaño,* p. 37) son los fantasmas caseros que Borges combate. En algunos autores argentinos alaba la expresión suelta y genuina que se apoya en la buena lengua oral (*Idioma,* pp. 176-177):

> Mejor lo hicieron nuestros mayores. El tono de su escritura fue el de su voz; su boca no fue la contradicción de su mano... Pienso en Esteban Echeverría, en Domingo Faustino Sarmiento, en Vicente Fidel López, en Lucio. V. Mansilla, en Eduardo Wilde. Dijeron bien en argentino: cosa en desuso. No precisaron disfrazarse de otros ni dragonear de recién venidos, para escribir. Hoy, esa naturalidad se gastó.

Preconiza, así, un manejo natural del lenguaje, no entorpecido por la timidez, que Borges cree característica de los argentinos y que, en el caso del habla, se agrava por la idea de estar utilizando un idioma que es como prestado o ajeno. Borges contrasta esa actitud íntimamente vacilante con la rotunda y aplomada de los españoles [18].

PARTICULARISMOS EN EL HABLA DE BORGES

Analizadas sus ideas sobre la lengua, veamos cómo las lleva Borges a la práctica. Alguna vez debió de juzgar que el voseo, tratamiento del habla familiar argentina, hasta de la más culta, merecía ascender a categoría literaria, y lo utilizó, no sólo en prosa, para reproducir la conversación, sino en la poesía [19] y en el ensayo. Para

---

[16] *Idioma,* pp. 178-179. Aquí y en algún otro pasaje, Borges utiliza y cita *Nuestra lengua,* de Arturo Costa Alvarez. Pero la posición de los dos autores es muy diferente. Costa Alvarez, aunque defienda lo americano, es el gramático preocupado por la noción de lo correcto, por los solecismos y los barbarismos.

[17] *Idioma,* p. 180.

[18] *Otras inquisiciones,* p. 37. En una conferencia dada en el Colegio Libre de Estudios Superiores de Buenos Aires, el 28 de marzo de 1952, sobre «El escritor y nuestro tiempo» (I, Problema del lenguaje), indicó Borges esta característica de la timidez y su repercusión sobre el lenguaje.

[19] No aparece en *Fervor de Buenos Aires;* sí en dos composiciones de *Luna de enfrente:* «A la calle Serrano» (1.ª ed., p. 27, suprimida en *Poemas*) y «Calle

la poesía, contaba con el antecedente de la literatura gauchesca, aunque la lírica de Borges —muchas veces de tema ciudadano, pocas rural— no entroncaba en esa tradición. Así aclaró en su prefacio a *Luna de enfrente* que muchos de sus poemas estaban escritos en criollo, «no en gauchesco y arrabalero, sino en la heterogénea lengua vernácula de la charla porteña». Su pasión de Buenos Aires encontró alguna vez, para manifestarse, formas que evocan las que podría utilizar un porteño para hablar con la mujer querida [20], y combinó el énfasis con la nota típicamente coloquial del voseo:

> y sólo a vos el corazón te ha sentido, calle dura y rosada.
>
> ....
>
> no he mirado los ríos ni la mar ni la sierra,
> pero intimó conmigo la luz de Buenos Aires
> y yo amaso los versos de mi vida y mi muerte
> con esa luz de calle.
> Calle grande y sufrida.
> sos el único verso de que sabe mi vida [21].

Pero lo que más contrariaba los hábitos de la literatura anterior era el uso del voseo en el ensayo, en temas de crítica literaria o filosófica, junto a «la razón raciocinante» o a «Jorge Federico Guillermo Hegel» [22]. A una peculiar tensión emocional se añade aquí, claro está, mucho de jugueteo y de buena sorna criolla, como lo muestra la pedantería de la primera expresión o la pomposa manera de nombrar a Hegel, en choque con el *vos,* tan de todos los días. Desde *Discusión* en adelante, Borges lo ha usado sólo en el diálogo, coincidiendo con el gusto general [23].

También llaman la atención algunas peculiaridades en el nivel fónico de la lengua. La supresión de la -*d* final responde sin duda a su deseo de que la escritura refleje la efectiva pronunciación rioplatense [24]. Practicada abundantemente en *Luna de enfrente* y *El tamaño*

con almacén rosado» (*Poemas,* p. 78, donde corrige *eres* en lugar de *sos* en el v. 20, pero mantiene *vos* en el v. 18 y *sos* en el verso final, sin aparentes motivos métricos, salvo en el último caso), y en una de *Cuaderno* (*Poemas,* página 124).

[20] «Equidistante de sus copias, el no escrito idioma argentino sigue *diciéndonos,* el de nuestra pasión, el de nuestra casa, el de la confianza, el de la conversada amistad» (*Idioma,* p. 176).

[21] *Poemas,* p. 78. Este experimento idiomático no se difundió entre los poetas argentinos hasta más tarde, ni el propio Borges insistió en él.

[22] *Tamaño,* pp. 14 y 107. Cf. también *Inquisiciones,* p. 138.

[23] En *Historia universal de la infamia,* pp. 105 y 108; en *El Aleph,* p. 35.

[24] PEDRO HENRÍQUEZ UREÑA se lo criticó en *RFE,* XIII, 1926, p. 79, al reseñar *Inquisiciones.* La pérdida de la *d* final es lo corriente en España y en América salvo escasas regiones (véase *BDH,* I, pp. 231-232, nota 1). La practican también las personas cultas, con oscilaciones que dependen de las circunstancias y del tipo de palabras (T. NAVARRO TOMÁS, *Manual de pronunciación española,* § 102). En la Argentina, algunos pasan, cuando quieren esmerarse, de

de mi esperanza, aparece sólo una vez en *Cuaderno San Martín* y después es abandonada del todo [25]. Nunca la utilizó Borges con sistema. Aun en los libros en que más a menudo figura, son igualmente frecuentes las voces con *-d* conservada. Tampoco elige guiado por el uso, pues escribe una misma palabra (*ciudad, realidad, amistad, felicidad, verdad,* etc.) en ambas formas, o mantiene la *-d* en voces corrientes (*casualidad, habilidad*), mientras que la suprime en otras tan insólitas como *bostezabilidá, proceridá, forasteridá,* etc. Habría que ligar la actitud de Borges con la de Unamuno o la de Juan Ramón Jiménez, que escriben *reló* porque así se pronuncia, y con su afán de mostrarse alerta contra el arrastre de las convenciones [26]. Pero Borges acabó por abandonar ésta como otras curiosidades relativas al nivel léxico (*leyente, escribidor*).

LOS AMERICANISMOS EN SU VOCABULARIO

En cualquier análisis de vocabulario que intentemos, no será fácil marcar límites entre el lunfardo y el habla vulgar, cosa común a todos los *argots;* ni entre el lunfardo y el gauchesco, por la natura-

---

la supresión a la pronunciación de por ultra corrección, en conferencias y discursos leídos.

[25] Hay un ejemplo en *Fervor de Buenos Aires* (*Poemas,* p. 70), ninguno en *Inquisiciones.* Después de *Cuaderno,* sólo se encuentra en «Hombre de la esquina rosada» (*Historia universal de la infancia*), relato puesto en boca de un compadrito.

[26] También refleja en la escritura otros cambios fonéticos, pero aisladamente. La pérdida de la *-d-* intervocálica en la terminación *-ado: Luna de enfrente* (*Poemas,* p. 87, *tapao* junto a *degollado;* en la primera edición figura también *nombrao*). *Tamaño* (*rosao y chapiao,* p. 11, *colorao,* p. 12; comp. *El Aleph,* p. 34, donde escribe *colorado* y *chapeado*). Véase *BDH,* I, p. 230, nota 2, y T. NAVARRO TOMÁS, *Pronunciación,* § 101. Diptongación de hiatos: *Luna de enfrente* (*menudiaron,* corregido en *Poemas,* p. 88), *Tamaño* (*falsiada,* p. 21), *Idioma* (*matreriaban,* p. 168), *Discusión* (*pelié,* p. 63, en la traducción de un pasaje de Bunyan). Otros casos: *güellas* (en «Al horizonte de un suburbio», *Luna de enfrente,* suprimida la palabra en *Poemas,* p. 80), *sicológica* forma ahora aceptada por la Academia (en *Tamaño,* p. 90), *suestadas* (*Cuaderno,* p. 122). Se ve que estas peculiaridades chocaban a sus contemporáneos, según lo muestra el texto aparecido en *Los Pensadores,* núm. 118, febrero de 1926, para despedir a la revista *Proa:* «Por lo menos no había allí nadie que se vanagloriara de haberle descubierto el agujero al mate, como acontece con el payador J. L. Borges, que no otra cosa quiere probarnos este mozo que escribe "espaciosidá" y "falsiada" para hacerse el criollo y a !o mejor, con tanto versito y tanta macana, no sabe ni montar a caballo.» (*Apud* H. R. LAFLEUR, S. D. PROVENZANO y F. P. ALONSO, *Las revistas literarias argentinas* (*1893-1960*), p. 91. Una curiosidad ortográfica: el empleo de *i* alternando con *y* para transcribir la conjunción como lo propugnaba Sarmiento (en *Luna de enfrente,* luego corregido en *Poemas*), muy lejos del carácter sistemático de las reformas ortográficas en Juan Ramón Jiménez. Caso distinto es el de los abundantes cambios fonéticos en «Hombre de la esquina rosada»: *juera, jué, peliar, güelita,* etc.

leza del arrabal porteño, que se diluía en la pampa, como lo ha descrito el mismo Borges (*Carriego,* pp. 25 y ss. y 90; *El Aleph,* p. 31); ni entre el gauchesco y la lengua familiar de Buenos Aires, dada la simpatía vital que el campo despierta en el hombre de nuestra ciudad [27]. Por lo demás, es claro que con frecuencia las palabras pasan de un círculo a otro.

De las que emplea Borges cuando nos habla del arrabal, muy pocas son verdaderos lunfardismos (*atorrar, atorrante, reo, furca, canfinflero, farra* y quizá *peringundín;* en «Hombre de la esquina rosada»: *quilombo, lengue, biaba,* y quizá *fiyingo*) [28], y tres de ellos (*atorrante, atorrar y farra*) se usan corrientemente en el habla familiar y en la literatura [29]. Otas voces recuerdan el contacto del campo con el arrabal, del gaucho con el orillero: *malevo, malevaje, amalevado, taita, guapo, cuchillero, compadre, compadrito, compadrón, compadraje, compadronamente, ventajero, visteador, visteada, barbijo, chiruza, china, batuque, milonga, bailongo, boliche, canchar, hachazo.* Las formas gauchescas y las del habla familiar argentina —entre las que hay palabras originariamente rurales y voces hispánicas con distinta connotación— abundan mucho más. Pero lo importante es ver cómo Borges ha recurrido en cierta época al uso deliberado de los americanismos como refuerzo del ambiente que deseaba evocar, o los ha utilizado fuera de su órbita propia con intenciones estilísticas de contraste. Así dice en los primeros versos de «El general Quiroga va en coche al muere»:

> El madrejón desnudo ya sin una sé de agua
> y la luna atorrando por el frío del alba
> y el campo muerto de hambre, pobre como una araña [30].

Atorrando acentúa las notas de sordidez y desolación que la estrofa acumula como escenario para la miserable muerte de Quiroga (*desnudo, sed de agua, muerto de hambre, pobre como una araña*). Altera irrespetuosamente la tradicional aureola poética de la luna y ahonda

---

[27] Ya lo advirtió JUAN MARÍA GUTIÉRREZ en *Juan Cruz Varela. Su vida. Sus obras. Su época.* Buenos Aires, 1918, p. 215. Cf. *El Aleph,* p. 31.

[28] *Orillas y orillero* son (o eran) designaciones empleadas por las gentes cultas para referirse al arrabal y a sus hombres. Cf. *Carriego.* p. 1, y VICENTE FIDEL LÓPEZ, *Historia de la República Argentina,* Buenos Aires, 1913, vol. X, páginas 16 y ss., y vol. VIII, p. 103.

[29] Antes los había usado RUBÉN DARÍO en *El linchamiento de Puck* (cf. RAIMUNDO LIDA, *Estudio preliminar* de *Cuentos completos de Rubén Darío,* México, 1950, p. LII) y en *Nac.,* 29 de abril y 16 de mayo de 1894 (citado por A. DELLEPIANE, *El idioma del delito,* Buenos Aires, 1894, p. 45). Ejemplos de otros autores en EMMA SUSANA SPERATTI PIÑERO, «Los americanismos en *Tirano Banderas*», *Fil,* II, 1950, p. 252.

[30] *Poemas,* p. 87. La imagen volvió a tentarlo en *Idioma,* p. 152: «... vio luna infame que atorraba en un hueco...».

la impresión de soledad, también sugerida por ese vagar en «el frío del alba», hora de abandono (cf. *Poemas, pp.* 43-45). Otros intereses guían a Borges en este pasaje de su recordación del *Fausto* criollo:

> Era una historia del otro lado del mundo —la misma que al genial compadrito Cristóbal Marlowe le inspiró aquello de *Hazme inmortal con un beso* y la que fue incansable a lo largo de la gloria de Goethe— y el otro gaucho y el sauzal riberano la escucharon por vez primera.

A un escritor que ya es estatua inmovilizada por el tiempo, la geografía y la gloria literaria, el *compadrito* nos lo acerca, lo despoja de todo empaque y lo pone burlonamente mano a mano —aún más que con Estanislao del Campo— con los gauchos conversadores que, sin conocerlo, repetían su historia [31].

La obra de Borges muestra una evolución significativa en el uso de los regionalismos. En *Fervor de Buenos Aires* (1923) e *Inquisiciones* (1925), pocas formas locales: en *Luna de enfrente* (1925), *El tamaño de mi esperanza* (1926), *El idioma de los argentinos* (1928), *Cuaderno San Martín* (1929) y *Evaristo Carriego* (1930), auge de lo criollo. *Discusión* (1932) inicia ya la serie con predominio de lo universal que se manifiesta en un lenguaje cada vez más despojado de particularismos [32] y que se continúa con *Historia de la eternidad* (1936) [33], los poemas de 1935-1943 (publicados en *Poemas, pp.* 157-172), *Ficciones* (1935-1944) [34], *El Aleph* (1949) [35] y *Otras inquisiciones* (1937-

---

[31] *Tamaño,* pp. 11-12. Es procedimiento caro a Borges, el cual lo repite en *Ficciones,* p. 132, con otro efecto, conjugando las expresiones *Zarathustra* y *cimarrón.* Véase la atmósfera que crea el tratamiento de *mozo,* hoy anticuado, cuando se aplica al escritor Hilario Ascasubi, en *Discusión,* p. 39. (Para el uso de *mozo,* cf. FRIDA WEBER, «Fórmulas de tratamiento en la lengua de Buenos Aires», *RFH,* III, 1941, p. 128-129).

[32] *Historia universal de la infamia* es caso aparte que luego analizaremos. De todos modos, tratándose de Borges, debemos prescindir de las fórmulas cronológicas demasiado simples. Paralelamente ha publicado en colaboración con Adolfo Bioy Casares, bajo el pseudónimo de H. BUSTOS DOMECQ, *Seis problemas para don Isidro Parodi,* Ediciones Sur, Buenos Aires, 1942, y *Dos fantasías memorables,* Oportet & Haereses [!], 1946; bajo el de B. SUÁREZ LYNCH, *Un modelo para la muerte,* Oportet & Haereses, Buenos Aires, 1946, y con sus nombres verdaderos, «El hijo de su amigo», en *Número,* IV, 1952, número 19, pp. 101-119, y *Crónicas de Bustos Domecq,* Buenos Aires, Losada, 1967. En estos juegos el virtuosismo del pastiche llega a su perfección, siguiendo barrocamente los vaivenes del relato: picardías de compadrito, cursilerías de maestra de escuela, amaneramientos de literato y socio del Jockey Club, verborrea de gramático purista, desplantes de niña de sociedad, sabidurías de hombre del Oriente, fórmulas de la crítica periodística adocenada. El Carlos Argentino Daneri de «El Aleph» y el narrador de «Pierre Menard, autor del Quijote», *en Ficciones,* entrarían también en esta galería.

[33] En ella incluye *Las kenningar,* Buenos Aires, 1933.

[34] En ellas incluye *El jardín de senderos que se bifurcan,* Ediciones Sur, Buenos Aires, 1941.

[35] *La muerte y la brújula,* Editorial Emecé, Buenos Aires, 1951, reúne cuentos ya publicados en otros libros.

1952) [36]. En los últimos tiempos, Borges, crítico de sí mismo, ha denunciado el exceso de color local, de lenguaje «deliberada y molestamente criollo» en algunas de sus obras (*Luna de enfrente, Evaristo Carriego*), confesando que fracasó al buscar en lo externo el sabor de la patria, pero que le fue dado luego en páginas como el *Poema conjetural*, internamente sentido y limpio de todo pintoresquismo [37].

Consideremos sus ensayos y libros de crítica. *Inquisiciones* llama la atención más por las expresiones nuevas y por los cultismos que por los localismos [38]. En *El tamaño de mi esperanza, El idioma de los argentinos* y *Evaristo Carriego*, los regionalismos aparecen aun en los pasajes más inesperados y tiñen a veces de sorna criolla la discusión o el examen (así en la graciosa imaginación del Juicio Final, *Tamaño*, pp. 85 y ss.). *Discusión* y *Otras inquisiciones* apenas tienen argentinismos, y éstos funcionan casi siempre con mero valor designativo [39].

La evolución de su prosa narrativa resaltará si se analizan los varios cuentos cuyo protagonista es un compadrito. «Hombre de la esquina rosada» es un relato escrito en primera persona en el lenguaje del orillero, no en el habla caricaturesca de sainetes y tangos, con un leve artificio poético que la traspasa [40]. De su prosa, que abunda

---

[36] En este libro recoge *Nueva refutación del tiempo*, Oportet & Haereses, Buenos Aires, 1947.

[37] «El escritor argentino y la tradición», art. cit., y «El escritor y nuestro tiempo» (IV, El problema de la poesía), conferencia dada el 28 de abril de 1952 en el Colegio Libre de Estudios Superiores de Buenos Aires, que se publicará en *CurCon*.

[38] El estilo de esa obra juvenil es el que muestra mayor mezcla de elementos dispares y menos asimilados. Pocas voces criollas: *pampa, compadre, payada, guachaje, gauchesca, truco, entreverar, entrevero, pueblada, verseada, almacén, chañar, mistol, ombú, flechilla* (estas últimas puramente designativas). Bastantes creadas por él, que citamos más adelante. Muchos latinismos: *elación, memorar, vernal, decurso, obliterar, lapidación, viales, laudar, advenir, falacia* (palabra muy frecuente en Borges), *parcidad, parvo, parvedad, adecuación, alacridad, debelar, debeladora, proceridad, signáculo, signar, signatura, salacidad, novador, incantación, admipotente, simulacro, indubitable, atestación, coquición, cognición, caducar, videncia, infringir, altilocuencia.* Más tecnicismos teológicos y filosóficos: *aseidad, transverberar, eviternos, ubicuo, ubicuidad, individuar, individuación, intelectiva, logicalización, conceptualización, aparencial, esencial, dilemática, premisa, afilosofados, ametafísica, perceptibilidad, sustantividad, esencialidad, unicidad* y otros abstractos. Expresiones quevedescas y de otros clásicos: *docta perfección, ministrar, palabras gariteras, lo bien hablado de su forma, ejecutoria, persuadirnos de únicos, docto algebrista, encaramar, palabrero embeleco, caterva, prefación,* etc. Ciertas formas muy españolas de la lengua oral o de la escrita, y poco usuales en el Río de la Plata, que Borges va luego eliminando: *cantuar, vera, requiebro, bendito relato, a la vista y paciencia, perogrullescamente, monda y lironda, a la sazón, a fuer de, empero, parar mientes, horro, asaz, ha menester, suso mentado, por ende, entrambos, harto, añejo, aquende, allende, aledaños, adentrar* (algunas de ellas también rechazadas por los escritores españoles contemporáneos).

[39] Salvo el ya citado caso de *mozo* (cf. supra, nota 31).

[40] A. ALONSO, «Borges narrador», *Sur*, núm. 14, nov. 1935, pp. 110 y ss.

15

en particularismos —pasando por la de «Funes el memorioso» (*Ficciones*, pp. 131-143) y «El muerto» (*El Aleph*, pp. 29-36), sólo con los indispensables nombres de objetos—, se llega a la desnudez de «La espera» (*El Aleph*, 2.ª ed., pp. 126-130), donde el casi inevitable *vereda* está evitado. Se dirá que en el «Hombre de la esquina rosada» el relator es un malevo [41] y en los otros dos cuentos hoy un narrador-escritor (que en «Funes» adopta explícitamente la máscara del propio Borges), lo que explica la diferencia de lenguajes; pero nada le impedía haber cargado de color local esos otros dos cuentos. En «La espera» (historia de un malevo que se esconde huyendo de la venganza) Borges elimina el narrador-personaje y elige formas impersonalizadas, capaces de trasmitir la monotonía de los días vacíos, repetidos, fundidos en un solo día eterno, como si al protagonista lo guiara el secreto anhelo de anular el tiempo para anular la muerte [42].

A propósito del «Hombre de la esquina», Amado Alonso [43] ponderaba la sensación de seres reales que proporcionan sus personajes, seres que viven, que se apasionan, que tienen voz y tienen cuerpo y una atmósfera que circula a su alrededor y los envuelve. Pero desde entonces Borges no ha vuelto a presentarnos hombres que sean totalmente de carne y hueso, sino seres a medias fantasmales que actúan como a ciegas. Ultimamente se acentúa en su obra esa particular visión de la criatura humana. Creemos obrar y elegir, y nos desvivimos por alcanzar lo que deseamos, pero en el fondo somos autómatas que cumplen un destino secreto, cifras de un misterio que no develaremos. A semejantes seres les corresponde cierta zona de irrealidad que traduzca su oculta condición de símbolos. No pueden expresarse con la voz peculiar que convenía a la existencia concreta de sus primeros personajes; ella destruiría el halo mágico que requiere su ambigua situación de personas cuyas vidas dibujan formas eternas.

---

[41] En una versión anterior de este cuento, que lleva el título de «Hombres pelearon» (*Idioma*, pp. 151-154), Borges narra en tercera persona.

[42] Borges ha insistido en la idea de que lo cotidiano y reiterado es garantía de eternidad; en que la identidad de momentos del ayer y del hoy anula el tiempo. Cf. *Otras inquisiciones*, pp. 210-213, donde narra una experiencia personal, y *Carriego*, pp. 46 y 110.

[43] «Borges narrador», art. cit. El propio Borges ha comentado (prólogo a *La muerte y la brújula*, p. 11) el origen de su «Hombre de la esquina rosada», atribuyéndolo a la influencia de las películas norteamericanas de Sternberg y a la de los relatos de Stevenson. «Supe —explica luego— que un cuchillero de los Corrales vino una vez a provocar a un cuchillero de Palermo, cuya reputación le estorbaba, y me propuse referir esa historia hermosa, conservando la voz y la entonación de los duros protagonistas, pero sujetando los hechos a una técnica escénica o coreográfica».

Borges ataca el purismo estrecho que rechaza toda innovación esgrimiendo el Diccionario y la Gramática académica [44]. Denuncia también la tonta vanagloria de quienes consideran perfecta la lengua y se maravillan ante su riqueza de formas sin ponerse a dilucidar si a esa diversidad le corresponden matices afectivos o valorativos, o diferencias en la concepción de los objetos. Borges rechaza los sinónimos que no traduzcan una riqueza interior, los sinónimos aconsejados por los malos retóricos (*Idioma*, pp. 172-173):

> La sinonimia perfecta es lo que ellos quieren, el sermón hispánico. El máximo desfile verbal, aunque de fantasmas o de ausentes o de difuntos. La falta de expresión nada importa; lo que importa son los arreos, galas y riquezas del español, por otro nombre el fraude. La sueñera mental y la concepción acústica del estilo son las que fomentan sinónimos: palabras que sin la incomodidad de cambiar de idea cambian de ruido. La Academia los apadrina con entusiasmo. Traslado aquí la recomendación que les da... Si cualquier gramático, verbigracia, tenía que autorizarse con el dictado de Nebrija, rara vez hubo de repetir la misma frase, variándola gallardamente de ésta o parecida manera: *así lo afirma Nebrija, así lo siente, así lo enseña...*

Por eso pide escritores que verdaderamente «amillonen» el idioma, que lo ensanchen, y ensanchen la literatura, moviéndose con toda libertad. En «El idioma infinito» (*Tamaño*, pp. 39 y ss.) analiza algunos de los procedimientos con que podría enriquecerse el vocabulario:

a) «La derivación de adjetivos, verbos y adverbios, de todo nombre sustantivo». Borges ha practicado éstas y otras derivaciones, especialmente en los primeros libros, donde hay gran variedad de sustantivos abstractos. En *Inquisiciones* figuran: «*bostezable* asustador de leyentes» (p. 136), *dialogación* (p. 59), *literatizado* (pp. 15, 64 y 68), *literatizar* (41, 46 y 158), *forasterizado* (76), *significancia* (158), *misteriosismo* (90), *geometral* (121), *raigalmente* (90), *patricialidad* (82), *geometralidad* (83), *diurnalidad* (79), *habitualidad* (9, 34 y 52),

---

[44] Véase *Idioma*, pp. 172 y ss. Al editar su poesía completa, Borges, corrigió lo que le sonaba a demasiado español o lo que estimaba ya caduco en su propia lengua literaria: diminutivos en -*illa*, *ha menester*, *allende*, *zahareña*, *a la vera*, *cual* (reemplazado por *como*) y el empleo del pronombre enclítico en *ábrese*, *estrujóme*, etc. (siempre corregido). Este último le parece propio de Castilla: «... el uso de los pronombres analíticos [sic] (desde temprano *púsose* a la tarea; Sócrates *déjase persuadir*; el bastón, el cuaderno y luego tú... *escríbele* desde El Cairo) le dan atmósfera de Castilla», dice el escritor Sanz Hayes, en *Síntesis*, núm. 2, p. 122.

necesaridad (24), *criolledad* (57), *numerosidad* (11, 39 y 120), *coti-dianidad* (14, 22, 34, 41, 66 y 133), *innumerabilidad* (86), *dubiedad* (104). Este gusto por las construcciones sustantivas, a expensas de las adjetivas y verbales, da una peculiar rigidez a la prosa de *Inquisiciones*.

b) «La separabilidad de las llamadas preposiciones inseparables». Borges ha reprochado varias veces al castellano su inferioridad con respecto al alemán, más libre en el uso de prefijos y en la formación de palabras compuestas. En *Inquisiciones* crea: *inliterario* (p. 7), *imbelleza* (p. 56), *insignificativo* (147), *incaminado* (17), *indecidora, enquevedizado* (13), *nochinegristas y nochiazulistas* (158); en *Tamaño*: *embosquecido* (p. 60), *parvilocuencia* (14), *quesoñares* (22), *incausalidad* (73), *inexistir* (135), *afantasmado* (80), *pormayorizado* (7), *amillonar* (38), *incvitarse* (71), «progresismo y *despuesismo*» (32); en *Idioma*: *trasmundear* (p. 161), *sotodecir* (21), *cotopensar* (26), *sobremorir* (97), *posmuerte* (161); en *Discusión*: «superioridad del precursor sobre el *precorrido*» (p. 30), donde el neologismo, a la vez que permite contraponer enérgicamente los dos términos en una beve frase, destaca la etimología de *precursor;* así también dirá Borges: «usado y abusado», «usado (o abusado)», «quehaceres y quesoñares», «versión (o perversión)» [45].

c) «La traslación de verbos neutros en transitivos y lo contrario». También, como indica más adelante, el paso de estos verbos a reflejos y viceversa. Entre ejemplos de Góngora y Quevedo, cita uno suyo; pueden agregarse otros (*Poemas*, pp. 74 y 95; *Tamaño*, p. 88):

y ese barrio dejado y placentero
que hoy en luz de mi amor se resplandece...

y las estrellas —corazones de Dios— laten intensidad...

sé que el primero casi lo ha suicidado al segundo...

d) «El emplear en su rigor etimológico las palabras. Un goce honesto y justiciero, un poquito de asombro y un mucho de lucidez, hay en la recta instauración de voces antiguas. Aconsejado por los clásicos y singularmente por algunos ingleses (en quienes fue piadosa y conmovedora el ansia de abrazar latinidad) me he remontado al uso

---

[45] *Idioma*, p. 175; *Tamaño*, pp. 44 y 22; *Sur*, núm. 87, p. 70. A veces subraya Borges la etimología con procedimientos tipográficos: «(vana)gloriar» (*Historia de la eternidad*, p. 99); «han pre-ocupado» (*Sur*, núm. 97, p. 100), o lo aclara explícitamente: «respiratorio y divino verbo *inspirar*» (*Sur*, núm. 31, página 100), «quiso literalmente *com-padecer*: sufrir con los otros» (*Idioma*, p. 39). Otros casos se explican, en fin, por las solas razones de ritmo y simetría: «de actualidad y aun de futuridad» (*Nac.*, 11 de febrero de 1940).

primordial de muchas palabras». Los motivos de este rasgo tan característico de su estilo están claramente destacados: asombro y lucidez: aquí, como tantas veces, Borges elabora su estilo y muestra los resortes de su mecanismo [46]. «Un poquito de asombro», es decir, el asombro del propio Borges que descubre la virtud adámica de la palabra [47] y quiere comunicar su estremecimiento al lector perezoso, mal acostumbrado por escritores más perezosos aún. De ahí también que la lucidez aparezca enfatizada por «un mucho» —lucidez, la palabra que mejor define el arte de Borges. De ella nacen los cómicos autos de fe a la manera quevedesca contra vocablos entronizados en la poesía (*azul, inefable, misterio: Inquisiciones*, pp. 153-159), sus observaciones sobre las palabras brillantes en otro tiempo y hoy desgastadas [48], sobre los «epítetos balbucientes y adjetivos tahúres» o en general contra los poetas «que han abdicado la imaginación en favor de novelistas e historiadores y trafican con el solo prestigio de las palabras» (*Idioma*, p. 72). Sabe que las palabras cambian de significado con el tiempo, pero le gusta detenerse en las incongruencias etimológicas de expresiones como *estilo llano,* o en despojar a *inefable* de su halo emocional, o en denunciar el engaño que oculta *imagen* (*Tamaño*, p. 152; *Inquisiciones*, 154; *Idioma*, 83 y ss.).

A los casticistas, prefiere los latinistas [49]; contra el localismo estrecho (sea español o americano), defiende las más universales formas de pensamiento y lenguaje. Podemos resumir así su conducta de escritor en sus primeras épocas: uso general hispánico en la arquitectura de la lengua [50] e innovación (creadora de ideas) en el vocabula-

---

[46] AMADO ALONSO, art. cit., pp. 105-106, analiza este rasgo.

[47] Véase el prólogo a *Fervor*, 1.ª ed. («ese escritor que reza atropelladamente palabras sin paladear el escondido asombro que albergan»). No debe confundirse esta actitud con la búsqueda, que él condena, de la mera sorpresa verbal, nota común a la literatura de su época: *Inquisiciones*, pp. 144 y ss.; *Tamaño*, pp. 14, 54-58, 105; *Idioma*, pp. 91 y ss. Los modernistas iniciaron el movimiento contemporáneo con la renovación de la prosa y del verso; los ultraístas y creacionistas lo exacerbaron con otro sentido, bajo la influencia de los expresionistas, dadaístas y superrealistas. Borges estuvo siempre muy lejos de estos últimos, pero en sus obras juveniles resalta el afán de singularidad deliberada (aunque siempre la rechace en teoría), que va borrándose luego.

[48] El ultraísmo se rebeló contra un arte de simple lujo verbal, pero instauró a su vez otra retórica, como lo advierte Borges, uno de sus iniciadores en la Argentina. Cf. *Inquisiciones*, pp. 6-98 y 139 y ss.

[49] Cf. *Idioma*, p. 73, e *Inquisiciones*, pp. 37 y ss. Quizá en su complacencia por las palabras *ubicar*, ubicación confluyan el uso hispanoamericano y su inclinación a los latinismos.

[50] *Tamaño*, p. 39: «Yo he procurado, en los pormenores verbales, siempre atenerme a la gramática (arte ilusoria que no es sino la autorizada costumbre) y en lo esencial del léxico he imaginado algunas trazas que tienden a ensanchar infinitamente el número de voces posibles». Además del voseo, introdujo el uso hispanoamericano de formas como *recién*, aceptable para muchos (*Tamaño*, p. 123; *Idioma*, 11; *Carriego*, 41; *Discusión;* 69), *puro* (*Luna de enfrente*, p, 27, en composición no recogida en *Poemas*, y *Tamaño*, p. 29)

rio (*Inquisiciones*, p. 106). Quevedo y Unamuno, los dos autores que tanto admira Borges, han debido impulsarlo en este camino de creación verbal [51], que luego abandona por una estética de formas más simples, en la creencia de que la rareza idiomática perturba al lector y envejece el estilo, y que sólo importa la hondura de las intuiciones poéticas.

LOS LÍMITES DEL LENGUAJE

Pero hay además en la obra inicial de Borges un recelo radical ante todo lenguaje, que luego se atenúa mientras se refuerzan los comentarios sobre la naturaleza divergente de vida y literatura, y el poder de ésta para dibujar símbolos conjeturales de nuestro destino. Al principio, en un pasaje con claro influjo de Bergson, insiste en que el lenguaje no puede satisfacer al escritor, aunque sea apto para la acción porque simplifica nuestras percepciones (*Inquisiciones*, pp. 66-67):

> Nadie negará que esa nomenclatura es un grandioso alivio de nuestra cotidianidad. Pero su fin es tercamente práctico: es un prolijo mapa que nos orienta por las apariencias, es un santo y seña utilísimo que nuestra fantasía merecerá olvidar alguna vez... El lenguaje —gran fijación de la constancia humana en la fatal movilidad de las cosas— es la díscola forzosidad de todo escritor. Práctico, inliterario, mucho más apto para organizar que para conmover, no ha recabado aún su adecuación a la urgencia poética y necesita troquelarse en figuras.

Destaca lo que hay de mecánico en los idiomas: obligatoriedad del género, que condiciona las metáforas (*Idioma*, p. 159), obligatoriedad de ciertos ordenamientos (*ibídem*), clichés que la literatura ha fijado (*Idioma*, p. 22), arrastre de las construcciones sintácticas y de las simetrías:

> Aquí Joubert jugó a las variantes no sin descaro: escribió (y acaso pensó) *la moderación de un santo* y acto continuo esa fatalidad que hay en el lenguaje se adueñó de él y eslabonó tres cláusulas más, todas de aire simétrico y todas rellenadas con negligencia. Es como si afir-

---

y *no más* (*Tamaño*, p. 19, y *Carriego*, 58 y 76). También alguna innovación expresiva, como la que agrupa en una coordinación categorías dispares: «No son malvados —lo cual importaría una dignidad—, son irrisorios, momentáneos y nadie» (*Discusión*, p. 13).

[51] Borges reconoce (*Tamaño*, p. 42) el influjo de las conversaciones con Xul-Solar, extraño pintor argentino, creador de un idioma burlesco llamado «neo-criollo», de gran libertad en la derivación y composición. Cf. *Ficciones*, página 20.

mara... con *la moderación de un santo, el esto de un otro, el qué sé yo de un quién sabe qué y el cualquier cosa de un gran espíritu* [52].

Conoce el destino de los precursores que apenas alcanzan a dar forma a sus intuiciones nuevas, y el de los que, llegados después, trabajan con palabras cargadas de emociones ajenas, no de las suyas propias (*Inquisiciones,* pp. 105 y ss.). Piensa que nuestra condición de hombres, imponiéndonos la comunicación mediante palabras, nos impone la metáfora y la alegoría, es decir, lo que entonces es para él un engaño [53]. Al comprender también que lo metafórico se ha borrado de la mayoría de los términos por el comercio diario (*Idioma,* p. 58), goza con cierta malignidad recordándonos sus traidores orígenes y la colaboración del azar en su creación [54].

La filosofía le enseña a dudar de las palabras y, a la inversa, la desconfianza en el lenguaje —que es una ordenación del mundo— le hace descreer de la metafísica y de la posibilidad de encontrar un orden en el universo. En este sentido ¡cuántas veces ha manifestado su incredulidad, que va desde un simple recelo ante el lenguaje hasta una negación de la metafísica! En sus *Poemas,* como al pasar (p. 128), **dice:**

> Es verdad que lo ignoro todo sobre él
> —salvo los nombres de lugar y las fechas:
> fraudes de la palabra—...,

falsas precisiones que nos impiden darnos cuenta de nuestra imposibilidad de aprehender la realidad. En *Idioma,* un prólogo «es tan verbal, y tan entregado a las deficiencias de lo verbal, como lo precedido por él» (p. 7); una definición es «verbal, es decir, también de palabras, es sotodecir palabrera» (p. 21); una palabra es «palabra de traiciones» (p. 84); una coma «no difiere sustancialmente de una

---

[52] *Idioma,* pp. 22-23. Comp. R. M. Rilke, *Histoires du Bon Dieu,* traducción de M. Betz, Paris, 1927, p. 33.

[53] «Hablar es metaforizar, es falsear; hablar es resignarse a ser Góngora» (*Sur,* núm. 129, julio de 1945, p. 9). En *Otras inquisiciones,* p. 180, recuerda en cambio la defensa que Chesterton hace de la alegoría como otro posible lenguaje que compense las deficiencias del nuestro.

[54] En algún momento se asombra de lo que en ella hay de milagroso, y de que palabras como *inmortal* e *infinito,* creaciones de la casualidad, se hayan cargado de pensamiento y emoción (*Inquisiciones,* p. 106), pero luego vuelve a su visión negativa. Más visible que el influjo de Bergson, es aquí el de Berkeley, Hume, Schopenhauer y, principalmente, Mauthner, con sus diatribas contra el lenguaje, contra las incongruencias etimológicas, contra la validez de una filosofía que debe valerse de palabras, más aptas para el mito que para el conocimiento exacto. De la filosofía y la teología, Borges ha dicho a menudo que son una rama de la literatura fantástica (*Aleph,* p. 84; *Ficciones,* p. 23; *Eternidad,* p. 102; *Otras inquisiciones,* p. 58).

palabra. Tan intencionadas son las comas o tan ínfimas las palabras» (p. 14); «un recelo, el lenguaje... quiere vigilar en todo decir» (p. 8); «Sabemos que no el desocupado jardinero Adán, sino el Diablo —esa pifiadora culebra, ese inventor de la equivocación y de la aventura, ese carozo del azar, ese eclipse de ángel— fue el que bautizó las cosas del mundo. Sabemos que el lenguaje es como la luna y tiene su hemisferio de sombra» (p. 182). Cualquier idioma es un conjunto caótico de símbolos, inepto para una comprensión del universo (*Idioma,* p. 65). El pensar filosófico sufre los defectos de esa deficiencia. «El yo no existe. Schopenhauer, que parece arrimarse muchas veces a esa opinión, la desmiente tácitamente, otras tantas, no sé si adrede o si forzado a ello por esa basta y zafia metafísica —o más bien ametafísica—, que acecha en los principios mismos del lenguaje» (*Inquisiciones,* p. 93).

La negación del yo, que le ha preocupado en particular y que fue motivo de largas conversaciones con otro originalísimo escritor argentino, Macedonio Fernández, así como las especulaciones del idealismo, del nominalismo, del dualismo, le hacen ver la trampa que se oculta en ciertas palabras como *extensión* («desesperado recurso del prejuicio antimetafísico que no se aviene a negar del todo la realidad esencial del mundo externo y se acoge a la componenda de arrojarle una limosna verbal»: *Inquisiciones,* p. 112), *espíritu, materia, conciencia, yo, espacio, tiempo* (*ibíd.,* pp. 115, 119 y 116) o en el mito de la categoría sustantiva [55], o en el carácter fatalmente temporal del lenguaje [56].

Ahora bien, si las lenguas son intentos de ordenación del cosmos [57], un pensamiento central en la obra de Borges es que el mundo es un caos sin sentido posible [58]. «¿Cómo no someterse a Tlön, a la minuciosa y vasta evidencia de un planeta ordenado? Inútil responder que la realidad también está ordenada. Quizá lo esté, pero de acuerdo a leyes divinas —traduzco: a leyes inhumanas— que no acabamos nunca de percibir» (*Ficciones,* p. 36). Cualquier intento de categorización está destinado a fracasar, y se derrumban juntamente el lenguaje y la metafísica, la metafísica que lleva en sí la muerte por ser también ella verbal. «Es aventurado pensar que una coordenación de palabras (otra cosa no son las filosofías) puede parecerse mucho al universo» (*Otras inquisiciones,* p. 135). Por eso atiende,

---

[55] «Los sustantivos se los inventamos a la realidad» (*Tamaño,* p. 45). Cf. también *Inquisiciones,* p. 66; *Ficciones,* p. 20, *Aleph,* p. 18.
[56] Prólogo a «Nueva refutación del tiempo», en *Otras inquisiciones,* p. 203.
[57] *Inquisiciones,* p. 66; *Tamaño,* p. 48; *Otras inquisiciones,* p. 124.
[58] Es tema esencial en Borges; cf. su análisis de teogonías y cosmogonías, el mundo hecho por divinidades que deliran, los laberintos, lo incomprensible del dolor carnal, los juegos del azar. Algunas de sus mejores *Ficciones* se inspiran en él: «Tlön, Uqbar, Orbis Tertius», «La tolería en Babilonia», «La biblioteca de Babel», «El jardín de senderos que se bifurcan».

a la vez interesado y divertido, a los ensayos de idioma universal como el de Wilkins (*Idioma*, p. 171, y *Otras inquisiciones*, pp. 121-125) o de idioma infinito como el que Locke imaginó y rechazó (*Ficciones*, p. 140), o a los distintos sistemas de numeración (*Otras inquisiciones*, p. 122), o a la máquina de pensar de Raimundo Lulio, o a las especulaciones de Spinoza (*Idioma*, p. 26), vanos intentos de encontrar ordenaciones más coherentes [59], y aun le gusta soñar la completa eliminación de todo sistema y desear el día del silencio (*Discusión*, p. 50) o evocar la capacidad angélica de la comunicación directa, idea que le viene del tomismo, o pensar un lenguaje de capacidad suprahumana donde «el nombre de cada ser indicara todos los pormenores de su destino venidero» (*Otras inquisiciones*, p. 125). Pero al fin vuelve, juiciosamente, a su destino de hombre (*Idioma*, pp. 26-27):

> Como se ve, ni éste [Spinoza] con su metafísica geometrizada, ni aquél [Lulio] con su alfabeto traducible en palabras y éstas en oraciones, consiguió eludir el lenguaje. Ambos alimentaron de él sus sistemas. Sólo pueden soslayarlo los ángeles, que conversan por especies inteligibles: es decir, por representaciones directas y sin misterio alguno verbal.
>
> ¿Y nosotros, los nunca ángeles, los verbales, los que
>   en este bajo, relativo suelo
> escribimos, los que sotopensamos que ascender a letras de molde es la máxima realidad de las experiencias? Que la resignación —virtud a que debemos resignarnos— sea con nosotros. Ella será nuestro destino: hacernos a la sintaxis, a su concatenación traicionera, a la imprecisión, a los talveces, a los demasiados énfasis, a los peros, al hemisferio de mentira y de sombra en nuestro decir.

De todas estas ideas nacen algunas de las alusiones de los cuentos que pueden pasar inadvertidas a quienes no conozcan el conjunto de su obra. Es significativo, por ejemplo, que recurra a metáforas tomadas del lenguaje —sugeridas por De Quincey [60]— para traducir la estructura del cosmos y su clave divina («Si lo hay [el cosmos], falta conjeturar su propósito; falta conjeturar las palabras, las definiciones, las etimologías, las sinonimias, del secreto diccionario de Dios», *Otras inquisiciones*, p. 124), y ello se explica cuando se pien-

---

[59] Compárese su crítica de la historia, otro frustrado intento de ordenación del mundo (*Otras inquisiciones*, p. 159; *Ficciones*, p. 83 y ss.). Teología, filosofía, historia, lenguaje, fracasan por la imposibilidad de abarcar la infinitud del cosmos.

[60] «Even the articulate or brutal sounds of the globe must be all so many languages and ciphers that somewhere have their corresponding keys —have their own grammar and syntax; and thus the least things in the universe must be secret mirrors to the greatest», THOMAS DE QUINCEY, *The Collected Writings*, ed. de David Mason, Edinburgh, 1890, vol. I, p. 129. Pueden notarse también en este párrafo otros influjos en el estilo de Borges.

sa que el lenguaje es para Borges una interpretación y ordenación del universo.

También tiene sentido entonces, si recordamos los proyectos de Descartes y de Locke, la extraña escritura del troglodita que parece estar intentando un alfabeto de infinitos símbolos [61], uno para cada objeto del orbe: «Estaba tirado en la arena donde trazaba torpemente y borraba una hilera de signos, que eran como las letras de los sueños, que uno está a punto de entender y luego se juntan... ninguna de las formas era igual a la otra, lo cual excluía o alejaba la posibilidad de que fueran simbólicas» (*Aleph*, p. 17). Así se entiende que plantee como un problema literario insoluble la enumeración completa de las visiones cósmicas concentradas en el Aleph. Quien conoce la amplitud y el sentido del problema en Borges, comprende que el autor —que luego lo resuelve estéticamente con una enumeración parcial, selección de elementos significativos— primero quiere destacar la dificultad metafísica de la empresa, lo que es otro modo de exaltar la experiencia.

Borges traslada a Tlön sus preocupaciones lingüísticas. Partiendo de Hume imagina los dos grupos de idiomas que prescinden de los sustantivos: el del hemisferio austral basado en verbos y el del hemisferio boreal en acumulaciones de adjetivos. Pero especialmente se complace en soñar (como en *Tamaño*, pp. 48-49) un idioma con libertad para ordenar sin tregua el mundo en formas variadas, y agrupar las sensaciones en objetos ideales y momentáneos sólo guiados por impulsos estéticos:

> En la literatura de este hemisferio (como en el mundo subsistente de Meinong) abundan los objetos ideales, convocados y disueltos en un momento, según las necesidades poéticas. Los determina, a veces, la mera simultaneidad. Hay objetos compuestos de dos términos, uno de carácter visual, y otro auditivo: el color del naciente y el remoto grito de un pájaro. Los hay de muchos: el sol y el agua contra el pecho del nadador, el vago rosa trémulo que se ve con los ojos cerrados, la sensación de quien se deja llevar por un río y también por el sueño... Hay poemas famosos compuestos de una sola enorme palabra. Esa palabra integra un *objeto poético* creado por el autor (*Ficciones*, p. 21).

Pero si en un principio enfatizó la visión negativa del lenguaje, pronto reconoció también que no sería posible el pensamiento sin

---

[61] Borges suele adjudicar a Dios un sistema de numeración o de lenguaje formado por infinitos símbolos: «Teóricamente, el número de sistemas de numeración es ilimitado. El más complejo (para uso de las divinidades y de los ángeles) registraría un número infinito de símbolos, uno para cada número entero» (*Otras inquisiciones*, p. 122). Funes el memorioso intenta realizar esta obra sobrehumana de signos infinitos. Véase también *Sur*, núm. 62, p. 76. Para otra concepción de lo que puede ser el lenguaje divino, véanse «Mateo, XXV, 30» (*Poemas, Obras completas*, Buenos Aires, Emecé, 1958, p. 164) y «La escritura del Dios» (*Aleph*, pp. 120-121).

la simplificación que las palabras y sus conceptos genéricos imponen (*Ficciones,* p. 142). Así vemos que sabe gozar artísticamente con un cosmos que se abarca porque se ha esquematizado y ordenado. Junto a la nostalgia que inspira una memoria que pierde detalles «irrecuperables», exalta la memoria y la noche [62] que sólo conservan lo esencial de las cosas: «no puedo caminar por los arrabales en la soledad de la noche, sin pensar que ésta nos agrada porque suprime los ociosos detalles, como el recuerdo» (*Otras inquisiciones,* p. 209). Frente a la visión negativa de los arquetipos platónicos, fríos y monstruosos como piezas de museo, que es propia de la primera época (*Historia de la eternidad,* p. 13), predomina en los últimos tiempos la visión positiva de los arquetipos que purifican y eternizan, aunque sea a costa del empobrecimiento. Por eso también puede valorar estéticamente los símbolos que las matemáticas y la geometría le proporcionan, con su límpida manera de traducir el misterio inexplicable.

Así se acentúa en sus relatos, especialmente a partir de *El Aleph,* y en sus ensayos desde *Otras inquisiciones,* una visión del hombre y del universo donde las individualidades se borran en la unidad y la totalidad (platonismo, panteísmo), una visión de la literatura en la que la busca de la originalidad y el particularismo se cambian por el logro de formas eternas capaces de ser todo para todos (*Otras inquisiciones,* «Epílogo»). Así el lenguaje (y por ende la literatura) no se justifican por la expresividad («Además le exigían maravillas y la maravilla es acaso incomunicable; la luna de Bengala no es igual a la luna del Yemen, pero se deja describir con las mismas voces», *Aleph,* 98), sino por su poder de alusión («No me atrevo a afirmar que son sencillos —dice de los cuentos de *El informe de Brodie*—: no hay en la tierra una sola página, una sola palabra, que lo sea, ya que todas postulan el universo, cuyo más notorio atributo es la complejidad», p. 7).

Los escritores se salvarán por la fidelidad a las metáforas eternas, por la capacidad de construir relatos que nos propongan símbolos conjeturales del sentido del universo y nos coloquen en el umbral de una revelación. Su magia residirá en un gesto alusivo que nos estremezca con la espera de algo nunca consumado (*Otras inquisiciones,* «La muralla y los libros»).

Por eso, si antes pudo llegar a formas extremas del nihilismo («Ignoro si la música sabe desesperar de la música y si el mármol del mármol, pero la literatura es un arte que sabe profetizar aquel tiempo en que habrá enmudecido, y encarnizarse con la propia virtud y enamorarse de la propia disolución y cortejar su fin». *Discusión,* pá-

---

[62] «Por las calles elementales como recuerdos» (*Poemas,* p. 131; cf. 59); «Y la noche que de la mayor congoja nos libra: / la prolijidad de lo real» (*Poemas,* p. 133); véase también *Poemas,* pp. 83-84.

gina 50), más tarde imagina un Dante, un Shakespeare o un Homero que encuentran la justificación de sus sufrimientos en la creación de mundos imaginarios con valor simbólico permanente («Inferno, I, 32», «Everithing and nothing» y «El hacedor» en *El hacedor*). También en *Otras inquisiciones* se detiene en recordar metáforas esenciales («La esfera de Pascal», «La flor de Coleridge», «El ruiseñor de Keats», «Del culto de los libros») y en las ficciones recogidas en *El informe de Brodie,* en señalar por boca del narrador su condición fabuladora de formas eternas.

Paradójico destino el de Borges. Fue el hombre que al principio se rebeló ásperamente contra la limitada condición del instrumento que manejaba, quien se detuvo en recordar la vanidad de las obras que el tiempo desfigura o en hacerle componer a un Homero eterno por enésima vez la *Odisea,* dejándole sólo al morir «palabras, palabras desplazadas y mutiladas, palabras de otros» (*Aleph,* p. 25). Fue también quien supo encontrar el camino para renovar la literatura de imaginación en nuestra lengua con sus fantasías poéticas y alucinantes, quien supo crear un nuevo lenguaje con sus fábulas que son metáforas del universo.

[*Nueva Revista de Filología Hispánica,* México, julio-diciembre de 1953.]

GEORGE STEINER

LOS TIGRES EN EL ESPEJO

Inevitablemente, la actual fama mundial de Jorge Luis Borges nos produce la íntima sensación de haber perdido algo. Como ocurre cuando una vista por largo tiempo atesorada —la masa sombría de la *Arthur's Seat* en Edimburgo, vista, de modo único, desde la parte de atrás del número 60 de The Pleasance, o la calle 51 de Manhattan convertida en un largo desfiladero de bronce mediante un truco de elevación y de luz en la ventana de mi dentista—, una pieza de coleccionista para la mirada interior y de ella sola, se convierte en un espectáculo panorámico para hordas de turistas. Durante largo tiempo, el esplendor de Borges era algo clandestino, pertenecía a una minoría escogida, pasaba de una persona a otra por medio de susurros y los devotos se reconocían mutuamente. ¿Cuántas personas habían oído hablar acerca de la primera obra de Borges, un compendio de mitos griegos escrito en inglés en Buenos Aires cuando su autor tenía siete años? ¿Cuántas habían oído hablar acerca del opus dos, fechado en 1907 y claramente premonitorio: una traducción al español de *El Príncipe feliz*, de Óscar Wilde? Afirmar hoy en día que «Pierre Ménard, autor del *Quijote*» es una de las grandes maravillas de la invención humana, que varias de las facetas del tímido genio de Borges se encuentran reunidas en esa corta fábula, es decir, una perogrullada. Pero, ¿cuántas personas poseen un ejemplar de la *editio princeps* de *El jardín de senderos que se bifurcan* (Sur, Buenos Aires, 1941) en la que ese cuento apareció por primera vez? Solamente hace diez años, saber que H. Bustos Domecq era el pseudónimo de Borges y de su fiel colaborador Adolfo Bioy Casares o que el Borges que, junto con Delia Ingenieros, publicó una erudita monografía acerca de las literaturas germánicas y anglosajonas antiguas (México, 1951) era efectivamente el Maestro, era indicio de erudición recóndita, y una señal para el iniciado. Tales informaciones eran celosamente guardadas, parsimoniosamente repartidas, frecuentemente casi imposibles de encontrar, lo mismo que los poemas, cuentos y ensayos de Borges, dispersos, agotados y publicados con otro nombre. Recuerdo a uno de los primeros conocedores de la obra de Borges mostrándome, en la cavernosa trastienda de una librería de Lisboa —y esto ocurrió en los primeros años de la década del 50—, la traducción hecha por Borges de *Orlando* de Virginia Woolf, su prefacio a una edición argentina de la *Metamorfosis* de Kafka, su importantísimo ensayo sobre el lenguaje artificial inventado por John Wilkins, publicado en *La Nación* el 8 de febrero de 1942, y *El tamaño de mi esperanza,* el más raro de todos los tesoros, una colección de ensayos breves editada en 1926 pero que, de acuerdo con los deseos del propio Borges, no ha vuelto a ser publicada. Estos pequeños objetos me fueron mostrados con un ademán de meticulosa arrogancia. Y con razón. Yo había llegado tarde al lugar secreto.

El momento crucial fue en 1931. Junto con Beckett, Borges recibió el Premio Formentor. Un año más tarde aparecieron en inglés *Laberintos* y *Ficciones.* Llovieron los honores. El gobierno italiano confirió a Borges el título de *Commendatore.* Por sugerencia de André Malraux, el presidente De Gaulle confirió al ilustre colega del ministro y maestro de mitos el título de comendador de la *Ordre des Lettres et des Arts.* Convertido repentinamente en celebridad, Borges empezó a dar conferencias en Madrid, París, Ginebra, Londres, Oxford, Edimburgo, Harvard, Texas. «En edad ya avanzada», recuerda Borges, «empecé a descubrir que muchas personas se interesaban por mi obra en todas partes del mundo. Parece raro: muchos de mis escritos han sido traducidos al inglés, al sueco, al francés, al italiano, al alemán, al portugués, a algunas de las lenguas eslavas, al danés. Y esto siempre me resulta sorprendente, porque recuerdo que publiqué un libro allá por 1932, creo, y al final de ese año me encontré con que sólo se habían vendido treinta y siete ejemplares.» Esta pobreza tenía sus compensaciones: «Esas personas son reales; es decir, cada una de ellas tiene una cara propia, una familia, vive en una calle dada. Por ejemplo, si se venden, digamos, dos mil ejemplares es lo mismo que si no hubiera vendido ninguno, porque dos mil es un número demasiado vasto para que la imaginación lo capte... quizá diecisiete habría sido mejor o incluso siete.» Los conocedores comprenderán el papel simbólico desempeñado en las fábulas de Borges por cada uno de estos números y por la serie cabalística que disminuye progresivamente.

Hoy en día, los treinta y siete ejemplares se han convertido en una industria. Los comentarios críticos acerca de Borges, las entrevistas con él, las memorias acerca de él, los números especiales de revistas dedicados a él y las ediciones de sus obras pululan. El compendio exegético, biográfico y bibliográfico acerca de Borges publicado por *L'Herne* en París en 1964 es ya anticuado. El aire resuena con tesis acerca de «Borges y Beowulf», «La influencia de las películas del Oeste en el *tempo* narrativo de los últimos cuentos de Borges», «El enigmático interés de Borges por *West Side Story*» («La he visto muchas veces»), «Los verdaderos orígenes de las palabras Tlön y Uqbar en los cuentos de Borges», «Borges y el Zohar». Ha habido *week-ends* dedicados a Borges en Austin, seminarios en Harvard, un simposio gigantesco en la Universidad de Oklahoma —festividad quizá anticipada en la *América* de Kafka. El propio Borges estuvo presente, observador de la santificación de su otro yo, como él se ha referido a sí mismo en *Borges y yo*. Una revista de estudios borgianos está en proyecto. Su primer número tratará acerca de la función que desempeñan los espejos y los laberintos en el arte de Borges y de los tigres que esperan tras el espejo o, mejor dicho, en su silencioso laberinto de cristal.

Junto con el circo académico han llegado los mimos. Por todas partes se imita el estilo de Borges. Existen mágicos giros de frase que muchos escritores, e incluso muchos estudiantes poseedores de un buen oído, pueden imitar: los cambios de tono en los que Borges se desaprueba a sí mismo, las fantásticamente abstrusas referencias literarias e históricas que abundan en su narrativa, la alternación de frases directas y escuetas y las sinuosamente evasivas. Las imágenes clave y las marcas heráldicas del mundo de Borges ya forman parte del uso literario corriente. «Me siento cansado de los laberintos y de los espejos y de los tigres y todo ese género de cosas. Especialmente ahora que otros las están usando... Esa es la ventaja de los imitadores. Le curan a uno de sus enfermedades literarias. Ya que uno piensa que si hay tanta gente haciendo ese tipo de cosas actualmente, no es necesario que uno lo siga haciendo. Que otros lo hagan y que les aproveche.» Pero lo que a nosotros nos interesa no es lo pseudoborgiano.

El enigma es el hecho de que tácticas de sentimiento tan especializadas, tan intrincadamente enmarañadas con una sensibilidad que es extremadamente personal, tengan un eco tan amplio y tan natural. Como Lewis Carroll, Borges ha hecho que sus sueños autistas se conviertan en discretos pero exigentes llamamientos a los que lectores en todas partes del mundo responden con la sensación que produce el reconocimiento. Nuestras calles y jardines, el rápido movimiento de un lagarto por entre la cálida luz del día, nuestras bibliotecas y nuestras escaleras circulares están empezando a tener la misma apariencia que tienen en los sueños de Borges, aun cuando las fuentes de su visión sigan siendo irreductiblemente singulares, herméticas y, por momentos, lunáticas.

El proceso mediante el cual una visión del mundo fantásticamente personal salta más allá del muro de espejos tras del cual fue creada y logra cambiar el campo general de la conciencia es claro pero extraordinariamente difícil de describir (una enorme porción de la vasta literatura crítica acerca de Kafka es pura palabrería frustrada). Es cierto que la entrada de Borges al terreno más grande de la imaginación fue precedida por un genio local de extremo rigor y por un conocimiento lingüístico igualmente grande. Pero esto no nos serviría de mucho. Hasta las traducciones más débiles nos comunican gran parte de su magia. El mensaje, cifrado en un código cabalístico, escrito, por decirlo así, con tinta invisible y metido con la orgullosa indiferencia que da la verdadera modestia, dentro de la más frágil de las botellas, ha cruzado los siete mares (hay más mares, desde luego, en el atlas de Borges, pero su número es siempre múltiplo de siete) y ha llegado a todo tipo de playas. Aún incluso aquellos lectores que no saben nada acerca de sus maestros y antiguos compañeros —Lugones, Macedonio Fernández, Evaristo Carriego—, o aquéllos para quienes el arrabal de Palermo, en Buenos Aires, y la tradición de la poesía gauchesca son simplemente menciones sin significado, han podido entrar en el mundo de las *Ficciones* de Borges. En cierto sentido podemos decir que el Director de la Biblioteca Nacional de la Argentina es el más original de los escritores angloamericanos. Y esta extraterritorialidad puede ser un buen indicio.

Borges es un universalista. En parte, esto se explica por su crianza, por los años que van de 1914 hasta 1921, época durante la cual vivió en Suiza, Italia y España. Y se explica también por las extraordinarias dotes de lingüista que posee. Borges se halla como en su propia casa en inglés, francés, alemán, italiano, portugués, anglosajón y escandinavo antiguo, así como también en español, un español constantemente lleno de argentinismos. Como otros escritores que han perdido la vista, Borges se mueve con la agilidad de un gato por entre los mundos sonoros de muchas lenguas. Así nos relata de manera memorable lo que sintió al comenzar a estudiar la lengua anglosajona:

> Al cabo de cincuenta generaciones
> (tales abismos nos depara a todos el tiempo)
> Vuelvo en la margen ulterior de un gran río
> Que no alcanzaron los dragones del viking,
> A las ásperas y laboriosas palabras
> Que, con una boca hecha polvo,
> Usé en los días de Nortumbria y de Mercia,
> Antes de ser Haslam o Borges...
>
> Alabado sea el infinito
> Laberinto de los efectos y las causas
> Que antes de mostrarme el espejo
> En que no veré a nadie o veré a otro
> Me concede esta pura contemplación
> De un lenguaje del alba.

«Antes de ser Borges.» En la penetración que hace Borges de diferentes culturas existe un secreto de metamorfosis literal. En «Deutsches Requiem», el narrador se convierte, o más bien *es,* Otto Dietrich zur Linde, un criminal de guerra nazi sentenciado. La confesión de Vincent Moon intitulada «La forma de la espada» es una narración clásica dentro de la amplia literatura relacionada con los problemas de Irlanda. En otro lugar, Borges se pone la máscara del doctor Yu Tsun, antiguo profesor de inglés en la *Hochschule* de Tsingtao, o la de Averroes, el gran comentador islámico de Aristóteles. Cada cambio trae consigo su propia atmósfera persuasiva; sin embargo, todas esas máscaras son Borges, autor que se deleita en extender el sentido de lo extranjero, de lo misteriosamente mezclado, a su propio pasado: «Es posible que entre mis antepasados haya habido judíos, pero no puedo estar seguro. El apellido de mi madre es Acevedo; Acevedo podría ser el apellido de un judío portugués, pero es posible también que no lo sea... La palabra *acevedo,* desde luego, tiene que ver con el acebo y no es una palabra particularmente judía, aun cuando muchos judíos se llamen Acevedo. Es difícil decir.» De acuerdo con Borges, es posible que otros maestros de la literatura hayan heredado su genio debido al mismo tipo de mezcla extraña: «No sé por qué, pero siempre encuentro algo de italiano, algo de judío en Shakespeare y quizá los ingleses lo admiren debido a eso, debido a que se trata de algo tan diferente a ellos.» Lo que cuenta no es la duda o la fantasía específica. Lo que cuenta es la idea central del escritor como huésped, como un ser humano cuya tarea es la de permanecer vulnerable ante muchísimas presencias extrañas, como una persona que tiene que mantener abiertas las puertas de su aposento temporal para que entren allí todos los vientos:

> Nada o muy poco sé de mis mayores
> portugueses, los Borges: vaga gente
> que prosigue en mi carne, oscuramente,
> sus hábitos, rigores y temores.
> Tenues como si nunca hubieran sido
> y ajenos a los trámites del arte,
> indescifrablemente forman parte
> del tiempo, de la tierra y del olvido.

Esta universalidad y este desprecio de Borges por lo fijo se encuentran reflejados en su fantástica erudición. Esté colocado allí «simplemente como una especie de burla personal» o no, el conjunto de alusiones bibliográficas, trozos de filosofía, citas literarias, referencias cabalísticas y acrósticos matemáticos y filológicos que inunda los cuentos y los poemas de Borges es evidentemente crucial para la manera como el escritor vive la realidad. Un inteligente crítico francés ha dicho que en una época en la que la ignorancia de la literatura se vuelve más y más grande, en la que incluso las personas mejor educadas sólo tienen conocimientos muy superficiales de teología y literatura clásica, la erudición es en sí misma una especie de construcción fantástica y surrealista. Moviéndose, con callada omnisciencia, por terrenos que van desde los escritos fragmentarios de los herejes del siglo IX hasta los algebraicos de los autores barrocos y, más allá, hasta llegar a las obras victorianas en muchos volúmenes sobre la fauna del lago de Aral, Borges construye un antimundo, un espacio perfectamente coherente donde su mente puede hacer conjuraciones con toda tranquilidad. El hecho de que gran parte de los materiales citados y del mosaico de alusiones sea pura invención —artificio que Borges comparte con Nabokov y que posiblemente ambos hayan tomado del Flaubert de *Bouvard et Pécuchet*— paradójicamente refuerza nuestra impresión de caminar por tierra firme. Pierre Menard se encuentra ante nosotros, momentáneamente sustancial y plausible, mediante el catálogo inventado de su «obra visible»; a su vez, cada número del catálogo tiene que ver directamente con el significado de la parábola. Y ¿quién pondría en duda la veracidad de las «tres versiones de Judas» una vez que Borges nos asegura que Nils Runeberg —notemos las «runas» del nombre— publicó en 1909 *Den hemlige Frälsaren* pero que no conocía un libro de Euclides da Cunha (el lector inmediatamente exclama: *Os sertoes*) donde se afirma que para el «heresiarca de Canudos, Antonio Conselheiro, la virtud "era una casi impiedad"»?

Sin la menor duda podemos decir que en este montaje erudito hay mucho humor. Y también, como en Pound, un deseo deliberado de recordarlo todo, de hacer un inventario gráfico de la civilización clásica y occidental en una época en que gran parte de ésta ha sido olvidada o vulgarizada. Borges es en el fondo un conservador de museo, un atesorador de detalles sin importancia, un recopilador de las verdades antiguas y de las conjeturas vanas que se agolpan en la buhardilla de la historia. Toda esta traviesa erudición tiene sus aspectos cómicos y delicadamente histriónicos. Pero también tiene un significado más profundo.

Borges posee, o mejor dicho, hace uso de una imagen cabalística del mundo, una metáfora maestra de la existencia, con la que es posible que se haya familiarizado ya en 1914, en Ginebra, al leer la novela *El golem,* de Gustav Meyrink, y a través de sus contactos íntimos con el erudito Maurice Abramowicz. La metáfora es más o menos la siguiente: el Universo es un gran Libro; todos los fenómenos materiales y mentales de ese libro tienen significado. El mundo es un inmenso alfabeto. La realidad física, los hechos de la historia, todas las cosas que han creado los hombres, son, por decirlo así, sílabas de un mensaje perpetuo. Sentimos el llamamiento de una red ilimitada de significaciones, cada uno de cuyos hilos contiene el latido del ser y está relacionado con lo que Borges, en su enigmático cuento de gran fuerza, llama el Aleph. El narrador ve ese inexpresable eje del cosmos en un polvoriento rincón del sótano de la casa de Carlos Argentino en la calle Garay una tarde de octubre. Se trata del espacio de todos los espacios, de la esfera cabalística cuyo centro está en todas partes y cuya circunferencia no se encuentra en ninguna, se trata de la rueda de la visión de Ezequiel, pero también del pajarito callado del misticismo sufí, el cual, en cierta manera, contiene a todos los pájaros: «Sentí vértigo y lloré, porque mis ojos habían visto ese objeto secreto y conjetural, cuyo nombre usurpan los hombres, pero que ningún hombre ha mirado: el inconcebible universo.»

Desde el punto de vista del escritor, «el universo, que otros llaman Biblioteca», tiene varios rasgos notables. Comprende *todos* los libros, no solamente aquéllos que ya han sido escritos, sino también todas las páginas y todos los tomos que serán escritos en el futuro y, lo cual es más importante aún, todos los que podrían ser escritos. Al ser reagrupadas, las letras de todos los alfabetos y sistemas de escritura conocidos o perdidos pueden producir todos los pensamientos imaginables por el hombre, todos los versos o párrafos de prosa dentro de los límites del tiempo. La Biblioteca también contiene todas las lenguas existentes, así como las lenguas que han desaparecido y las que vendrán. Evidentemente, Borges se halla fascinado por la idea, tan importante en las especulaciones lingüísticas de la Cábala y de Jacob Boehme, de que una lengua inicial secreta, una *Ur-sprache* de antes de Babel, se encuentra en la base de la multitud de las lenguas humanas. Si, como los poetas ciegos, pasamos la yema de los dedos por el filo viviente de las palabras —palabras españolas, palabras rusas, palabras arameas, sílabas pronunciadas por un cantante en la China—, sentiremos en ellas el suave latido de una gran corriente que late desde un centro común, sentiremos la palabra final hecha con todas las letras y las combinaciones de letras de todas las lenguas y que es el nombre de Dios.

Así pues, el universalismo de Borges es una estrategia imaginativa profundamente sentida, una maniobra para estar en contacto con los grandes vientos que soplan desde el corazón de las cosas. Al hablar de títulos ficticios, referencias imaginarias, folios y escritores que nunca han existido, Borges sencillamente vuelve a agrupar trozos de la realidad para que formen otros mundos posibles. Cuando se desplaza, mediante ecos y juegos de palabras, de una lengua a otra, Borges le está dando vueltas al calidoscopio, está iluminando otra porción del muro. Como Emerson, a quien cita incansablemente, Borges confía en que su visión de un universo simbólico totalmente articulados es algo jubiloso: «Del incansable laberinto de sueños yo regresé como a mi casa a la dura prisión. Bendije su humedad, bendije su tigre, bendije el agujero de luz, bendije mi viejo cuerpo doliente, bendije la tiniebla y la piedra.» Para Borges, como para los trascendentalistas, todo sonido y toda cosa viviente contiene todo el universo.

Esta lógica onírica —y Borges frecuentemente se pregunta si nosotros mismos e incluso nuestros sueños no son soñados desde afuera— ha generado alguno de los cuentos más ingeniosos y originales de la literatura occidental. «Pierre Menard», «La biblioteca de Babel», «Las ruinas circulares», «El Aleph», «Tlön, Uqbar, Orbis Tertius», «La busca de Averroes» son obras maestras en miniatura. Su concisa perfección, como la perfección de un gran poema, construye un mundo cerrado, que aprisiona al lector y que, sin embargo, está abierto a resonancias sin límites. Algunas de las parábolas de Borges, apenas de una página de largo, como «Ragnarök», «Todo y nada» o «Borges y yo», pueden ser colocadas al lado de las de Kafka como únicos triunfos en el terreno de esa forma tan notoriamente peligrosa. Si sólo hubiera escrito sus *Ficciones,* Borges se encontraría entre los pocos auténticos soñadores de la literatura desde Poe y Baudelaire. Pero, como todo artista de primer orden, Borges ha ampliado el paisaje de nuestros recuerdos.

Sin embargo, a pesar de la universalidad de su forma y de la impresionante extensión de su campo de alusiones, el tejido del arte de Borges tiene serias lagunas. Solamente una vez, en un cuento llamado «Emma Zunz», ha creado Borges una mujer tangible. A través del resto de su obra, las mujeres son los objetos borrosos de las fantasías o de los recuerdos de los hombres. Incluso en lo que concierne a los hombres, las líneas de fuerza imaginativa de las ficciones de Borges están severamente simplificadas. La ecuación fundamental es la de un duelo. Los encuentros pacíficos aparecen como choques entre el «yo» del narrador y la sombra más o menos importuna «del otro». Cuando aparece una tercera persona, se trata, casi siempre, de una presencia aludida o recordada o percibida, inconstantemente, por el borde mismo de la retina. El espacio de acción en donde se mueven las figuras de Borges es un espacio mítico pero nunca social. Si un lugar o una circunstancia histórica se mete dentro del cuento, es de modo casual, como si se tratara de un sueño. De allí resulta ese vacío fantástico y frío que entra en muchos de los textos de Borges como por una ventana abierta a la noche. Estas lagunas, estas intensas especializaciones de la conciencia explican, a mi parecer, el recelo que tiene Borges para con la novela. Borges frecuentemente habla acerca de este problema y dice que un escritor con poca vista se ve obligado a escribir mentalmente y, por decirlo así, de un solo golpe, y por tanto, tiene que dedicarse exclusivamente a las narraciones cortas. Y es interesante recordar que las primeras ficciones importantes de Borges aparecen inmediatamente después de un serio accidente que sufrió en diciembre de 1938. Borges también piensa que la novela, así como la epopeya en verso anterior a ella, es una forma transitoria: «La novela es una forma que posiblemente pasará, que indudablemente pasará; pero no creo que el cuento pase... Es mucho más viejo.» El narrador de cuentos que va por los caminos del mundo, el *skald,* el *conteur* de las pampas, hombres cuya ceguera es frecuentemente prueba de la claridad y de la plenitud de vida que han experimentado, son las personas que encarnan la idea que Borges tiene del escritor. A menudo se invoca el nombre de Homero como talismán y esto se comprende. Pero es posible que la novela represente precisamente las principales dimensiones que le faltan a Borges. La presencia de cuerpo entero de las mujeres y sus relaciones con los hombres constituyen la esencia de las ficciones en gran escala. También es esencial una matriz de la sociedad. La teoría de los números y la lógica matemática encantan a Borges (cf. sus «Avatares de la tortuga»). En una novela tiene que haber una gran parte de ingeniería, de matemáticas aplicadas.

La concentrada rareza del repertorio de Borges resulta en cierto preciosismo, en cierta elaboración barroca que puede ser fascinante pero también estar desprovista de aliento. Más de una vez, las pálidas luces y las ebúrneas formas de su invención se apartan del activo desorden de la vida. Borges ha dicho que considera a la literatura inglesa, junto con la norteamericana, como «indudablemente la más rica del mundo». Y Borges se encuentra en ella sorprendentemente como en su propia casa. Pero su antología personal de escritores ingleses es muy curiosa. Las figuras que más significado tienen para él, que casi siempre sirven de máscaras a su propia persona, son De Quincey, Robert Louis Stevenson, G. K. Chesterton y Rudyard Kipling. Indudablemente, se trata de grandes maestros de la literatura, pero de tipo tangencial. Borges tiene toda la razón al recordarnos la prosa con resonancias de órgano de De Quincey y el control y la economía que caracterizan a los relatos de Stevenson y Kipling. Chesterton resulta muy extraño en esta lista, aun cuando podamos comprender el papel que una obra como *El hombre que fue jueves* ha desempeñado en el amor que siente Borges por las charadas y las altas payasadas intelectuales. Pero ninguno de estos escritores se encuentra entre los que representan las fuentes naturales de energía en la historia de la lengua o en la del sentimiento. Y cuando Borges afirma, quizá burlonamente, que Samuel Johnson fue un escritor más inglés que Shakespeare, nuestro sentido de lo deliberadamente extraño se agudiza. Manteniéndose exquisitamente distante de la ampulosidad, las bravuconerías y las estridentes pretensiones ideológicas que caracterizan a gran parte de la literatura contemporánea, Borges se ha creado para sí mismo un centro que, como en la esfera mística del Zohar, es al mismo tiempo un lugar remoto.

El mismo Borges parece darse cuenta de las desventajas de esta situación. En una entrevista reciente, ha dicho que actualmente trata de llegar a una sencillez extrema, de componer cuentos de una franqueza vigorosa y llana. El simple choque de un puñal contra otro siempre han fascinado a Borges. Algunos de sus primeros y mejores escritos derivan de leyendas de apuñalados en el arrabal de Palermo, en Buenos Aires, y de correrías heroicas de gauchos y soldados fronterizos. Borges se siente elocuentemente orgulloso de sus antepasados guerreros: de su abuelo, el coronel Borges, que peleó contra los indios y murió en una revolución; del coronel Suárez, su bisabuelo, quien estuvo al frente de una carga de caballería peruana en una de las últimas grandes batallas contra los españoles; de un tío abuelo suyo, que estaba a la cabeza de la vanguardia del ejército de San Martín:

> Pisan mis pies la sombra de las lanzas
> que me buscan. Las befas de mi muerte,
> los jinetes, las crines, los caballos,
> se ciernen sobre mí… Ya el primer golpe,
> ya el duro hierro que me raja el pecho,
> el íntimo cuchillo en la garganta.

«La intrusa», un cuento particularmente corto, sirve de ilustración al ideal actual de Borges. Dos hermanos comparten la misma joven. Uno de ellos la mata con el fin de que la fraternidad entre ellos vuelva a ser completa. Ahora tienen un nuevo vínculo: «la obligación de olvidarla». El mismo Borges compara esta viñeta con los primeros cuentos de Kipling. «La intrusa» es un cuento diminuto, pero perfecto y extrañamente conmovedor. Parece como si Borges, después de haber viajado a través de todas las lenguas, las culturas, las mitologías, hubiera llegado a su propia casa y encontrado el Aleph en el patio de al lado.

En un maravilloso poema intitulado «Elogio de la sombra», que irónicamente juega con la idea de que es justo que un ciego conozca todos los libros pero que también se olvide de lo que decida olvidarse, Borges menciona los caminos que lo han conducido a su centro secreto:

> Esos caminos fueron ecos y pasos,
> mujeres, hombres, agonías, resurrecciones,
> días y noches,
> entresueños y sueños,
> cada ínfimo instante del ayer

y de los ayeres del mundo,
la firme espada del danés y la luna del persa,
los actos de los muertos,
el compartido amor, las palabras,
Emerson y la nieve y tantas cosas.
Ahora puedo olvidarlas. Llego a mi centro,
a mi álgebra y mi clave,
a mi espejo.
Pronto sabré quién soy.

Sería una tontería tratar de parafrasear ese núcleo significativo final, ese encuentro con la identidad perfecta que ocurre en el corazón del espejo. Pero todo está relacionado vitalmente con el concepto de la libertad. En una traviesa nota, Borges ha salido en defensa de la censura. El escritor auténtico emplea alusiones y metáforas. La censura lo obliga a pulir y a usar más expertamente los instrumentos básicos de su oficio. De esa manera, Borges insinúa que los estridentes escritos acerca de la emancipación erótica y política que actualmente pasan por poesía y ficción no implican ninguna libertad verdadera. La función liberadora del arte reside en su singular capacidad de soñar a pesar del mundo, de estructurar mundos *de modo diferente.* El gran escritor es anarquista y arquitecto al mismo tiempo. Sus sueños socavan y vuelven a construir el paisaje chapucero y provisional de la realidad. En 1940, Borges se dirigió a la «cierta sombra» de Thomas De Quincey diciéndole:

Teje para baluarte de tu isla
redes de pesadillas.

La propia obra de Borges ha urdido pesadillas en muchas lenguas, pero mucho más frecuentemente sueños elegantes e ingeniosos. Todos esos sueños le pertenecen inalienablemente, pero somos nosotros quienes despertamos de ellos enriquecidos.

[*The New Yorker,* 20 de junio de 1970. Traducción de Francisco Rivera.]

ALFRED KAZIN

REFLEXIONES SOBRE BORGES Y LA LITERATURA NORTEAMERICANA DEL SIGLO XIX

Encontrarse con Borges es como leerlo; conocer a Borges *es* leerlo. Habla principalmente sobre literatura o sobre su vida en la literatura, y en oraciones hábilmente construidas en inglés comenta sobre cosas que uno ha leído o leerá en sus ensayos, cuentos, leyendas, artículos de vena satírica, muchos de los cuales tratan de su vida en la literatura, de sus autores ingleses favoritos de fines del siglo XIX que frecuentemente ve como sus modelos, de la ceguera que regularmente visita a miembros de su familia. Actualmente casi ciego («Puedo distinguir que hay ventanas allí, pero no puedo ver su rostro»), su caballerosidad más pronunciada que su delicadeza, su sensibilidad trémula pero controlada (que pareciera estar ubicada en los espaciosos orificios nasales, levantados como para recibir el mundo exterior, en un *humilde* rostro de ciego elevado en actitud pensante), el rostro que ofrece es el de un escritor escribiendo.

Lo veo, lo conozco, sólo como una inteligencia visiblemente en el proceso de la composición. Una razón es, por supuesto, su aristocrática formalidad de latinoamericano de clase alta —¡personas muy ceremoniosas, de actitudes estudiadas, son nuestros vecinos del sur! Y los escritores ciegos dependen de la memoria para escribir. Borges dice que su poesía ha retornado a los metros regulares, más fáciles de retener en la memoria. Pero es también un hecho que Borges, sin duda solamente porque es Borges, es tan extraño en su presencia física como lo es en la página escrita. No sé de nadie que remotamente se le parezca.

Uno puede tener sus dudas respecto a varios aspectos de la obra de Borges; se puede comprender a los jóvenes especialistas en Latinoamérica de la Universidad Hebrea de Jerusalén cuando protestaron porque el «Premio de la ciudad de Jerusalén» fue otorgado a Borges en vez de a Gabriel García Márquez por su extraordinaria obra *Cien años de soledad,* una novela que está a la vanguardia de la literatura contemporánea y en el centro de la condición latino-americana. Pero de lo que no se puede dudar, lo que constituye la clara presencia de Borges en cada una de sus páginas, es la fascinación de *sus* setenta años de soledad.

Borges es un ser creador completamente original que se siente confesadamente extraño a la tradición española y hasta probablemente extraño a la tradición latinoamericana. Pero aunque es un gran admirador de la imaginación literaria inglesa y en los fines de semana estudia el anglosajón y el nórdico antiguo, hay algo en su soledad intelectual y en la forma que sus cuentos-ensayos adoptan, que me recuerda a los norteamericanos del siglo xix que tuvieron que hacer su propia literatura a partir de cero.

Permítaseme, pues, exponer mi curiosa conjetura de que Borges creció con Poe, Emerson, Melville, Thoreau. Lo veo como un hombre que literalmente tuvo que construirse su propio mundo, un mundo en el cual le fuera posible habitar; para satisfacer su imaginación fue tan lejos como creyó necesario. Se tiene la impresión, cuando se considera su estado de confinamiento, de una inmensa necesidad que puede ser satisfecha, de un esfuerzo personal y primordial de renovación —únicamente a través de la palabra— que uno asocia con poetas, fantaseadores, alquimistas antes de la era de la novela y «el realismo».

Tal vez sea esto lo que recuerde en la originalidad necesaria de Borges, en esa inocencia de lo nuevo en un mundo todavía no concluido después de los setenta años, en la necesidad de construir inclusive su propio planeta (en «Tlön, Uqbar, Orbis Tertius»), a un escritor norteamericano. Hay duelos a cuchillo en los atardeceres de la Pampa, pero las peleas no son nunca entre enemigos, sino entre un hombre y su coraje, lo cual lo asemeja a Melville y a muchos escritores del «Far West».

Es tan sudamericano como norteamericano que un escritor esté impregnado de una tradición y que, sin embargo, no pueda usarla. Hay en la obra de Borges una soledad con respecto al espacio y al tiempo que probablemente surge no solamente de lo anómalo de su educación —su padre fue un profesor con una inmensa biblioteca de libros ingleses, Borges tuvo su formación literaria en inglés y residió en Europa durante sus años de estudiante más tiempo que Henry James—, sino de una incapacidad de usar esa afectada estructura de la «cultura» tan cara a las viejas élites latinoamericanas, con su idolatría por París, sus costumbres ostentosas y su vacía superioridad hacia su propio pueblo.

Por supuesto, el propio Borges pertenece a la clase alta y es extremadamente libresco: el producto mismo, podría pensarse, del imperialismo cultural inglés y que nosotros, en este país, censurábamos como el complejo colonial. Pero una característica de Borges es su constante transmutación y extensión —a menudo como una parodia— de la biblioteca de su padre. De hecho sólo es «inglés» en el sentido que un escritor norteamericano en Texas o Wyoming, un Wallace Stevens en Hartford que absorbió y remedó la poesía francesa sin ir a Francia, puede ser considerado «francés». Borges ha construido su obra —y, sospecho, su vida misma— con el mismo esfuerzo tenaz con que hizo su patria de su propia inteligencia.

Para el escritor «americano» nunca ha habido realmente un «mundo» excepto el creado por él. Por eso Borges me recuerda no a los escritores contemporáneos, no a ningún novelista, sino a Poe y Melville hasta en la «inmadurez» de estos últimos —los fantaseadores-niños, los solitarios constructores de sueños en el desierto, los escritores que como Emerson y Thoreau siempre escribieron «piezas», diarios, ensayos, fragmentos de una gran verdad. También para Borges, la «imaginación» que constantemente celebra —y en la que trabaja— es Dios.

Borges es un autor de *romances* en el sentido inglés de relatos extraordinarios, un contador de cuentos, un poco un mago y artista de lo perplejo, un virtuoso del relato-símbolo, de la leyenda contada y recontada desde viejos claustros, de la búsqueda. Es un escritor fascinado y consternado por el espacio vacío que envuelve sus relatos como una maldición. En el excelente cuento «La intrusa» leemos sobre dos hermanos que vivían con la misma mujer hasta que ésta se interpuso entre ellos: «Sin explicarle nada la subieron a la carreta y emprendieron un silencioso y tedioso viaje. Había llovido; los caminos estaban muy pesados y serían las tres de la mañana cuando llegaron a Morón. Ahí la vendieron a la patrona del prostíbulo.»

Aunque los hermanos son más luminosos que la llanura vacía, parecen agobiados, como esas figuras solitarias de tantas narraciones norteamericanas, por la incongruencia de su existencia y la tierra impenetrable. Una y otra vez uno encuentra en los cuentos de Borges esa obsesión «americana» por el laberinto, la cifra, el corredor frustrante, el anhelo de alcanzar el secreto universal, el elixir mágico, junto con la onírica violencia impersonal que recuerdan más a Poe que al Chesterton y al Stevenson de quienes Borges aprendió a decir: «¡Señores, permítanme urdirles un cuento!» *.

Hasta donde puedo ver por sus cuentos, Borges no es ni siquiera católico, y es tan amateur en religiones orientales como Emerson-Thoreau. La ausencia de instituciones en Borges es tan marcada como la vieja capacidad norteamericana de fabricarse un Dios propio de los caprichos del cerebro humano. Y junto con este

---

* «Gentlemen, let-me-weave-you-a-tale!»

interés en credos, no en un credo, hay que agregar el sentimiento de la ausencia de una comunidad literaria, la ausencia de la literatura como una «carrera» que esos cosmopolitas fracasados, Thoreau y Melville, hubieran comprendido. (La fama actual de Borges en el mundo de habla inglesa se debe al deterioro de muchas formas convencionales de narración, lo cual explicaría por qué Borges aparece ahora regularmente en las páginas de *The New Yorker* mientras que muchos de los viejos colaboradores favoritos han dejado de aparecer.)

Pero junto con esta falta de convencionalismo, muy personal y muy norteamericana, el mundo de Borges da la sensación de una realidad obsesiva y completamente mental, de una falta de grandes experiencias y de preocupaciones sexuales profundas. Hay en Borges, como en tantos escritores norteamericanos del siglo XIX, una concepción fundamental justa que permite, y de hecho estimula, invenciones «cósmicas», una atracción por la ambigüedad, sombras de un sueño que nos acompaña en nuestra exploración más honda de lo personal. Conflictos sexuales y emociones manifiestas —con la excepción de ese excelente cuento, «La intrusa», donde dos hermanos comparten la misma mujer— son tan raros en Borges como en muchos de los escritores de la Nueva Inglaterra del siglo pasado.

Lo que es diferente en Borges el *americano* es su visión del lugar. En la literatura norteamericana del siglo XIX el lugar está siempre ahí, en el centro de nuestra mente, pero vacante. La Buenos Aires de Borges, que constituye la totalidad de su mundo, es inefablemente vasta, una multitud, y, sin embargo, extrañamente vacía de todo, excepto nombres de lugares, anécdotas y unos pocos amigos. La gran ciudad se nos ofrece con la misma vaguedad de la interminable Pampa. Pero esto puede tener algo que ver con su vista. Lo cierto es que Borges no nos pone en contacto inmediato con su propio país. Su Argentina permanece como una geografía de sueños, y lo más real en ella es la mente de Borges.

[*The New York Times Book Review,* 2 de mayo de 1971. Traducción de J. A.]

JAMES E. IRBY

BORGES, CARRIEGO Y EL ARRABAL *

En 1930, Borges publica un pequeño volumen de tapas rosadas sobre Evaristo Carriego, poeta popular del Palermo de Buenos Aires de principios de siglo. 1930: año de singulares transformaciones. Borges va dejando la poesía para aproximarse lentamente a la ficción en prosa. La crisis económica y el golpe militar ponen fin al optimismo de la década anterior, que son los años mozos de la generación de Borges, y anuncian tiempos más sombríos. Obra bifronte, *Evaristo Carriego* resume la fase criollista, esperanzada, de su autor y anticipa la fase más experimental, desconcertante, que sigue, ya que funde en sus páginas las funciones imaginativa y crítica de un modo análogo al de ciertos cuentos que Borges da a conocer unos años después. De sus libros ensayísticos de aquellos años, es ése el primero, el más antiguo, que juzga digno de incluir, con leves retoques y algún apéndice nuevo, en la actual edición de sus obras completas. Nadie, que yo sepa, ha analizado *Evaristo Carriego* como un objeto literario, como etapa en una evolución creadora. Ofrezco aquí unos apuntes para un análisis de esa índole.

En los poemas escritos a lo largo de los años veinte y reunidos en *Fervor de Buenos Aires, Luna de enfrente* y *Cuaderno San Martín,* Borges casi siempre evoca los suburbios de Buenos Aires, zona de transición entre el campo y la ciudad, entre el pasado y el futuro. Procura fijar en imágenes perdurables la esencia criolla de esos barrios que van siendo lamentablemente invadidos por el progreso. En *Fervor de Buenos Aires,* esas imágenes son estáticas, despobladas, casi geométricas. El poeta solitario contempla, a la hora del crepúsculo, patios, calles y placitas que se abren a la inmensidad del cielo y del campo y en los que el tiempo parece detenerse un amplio instante ante la noche inminente. Los poemas subsiguientes,

---

* Ponencia leída en el XIII Congreso Internacional de Literatura Iberoamericana, Los Angeles, 20 de enero de 1967.

sobre todo los de *Cuaderno San Martín,* van poblándose de figuras humanas, de circunstancias, de anécdotas, de historia. Se siente cada vez más la presión del tiempo, el deseo de aferrarse a cosas queridas, el sabor del riesgo y de la muerte. Esto parece agotar las posibilidades del verso sentencioso empleado por Borges y reclamar expresión más amplia y compleja en la prosa, empezando con *Evaristo Carriego,* que viene a ser algo más que un simple informe crítico-biográfico.

En unas cien páginas, Borges traza un cuadro nervioso, elíptico, caleidoscópico, de Palermo a través de los siglos, apunta hechos esenciales de la vida de Carriego, analiza sus poemas y se pregunta cómo podemos captar en palabras cualquier realidad. Carriego y su Palermo, oscuros y locales, ejemplifican para Borges nuestra problemática situación en el universo. Ambos, poeta y barrio antiguo, ya han desaparecido, dejando sólo tenues memorias y símbolos. ¿No es ése acaso el destino de todo fenómeno, de todo momento, por intensamente que lo vivamos? Todo resulta radicalmente inestable, fugaz, contradictorio, ni una cosa ni otra. En el suburbio, «naipe de dos palos, moneda de dos caras» [18] [1], lucha la dignidad contra la corrupción sobre un terreno confuso. El propio Carriego, entrerriano con sangre italiana, es minado en plena juventud por una tuberculosis mortal. Además, tanto el poeta como su barrio encerraron dentro de sus límites fatales una infinita, incalculable riqueza de detalles. Sólo podemos hacer de ellos una selección, pero ¿cómo? y ¿cómo combinarlos? Aquí Borges acuña uno de sus más intensos epigramas: «la vida es pudorosa como un delito y no sabemos cuáles son los énfasis para Dios» [20]. En el capítulo sobre Palermo, Borges irónicamente «elige» un método que, querámoslo o no, nos es impuesto a todos por la flaqueza de la memoria y la comprensión humanas:

> Afortunadamente, el copioso estilo de la realidad no es el único: hay el del recuerdo también, cuya esencia no es la ramificación de los hechos, sino la perduración de rasgos aislados. Esa poesía es la natural de nuestra ignorancia y no buscaré otra [16].

El capítulo siguiente, sobre la vida de Carriego, contiene un pasaje análogo, donde asoma la esperanza que Borges utópicamente quisiera fundar en esa misma flaqueza:

> Yo pienso que la sucesión cronológica es inaplicable a Carriego, hombre de conversada vida y paseada. Enumerarlo, seguir el orden de

---

[1] Las cifras entre corchetes indican páginas de la edición de Emecé, Buenos Aires, 1955.

sus días, me parece imposible; mejor buscar su eternidad, sus repeticiones. Sólo una descripción intemporal, morosa con amor, puede devolvérnoslo [38].

Es decir, se quiere, en la paradoja que Borges propone en otro momento, «una continuidad de figuras que cesan» [16]. De ahí el carácter discontinuo y digresivo de *Evaristo Carriego,* que justifica el epígrafe tomado de De Quincey: «a mode of truth, not of truth coherent and central, but angular and splintered». Borges emplea las transiciones más bruscas y arbitrarias, abunda en enumeraciones heterogéneas, con evidente desprecio de las reglas convencionales de composición. O, mejor dicho, con enorme sensibilidad a los detalles alusivos y con enorme desconfianza ante los conjuntos definitivos y armoniosos. Como declara en un apéndice, «confiamos nuestra fe a los renglones, ya que no a los capítulos» [119]. Pero esos saltos abruptos y zig-zags del pensamiento crean resonancias, simetrías, que de otro modo serían imposibles. Las últimas páginas de «Una vida de Carriego» ofrecen un hermoso ejemplo. Allí Borges reitera uno de sus temas centrales, anunciado antes en el poema «Inscripción en cualquier sepulcro» y llevado a su plenitud muchos años después en el magnífico ensayo «Nuestra refutación del tiempo». Se trata del concepto idealista, casi místico, de que ciertas experiencias fundamentales son las mismas en todos los hombres, los identifican y así «prueban» que el tiempo, el espacio y la muerte son irreales. Al resumir la biografía de Carriego, Borges observa:

> Repensando las frecuencias de su vivir..., veo un sentido de inclusión y de círculo en su misma trivialidad. Son actos comunísimos, pero el sentido fundamental de *común* es el de compartido entre todos. Esas frecuencias... yo sé que nos lo acercan. Lo repiten infinitamente en nosotros, como si Carriego perdurara disperso en nuestros destinos, como si cada uno de nosotros fuera por unos segundos Carriego. Creo que literalmente así es, y que esas momentáneas identidades (¡no repeticiones!) que aniquilan el supuesto correr del tiempo, prueban la eternidad [47-48].

Pero en seguida Borges pasa a preguntar si Carriego habrá vislumbrado en sus propios versos el destino que él, Borges, ve en ellos. Esto sólo lo puede conjeturar, y concluye su capítulo, a unos renglones de la cita anterior, con estas palabras:

> Yo espero que Carriego lo entendió así, alegre y resignadamente, en una de sus callejeras noches finales; yo imagino que el hombre es poroso para la muerte y que su inmediación lo suele vetear de hastíos y de luz, de vigilancias milagrosas y previsiones [48-49].

Coexisten aquí las más opuestas insinuaciones. La eternidad y la disolución andan en nosotros. Carriego es Borges y nosotros y un deaparecido cuya íntima verdad ya quedó oculta para siempre. Saber, establecer identidades, es un inventar lúcido urgido por la muerte. Por supuesto, tales abismos asomaban ya en los poemas de Borges, pero aquí, en un género que se supone verídico y literal, se ahondan con disimulo, acechándonos en las rendijas más insospechadas.

No es menos ambigua la atracción que ejerce el poeta Carriego sobre Borges. Este, entusiasta de metafísicas y literaturas lejanas, estilista oblicuo y sutil, rinde homenaje a un poeta menor, sentimental, especie de reportero en verso del arrabal, que va del ripio florido al prosaísmo deliberado. Hay en esto añoranza y admiración sinceras, pero también distanciamiento voluntario y hasta algún propósito medio socarrón de confundir los valores literarios establecidos. Siempre ha habido en Borges la nostalgia de una época más heroica en el pasado, de una plenitud que no le tocó vivir a él, así como de un lirismo inmediato, feliz, sin dudas ni artificio. Tal vez el verdadero héroe de *Evaristo Carriego,* retratado en varias anécdotas, sea el guapo, duelista «duro y ascético en el polvoriento suburbio» [68 n.], diestro en el arte de la sorna y de cortejar a la muerte con coraje y hombría. Carriego anduvo con confianza ente esos descendientes suburbanos del gaucho en tiempos de su apogeo, y ante uno y otros Borges siente «esa casi perpleja admiración que el instintivo suele producir en el hombre de letras» [41]. Borges hubiera querido ser un Carriego, vivir en aquella época. Pero también critica a su poeta, censurándole el patetismo fácil y el palabreo ostentoso, excesos típicos del gusto argentino aplebeyado (del tango, por ejemplo), a los que Borges por cierto no es ajeno, pero que él ha sabido transformar irónicamente en artificios barrocos. A Borges le fascina el heroísmo que se confunde con la infamia; asimismo le fascina la extraña expresividad del mal gusto.

Borges publica *Evaristo Carriego* y no vuelve a cultivar la poesía hasta muchos años después. Es como si cediera la palabra a Carriego, antecesor suyo en la poesía del suburbio, inventor del género, privilegiado conocedor de ese mundo. Pero lo hace recreando a Carriego en un comentario densamente figurado, examen y creación suplementaria, que sobrepasa a la vez los versos de aquél y los suyos propios. Digo «sobrepasa» porque se esboza aquí una estructura multidimensional, más eficaz, que difícilmente podría realizarse en verso. Borges procura revelar la ambigüedad poética en todos los usos de la palabra —metáfora, lectura, documentación, historia, biografía, crítica, charla con el lector— que forman planos recíprocos y escalonados, como una galería de espejos o como esas filas de caserones criollos con patios y otros patios dentro, huecos, precisos e irreales, que Borges invoca vertiginosamente en su primer capítulo.

Evaristo Carriego engendra las narraciones del Borges maduro. De sus anécdotas de guapos y compadritos saldrá el primer cuento, «Hombre de la esquina rosada»; de su molde crítico-biográfico, las glosas de *Historia universal de la infamia,* así como, más tarde, las ficciones en forma de seudo-ensayo. Néstor Ibarra ha observado muy bien que la literatura narrativa aparece en Borges junto con la superchería de inventar obras y autores que no existen. Esto no ocurre aún en *Evaristo Carriego,* que contiene, no obstante, las semillas de semejante engaño creador. A decir verdad, esas semillas están ya en los primerísimos manifiestos ultraístas de Borges, donde se afirma que toda palabra o conjunto de palabras, frente al infinito y cambiante mundo, resulta tan parcial que equivale a una metáfora, vale decir una ficción. Ahondando esta teoría, se llega a dos consecuencias. Retratar a Carriego viene a ser lo mismo que imaginar a un Pierre Menard, a un Herbert Quain, a un Nils Runeberg o a cualquier otro protagonista de Borges, quienes comparten con él y con nosotros el destino del hombre mortal, ya fantasma de sí mismo, que entreteje símbolos siempre insuficientes. Y la ficción borgeana, con fábulas dentro de fábulas dentro de escrutinios críticos, devorándose en espirales que parecen no acabar nunca, viene a ser para él el símbolo menos insuficiente, más desengañado, para confesar ese nuestro paradójico destino.

Evaristo Carriego es, por lo general, un libro sereno y feliz. Al Borges de entonces todavía lo sostiene su ciudad natal. «Aquí y aquí me vino a ayudar Buenos Aires» [30], dice, parafraseando a Robert Browning; y en otro lugar supone que a Carriego también lo apoyaba su barrio: «El se sabía delicado y mortal, pero leguas rosadas de Palermo estaban respaldándolo» [40]. Pero Carriego muere, el barrio se deshace, y llega el momento en que a Borges no le basta con hundirse en las zonas más criollas de su Buenos Aires, aunque no pierde nunca su amor por ellas. Al emprender el género narrativo, se le abren perspectivas más vastas: su escenario pasa a ser el universo entero. El criollismo ya no funciona. Incansable refutador de sistemas, y antes que nada de los suyos propios, a Borges lo urge la necesidad de superarse. Además, los tiempos mudan, cargándose de amenazas: en 1939 reconoce con arrepentimiento que el nazismo es una forma exacerbada de nacionalismo. En el famoso cuento «La muerte y la brújula», escrito en plena guerra mundial, Buenos Aires se ve deformado como en una pesadilla, bajo nombres extraños que evocan siglos de anhelo, persecución y agonía. Lugares antes contemplados con ternura, la aventura heroica del crimen, ahora resultan sórdidos, tenebrosos, demoníacos: significan no sólo todo lo que resiste formulación intelectual, sino también lo que forja simetrías falsas para engañar al intelecto y llevarlo al fracaso, a la muerte. Es como el anverso de *Evaristo Carriego*, como la perfección de lo que inquietaba el fondo de sus fervorosas y entrecortadas páginas.

[*Nueva Revista de Filología Hispánica*, México, tomo XIX, núm. 1, 1970.]

ESTRUCTURA OXIMORONICA EN LOS ENSAYOS DE BORGES

El Borges narrador y poeta ha relegado a segundo plano al ensayista. En la cincuentena de libros ya dedicados a su obra y, en general, a lo largo de la extensa bibliografía que la examina, el ensayo está tratado más que como género en sí mismo, como «complemento necesario para la comprensión de sus ficciones» [1], como «lectura fundamental para comprender el sentido final de su obra creadora» [2]. Se ha estudiado y continúa estudiándose con relativa amplitud al poeta y al narrador, pero todavía no ha aparecido la obra dedicada al ensayista o al crítico literario. Las posibles explicaciones de tal anomalía son varias: el éxito de sus cuentos, que ha otorgado a Borges su celebrada notoriedad; el grave error de excluir el ensayo de su obra creadora; la tendencia a ver el ensayo no como entidad en sí misma, sino como exégesis o suplemento del poema o del cuento (pecado casi inevitable cuando el ensayista es también poeta o narrador); el delgado límite entre ensayo y cuento, y la subsiguiente necesidad de estudiar el uno en ensamble con el otro. Podríamos agregar otras razones que contribuirían a explicar el hueco, pero que no lograrían justificarlo. De la misma manera que sus cuentos han entrado en antologías universales del género (*The Contemporary Short Story,* Columbia University Press), sus ensayos se abren paso en colecciones similares: en la antología *Fifty Great Essays* (Bantam Classic) Borges figura con cuatro ensayos junto a los maestros del género de todos los tiempos y lenguas occidentales. No hay razón para dudar que Borges es tan maestro del ensayo como lo es del cuento y del poema.

Borges ha escrito excelentes estudios sobre Lugones, Evaristo Carriego, el *Martín Fierro;* sus juicios y valoraciones pueden ser

---

[1] JAMES E. IRBY, «Introduction», *Other Inquisitions,* Nueva York, 1965.
[2] EMIR RODRÍGUEZ MONEGAL, «Borges, essayiste», *L'Herne,* París, 1964, página 345.

materia de discusión o disensión, pero nadie que se proponga estudiar seriamente esos temas podrá prescindir de ellos: los tres estudios representan aportaciones definitivas para la evaluación de los tres poetas. Sin embargo, no son estos ensayos de cierta extensión (más allá de las sesenta páginas) los que acreditan a Borges su estatura de ensayista. Son los ensayos breves, los reunidos en *Discusión* y *Otras inquisiciones,* los que mejor definen su contribuición al género. Su originalidad no reside en el erudito y vario ámbito de sus temas; no menos erudita y varia en temas es la obra de por lo menos dos espíritus afines: Alfonso Reyes y Ezequiel Martínez Estrada. Leyendo los ensayos de Martínez Estrada y los de Borges, el lector percibe de inmediato una intención común: los dos descreen del realismo fotográfico, los dos desconfían de la lógica aristotélica. Hablando de Kafka, dice el primero: «... no es fantástico, sino con respecto al realismo ingenuo que acepta un orden fundado en Dios, en la razón o en el lógico acontecer de los hechos históricos. El mundo del primitivo se le asemeja funcionalmente más; allí Dios es una constelación inescrutable, la lógica un sistema de inferencias basado en las analogías apareciales, y el proceso orgánico del ocurrir las cosas, un evento maravilloso, abierto en cada instante a lo inesperado. Un mundo mágico, en fin» [3]. Y Borges: «... es aventurado pensar que una coordinación de palabras (otra cosa no son las filosofías) pueda parecerse mucho al mundo» (D. 136); y en otro lugar: «Una doctrina filosófica es al principio una descripción verosímil del universo; giran los años y es un mero capítulo —cuando no un párrafo o un nombre— en la historia de la filosofía.» Como Borges, Martínez Estrada se esfuerza por trascender esa imagen del mundo inventada por «la lógica deductiva de Aristóteles y Descartes» para acercarse a un mundo que ya no se enumera y que más que pensarse se intuye, un mundo más cerca de Laotsé que de la Grecia socrática. Pero mientras Martínez Estrada busca alternativas gnoseológicas porque esencialmente cree en la posibilidad de alcanzar o asir «el orden verdadero del acontecer», y de aquí su entusiasmo por Kafka como un retorno al mito y al lenguaje del mito, Borges no polariza la razón occidental y el mito oriental; ve en el budismo una forma de idealismo, y Schopenhauer —que tenía en su cuarto junto al busto de Kant un bronce del Buddha— será para Borges, más que un pensamiento, una realidad o, como él lo dice: «pocas cosas me han ocurrido más dignas de memoria que el pensamiento de Schopenhauer o la música verbal de Inglaterra» (H. 109). Al entusiasmo de Martínez Estrada (entusiasmo por «un orden verdadero del acontecer»), Borges opone un escepticismo esencial: si hay un orden, ese orden

---

[3] Ezequiel Martínez Estrada, *En torno a Kafka y otros ensayos,* Barcelona, 1967, p. 30.

es inaccesible a los hombres. En los dos encontramos un rechazo del idealismo filosófico, pero en Borges ese rechazo es una forma de aceptación: no como una interpretación de la impenetrable realidad, sino como literatura fantástica. Las ficciones de Borges se nutren del fracaso de esas teorías filosóficas, o, como él dice, de su carácter de «maravilla»: al hacerlas funcionar como coordenadas de sus cuentos, demuestra por el absurdo su irrealidad como imagen del mundo, su condición no de reflejo del mundo, sino de cosa agregada al mundo. A pesar de las diferencias (una fe trascendental en Martínez Estrada, un escepticismo radical en Borges) en los dos trasuda un genuino esfuerzo por superar las estrecheces de ese canon que la tradición occidental nos ha impuesto como metro y patrón de la realidad. Es en la forma donde comienza a definirse la originalidad del ensayo de Borges respecto al de Martínez Estrada. Los ensayos de Estrada se quedan, en cuanto a forma, dentro de esa ortodoxia racional de la que, en su contenido, buscan renegar. Podría aducirse de inmediato que esa racionalidad es el signo distintivo del ensayo, y que hasta en los temas más abstrusos y menos dóciles al cepo de la razón, el ensayista está obligado a dicurrir por ese carril lógico en cuyo curso elucidatorio quedaría limitado. Pero es precisamente en este aspecto donde los ensayos de Borges ofrecen una alternativa. En sus «Inquisiciones» hay una dimensión imaginativa nueva en el ensayo hispanoamericano. Borges practica en sus ensayos una operación similar a la empleada en sus narraciones: la materia de sus ensayos está sujeta de alguna manera a esas metafísicas y teologías que forman nuestro contexto de cultura. Desde este punto de vista no es difícil confrontar ensayo, cuento y poesía, y encontrar ciertas constantes o «tópicos borgeanos» como se los ha llamado. El tema del caos y el orden, por ejemplo, central en cuentos como «La biblioteca de Babel», «La lotería en Babilonia» y «Tlön, Uqbar, Orbis Tertius», queda planteado en toda su amplitud en el ensayo dedicado al «Idioma analítico de John Wilkins». La invención de John Wilkins recibe el mismo tratamiento que los cuentos: «... no sabemos qué cosa es el universo... El mundo es tal vez el bosquejo rudimentario de algún dios infantil... La imposibilidad de penetrar el esquema divino del universo no puede, sin embargo, disuadirnos de planear esquemas humanos, aunque nos conste de que éstos son provisorios. El idioma analítico de Wilkins no es el menos admirable de esos esquemas» (O. I. 143). La misma tesis que forma el cañamazo sobre el cual se van tejiendo las ficciones, constituye la espina dorsal del ensayo: tan impotente frente a la realidad es el idioma analítico de Wilkins como los esfuerzos de los bibliotecarios por descifrar los ilegibles libros de la biblioteca de Babel; tanto el idioma analítico de Wilkins como el planeta ordenado de Tlön son expresiones del mismo prurito de un orden vedado a la inteligencia humana.

El tema del universo como sueño o libro de Dios, central en «Las ruinas circulares», «El muerto» y «La muerte y la brújula», está planteado ya con todos sus bemoles en el ensayo «Formas de una leyenda». Aquí Borges se propone dilucidar «el defecto de lógica» de la leyenda, según un orden expositivo característico de muchos de sus ensayos: *a)* presentación del problema; *b)* un resumen de las hipótesis más ilustres que intentan explicar el problema; *c)* solución propuesta por Borges, y *d)* rechazo de *b)* y *c)* y conclusión. En *c)* Borges propone que para «desatar el problema (''el defecto de lógica de la leyenda'), no son indispensables las sutilezas dogmáticas (previamente reseñadas)... basta recordar que todas las religiones del Indostán y en particular el budismo enseñan que el mundo es ilusorio. 'Minuciosa relación del juego' (de un Buddha) quiere decir Lalitavistara...; un juego o un sueño es, para Mahayana, la vida del Buddha sobre la tierra, que es otro sueño» (O. I. 207). Otra vez cuento y ensayo parten de una misma premisa, otorgando al cuento una cifra genérica que explica e intensifica los hechos de la fábula, y al ensayo, una perspectiva que redime los «errores accidentales» convirtiéndolos en «verdad sustancial». Hacia esa «verdad sustancial» tienden por igual cuento, ensayo y poema. Aun en un cuento tan próximo al modelo realista como «Emma Zunz», Borges interpreta los hechos de la narración según ese mismo principio: «La historia —dice en el último párrafo del cuento— era increíble, en efecto, pero se impuso a todos porque sustancialmente era cierta» (A. 65). Y en el ensayo: «La cronología del Indostán es incierta; mi erudición lo es mucho más; Koeppen y Hermann Beckh son quizá tan falibles como el compilador que arriesga esta nota; no me sorprendería que mi historia de la leyenda fuera legendaria, hecha de verdad sustancial y de errores accidentales» (O. I. 209). Los «errores accidentales» del ensayo y «las circunstancias falsas» del cuento representan la contingente inmediatez de la realidad, los límites de ese territorio donde rige la lógica aristotélica; tanto en el ensayo como en el cuento, Borges procura cruzar esos límites para explorar una realidad que ya no puede traducirse en correctos silogismos, porque lo que propone en el ensayo es erróneo y, sin embargo, verdadero, y los hechos de la historia de Emma Zunz son falsos, pero sustancialmente verdaderos.

Podríamos abundar en ejemplos de esta adyacencia entre ensayo y cuento, lo cual, de una forma u otra, ya se ha hecho. Lo que aquí nos interesa es definir la aportación de Borges al ensayo. Los dos ejemplos citados bastan para el caso. Volvamos a Martínez Estrada. Lo que el santafesino aconsejaba para entender el mensaje de Kafka nos servirá parcialmente para precisar la mecánica del ensayo borgeano. En su ensayo «Acepción literal del mito en Kafka» escribe el autor de *Radiografía de la pampa:* «Para entender su mensaje [el de Kafka], su estupenda revelación de una realidad antes sólo en lampos entrevista, es preciso reconocer que todo lo que realmente acontece se cumple conforme al lenguaje del mito, porque es mito puro (la matemática es también un sistema mítico); y entonces nada más sensato que expresar, hasta donde hoy sea posible, esa realidad en su connotación lógica: el mito y la alegoría» [4]. Martínez Estrada define el mito como «un sistema lógico de entender bien las cosas inexpresables» [5], y en el caso de Kafka el mito sería una forma de «no aceptar el orden convencional y monstruoso de una realidad condicionada por la norma y la ley facticia» [6]. Ahora bien, hemos dicho ya que tanto el ensayo como el cuento de Borges se nutren de la metafísica y la teología. Estas disciplinas constituyen, en esencia, la antítesis del mito: la primera busca reemplazar el mito por la razón, y la segunda, el exorcismo por la doctrina. Atribuir a Borges el empleo del mito sería, pues, una evidente contradicción. No lo es tanto si recordamos la tendencia de Borges a «estimar las ideas religiosas y filosóficas por su valor estético y aun por lo que encierran de singular y maravilloso» (O. I. 259). En esta operación Borges reduce esas ideas a creaciones de la imaginación, a intuiciones que ya no se diferencian fundamentalmente de cualquier otra forma mítica. El procedimiento recuerda varias de sus narraciones: un disco de dos o tres centímetros que contiene el universo en «El Zahir»; Averroes definiendo las palabras griegas «comedia» y «tragedia», sin sospechar lo que es un teatro; una biblioteca de libros indescifrables; Pierre Menard escribiendo el *Quijote* en pleno siglo XX; un perseguidor perseguido en «La muerte y la brújula». Este tratamiento oximorónico se da con no menor éxito en sus ensayos. Reducidos a mitos los productos de la filosofía y la teología, no hay ningún motivo para no aplicar el mismo procedimiento a los otros fenómenos de la cultura. Esos mitos de la inteligencia serían devueltos, así, a esa única realidad a la cual corresponden: no al laberinto creado por los dioses, sino a aquél inventado por los hombres. Borges se acerca a los valores de la cultura para comprenderlos no en el contexto de la realidad, sino en el único contexto accesible al hombre: la cultura por él creada. El «Biathanatos» de John Donne es entendido según la ley de causalidad; los ensayos «La esfera de Pascal» y «La flor de Coleridge» son ejemplos que ilustran que quizá la historia universal es la historia de la diversa entonación de algunas metáforas (O. I. 17); los «Avatares de la tortuga» de Zenón (las soluciones de Aristóteles, Agripa, Santo Tomás, Bradley, William

---

[4] *Ibídem,* p. 35.
[5] *Ibídem,* p. 34.
[6] *Ibídem.*

James, Descartes, Leibniz, Bergson, Bertrand Russell y otros) quedan explicados en la lapidaria frase: «el mundo es una fábrica de la voluntad» (O. I. 156); el enigma de las *Rubaiyat* de Omar Khayyán y la versión de Fitzgerald, es resuelto con ayuda de la concepción panteísta: «el inglés pudo recrear al persa, porque ambos eran, esencialmente, Dios o caras momentáneas de Dios» (O. I. 112); la misma solución se aplica al caso del sueño del palacio soñado por un emperador mongol del siglo XIII y por un poeta inglés de fines del XVIII, en el ensayo «El sueño de Coleridge».

El tratamiento de los temas de los ensayos no difiere, pues, del empleado en sus narraciones. Esta primera conclusión es ya de por sí reveladora de la concepción de la cultura, manifiesta en el ensayo borgiano: las expresiones del espíritu están comprendidas no como esfuerzos de la inteligencia por entender e interpretar el universo histórico, sino como diseños de «un mundo construido por medio de la lógica, apenas recurriendo, o sin recurrir a la experiencia concreta»[7]. En esencia esta prognosis es la misma que la presentada por Martínez Estrada para estudiar la obra de Kafka: «... la razón configuró racionalmente al mundo y luego se satisfizo en comprenderlo y explicarlo racionalmente»[8]. La originalidad de Borges no reside, pues, en haber partido de esa premisa según la cual «la imposibilidad de penetrar el esquema divino del universo no puede disuadirnos de planear esquemas humanos» (O. I. 143) (idea que con otra formulación la encontramos en Croce, Bertrand Russell y nuestro Alejandro Korn), sino en haber fecundado con esa premisa las posibilidades y alcances del ensayo. Como en el oxímoron, donde se aplica a una palabra un epíteto que parece contradecirla, en sus ensayos Borges estudia un sujeto aplicando teorías que de antemano condena como falibles y falaces. El oxímoron es un intento por superar las estrecheces racionales del lenguaje, es un mentís a la realidad reglada conceptualmente por medio de las palabras. Este procedimiento es el que mejor define la técnica del ensayo borgeano, porque las ideas —lo sustantivo del ensayo— se estiman o califican con teorías que contradicen a las primeras en el sentido de despojarlas de todo valor trascendente respecto a la realidad histórica, pero a la vez (como el oxímoron) devuelven a esas ideas (a ese sustantivo que califican) el único valor que las justifica: su carácter de maravilla o de creación estética, conciliando, así, opuestos que sólo aparentemente se rechazan (y ésta y no otra es la función del oxímoron respecto al lenguaje). El ensayo de Borges no hubiera alcanzado la originalidad que indudablemente posee si hubiera procedido en los mismos términos de estructura discursiva del ensayo tradicional.

[7] BERTRAND RUSSELL, *Our Knowledge of the External World,* Nueva York, 1960, p. 15.
[8] EZEQUIEL MARTÍNEZ ESTRADA, p. 24.

Martínez Estrada veía en Kafka y en el mito, el empleo de la magia para percibir un mundo que es mágico. Borges ha renunciado a esa posibilidad respecto al mundo, pero no respecto a la cultura; ha renunciado al laberinto de los dioses, pero no al laberinto de los hombres. Su modo de percibirlo se nutre de las ideas de todos los tiempos: el tiempo cíclico, el panteísmo, la ley de causalidad, el mundo como sueño o idea y otras, pero ahora han dejado de ser verdades absolutas —como ilusamente pretendían— para convertirse en mitos, en maravillas, en intuiciones. Mitos, a través de los cuales se busca comprender *no* esa realidad mágica inalcanzable para la endeble inteligencia humana, sino esa otra realidad tejida en ese laborioso y paciente esfuerzo por penetrar lo impenetrable que representa la cultura. A pesar de su naturaleza racional, son mitos, porque funcionan en los ensayos creando relaciones oximorónicas que, a la par de constituir un desafío al orden tradicional, posibilitan una nueva comprensión del material al cual se aplican. Esa nueva comprensión consistiría en negar la posibilidad humana de comprender el mundo, en descubrirnos que el hombre sublima su impotencia ante la realidad creando otra realidad y que, finalmente, esa otra realidad es, en esencia, la única a la cual tiene acceso el hombre. Como el poeta, que «se inventa o hace en su poesía» según la expresión de Octavio Paz (y si no véase esa página memorable «Borges y yo»), el hombre, incapaz de conocer el mundo, ha inventado en la cultura su propia imagen del mundo; vive así en una realidad que es el producto de su frágil arquitectura. Sabe que hay otra que constantemente lo asedia y le deja sentir la enormidad de su presencia, y entre esas dos realidades transcurre la historia humana como una inevitable desgarradura. Hay un momento en que el ensayo de Borges percibe esta condición trágica; es cuando dice con esa frase neta y no menos desgarrante: «El mundo, desgraciadamente, es real; yo, desgraciadamente, soy Borges» (O. I. 256).

[*Books Abroad,* Norman (Oklahoma), vol. 45, núm. 3, verano de 1971.]

V

CRITICA DE LA CRITICA

EMIR RODRIGUEZ MONEGAL

BORGES Y LA "NOUVELLE CRITIQUE"

> J. B. J'ai l'impression qu'on m'a lu en France, d'une façon tellment intelligente. Peut-être m'a-t-on lu avec plus d'intelligence que je n'ai mis à écrire, moi! J'ai l'impression qu'on m'a enrichi un peu ou beaucoup en me lisant.
>
> G. C. Nous avons l'impression de nous être enrichis en vous lisant!
>
> J. B. Eh bien, c'est réciproque, tant mieux! Mais quand je vois les analyses qu'on a faites de mes nouvelles, comment on les a lues, comment on les a prises au sérieux, et comment, en même temps, on a senti ce qu'il y a d'humour, d'humour un peu secret peut-être...
>
> GEORGES CHARBONNIER: *Entretiens avec Jorge Luis Borges* (París, 1967)

Los franceses han sido los primeros viajeros no hispánicos en intentar una cartografía de esa *terra incognita* que cubre el nombre de Jorge Luis Borges. Ya en 1925, Valery Larbaud, lector polígloto e impune de la nueva literatura, dedicaba un artículo al primer libro de ensayos, *Inquisiciones,* del entonces joven poeta argentino. Por esos mismos años, un joven de origen vasco-francés, Néstor Ibarra esbozaba una tesis universitaria para la Facultad de Filosofía y Letras de Buenos Aires sobre la nueva poesía argentina. En 1933, Drieu la Rochelle, al regresar de una visita a la Argentina en momentos en que todos discutían el último libro de ensayos de Borges *(Discusión,* 1932), descubría que «Borges vaut le voyage». En 1939, Ibarra publica en *Mesures,* la (tal vez) primera traducción de Borges en Francia: «El acercamiento a Almotásim». En plena guerra, Roger Caillois, que entonces reside en Buenos Aires, funda allí, con el patrocinio de Victoria Ocampo, una revista de la Francia Libre, *Lettres françaises,* donde se publicarán más traducciones de Borges y textos sobre su obra [1].

Después de la guerra comienza la avalancha: hay traducciones por todas partes, y en particular en *Cahiers du Sud,* en *La Nouvelle NRF,* en *Les Temps Modernes.* En esta última revista, la más discutida en los años de la segunda posguerra, se publica un enciclopédico y provocativo artículo de Etiemble: «Un homme à tuer: J. L. Borges» (Paris, septiembre de 1962), en que se discute el supuesto «cosmopolitismo» del autor argentino. En 1951, Caillois empieza a publicar, más o menos ordenadamente, en su colección «La Croix du Sud», de Gallimard, la traducción de los libros más importantes de Borges: en el primer volumen, *Fictions,* uno de los traductores es el ubicuo Néstor Ibarra; el último hasta la fecha, *Oeuvre poétique 1925-1965,* es de Ibarra solamente [2]. Entre 1951 y 1970, fecha de este último volumen, la fortuna de Borges en Francia, y en el resto del mundo occidental, ha alcanzado proporciones incalculables. Ya en 1961, al recibir ex-aequo con Samuel Beckett el Premio Internacional de Editores, otorgado en Formentor, Borges empieza su firme carrera internacional. En la concesión de ese premio, Borges contó no sólo con el apoyo de los editores de habla española, sino con el imprescindible de los franceses. Tres años después del premio, el volumen colectivo que le dedica *L'Herne* (marzo 1964) reúne más de 60 escritores y críticos de distintas partes del mundo para quienes Borges, efectivamente, vale el viaje. A partir de entonces, Borges se convierte no sólo en punto de referencia obligado cuando se trata de un cierto tipo de literatura (su nombre aparece frecuentemente asociado a los de Kafka o Nabokov), sino en

---

[1] Doy la bibliografía básica de estos primeros contactos franceses con la obra de Borges:

Néstor Ibarra, *La nueva poesía argentina* (*1921-1929*), Buenos Aires, 1930.
Pierre Drieu la Rochelle, «Discusión sobre Jorge Borges: Borges vaut le voyage», en *Megáfono,* núm. 11. Buenos Aires, agosto de 1933.
Jorge Luis Borges, «L'approche du caché» («El acercamiento a Almotásim»), en *Mesures,* París, 1939 (trad. Néstor Ibarra).
Jorge Luis Borges, «Assyriennes» («La lotería en Babilonia», «La biblioteca de Babel»), en *Lettres françaises,* núm. 14, Buenos Aires, 1 de octubre de 1944 (trad. N. Ibarra).
Néstor Ibarra, «Jorge Luis Borges», en *Lettres françaises,* núm. 14, Buenos Aires, 1 de octubre de 1944.

[2] La colaboración de Caillois e Ibarra produce varios volúmenes de Borges en francés que son muy accesibles ya que se reeditan constantemente. Quisiera señalar al lector uno menos conocido pero esencial para reconstruir la primera imagen francesa de Borges. Me refiero al libro de Ibarra, *Borges et Borges* (París, L'Herne, 1969), que bajo la forma de un diálogo del crítico con un interlocutor anónimo, permite a Ibarra opinar, en forma libre y llena de humor e ironía, sobre su amigo y maestro. Una versión anterior, y más breve, del diálogo se había publicado en el número de *L'Herne* sobre Borges (Paris, 1964).

punto de partida para especulaciones críticas como las efectuadas por Genette y Ricardou, como estímulo para la invención narrativa (Robbe-Grillet), filosófica (Michel Foucault), cinematográfica (Godard). Por eso es literalmente imposible trazar en un breve artículo el laberíntico diseño de la presencia de Borges en la cultura francesa de hoy. Desde la cita de un texto suyo con que inaugura Foucault su libro, *Les mots et les choses* (1966) hasta la cita, no identificada, con que el cerebro electrónico de *Alphaville* (1965) hace suyas unas palabras de la conclusión de «Nueva refutación del Tiempo» [3], la fortuna de Borges en Francia cubre todos los campos y va de la Sorbonne a las fortalezas de la cultura pop.

De todo ese entrecruzado y caótico sistema de referencias, un núcleo de especulación crítica se destaca notablemente. Es el núcleo que se forma en torno de ciertas ideas de Borges sobre la narración y sobre su propia práctica de narrador. Tal vez convenga examinar con algún detalle las piezas fundamentales que componen ese núcleo y que, en su mayor parte, son obra de lo que podemos llamar por comodidad la *Nouvelle critique.*

EL INFINITO LITERARIO

Corresponde a uno de los maestros de esa nueva crítica, al inagotable Maurice Blanchot, el mérito de haber descubierto uno de los aspectos centrales del juego literario de Borges. En un ensayo que está recogido en *Le livre à venir* (Paris, 1959), pero que es seguramente de 1953, Blanchot ataca el centro de la *Weltanschauung* literaria de Borges: la noción de infinito [4]. Blanchot afirma:

> Je soupçonne Borges d'avoir reçu l'infini de la littérature. Ce n'est pas pour faire entendre qu'il n'en a qu'une calme connaissance tirée d'oeuvres littéraires, mais pour affirmer que l'expérience de la littérature est peut-être fondamentalement proche des paradoxes et des sophismes de ce que Hegel, pour l'écarter, appelait le mauvais infini [116].

Pasa luego Blanchot a demostrar que cualquier espacio limitado puede convertirse en infinito si se vuelve de golpe para nosotros un espacio oscuro, si la ceguera (real o metafórica) nos invade.

> Pour l'homme mesuré et de mesure, la chambre, le désert et le monde sont des lieux strictement déterminés. Pour l'homme désertique et labyrinthique, voué à l'erreur d'une démarche nécessairement

---

[3] Sobre este punto véase mi *Borgès par lui-même,* Paris, Editions du Seuil, 1970, p. 75.

[4] MAURICE BLANCHOT, *Le livre à venir,* Paris, Gallimard, 1959, pp. 116-119.

un peu plus longue que sa vie, le même espace sera vraiment infini, même s'il sait qu'il ne l'est pas et d'autant plus qu'il le saura [116].

Al definir así a Borges como un ser laberíntico, encerrado en el espacio que la oscuridad y la ceguera vuelven infinito, Blanchot sienta las bases para lo que sigue. Un somero análisis del espacio infinito permite a Blanchot mostrar que es una prisión de la que es imposible salir: no hay línea recta, no se va jamás de un punto de partida ni se puede dar comienzo a la marcha. Antes de empezar, ya se está volviendo a empezar, se vuelve antes de partir. Tal es el secreto del infinito «malo», de que hablaba Hegel, y que corresponde a la «mala» eternidad.

> Borges, homme essentiellement littéraire (ce qui veut dire qu'il est toujours prêt à comprendre selon le mode de compréhension qu'autorise la littérature), est aux prises avec la mauvaise éternité et la mauvaise infinité, les seules peut-être dont nous puissions faire l'épreuve, jusqu'à ce glorieux retournement qui s'appelle l'extase [117].

Al insistir sobre el carácter esencialmente literario de Borges (el hombre y no sólo la obra), Blanchot prepara el terreno para examinar uno de los conceptos básicos de su mundo imaginario: la identificación del libro y el mundo. A primera vista, apunta Blanchot, esta identificación serviría para tranquilizar a un espíritu libresco, y sobre todo a un aficionado a esos libros de ficción, organizados hábilmente como problemas completamente oscuros a los que se encuentra soluciones completamente claras: las novelas policiales. Pero en Borges no hay tranquilidad posible.

> Mais si le monde est un livre, tout livre est le monde, et de cette innocente tautologie, il résulte des conséquences redoutables.
> Ceci d'abord, qu'il n'y a plus de borne de référence. Le monde et le livre se renvoient éternellement et infiniment leurs images réflétées. Ce pouvoir indéfini de miroitement, cette multiplication scintillante et illimitée —qui est le labyrinthe de la lumière et qui du reste n'est pas rien— sera alors tout ce que nous trouverons, vertigineusement, au fond de notre désir de comprendre.
> Ceci encore, que si le livre est la possibilité du monde, nous devons en conclure qu'est aussi à l'oeuvre dans le monde non seulement le pouvoir de faire, mais ce grand pouvoir de feindre, de truquer et de tromper dont tout ouvrage de fiction est le produit d'autant plus évident que ce pouvoir y sera mieux dissimulé [117-118].

Del infinito «malo» de Hegel al infinito literario de Borges, Blanchot se mueve con la mayor sutileza de análisis. Su insistencia en el carácter literario de este hombre y esta obra no implica ninguna desvalorización, ni siquiera en el terreno moral. Por el contrario, Blanchot habrá de subrayar precisamente el valor moral de esta actitud.

> *Fictions, Artifices* risquent d'être les noms les plus honnêtes que la littérature puisse recevoir; et reprocher à Borges d'écrire des récits qui répondent très bien à ces titres, c'est lui reprocher cet excès de franchise sans lequel la mystification se prend lourdement au mot (Schopenhauer, Valéry, on le voit, sont les astres qui brillent dans ce ciel privé de ciel) [118].

Escritas hacia 1953, estas palabras de Blanchot no fueron lamentablemente oídas por una generación de críticos argentinos, e hispanoamericanos, que se lanzaron entonces a acusar a Borges de juego, de bizantinismo, de mala fe, en el sentido sartriano del término. La admiración, algo servil, de estos jóvenes críticos de entonces por la literatura francesa (todos habían leído y repetido los argumentos del debate sobre la literatura «engagée»), no les había enseñado a distinguir dentro de ella lo que era pensamiento original (Bachelard, Bataille, Blanchot, el primer Sartre) y lo que era tan sólo reflejo de una situación política de alcance muy limitado. Pero ésta es otra historia. El análisis de Blanchot ya marca, en 1953, un punto de partida fecundo [5]. A partir de allí, es fácil para Blanchot mostrar que para Borges las palabras «truco» o «falsificación» implican algo muy distinto de lo que generalmente pensamos. En vez de negar la dignidad de la literatura, la afirman, porque la dignidad de la literatura no está en la existencia de un gran autor, sino en la existencia de una gran literatura.

> Borges comprend que la périlleuse dignité de la littérature n'est pas de nous faire supposer au monde un grand auteur, absorbé dans de rêveuses mystifications, mais de nous faire éprouver l'approche d'une étrange puissance, neutre et impersonnelle. (...) l'essentiel, c'est la littérature, non les individus, et dans la littérature, qu'elle soit impersonnellement, en chaque livre, l'unité inépuisable d'un seul livre et la répétition lassée de tous les livres [118].

La consecuencia narrativa de esta concepción (que Borges mismo ha desarrollado en «La flor de Coleridge», ensayo de *Otras inquisiciones, 1952*), aparece indicada por Blanchot al referirse al extraño relato, «Pierre Ménard, autor del *Quijote*» (está en *Ficciones,* 1944), en que basta atribuir a un escritor contemporáneo algunos fragmentos de la novela de Cervantes, para que dichos textos cambien de significado. Toda escritura es traducción, apunta Blanchot.

---

[5] Sobre el tema véase mi libro *El juicio de los parricidas, La nueva generación argentina y sus maestros* [Martínez Estrada, Mallea, Borges], Buenos Aires, Deucalión, 1956.

Aquí está el germen de un análisis que retomará casi diez años más tarde la crítica francesa y que examinaremos al repasar los trabajos de Gérard Genette. El artículo de Blanchot concluye señalando:

> Dans une traduction, nous avons la même oeuvre en un double langage; dans la fiction de Borges, nous avons deux oeuvres dans l'identité du même langage et, dans cette identité qui n'est pas une, le fascinant mirage de la duplicité des possibles. Or, là où il y a un double parfait, l'original est effacé, et même l'origine. Ainsi, le monde, s'il pouvait être exactement traduit et redoublé en un livre, perdrait tout commencement et toute fin et deviendrait ce volume sphérique, fini et sans limites, que tous les hommes écrivent et où ils sont écrits: ce ne serait plus le monde, ce serait, ce sera le monde perverti dans la somme infinie des ses possibles. (Cette perversion est peut-être le prodigieux, l'abominable Aleph.) [118-119].

La paradoja última del análisis de Blanchot es que la literatura no es un simple engaño sino «el peligroso poder de ir hacia lo que es, por la infinita multiplicidad de lo imaginario». En lo imaginario reside lo infinito. Hay en el mismo libro de Blanchot otras referencias a Borges y, en particular, a uno de sus textos críticos más importantes, el prólogo a *La invención de Morel,* de Adolfo Bioy Casares. Publicado en 1940, al frente de esa novela fantástica, el prólogo es casi desconocido para muchos lectores, y aun críticos, de Borges. Es, sin embargo, imprescindible para comprender su estética de la narración. Blanchot (como en otro contexto, Robbe-Grillet) le dedica dos veces su atención. En el capítulo titulado muy borgianamente, «Le secret du Golem», Blanchot examina la novela de Bioy y menciona la opinión de Borges sobre ella; en otro capítulo, «Le tour d'écrou», sobre Henry James y sus *Notebooks,* Blanchot parafrasea algunos conceptos del prólogo a *La invención de Morel,* especialmente los que se refieren a la superioridad de la novela moderna en el campo de la invención de tramas y argumentos, lo que los ingleses llaman «the plot». Aquí Blanchot cita a Borges para disentir de él. El ejemplo de Kafka y el ejemplo de James (específicamente: *Der Prozess,* y *The Turn of the Screw),* que el propio Borges cita en su prólogo, le sirven para refutar al autor argentino.

No es posible analizar aquí en detalle los argumentos de Blanchot ni presentar los contra-argumentos que un lector de Borges podría sugerir. Baste indicar que la discrepancia central se basa, tal vez, en el hecho de que Blanchot está usando versiones francesas tanto del texto de los *Notebooks* como del prólogo a *La invención de Morel.* Una lectura trilingüe de los textos originales permitiría demostrar, creo, que cuando James habla de «subjects», o Borges de «tramas» o «argumentos», la traducción francesa de «fables», o de «sujets», no es siempre iluminadora. Es posible que Blanchot haya sido víctima de un ligero error de traducción. Pero tratándose de Borges, qué inevitable parece ser esto. Toda escritura es traducción.

HACIA LA LECTURA COMO ESCRITURA

Corresponde a Gérard Genette, en un artículo de *L'Herne* (1964), llevar a su conclusión crítica una de las observaciones más interesantes de Blanchot: la que se refiere a «Pierre Menard, autor de *El Quijote*». En su primera versión, el artículo de Genette se titula, programáticamente, «La littérature selon Borges». Al recogerlo dos años después en el primer volumen de *Figures* (1966), el título ha cambiado, tal vez por influencia de Foucault. Ahora se llama «L'utopie littéraire». (En la versión de 1964 se hablaba a veces de «mythe» donde ahora se habla de «utopie».) Examinaré la versión más reciente porque es la que contiene un desarrollo más completo del punto de vista del crítico [6].

Genette empieza por subrayar un aspecto de la obra de Borges que suele desconcertar a ciertos lectores e irritar a no pocos críticos: algunos de sus ensayos, observa, se reducen a un breve catálogo de las *diversas entonaciones* que han tomado en el curso de los siglos, *Ficciones;* Genette la cita para indicar un enfoque posible de este que la obra de Borges «semble possédée d'un étrange démon du rapprochement». Buena parte de esta obra crítica aparece dedicada a buscar las fuentes de un texto, o un autor; otra parte a seguir la pista de los precursores. Por esta característica doble, la obra de Borges se hace en parte susceptible de la acusación de pedantería. La expresión es de Ibarra en su prefacio a la traducción francesa de *Ficciones;* Genette la cita para indicar un enfoque posible de este tema: Pero no la acepta.

> Mais le goût des rencontres et des parallélismes répond chez Borges à une idée plus profonde, et dont les conséquences nous importent. Cette idée, nous en trouvons une formulation agressive dans le conte «Tlön, Uqbar, Orbis Tertius»: «On a établi que toutes les oeuvres sont l'oeuvre d'un seul auteur, qui est intemporel et anonyme.» [124].

A partir de este texto, Genette señala en otros de Borges (tomados ya de sus cuentos, ya de sus ensayos) la idea de una literatura

---

[6] GÉRARD GENETTE, *Figures,* Paris, Editions du Seuil, 1966, pp. 123-132. En *Critique,* núm. 234, París, noviembre de 1966, pp. 932-939, se publicó una interesante reseña del libro de Genette por Henri Ronse en que se vincula la obra crítica de Borges con la del crítico francés. Hay un error lamentable en el primer párrafo de la reseña: Ronse atribuye a Borges una cita de Unamuno que Genette hace en la p. 127. Por su parte, y en la misma página, Genette se equivoca dos veces al mencionar el supuesto autor árabe del *Quijote:* lo llama Cid Hamet Bengeli, con omisión de algunas letras.

como «un espace homogène et réversible où les particularités individuelles et les préséances chronologiques n'ont pas cours». Genette razona que semejante idea puede aparecer a los espíritus positivos como una simple fantasía, o como un puro deseo. Pero señala que para Borges es más bien un mito, «au sens fort du terme, un voeu profond de la pensée». Después de repasar las dos perspectivas que ofrece Borges para explicar esta idea (la panteísta, que cree en la unidad de un Espíritu creador; la clásica, que desdeña discutir la pluralidad de autores), Genette elige una tercera, que le parece más profunda:

> Mais l'idée *excessive* de la littérature, où Borges se complaît parfois à nous entraîner, désigne peut-être une tendance profonde de l'écrit, qui est d'attirer fictivement dans sa sphère l'intégralité des choses existantes (et inexistantes), comme si la littérature ne pouvait se maintenir et se justifier à ses propres yeux que dans cette utopie totalitaire. Le monde existe, disait Mallarmé, pour aboutir à un Livre [126].

Hasta aquí Genette no ha hecho sino glosar muchos enfoques que Borges ofrece en algunos cuentos y sobre todo en dos ensayos de *Otras inquisiciones* («La flor de Coleridge», «Del culto de los libros») que también había utilizado parcialmente Blanchot. Pero a partir de aquí, Genette efectuará una lectura más acuciosa de «Pierre Menard, autor de *El Quijote*», lo que le permitirá avanzar un poco más sobre lo observado por Blanchot. En aquel cuento encontrará Genette la base para afirmar que la lectura es

> ...l'opération la plus délicate et la plus importante de toutes celles qui contribuent à la naissance d'un livre:... [129].

Al glosar el cuento, así como los textos mencionados de *Otras inquisiciones,* Genette subraya la coincidencia del punto de vista de Borges con el de Valéry (lo que también había hecho al pasar Blanchot). Pero agrega elementos tomados de un tercer artículo del citado libro de ensayos: «Kafka y sus precursores», en que Borges llega a la conclusión de que «cada escritor *crea* a sus precursores. Su labor modifica nuestra concepción del pasado, como ha de modificar el futuro». Al citar este fragmento de Borges en su estudio, omite Genette indicar que en el texto hay una llamada que remite al lector a un libro de T. S. Eliot, *Point of View* (1941). Al no reparar en la cita, Genette se priva de comprobar que el germen del punto de vista de Borges ya estaba en un famoso ensayo de Eliot, «Tradition and the individual talent», ensayo verdaderamente germinal para esta teoría de la impersonalidad de la tradición literaria, y de su reversibilidad. Más inexcusablemente que Genette (al fin y al cabo, especialista en literatura francesa), el crítico inglés Harold Bloom también cita en su excelente libro sobre *Yeats,* aquel texto de Borges y también pasa por alto la referencia a Eliot [7].

Volviendo a Genette, hay que subrayar que este enfoque de Borges le permite esbozar la «admirable utopía que encierra»: mito, agrega, que contiene más verdad que las verdades de nuestra «ciencia» literaria.

> La littérature est bien ce champ plastique, cet espace *courbe* où les rapports les plus inattendus et les recontres les plus paradoxales sont à chaque instant possibles. (...) La genèse d'une oeuvre, dans le temps de l'histoire et dans la vie d'un auteur, est le moment le plus contingent et le plus insignifiant de sa durée. (...) Le temps des oeuvres n'est pas le temps défini de l'écriture, mais le temps indéfini de la lecture et de la mémoire. Le sens des livres est devant eux et non derrière, il est en nous: un livre n'est pas un sens tout fait, une révélation que nous avons à subir, c'est une réserve de formes qui attendent leur sens, c'est «l'imminence d'une révélation qui ne se produit pas», et que chacun doit produire pour lui-même [131-132].

Las palabras de Borges que Genette cita en este último párrafo pertenecen al primer ensayo de *Otras inquisiciones* («La muralla y los libros») y sirven para concluirlo. Luego continúa al crítico francés:

> Tous les auteurs sont un seul auteur parce que tous les livres sont un seul livre, d'où suit encore qu'un seul livre est tous les livres, «et j'en sais qui, à l'égal de la musique, sont tout pour tous les hommes.» La bibliothèque de Babel est parfaite *ab aeterno;* c'est l'homme, dit Borges, qui est un bibliothécaire imparfait; parfois, faute de trouver le livre qu'il cherche, il en écrit un autre: le même, ou presque. La littérature est cette tâche imperceptible —et infinie [132].

Por el camino de la identificación entre todos los libros y todos los autores, Genette ha retornado a la noción de infinito de la que había partido Blanchot. La novedad de su enfoque, con respecto al de éste, es insistir más en el análisis puramente literario. Además, en los últimos párrafos de su ensayo se encuentra implícita la concepción de la escritura como lectura que aparece como tema central en la especulación crítica de Borges. En otro lugar he analizado detenidamente este tema [8].

---

[7] HAROLD BLOOM, *Yeats,* Nueva York, Oxford University Press, 1970, p. 4. La omisión de Bloom podría explicarse por la escasa simpatía que le despierta Eliot.

[8] Véase mi ensayo «Borges: The Reader as Writer», publicado en un número dedicado a Borges de la revista *TriQuarterly* bajo la dirección de Mary Kinzie.

En el mismo volumen de *L'Herne* en que apareció la primera versión del texto de Genette, se publicó uno muy breve de Jean Ricardou, «The God of the Labyrinth», que es como la semilla de muchas páginas de su futuro libro, *Problèmes du nouveau roman* (1967)[9]. Ricardou parte de la observación de que para algunos el carácter laberíntico de las ficciones de Borges no es sino la ocasión de un juego amable, a veces inquietante, pero que no pone en cuestión el sentido común ni la naturaleza del mundo cotidiano. Para otros, en cambio, «le labyrinthe et le monde du bon sens se mettent en cause réciproquement (symétriquement)». De ahí pasa Ricardou a enunciar brevemente algunas características de los relatos borgianos:

> Le récit borgésien dont l'apparence est rassurante, univoque, se trouve insidieusement gauchi par de menues anomalies capables d'en assurer la duplicité. Souvent (exceptons l'ambigüité foudroyante du «Sorcier ajourné»), un commentaire paraît requis pour les révéler: celui qui dégage les imperceptibles irrégularités du récit de Cartaphilus («l'Immortel»), celui qui soulignerait les variantes caractéristiques des deux versions (françaises) de *l'Approche du Caché* [125].

Antes de seguir adelante, conviene señalar que uno de los textos que Ricardou atribuye a Borges («El brujo postergado») pertenece al *Libro de Petronio,* del Infante Juan Manuel, como lo indica el propio Borges en *Historia universal de la infamia.* En el prólogo a la primera edición de este libro (1935), Borges apunta que no tiene otro derecho sobre éste y otros textos semejantes, «que los de traductor y lector»[10]. Su «traducción» del ilustre relato del siglo xvi ha consistido principalmente en modernizar la ortografía y podar un poco el texto. Es claro que Ricardou podría alegar, en la mejor tradición borgiana, que como lector y traductor, Borges es autor del relato.

Pero volvamos a la nota de Ricardou. El crítico francés termina observando que al abandonar la idea de una solución privilegiada, al postular Borges en sus cuentos la naturaleza profundamente laberíntica de toda ficción,

> le transit d'une solution à telle ou telle autre (...) s'affirme non plus comme dévoiement frappé d'hésitations, mais, libéré, comme un moyen de recherches, d'inédites mises en contact, de création.

---

[9] Jean Ricardou, «The God of the Labyrinth», en *L'Herne,* París, 1964, páginas 125-126.

[10] Jorge Luis Borges, *Historia universal de la infamia,* Buenos Aires, Editorial Tor, 1935, p. 6.

Ricardou concluirá su breve nota vinculando la obra de Borges a la de los escritores de *Nouveau Roman:* Robbe-Grillet, Butor, Simon:

> ...Borges se trouve au centre de leurs préoccupations. Ils se veulent inspirés par *The God of the Labyrinth* [126].

En un artículo de 1967, que publica la revista *Critique,* y que será incorporado más tarde a *Problèmes du nouveau roman,* como epílogo, vuelve Ricardou a examinar unos textos de Borges. El artículo se titula «Le caractère singulier de cette eau», y se basa principalmente en un texto de *The Adventures of Arthur Gordon Pym,* sobre el que Borges (entre otros) había llamado la atención [11]. El texto de Poe se concentra principalmente en un episodio: navegando hacia el Polo Sur, los tripulantes de la goleta *Jane-Guy* llegan a una tierra extraña y allí encuentran una agua, más extraña aún, cuyo aspecto parece corrompido. Luego de haber resumido el episodio, y citado *in extenso* el pasaje pertinente, examina Ricardou la opinión de Marie Bonaparte (en su famoso estudio psicoanalítico sobre Poe) y la de Gaston Bachelard, en *L'Eau et les Rêves.* En ambos críticos, Ricardou cree reconocer dos características comunes: *a)* el escamoteo de una parte del texto que no encaja en su teoría; *b)* la idea de que la literatura tiene por fin «*exprimer un antécedent*». Así para Marie Bonaparte, esa agua es sangre; para Bachelard, leche; para ella, el texto expresa el inconsciente de los hombres; para él, los sueños que sirven de prefacio a las obras. Ricardou no acepta estas explicaciones parciales, o dirigidas a algo fuera de la literatura.

> Mais on peut douter que la littérature soit, fût-elle relative, cette transparence qui livre autre chose. Il est possible que le texte présente au contraire une fondamentale opacité, et soit l'endroit du permanent problème. Au lieu de fuir incessamment la page au profit d'un quelconque antécédent fixe, l'exégèse serait alors prise dans une inlassable circularité [198].

Ya en su breve texto sobre Borges para *L'Herne,* Ricardou había subrayado esta circularidad de la literatura borgiana:

> Les différentes voies de leurs labyrinthes sont essentiellement les divers plans de réalité (monde courant, souvenirs, phantasmes, rêves...) entre certains desquels s'accomplit une circulation nouvelle, intense, qui confine parfois à la contamination réciproque [126].

---

[11] JEAN RICARDOU, *Problèmes du nouveau roman,* Paris, Editions du Seuil, 1967, pp. 193-207. Ricardou cita el título de la novela de Poe según la versión francesa: *Les Aventures d'Arthur Gordon Pym.*

Es la misma circularidad de la literatura borgiana la que ahora Ricardou busca determinar en el enigma planteado por el texto de Poe. Para resolverlo habrá de acudir precisamente a un comentario de Borges sobre dicho texto. Está en el ensayo, «El arte narrativo y la magia», recogido en el volumen, *Discusión* (1932) [12]. Para Borges es indudable que

> El secreto argumento de esta novela es el temor y la vivificación de lo blanco. Poe finge unas tribus que habitan en la vecindad del Círculo Antártico, junto a la patria inagotable de ese color, y que de generaciones atrás han padecido la terrible visitación de los hombres y de las tempestades de la blancura. El blanco es anatema para esas tribus y puedo confesar que lo es también, cerca del último renglón, del último capítulo, para los condignos lectores. Los argumentos de ese libro son dos: uno inmediato, de vicisitudes marítimas; otro infalible, sigiloso y creciente, que sólo se revela al final [114-115].

Aquí practica Borges una digresión, en que aprovecha para mencionar una opinión de Mallarmé y unos versos suyos, un capítulo de Melville sobre la blancura de Moby Dick, para volver a la elucidación de su segundo argumento.

> Imposible exhibir o analizar aquí la novela entera; básteme traducir un rasgo ejemplar, subordinado —como todos— al secreto argumento. Se trata de la oscura tribu que mencioné y de los riachuelos de su isla. Determinar que su agua era colorada o azul, hubiera sido recusar demasiado toda posibilidad de blancura. Poe resuelve este problema así, enriqueciéndonos: [115-116].

Borges intercala aquí una extensa cita del pasaje que Ricardou estaba precisamente analizando. Es obvio por la cita, y sobre todo por el lugar de su ensayo en que aparece inserta, que para Borges el aspecto singular de esta agua tiene un propósito: omitir la mención del color blanco. La frase clave, en este sentido, sería: «No era incolora ni era de un invariable color, ya que su fluencia proponía a los ojos todos los matices del púrpura, como los tonos de una seda cambiante» [13]. Los demás atributos de esa agua misteriosa, le interesan menos a Borges. O dicho de otro modo: él quiere determinar una sola cosa: la ausencia de toda mención del blanco.

Al analizar este pasaje de Borges, Ricardou observa con jus-

---

[12] JORGE LUIS BORGES, *Discusión*, Buenos Aires, Gleizer Editor, 1932, páginas 109-124. Hay pequeñas variantes en el texto de Borges y en la traducción de *Obras completas*. Pero el estudio de las mismas escapa a este artículo.

[13] Cf. *Discusión*, p. 116. El texto original de Poe dice: «It was *not colorless*, nor was it of any one uniform color —presenting to the eye, as it flowed, every possible shade of purple, like the hues of a changeable silk». Cf. EDGAR ALLAN POE: *The Narrative of Arthur Gordon Pym*, Nueva York, Hill and Wang, 1966, p. 151.

teza que tres puntos incitan a la controversia. En primer lugar, le parece una tentativa de reducción realista afirmar que el blanco era anatema en esa isla porque los habitantes de ella habrían sufrido la incursión de hombres y tempestades blancas. Ricardou cita un pasaje de Poe que contradice esa interpretación: «Era positivamente evidente que ellos nunca habían visto ningún individuo de raza blanca» [14]. En segundo lugar (Ricardou comenta in extenso otros pasajes del libro en que Poe omite mencionar el blanco), ya sea por cambiar el color habitual de un objeto (albatros negros), ya por escamoteo (los labios negros de los insulares esconden sus dientes), ya por silencio (no se menciona el color de la esclerótica de los habitantes de la isla). Pero la más importante de las confusiones de Borges es la tercera: no advertir que el carácter del agua común no es la blancura sino la transparencia. Sólo cuando es espuma (observa Ricardou) el agua es blanca. A partir de estas observaciones, el crítico construye toda una teoría sobre el texto de Poe, teoría que le permite llegar a la conclusión de que esa agua extraña es una escritura, y que toda la región austral es una página escrita. De ahí las últimas palabras de su epílogo, y del libro:

> L'ultime aventure d'Arthur G. Pym, en symbolisant une page d'écriture, c'est-à-dire le lieu et l'acte qui l'instituent, nous assure que par la fiction, la littérature n'emprunte au monde des matériaux que pour se désigner elle-même. C'est une telle circularité, et l'étrange vide moyeu autour duquel s'agencent les signes, que ne doit jamais perdre de vue toute lecture en altitude: «Le langage se réflechissant». (Mallarmé) [207].

Lo cual está bien, y hasta muy bien, pero tiene poco que ver con lo que Borges buscaba en su ensayo sobre «El arte narrativo y la magia». Es posible que Borges se equivoque en cuanto al significado del agua extraña, y su confusión entre blancura y transparencia es característica en un hombre perseguido por la ceguera. Pero la cita de Poe en su ensayo cumple una función distinta de la que cumple en el ensayo de Ricardou, y esto sólo basta para alterar profundamente su significado. A Ricardou no le interesa el argumento que Borges expone en su ensayo; le interesa en cambio su propio argumento. Al no examinar el de Borges, le atribuye intenciones y errores que no son tales. Para comprender mejor esto conviene repasar el texto completo de Borges.

Su ensayo comienza señalando (en 1932, no hay que olvidar) que el «análisis de los procedimientos de la novela ha conocido escasa publicidad». Para remediar en algo esa carencia, él ofrecerá al-

---

[14] El texto de Poe dice: «It was quite evident that they had never before seen any of the white race —from whose complexion, indeed they appeared to recoil». (*Narrative*, p. 147). Como se advertirá, Ricardou no cita la última parte de la frase.

gunas verificaciones (la palabra es suya). Comienza por examinar la «faz novelesca» de *The Life and Death of Jason*, libro que William Morris publica en 1867. Luego examina *The Narrative of A. Gordon Pym*, que Poe publica en 1838. El resultado de este doble análisis es resumido así:

> Rectamente se induce de lo anterior que el problema central de la novelística es la casualidad. Una de las variedades del género, la morosa novela de caracteres, finge o dispone una concatenación de motivos que se proponen no diferir de los del mundo real. Su caso, sin embargo, no es el común. En la novela de continuas vicisitudes, esa motivación es improcedente, y lo mismo en el relato de breves páginas y en la infinita novela espectacular que compone Hollywood con los plateados *idola* de Joan Crawford y que las ciudades releen. Un orden muy diverso los rige, lúcido y atávico. La primitiva claridad de la magia [88].

El resto del artículo examina otros aspectos del mismo tema, cita un pasaje de Frazer, examina textos antropológicos, evoca brevemente algunos relatos de Chesterton y algunos films de von Sternberg, para concluir con dos observaciones importantes, que aparecen separadas en el texto pero que por razones de economía reúno aquí:

> ...la magia es la coronación o pesadilla de lo causal, no su contradicción. El milagro no es menos forastero en ese universo que en el de los astrónomos. Todas las leyes lo rigen, y otras imaginarias. Para el supersticioso, hay una necesaria conexión no sólo entre un balazo y un muerto, sino entre un muerto y una maltratada efigie de cera o la rotura profética de un espejo o la sal que se vuelca o trece comensales terribles.
>
> Esa peligrosa armonía, esa frenética y precisa causalidad, manda en la novela también. (...) Ese recelo de que un hecho temible pueda ser atraído por su mención, es impertinente en el asiático desorden del mundo real, no así en una novela, que debe ser un juego preciso de vigilancia, ecos y afinidades. Todo episodio, en un cuidadoso relato, es de proyección ulterior. (...) Esa teleología de palabras y de episodios es omnipresente también en los buenos films. (...) Pero la ilustración más cabal de un orbe autónomo de corroboraciones, de presagios, de monumentos, es el predestinado *Ulises* de Joyce. Basta el examen del libro expositivo de Gilbert o, en su defecto, de la vertiginosa novela.
>
> Procuro resumir lo anterior. He distinguido dos procesos causales: el natural, que es el resultado incesante de incontrolables e infinitas operaciones; el mágico, donde profetizan los pormenores, lúcido y limitado. En la novela, pienso que la única posible honradez está con el segundo. Quede el primero para la simulación psicológica [89-91].

Leído en el contexto del artículo entero, el análisis a que Borges somete el texto de Poe adquiere un sentido diferente del que Ricardou le atribuye. Es posible que Borges se haya equivocado en cuanto al significado exacto del agua misteriosa. Lo cierto es que no se equivocó en cuanto a la naturaleza del texto de Poe. En esta novela, los pormenores profetizan, como lo demuestra tan convincentemente Ricardou en su precisa lectura; no hay en ella nada dejado al azar: la causalidad la rige. Y eso es precisamente lo que Borges quería demostrar. Su ensayo, por otra parte, es el antecedente obligado del prólogo a *La invención de Morel,* y contribuye a explicarlo. Seguramente que si Maurice Blanchot lo hubiese leído habría podido comprender mejor a qué se refería Borges en el prólogo al hablar de «tramas» o «argumentos». No se trata simplemente de un «sujet». Se trata de esa causalidad mágica en que los pormenores profetizan, en que todo episodio es de proyección ulterior, en que la narración se convierte en un juego preciso de vigilancias, ecos y afinidades. Ya en 1932, a punto de comenzar su carrera de narrador mágico, Borges estaba fijando las coordenadas retóricas que sus ficciones habrían de ilustrar.

El desconocimiento de este texto por parte de Blanchot es explicable. Su libro se publicó en 1959; la primera versión francesa del ensayo de Borges, hecha por Philippe Sollers, se publicó en el número 7 de *Tel Quel* (Otoño 1961). Lo que es menos excusable es la desatención prestada por Ricardou al resto del ensayo, ya que él está trabajando con el texto completo, tal como apareció en la versión francesa de *Discusión.* Más excusable aún es la omisión de Ricardou si se tiene en cuenta que ella está en conflicto con su propia teoría de la circularidad de la literatura. No advierte que el texto crítico de Borges sobre Poe se remite sobre todo a sí mismo.

EL COMPLOT OMITIDO

En el número de *L'Herne,* tantas veces citado, se encuentra asimismo un trabajo de Claude Ollier, titulado «Thème du texte et du complot», que se concentra sobre todo en un análisis del relato «Tema del traidor y del héroe», de *Ficciones* [15]. La observación inicial más importante de Ollier se refiere a la existencia de dos conspiraciones en dicho relato: una, a nivel del argumento, en que Fergus Kilpatrick es el «héroe»; la otra es la que está al nivel de la «escritura»; en que el narrador se llama Ryan:

> En fait, ce n'est pas une, mais deux conspirations qui vont s'ourdir de concert, simultanément inscrites sous les mêmes mots: celle quotidienne dont Fergus Kilpatrick fut le «glorieux capitaine», celle scriptu-

---

[15] CLAUDE OLLIER, «Thème du texte et du complot», en *L'Herne,* pp. 276-279. Sobre la adaptación cinematográfica de este cuento por Bernardo Bertolucci, véase RICHARD ROUD: «Fathers and Sons», en *Sight and Sound,* vol. 40, número 2, London, primavera de 1971, pp. 61-64.

rale dont Borges, presque entièrement dissimulé derrière Ryan, se fait le probe et minutieux révélateur [277].

Después de analizar al detalle las sucesivas versiones del complot, Ollier llega a la conclusión:

> Ici, cinq drames sont superposés, dont le texte rebrousse la chronologie: la rédaction de Borges, l'investigation de Ryan, l'improvisation de Nolan, l'élaboration de Shakespeare, l'assassinat de Jules César. Et cinq scènes, l'une après l'autre dévoilées et occupées: une page blanche, des archives truquées, une grande ville moderne, un théâtre classique, la Rome antique (...).
> Si ce texte est pour nous si important, par delà la concision et l'ironie de son éclat que Borges y monte et démonte sous nos yeux les rouages de la machine, montre comment les mots l'alimentent et assurent sa bonne marche, sécrétant *une histoire* et sécrétant *l'Histoire*. «Thème du traître et du héros» est un abrégé du mécanisme —constitutif et fonctionnel— de toute fiction [278].

En el resto del artículo, Ollier examina las posibilidades teatrales y cinematográficas del cuento que habría de ser filmado en 1970 por Bernardo Bertolucci, bajo el título de *La strategia del ragno*. También señala Ollier la existencia de un film francés, *Paris nous appartient,* de Jacques Rivette (1958), en que hay un tema vecino al del cuento de Borges. Uno de los personajes del film, Anne, tiene entre sus libros de cabecera un ejemplar de la traducción francesa de *Otras inquisiciones,* junto a un ejemplar de Shakespeare.

El artículo de Ollier aporta interesantes perspectivas a la lectura del «Tema del traidor y del héroe». Corrobora, además, el predicamento que tiene Borges entre los practicantes del *Nouveau Roman*. Pero es, a su vez, víctima de un error de interpretación. No advierte que el cuento de Borges no sólo indica las semejanzas entre el destino de Kilpatrick y el de Julio César, y entre los textos de Nolan y de Shakespeare, pero también entre el destino de Kilpatrick y el (futuro) de Lincoln, así como alude, en su entrelínea a otro famoso Héroe y otro famoso relato: Jesús en los Evangelios. Para establecer el vínculo secreto entre la interpretación del «Tema del traidor y del héroe» con la historia evangélica sólo hay que releer cuidadosamente el penúltimo párrafo del cuento a la luz de lo que dice Borges en otro relato, «Tres versiones de Judas» que se encuentra en el mismo volumen de *Ficciones,* apenas separado de aquél por otros dos cuentos. En la última de las tres versiones de Judas, el verdadero Redentor es el traidor. Ollier pudo haber enriquecido su lectura del «Tema del traidor y del héroe» si hubiera seguido excavando los otros niveles de significación.

En un artículo publicado en *Les Temps Modernes* (1966) y recogido luego en un libro del mismo año, *Pour une théorie de la production littéraire* [16], Pierre Macherey examina el tema de «Borgès et le récit fictif». Macherey pertenece al grupo de Louis Althusser, que se ha especializado en una nueva lectura de Karl Marx, a la luz de una concepción estructural de la sociedad y de la historia. Lo que se propone Macherey en su libro es (nada menos) que examinar las condiciones de la producción literaria, la especificidad del discurso literario en relación con el discurso ideológico, el mecanismo de la complejidad literaria. O, como han indicado François Wahl en una reseña extremadamente polémica de este libro que ha publicado *Critique* [17], el propósito de Macherey es «soumettre à une élaboration scientifique la pratique qui transforme un discours en littérature» (537).

Macherey parte de la obvia comprobación de que Borges se plantea los problemas del relato de una manera profundamente *ficticia*, que lo que él nos propone es una teoría ficticia del relato. Siguiendo a Blanchot, también señala el juego de las paradojas del infinito, y la idea obsesionante de un libro, a la vez necesario y múltiple. También reconoce la importancia de la operación de leer, la existencia dentro de cada relato de distintas *versiones* del mismo, etcétera. La conclusión de esta primera etapa del análisis es:

> Le problème semble ainsi clairement posé: ou bien il y a un sens du récit, et la fausse résolution est une allégorie, ou bien il n'y en a pas, et la fausse résolution est une allégorie de l'absurdité. C'est bien ainsi qu'on interprète généralement l'oeuvre de Borges: on *l'achève* en lui attribuant le tournures d'un scepticisme intelligent. Il n'est pas certain que le scepticisme soit intelligent, ni que le sens profond des récits de Borges soit dans leur raffinement apparent [280].

Esta conclusión le parece falsa a Macherey. Según él, habría que buscar el sentido del texto borgiano no en la lectura sino en la escritura. Borges usa la alusión para *indicar* un texto más que para redactarlo; en vez de trazar la línea del relato, prefiere marcar la posibilidad de ese relato, posibilidad siempre postergada, remisa. Lo mismo pasa con sus artículos de crítica que son también ficticios,

---

[16] Pierre Macherey, *Pour une théorie de la production littéraire*, Paris, François Maspéro, 1966, pp. 277-285.
[17] François Wahl, «Littérature, science, idéologie», en *Critique*, núm. 241, Paris, junio de 1967, pp. 536-543.

aunque se ocupen de obras y autores reales. La conclusión, según Macherey:

> ...c'est pourquoi ses articles de critique, même lorsqu'ils portent sur des oeuvres réelles, sont fictifs; c'est pourquoi aussi ses récits de fiction ne valent que par la critique explicite qu'ils contiennent d'eux-mêmes [281].

El análisis somero de algunos relatos representativos de *Ficciones* («La forma de la espada», «El jardín de senderos que se bifurcan», «La biblioteca de Babel», «Tlön, Uqbar, Orbis Tertius») permiten a Macherey concluir que el mito del laberinto

> correspond à l'idée d'un récit complètement objectif, qui prendrait à la fois tous les partis, et les développerait jusqu'à leur terme; mais ce terme est impossible, et le récit ne donne jamais que *l'image* du labyrinthe, parce que, condamné à choisir un terme défini, il est obligé de dissimuler toutes les bifurcations, et de les noyer dans la ligne d'un discours. (...) Chaque récit particulier trahit l'idée du labyrinthe, mais il nous en donne le seul reflet *lisible*. (...) Le vrai labyrinthe c'est qu'il n'y a plus de labyrinthe: écrire, c'est perdre le labyrinthe. (...) Cette entreprise peut être tenue à la fois pour une réussite et pour un échec, dans la mesure où à travers les insuffisances d'un récit, Borges parvient à nous montrer que *nous n'avons rien perdu* [284-285].

Aunque el esfuerzo de reducción de la obra de Borges a un modelo coherente que realiza Macherey es interesante, tiene el inconveniente de ser demasiado simplista. En un nivel superficial, reduce la complejidad y variedad de los relatos borgianos a un modelo único. Si lo que dice Macherey puede aplicarse a los relatos que él cita, no parece posible extenderlo a toda su obra (ficción, crítica, poesía). Por otra parte, la importancia de la noción de lectura en Borges, que ha sido subrayada entre otros por Gérard Genette, se contradice explícitamente con algunos postulados del modelo de Macherey. Finalmente, su punto de partida es discutible. Como ha señalado François Wahl:

> En choisissant les structures de l'idéologie contre celles de l'écriture, Macherey ne *décale* pas, il *réduit*: exactement comme qui prétendrait fonder la science des rêves non dans l'organisation de l'inconscient mais dans ce qui s'y représente du corps [542].

LA HETEROTOPIA BORGIANA

He dejado deliberadamente para el final el texto que me parece más interesante de todos el Préface a *Les Mots et les Choses,* de

Michel Foucault [18]. Al presentar su libro, Foucault empieza por reconocer su deuda con el narrador argentino:

> Ce livre a son lieu de naissance dans un texte de Borges. Dans le rire qui secoue à sa lecture toutes les familiarités de la pensée —de la nôtre: de celle qui a notre âge et notre géographie—, ébranlant toutes les surfaces ordonnées et tous les plans qui assagissent pour nous les foisonnements des êtres, faisant vaciller et inquiétant pour longtemps notre pratique millénaire du Même et de l'Autre. Ce texte cite «une certaine encyclopédie chinoise» où il est écrit que «les animaux se divisent en: *a)* appartenant à l'Empereur, *b)* embaumés, *c)* apprivoisés, *d)* cochons de lait, *e)* sirènes, *f)* fabuleux, *g)* chiens en liberté, *h)* inclus dans la présente classification, *i)* qui s'agitent comme des fous, *j)* innombrables, *k)* dessinés avec un pinceau très fin en poils de chameau, *l) et caetera, m)* qui viennent de casser la cruche, *n)* qui de loin semblent des mouches». Dans l'émerveillement de cette taxinomie, ce qu'on rejoint d'un bond, ce qui, à la faveur de l'apologue, nous est indiqué comme le charme exotique d'une autre pensée, c'est la limite de la nôtre: l'impossibilité nue de penser *cela* [7].

Al meditar sobre este texto de Borges, Foucault descubre que lo que le choca no es «la bizarrerie des rencontres insolites», sino otra cosa:

> La monstruosité que Borges fait circuler dans son énumération consiste au contraire en ceci que l'espace commun des rencontres s'y trouve lui-même ruiné. (...) Borges n'ajoute aucune figure à l'atlas de l'impossible; il ne fait jaillir nulle part l'éclair de la rencontre poétique; il esquive seulement la plus discrète mais la plus insistante des nécessités; ils soustrait l'emplacement, le sol muet où les êtres peuvent se juxtaposer. (...) Ce texte de Borges m'a fait rire longtemps, non sans un malaise certain et difficile à vaincre. Peut-être parce que dans son sillage naissait le soupçon qu'il y a pire désordre que celui de l'*incongru* et du rapprochement de ce qui ne convient pas; ce serait le désordre qui fait scintiller les fragments d'un grand nombre d'ordres possibles dans la dimension, sans loi ni géométrie, de l'*hétéroclite;* et il faut entendre ce mot au plus près de son étymologie: les choses y sont «couchées», «posées», «disposées» dans des sites à ce point différents qu'il est impossible de trouver pour eux un espace d'accueil, de définir au-dessous des uns et des autres *un lieu commun* [8-9].

Aquí se encuentra, pues, el punto de partida para Foucault, y el resultado es el libro que sigue. Pero para el lector de Borges, el análisis de Foucault es también un punto de partida, aunque hacia un diferente destino. Hay que observar, en primer término, que tal vez Foucault debió haber señalado, con mayor precisión, que el texto que

---

[18] MICHEL FOUCAULT, *Les mots et les choses,* Paris, Gallimard, 1966, páginas 7-16.

él atribuye a Borges es atribuido por Borges («El idioma analítico de John Wilkins», en *Otras Inquisiciones*) al Dr. Franz Kuhn, que a su vez lo atribuye «a cierta enciclopedia china que se titula *Emporio celestial de conocimientos benévolos*»[19]. Encontramos aquí el recurso, típicamente borgiano, de la *mise en abîme*: la perspectiva infinita de textos que remiten a textos. También encontramos en la actitud de Foucault de negarse a asumir esa perspectiva algo vertiginosa, un eco de la reacción de Genette (al no reparar que Borges estaba citando a Eliot) o de Ricardou (al no reconocer el origen del relato, «El brujo postergado»). Pero esta observación es lateral. Si la hago es sólo para mostrar una vez más que la naturaleza verdaderamente laberíntica de los textos borgianos es difícil de reconocer aun para aquéllos más dispuestos a aceptarla.

La segunda observación se refiere a algo que Foucault indica en el primer párrafo de su Préface y que se convertirá en uno de los centros de su libro: nuestra práctica milenaria del Mismo y del Otro. Es probable que al redactar su Préface, Foucault no supiera que dos años antes Borges había titulado la última sección de su *Obra poética* (1964), con esas dos palabras, pero en este orden: «El Otro, el Mismo»[20]. Sea como fuere, Foucault pone aquí al descubierto uno de los temas centrales, si no *el* tema central, de la obra de Borges. No es extraño que su Préface contenga por eso mismo una de las caracterizaciones generales más penetrantes de esa obra:

> Les *utopies* consolent: c'est que si elles n'ont pas de lieu réel, elles s'épanouissent pourtant dans un espace merveilleux et lisse; elles ouvrent des cités aux vastes avenues, des jardins bien plantés, des pays faciles, même si leur accès est chimérique. Les *hétérotopies* inquiètent, sans doute parce qu'elles empêchent de nommer *ceci* et *cela,* parce qu'elles brisent les noms communs ou les enchevêtrent, parce qu'elles ruinent d'avance la «syntaxe», et pas seulement celle qui construit les phrases, —celle moins manifeste qui fait «tenir ensemble» (à côté et en face les uns des autres) les mots et les choses. C'est pourquoi les utopies permettent les fables et les discours: elles sont dans le droit fil du langage, dans la dimension fondamentale de la *fabula;* les hétérotopies (comme on en trouve si fréquemment chez Borges) dessèchent les propos, arrêtent les mots sur eux-mêmes, contestent dès sa racine toute possibilité de grammaire; elles dénouent les mythes et frappent de stérilité le lyrisme des phrases [9-10].

Qué lejos se está en este análisis del esfuerzo tranquilizador de un Macherey que reduce a Borges a un modelo, ideológicamente neutro, ineficaz. Para Foucault, Borges pone todo en cuestión al poner en

---

[19] JORGE LUIS BORGES, *Otras inquisiciones,* Buenos Aires, Editorial Sur, 1952, pp. 123-124.

[20] JORGE LUIS BORGES, *Obra poética 1923-1946,* Buenos Aires, Emecé Editores, 1964, p. 133.

cuestión la sintaxis, la gramática, el lenguaje. Al vincular la contestación de Borges con la que ocurre en ciertos casos de afasia, Foucault llega a decir:

> La gêne qui fait rire quand on lit Borges est apparentée sans doute au profond malaise de ceux dont le langage est ruiné; avoir perdu le «commun» du lieu et du nom. atopie, aphasie [10].

En esta lectura de Foucault existe ya una posibilidad de acceso a Borges que las otras lecturas francesas no habían sino buscado. En cierto sentido, Foucault va incluso más lejos que Blanchot y Genette, ya que éstos sólo intentaron revelar algunos de los conceptos subyacentes en la obra de Borges. Foucault, en cambio, apunta al centro de la escritura borgiana: una empresa literaria que se basa en la «total» destrucción de la literatura y que a su vez (paradójicamente) instaura una nueva literatura; una «écriture» que se vuelve sobre sí misma para recrear, de sus propias cenizas, una nueva manera de escribir; un fénix, ay, no demasiado frecuente.

[*Revista Iberoamericana,* vol. XXXVIII, núm. 80, julio-septiembre de 1972.]

RAFAEL GUTIERREZ GIRARDOT

BORGES EN ALEMANIA

En el segundo tomo de la erudita investigación *El mundo como laberinto* que su autor, un discípulo del riguroso y vanidoso Ernst Robert Curtius, Gustav René Hocke, tituló *Manierismo en la literatura. Alquimia del lenguaje y arte esotérico de la combinación* (1959), aparece citado Jorge Luis Borges como autor español, cuyos textos delatan estirpe gongorina, modelos del siglo XVII, neoplatonismo alejandrino, mística del número y del alfabeto de las culturas semíticas del temprano oriente. El lector no puede menos que pensar en la fabulosa enciclopedia de «Tlön, Uqbar, Orbis Tertius», que Borges encontró, y de la que seguramente el filósofo Hocke, afortunado lector de un único ejemplar perdido, tomó los datos correspondientes al autor de *El Aleph* y *Ficciones,* que exactamente cita. Esta no es la única mención alemana de Borges. El escritor en exilio Werner Bock, traductor de los poemas del argentino, en el tono señorial que caracteriza a los humanistas de la generación posterior al florecimiento humanista de Hugo von Hoffmannsthal, Rudolf Borchhardt, y los numerosos epígonos del olímpico Goethe, cuenta de las conversaciones que tuvo en Buenos Aires con Borges y reclama, con derecho, el haber citado por primera vez al autor argentino en el mundo que hasta entonces sólo dominaban Ortega y Gasset y Unamuno: el de la cultura alemana actual, que siguiendo sus impulsos universalistas aún tiene margen suficiente para ocuparse del extraño mundo de lengua española. Sin embargo, ni la personalidad de Bock ni la noticia de traducciones inglesas y francesas de las narraciones de Borges bastaron para que en Alemania los descubridores de la mejor literatura universal se decidieran a dar a conocer a Borges al culto público. *Bajo la cruz del sur* fue hasta hace pocos años la única obra impresa —por lo demás en Suiza— en la que al lado de Horacio Quiroga y otros escritores suramericanos de nombre menos memorable, le fue dado a Borges la honra de verse traducido en la lengua de Schopenhauer y de sus personajes Emma Zunz y Otto Dietrich zur Linde. En esa desigual Antología figura de Borges «La forma de la espada». Lo que Borges intentó y no prosiguió: la creación de un lenguaje de los argentinos, de una lengua argentina, lo lograron en 1959 los traductores alemanes de sus obras. «Traducido del argentino», apareció —según comentaron las hojas de propaganda— un volumen bajo el título *Labyrinthe*, que recoge casi todas las narraciones. Otro discípulo de Curtius, el doctor Karl August Horst, numeroso, pero no siempre exacto trabajador de casi todas las literaturas modernas y antiguas, no sólo se apresuró a dar testimonio de su excelente buen gusto y de la primicia que presentaba al lector alemán (en el Epílogo), sino que llegó a dar a las primeras páginas de su texto el tono de una confesión personal, y el lector no solamente asiste a las fascinantes escenas que Borges le presenta a lo largo del libro, sino que ve premiado su esfuerzo de constancia por un patético testimonio de quien describe un decisivo «Bildungserlebnis». Horst cuenta en esas conmovidas líneas que en el caso de Borges «muchos y no casualmente sospecharon en su nombre una mistificación». Realidad cobró Borges gracias al descubrimiento de Horst, gracias, especialmente al parecer, a que en su biografía se encuentran dos viajes por Europa, gracias a que «en España, en donde permaneció algunos años, se adhirió provisionalmente al "Ultraísmo"», gracias a que estuvo en Ginebra y especialmente gracias a que es «Director de la Biblioteca de Buenos Aires y enseña literatura inglesa y norteamericana en la Universidad». Si en Hocke la cuna intelectual de Borges es gongorina, gracianesca, alejandrina, neoplatónica, en una palabra digna de una enciclopedia de la «Biblioteca Walburg», en Horst —término medio de la opinión pública literaria— la coronación de semejante fe de bautismo la constituye el hecho tranquilizador de que Borges es, además de «Herr Professor» y «Herr Bibliotheksdirektor» un inteligentísimo autor, que le debe su descubrimiento. No podía faltar el acostumbrado artículo sobre «Borges y la poesía gauchesca» —así como en Borges las veladas literarias en casa de Mme. Bachelier caracterizan a uno de sus héroes— lo cual no impidió el que el autor del mismo, al traducir «Hombre de la esquina rosada» convirtiera el ambiente viril de la narración en sucia atmósfera de prostíbulos, y las joyas arrogantes del valiente en botín infame de un asalto, y el traje elegante del héroe en una oscura noche: *traduttore, traditore*. El eco que produjo la traducción de *Labyrinthe* en la crítica Alemana fue sensacional, por lo inesperado. El vocabulario de las reseñas volvió a poner en circulación palabras y adjetivos que, por su demasiado uso, habían desaparecido ya y que durante años estuvieron reservadas a Valéry, Gottfried Benn, Ernst Jünger: transparencia, penetración, cristalino, lucidez. Un sobrio crítico, Günther Blöcker, aseguró que Borges había tomado en serio la idea de Faulkner de reducir la historia y apresarla en la cabeza de un alfiler. Otro crítico, en estilo que Hocke hubiera encontrado alejandrino, aseguró: «La prosa es de frescura latina, penetrada por el objetivo recogimiento de la Biblia. Aún en la exuberancia alejandrina conserva su afilada concisión —en última instancia como arrebatador contraste. Eso es literatura universal en el verdadero sentido de la palabra». En fin, la ascendente producción bibliográfica permitió a los entusiastas lectores de Borges el conocimiento de *Historia universal de la infamia,* traducido bajo el título *El espejo negro,* sus poemas y *El hacedor,* que apareció bajo el título *Borges y yo.* Con razón citó la editorial Hanser, que lo administra, la opinión de un crítico, según la cual «las historias de Jorge Luis Borges son una invasión literaria de primer rango. Ellas transforman ideas, conceptos, cánones».

¿Qué cánones ha modificado la invasión de Borges? La radiodifusora RIAS de Berlín comentó que no suponía que al sur del Amazonas hubiera una figura de semejante estatura internacional. No cabe duda de que la «modificación de cánones» no se refiere a la geografía literaria. Cierto es que la Alemania del milagro económico en el período más internacional de la historia ha sabido valorar los otros mundos nuevos y que, por ejemplo, encuentra en la literatura africana un sabor que recuerda la originariedad de los Edda. Si Africa, pues, tiene su Edda, ¿por qué no reconocer que Latinoamérica tiene en Borges su Nietzsche? ¿No fue acaso él el anunciador de la «transformación de los valores», es decir, de los cánones? Si se recorre la literatura periodística y ocasional sobre Borges, se buscará en vano una respuesta a la pregunta: ¿qué cánones ha modificado Borges? Sólo el elogio incondicional que han cosechado sus obras permiten, indirectamente, responder a la pregunta. Borges ha revolucionado el concepto de literatura. En un país en el que sus autores de nota son novelistas del tamaño de Gerd Gaiser y de Heinrich Böll, autores, pues, cuyo material es una pequeña burguesía enriquecida, y cuya concepción de la tarea de narrador —cuando no retoma la de Kafka o Thomas Mann— consiste en la «desmetafisación», «desculturación» de la literatura, la obra de Borges ha venido a mostrar que justamente la sustancia metafísica, la ironía no romántica —fuera de la de Thomas Mann y de Musil, los alemanes sólo conocen la ironía romántica, condenada tan irónicamente por Hegel—, la desenvoltura en el manejo de la erudición dan a la épica una tensión narrativa que no puede lograr la simpática descripción crítica, casi sarcástica, de una detestable burguesía, como la de Böll, o la «profundidad» provinciana de un Gerd Gaiser. Dentro de formas aparentemente tradicionales, Borges lleva a cabo el experimento que, proveniendo de James Joyce, ha intentado con éxito Arno Schmidt. Este es, sin duda, el único autor alemán de intención literaria emparentada con la de

Borges, de intensidad intelectual semejante, de habilidad y maestría en el manejo del lenguaje semejantes a las del argentino. Pero no es hoy el más popular, aunque sí el más admirado por los buenos conocedores de buena literatura. Pero aún aquí, en esta comparación, el ejercicio de las letras tal como lo entiende Borges sigue siendo revolucionario. A la modificación del concepto de literatura corresponde la verdadera «transformación de los valores» en sus contenidos. La «dialéctica» de Borges, su «especulación» carecen de «profundidad» grave, ellas se mueven en las «superficies», y así es la obra de Borges la combinación armónica más lograda del eterno sueño alemán de un equilibrio entre la hondura sombría y la claridad de la superficie, la combinación soñada por Nietzsche, proclamada patéticamente por Stefan George, realizada, aunque con dramático tono teológico, por Hugo von Hoffmansthal y presente siempre, aunque con aura panteísta, en el cosmopolita austríaco Rudolf Kassner. Sin embargo, Borges no ha ejercido la misma influencia —o ninguna— en la moderna literatura alemana que ha ejercido notoriamente Pablo Neruda —en Erich Arendt y sin duda en Hans Magnus Enzensberger— o el mismo César Vallejo, aunque desconocido del gran público. No la ha ejercido tampoco Proust, y si hay un órgano educado para apreciar las finuras de Borges, eso se debe más bien a que todos los jóvenes novelistas y narradores se han educado en la lectura de Kafka —su más claro epígono es el sensacional Walter Jens—. En el fondo, como toda revolución en Alemania, la de la literatura es también teórica, las grandes obras de la narrativa actual (Günther Grass y Uwe Johnson, por citar a los más conocidos bestséllers) siguen la línea de un «Bildungsroman», y parece que justamente lo que ha despertado la admiración ante Borges ha sido el hecho de que el material de la narración puede ser legítimamente el universo, no el encastillado yo. La recepción de Borges en el ambiente alemán actual —no por su actual pobreza menos cargado de gran tradición— afecta naturalmente la situación espiritual alemana y puede valorarse como un variado síntoma de aspectos negativos y positivos. En contraste, podría formularse como una nueva revolución kantiana, en el sentido de que en Borges se ve cómo no es el universo el que gira alrededor del hombre, sino el hombre a merced del universo. Las traducciones alemanas de Borges no permiten apreciar los valores literarios más propios de su obra, el ritmo de su frase, la musicalidad y la precisión de su sintaxis, la fuerza creadora de su estilo. Pese a ello, entre las líneas, admiten una lectura fructífera y no desvirtúan su acento «metafísico», es decir, la consistencia con que Borges lleva hasta sus últimas consecuencias el pensamiento occidental de la modernidad, «la metafísica de la subjetividad» como dicen los filósofos; consecuencia dialéctica que lleva a Borges a disolverla y que por eso se toca con los esfuerzos desatados por Martín Heidegger. Tal es sin duda la atmósfera propicia en la que tuvo lugar la recepción de Borges en Alemania. Pero ello no quiere decir que Borges sea «existencialista», sino simplemente, que es la obra de un adelantado del mundo contemporáneo.

[*L'Herne,* París, 1964.]

DONALD A. YATES

CINCO AÑOS DE CRITICA BORGIANA:
13 LIBROS NUEVOS

Cuando el décimocuarto Congreso del Instituto Internacional de Literatura Iberoamericana se reunió en Toronto en agosto de 1969, sus miembros descubrieron que, de las veintisiete ponencias independientemente preparadas para ser leídas en las sesiones, en un congreso dedicado ese año a «El ensayo y la crítica literaria en Iberoamérica», cinco estuvieron dedicadas a Jorge Luis Borges. Su nombre se mencionó tan a menudo y su obra fue materia de discusión tan frecuente que, durante el simposio a cargo de siete miembros que tuvo lugar en la tarde del veintiséis de agosto y luego de repetidas y conscientes alusiones a su nombre por los participantes, se convirtió —con mezcla de humor y resignación— en «J.L.B.» o simplemente «el inmencionable».

Puede no parecer apropiado o de proporción justificable que un quinto de los ponentes, disponiendo de libre elección de período, país y tema, hayan escogido el tema de Jorge Luis Borges. Tal vez no. Pero inevitablemente, sí. Una situación muy semejante tiene lugar en el campo de la investigación. El número de estudios y artículos dedicados a Borges es ya muy grande y el ritmo de la productividad investigativa en este tema va en aumento. (La Bibliografía de la PMLA —Publicación de la Asociación de Lenguas Modernas— de 1969 indica que solamente dos escritores latinoamericanos superaron a Borges como tema de artículos publicados durante el año anterior: Rubén Darío y Miguel Angel Asturias. Y hay que señalar que 1967 fue el año centenario del nacimiento de Darío y que ese mismo año el Premio Nobel de Literatura fue otorgado a Asturias).

El centenario de Borges (1999) está todavía muy distante y solamente los más optimistas abrigan la esperanza de que, finalmente, él recibirá el Premio Nobel; y, sin embargo, Borges es indudablemente la figura literaria de Latinoamérica más universalmente seductora. Muchos, pareciera, se niegan a aceptar este hecho. Por supuesto, hay una justificación.

De una manera muy peculiar, la obra de Borges *inspira* o *invita* y hasta *pide* comentario e interpretación. El sabor del estilo de su prosa es diferente y el lector medio lo siente y asocia a Borges, después, con ciertas sensaciones muy especiales; el lector «profesional», por otro lado, se siente obligado a exteriorizar su reacción a este estilo tan único y a escudriñar las fuentes de los ingredientes, extrañamente familiares, de ese sabor. Así se comprende la aparición de artículos, explicaciones y exégesis.

El material crítico y periodístico publicado hasta la fecha sobre el tema de Borges ha superado ya en volumen al de sus propias obras. Esto a pesar de que en los últimos cinco años Borges ha publicado cinco obras nuevas (en colaboraciones varias), dos volúmenes nuevos de poesía, una segunda *Antología personal,* numerosos poemas no recogidos en libros y la primera de una nueva serie de narraciones cortas. Cuando volví de Buenos Aires a mediados de 1968, después de residir un año en esa ciudad, traje conmigo siete libros que tratan de la obra de Borges, aparecidos entre 1967 y 1968, con la intención de escribir una reseña-ensayo, sin prisa, sobre la forma en que había evolucionado la imagen pública y crítica del autor. Pero en los meses posteriores a mi regreso ese número de obras nuevas se había duplicado. Por esta razón, lo que me propongo ofrecer aquí, en el relativamente limitado espacio de que dispongo (de manera sumaria) es: 1) la identificación de una docena de obras dedicadas a Borges, todas publicadas desde su consagración como una presencia literaria «internacional» en 1964 con la aparición del voluminoso *cahier* núm. 4 de *L'Herne* en París; 2) una breve descripción de la naturaleza de estos volúmenes; y 3) un intento de evaluación de las contribuciones de cada uno a la crítica de la obra de Borges, y añadir, finalmente, algunas observaciones de conclusión.

Varios meses después de la aparición del volumen de *L'Herne* dedicado exclusivamente a Borges, Alicia Jurado publicó su *Genio y figura de Jorge Luis Borges*[1] (Buenos Aires, 1964) en la serie «Biblioteca de América» dedicada a estudios de escritores hispanoamericanos y publicada por la Universidad de Buenos Aires. Siguiendo el formato de la serie, hay un ensayo bibliográfico sobre el autor, una exposición sobre la forma y el contenido de su obra, y una modesta selección de su prosa y obra poética. El valor especial del estudio de la señora Jurado deriva del material biográfico nuevo que reunió y del primer retrato íntimo que tenemos del Borges maduro. Pri-

---

[1] JURADO, ALICIA, *Genio y figura de Jorge Luis Borges,* Buenos Aires, Eudeba, 1964, 191 pp.

mero la autora fue una admiradora de su obra, después, estudiante en sus clases universitarias, y, finalmente, colaboradora y amiga. La autora nos ofrece con desenfado sus impresiones del autor. Inteligentemente expresadas, brindan una visión privilegiada de su amistad intelectual. La exposición sobre la obra de Borges es más bien una introducción a su técnica narrativa y a sus preferencias temáticas, y no intenta dar ninguna suerte de análisis exhaustivo.

El libro de María Angélica Bosco *Borges y los otros* [2] (Buenos Aires, 1967) es en esencia un relato biográfico de la vida de Borges y de su carrera literaria que aprovecha libremente el material incluido en el volumen de *L'Herne*. La autora es una novelista argentina y amiga de la familia de Borges que ha trabajado durante muchos años como traductora de obras de literatura francesa. Ha traducido al español muchos fragmentos tomados de los «testimonios» ofrecidos tanto por argentinos como por europeos a *L'Herne* y los ha intercalado en los seis capítulos de su libro. Huellas del refrito se notan aquí y allí, pero el retrato que emerge de Borges parece ser fiel a los conceptos de aquéllos cuyas palabras se utilizaron para tejer ese retrato. A través de citas de la poesía de Borges, la señora Bosco ilustra algunas ideas con buen resultado. También ha reunido algunos juicios nuevos de amigos de Borges que no contribuyeron al volumen especial de *L'Herne*.

Un fenómeno curioso del período 1967-1968 que pasé en Buenos Aires fue la aparición de un número de volúmenes que ofrecían «conversaciones con Borges» transcriptas por personas de la Argentina y el extranjero. Dos factores explican este tipo especial de atención concedida a las palabras de Borges. Primero, a esta altura el nombre de Borges es, comercialmente, una garantía; segundo, su conversación, una parte tan sustancial de la impresión personal del hombre, es, para cualquiera interesado en la literatura, invariablemente cautivante y a menudo brillante. De todas maneras, parecía haber una suerte de acuerdo general respecto a la existencia de un mercado para este tipo de libro. Hasta ahora he visto cuatro de ellos.

El primero en aparecer fue *Entretiens avec Jorge Luis Borges* [3] (París, 1967), de Jean de Milleret, consta de cinco sesiones grabadas de preguntas y respuestas entre Borges y Milleret, un ex combatiente de la Resistencia francesa y un viejo poblador de la selva argentina (como campesino) y de la capital del país. Las conversaciones, grabadas en francés, evidencian una cuidadosa preparación por parte del entrevistador. Más aún: cuestiones familiares han sido evitadas en su mayor parte debido a la larga relación de Milleret con la fa-

[2] Bosco, María Angélica, *Borges y los otros*, Buenos Aires, Fabril, 1967, 169 pp.
[3] De Milleret, Jean, *Entretiens avec Jorge Luis Borges*, Paris, Pierre Belfond, 1967, 241 pp.

milia de Borges y a su conocimiento de temas y puntos de discusión generalmente desconocidos para los demás. Es el único de los libros de «conversación» que incluye meticulosas notas al pie de página.

El escritor y su obra: Entrevistas de Georges Charbonnier con Jorge Luis Borges [4] (México, 1967) es una traducción de un libro (que tiene el mismo título que el de Milleret) publicado en 1967 en París y compuesto de ocho entrevistas transcriptas para transmisión radial durante la última visita de Borges a esa ciudad. La entrevistadora, Georges Charbonnier, demostró un conocimiento un poco más que superficial de la obra de Borges (confiesa no saber español); pero esto no la intimida ni la inhibe respecto a las grandes preguntas, tales como: «Jorge Luis Borges, ¿cómo considerar el problema literario?» En estas páginas Borges habla extensamente sobre literatura europea; Charbonnier insiste en retornar afectuosamente a «Pierre Menard».

Encuentro con Borges [5] (Buenos Aires, 1968) es un pequeño volumen que contiene tres entrevistas previamente publicadas: «Encuentro con Borges», de James Irby, una «Conversación» con Napoleón Murat, y una nota periodística menor en forma de un juego de asociación de palabras ejecutado por Carlos Peralta y publicado en el periódico *Marcha,* de Montevideo, en 1963. Todos ellos aparecieron en *L'Herne.* Las preguntas de Irby son las de un estudiante admirador de la obra de Borges (en el momento de la entrevista completaba una tesis doctoral sobre la estructura de los cuentos) y las respuestas que recibió son todas de buena fe. Más aún: el entrevistador tocó varios puntos valiosos que Borges comentó con detención. Se ofrecen, por ejemplo, pistas para los temas de Alfonso Reyes y el escritor alemán Fritz Mauthner que son de importancia mucho mayor de la que se sospecha para el estudio adecuado de las obras de Borges. Ninguno de ellos, de paso, ha sido cuidadosamente examinado todavía.

La entrevista de Murat se caracteriza por algunas pequeñas irreverencias por parte de Borges. Si la sustancia de sus respuestas se limita a hechos, el tono es más juguetón que en el encuentro con Irby. En su mayor parte, Borges habla de temas neutrales y superficiales introducidos por Murat (Palermo, la revista *Sur,* la literatura española, etc.).

Finalmente, tenemos una muestra del impecable inglés de Borges en *Conversations with Jorge Luis Borges* [6] (Nueva York, 1969), diá-

---

[4] CHARBONNIER, GEORGES, *El escritor y su obra,* México, siglo XXI, 1967, 92 pp.

[5] IRBY, JAMES, NAPOLEÓN MURAT, CARLOS PERALTA, *Encuentro con Borges,* Buenos Aires, Galerna, 1968, 112 pp.

[6] BURGIN, RICHARD, *Conversations with Jorge Luis Borges,* Nueva York,

logos con Richard Burgin, un estudiante que conoció al autor en 1967 cuando Borges vino a Cambridge como el «Conferenciante Charles Eliot Norton», en la Universidad de Harvard. En unas 140 páginas Burgin conduce a Borges a través (según su cuenta) de 49 temas diferentes. Burgin parece haber quedado encantadísimo con la cantidad y variedad de territorio que Borges asintió en recorrer con él, y las conversaciones serpentean erráticamente, dirigidas por no mucho más que el genuino entusiasmo y admiración del entrevistador. Borges, en un estado de ánimo curiosamente molesto, hace lo que se le pide e ignora detalles de importancia que podrían retrasar el ritmo de la conversación. Considérese, por ejemplo, este intercambio que refleja la indulgencia de Borges y la información desigual de Burgin:

> Burgin: ¿Qué puede decirme de *Historia universal de la infamia?*
> Borges: Bueno, era una suerte de... Yo era el jefe de redacción de una revista muy popular.
> Burgin: ¿*El Sur?*
> Borges: Sí, Co-redactor. Y luego escribí un cuento...

Por comenzar, la revista a la cual se refiere Burgin es *Sur* (sin artículo). Es una excelente publicación, desde 1931 la mejor de Latinoamérica en su categoría. Pero bajo ninguna circunstancia puede considerarse «una revista muy popular» (¿Por qué lo interrumpió Burgin en ese punto?) De todas maneras, cuando compuso los cuentos que formarían ese libro sobre el cual pregunta Burgin, Borges era redactor del suplemento literario de *Crítica*. Sin embargo, Borges juzgó conveniente dejarlo pasar como *El Sur*.

A mi juicio, la mejor «conversación» con Borges es una conversación que él mantiene consigo mismo —el largo monólogo publicado en *Life en español* en marzo de 1968 [7]. *Life* envió a la escritora Rita Guibert a la Universidad de Harvard para entrevistar a Borges y la autora renunció de inmediato a la posibilidad de obtener algo de distinción por el método normal y decidió sensatamente dejar que Borges mismo determinara lo que diría. El escritor de sesenta y nueve años, en la cúspide de su carrera, sin el acicate de preguntas accidentales o preparadas, reflexiona sobre su vida deliberada y sabiamente, con su acostumbrada y curiosa nostalgia y en un español elocuente que, más que en ninguna otra entrevista, se aproxima al estilo límpido de su prosa.

La media docena de libros que aun nos queda por comentar aquí tratan críticamente de algún aspecto del arte de Borges. La reimpresión de *La expresión de la irrealidad en la obra de Jorge Luis Bor-*

Holt, Rinehart & Winston, 1969, 143 pp. [Hay traducción española: *Conversaciones con J. L. B.*, Madrid, Taurus, 1974, col. «Persiles», núm. 70, 161 pp.]

[7] GUIBERT, RITA, «Jorge Luis Borges», *Life en español*, vol. 31, núm. 5 (11 de marzo de 1968), pp. 48-60. [Recogida aquí, pp. 318-356.]

ges [8] (Buenos Aires, 1967), de Ana María Barrenechea incluye rasgos nuevos y elimina antiguos de la edición de 1957 que en su tiempo fue el primer estudio mayor de la obra completa de Borges. Su bibliografía, de incalculable valor, ha sido superada por otras y ha sido eliminada de la presente edición. Al principio, todos, pareciera, se valieron de esa bibliografía. De paso, creo que la profesora Barrenechea es culpable de un error que ha sido repetido con tanta frecuencia que amenaza en convertirse en hecho. Fue ella quien anotó en su bibliografía el título del cuento de Borges de 1933 (más tarde cambiado por «Hombre de la esquina rosada») como «Hombre de las orillas», tal vez amoldándolo inconscientemente al título más ampliamente conocido. El verdadero título es, sin embargo, «Hombres de las orillas», que evoca un tono más bien diferente.

La autora ha agregado como apéndices a la nueva edición una «Biografía externa de Borges» y parte de un ensayo originalmente titulado «Borges y el lenguaje» que aquí lleva el título «Borges y el lenguaje de los argentinos» —ambos, valiosos suplementos al libro. El resto del ensayo anteriormente mencionado ha sido insertado en el capítulo tres del texto original. Lo central de su estudio acerca de los métodos empleados por Borges para negar la realidad e insinuar su tipo especial de «irrealidad» ha sido en cierta medida reescrito, pero la organización total es la misma. A pesar de los severos juicios críticos que lo condenan por su enfoque uni-dimensional de la obra de Borges, es un estudio importante y permanecerá como tal por mucho tiempo.

Dos obras recientes se concentran sobre todo en la poesía de Borges: *Borges el poeta* [9] (México, 1967), de Guillermo Sucre, y *Borges y su retorno a la poesía* [10] (Nueva York, 1969), de Zunilda Gertel. El libro de Sucre es el primero en acometer un extenso examen del desarrollo de Borges como poeta. Si su estudio es inteligente, elaborado con ideas personales y simpatía, carece por otro lado de un método crítico formal y, a fin de cuentas, no revela ningún aspecto nuevo de la poesía de Borges, ninguna interpretación original del espíritu poético del autor. Su exposición concluye con *El hacedor,* publicado en 1960.

Aunque la tesis doctoral de Zunilda Gertel trata principalmente de la nueva voz poética de Borges durante los años posteriores a 1958, dedica considerable espacio a estudiar su primera etapa o experiencia ultraísta. La autora expone sólidos argumentos en los dos capítulos centrales sobre «La teoría poética de Borges» y «Función

---

[8] BARRENECHEA, ANA MARÍA, *La expresión de la irrealidad en la obra de Jorge Luis Borges,* Buenos Aires, Paidós, 1967, 270 pp.
[9] SUCRE, GUILLERMO, *Borges el poeta,* México, U.N.A.M., 1967, 125 pp.
[10] GERTEL, ZUNILDA, *Borges y su retorno a la poesía,* Nueva York, Las Américas, 1969, 174 pp.

de los principios poéticos en el verso», y presenta en su apoyo una documentación exhaustiva. Es difícil no estar de acuerdo con el juicio de que el Borges que «retornó» a la poesía después de un intervalo de casi dos décadas es el gran poeta. La profesora Gertel presenta su caso convincentemente respecto al porqué y cómo de ese retorno. Su libro abarca una extensión más amplia de la obra de Borges que el libro de Sucre, pues incluye viejos poemas (algunos reescritos) y poemas posteriores a 1958 recogidos en *Obra poética* de 1964. Sin embargo, no demuestra familiaridad con numerosos poemas publicados por Borges durante los últimos cinco años y no recogidos en volumen.

Un admirable estudio nuevo de temas y estilo en la narrativa de Borges es *La prosa narrativa de Jorge Luis Borges* [11] (Madrid, 1968), de Jaime Alazraki. Es un tratamiento más a fondo de este tema que el que ofrece el libro de A. M. Barrenechea o la tesis doctoral de James Irby sobre la estructura de los cuentos de Borges porque Alazraki construye su estudio sobre la información e ideas que proporcionan estas dos obras. Un análisis cuidadoso y sensible, usa con excepcional eficacia lo mejor de la crítica previamente publicada sobre Borges. La principal contribución del autor reside en la segunda parte de su obra donde trata de los rasgos del estilo de Borges. Me parece, en conjunto, el examen más valioso hasta la fecha de la prosa narrativa de Borges.

Mucho menos claras y menos concisamente expresadas son las observaciones de L. A. Murillo sobre las narraciones de Borges en su *The Cyclical Night: Irony in James Joyce and Jorge Luis Borges* [12] (Cambridge, Massachusetts, 1968). Este volumen contiene dos largos ensayos: «James Joyce —The Way of Irony to the Threshold of Myth» y «Jorge Luis Borges— The Ways of Irony in the Labyrinth of Consciousness». Extrañamente, Borges está excluido del primer ensayo; Joyce, del segundo. El propósito del autor está expresado en la introducción de la manera siguiente: «La unidad total de mi presentación, por tanto, y las interconexiones entre los capítulos y los análisis, es guiar a mi lector a una aprehensión "total" de los contenidos del *Finnegans Wake* para luego llevarlo a una comprensión análoga de los rasgos salientes de las narraciones de Borges».

En el ensayo sobre Borges, «puesto que para el lector inglés sus obras no son tan conocidas como las de Joyce», el autor ofrece «un análisis minucioso y detallado» de «El jardín de senderos que se bifurcan» (de unas cincuenta páginas) y exposiciones más breves de

---

[11] ALAZRAKI, JAIME, *La prosa narrativa de Jorge Luis Borges,* Madrid, Gredos, 1968, 246 pp.

[12] MURILLO, L. A., *The Cyclical Night: Irony in James Joyce and Jorge Luis Borges,* Cambridge, Massachusetts, Harvard University Press, 1968, 269 pp.

«La muerte y la brújula», «Emma Zunz», «La escritura del Dios», y «El inmortal» —siempre tras su tema central de la ironía. Probablemente voy a ser injusto con el profesor Murillo (puesto que no he leído su ensayo sobre Joyce), pero su análisis de «El jardín de senderos que se bifurcan» me parece no convincente y penosamente interpretado en exceso. Su breve pero incisiva consideración de «La escritura del Dios», por otro lado, es excelente. Este es un libro curioso: una introducción a la obra de Borges para lectores ingleses indudablemente muy especial. Muy poco del encanto narrativo de Borges puede percibirse debajo de estas laboriosas explicaciones.

Un tratamiento más equilibrado y satisfactorio de la obra de Borges (para lectores ingleses), aunque también trata de un solo aspecto, es *The Narrow Act: Borges' Art of Allusion* [13] (Nueva York, 1969), de Ronald J. Christ. La intención de Christ es rastrear los préstamos literarios de Borges respecto a autores de lengua inglesa y hacer una evaluación crítica de: 1) la naturaleza de la alusión y 2) la razón del préstamo. El autor reseña los primeros ensayos de Borges, confiere atención especial a *Historia universal de la infamia,* con frecuencia pasada por alto, examina el tema de Borges y el cuento policial en su perceptiva interpretación de «El acercamiento a Almotásim», estudia más detalladamente que nadie la relación de Borges con De Quincey, y concluye su análisis con un análisis de «El inmortal». El enfoque del libro es nuevo y explora un territorio nuevo. Complace comprobar la atención prestada a un tema infrecuentemente estudiado: el apego de Borges por la literatura policial. Queda todavía mucho por descubrir en esta veta de su obra, ya que es un rasgo mucho más significativo en la vida de Borges de lo que muchos críticos han estado dispuestos a conceder.

Justamente hoy, mientras escribo estas líneas finales, un nuevo libro ha llegado a mi escritorio —*Diálogos con Borges* [14] (Buenos Aires, 1969), de Victoria Ocampo. Es una suerte de álbum fotográfico de familia que la señora Ocampo ha recorrido con Borges, anotando las respuestas de Borges a sus preguntas sobre las fotografías. Y en estos días tengo noticias de otros estudios en camino...

Estamos todavía muy lejos, se puede estar seguro, de haber visto el último libro nuevo sobre la vida y la obra de Borges. Que es un gran escritor ha sido demostrado (si en realidad se necesita demostración alguna) por su atracción universal. Su obra, en cierto sentido, representa todo para todos —una noción, creo, que no le desagradaría. De esta manera, no hay límites a los nuevos descubrimientos que harán sus futuros lectores. Puesto que sus ideales esté-

[13] CHRIST, RONALD, J., *The Narrow Act: Borges' Art of Allusion,* Nueva York University Press, 1969, 244 pp.
[14] OCAMPO, VICTORIA, *Diálogos con Borges,* Buenos Aires, Sur, 1969, 85 pp.

ticos no imponen una moralidad específica, su obra es en especial pertinente a nuestro tiempo. Pues, como Borges mismo sugiere en el prefacio al estudio de Ronald J. Christ, «la mitología moderna prefiere el yo subliminal». Y agrega:

> Se me pregunta a menudo cuál es mi mensaje; la respuesta más obvia es que no tengo mensaje. No soy ni pensador ni moralista, sino simplemente un hombre de letras que convierte sus propias perplejidades y el respetable sistema de perplejidades que llamamos filosofía en formas de literatura.

Allí está: claro, simple y directo. Borges nos lo ha dicho todo acerca de su arte. Y nada.

[*Books Abroad,* vol. XLIV, núm. 1, invierno de 1970. Traducción de J. A.]

VI

PERSONA

BORGES Y REYES: UNA RELACION EPISTOLAR

Jorge Luis Borges, el argentino universal, y Alfonso Reyes, el mexicano y regiomontano universal: dos de las personalidades literarias más fascinadoras de nuestro tiempo. En otra ocasión * hemos intentado un acercamiento inicial a las afinidades e interrelaciones entre Borges y Reyes. Ahora pensamos explorar otra faceta de la interrelación Borges-Reyes, a raíz del epistolario que hemos podido consultar en la «Capilla Alfonsina» o Biblioteca de Alfonso Reyes en México, D. F. [1], y del que ofrecemos algunas porciones a continuación.

Este epistolario parece empezar con una carta sin fecha de Jorge Luis Borges a Reyes, pero que podemos suponer de los primeros años de publicación de *Monterrey, correo literario de Alfonso Reyes* (Río de Janeiro-Buenos Aires, junio 1930-julio 1937), quizá antes de 1932. La carta dice en parte lo siguiente:

> ¡salve! Quiero, en primer término, agradecer la invitación de *Monterrey,* a quien remitiré unos borradores, apenas los desdibuje un poco.

---

* «Borges y Reyes, algunas simpatías y diferencias», para el número «Borges» de *Norte,* Amsterdam, Holanda, de próxima aparición.

[1] Agradecemos al Dr. Alfonso Reyes Mota y a Alicia Reyes la oportunidad de consultar este epistolario, y al Dr. Alfonso el permiso de reproducir porciones del mismo. Sumario de las cartas consultadas: Cartas de Borges a A. R., de fechas 4 de julio de 1933, 23 de octubre de 1943 (de J.L.B. y A. Bioy Casares), diciembre de 1954, 28 de agosto de 1955, 14 de marzo de 1957, una sin fecha (anterior a 3 de mayo de 1957), 19 de diciembre de 1959, 30 de septiembre de 1961 (de Leonor A. Borges), y cuatro más sin fecha. Además, hay una tarjeta postal sin fecha, firmada por J.L.B., (Enrique) Amorín y Guillermo (de Torre). Cartas de Reyes a J.L.B., de fechas 8 de marzo de 1938, 29 de marzo de 1938, 29 de marzo de 1938, 28 de julio de 1939, 19 de agosto de 1942, 17 de noviembre de 1943, 24 de noviembre de 1943, 24 de mayo de 1944, 27 de septiembre de 1949, 25 de abril de 1950, 4 de enero de 1955, 2 de junio de 1955.

No me tengo confianza; ya sabe usted que el borrador —como el anacronismo, el anatropismo y la errata— es también un género literario...

Por lo visto, Reyes desde Río de Janeiro, a poco de iniciar su
correo literario personal, ha invitado a Borges (en Buenos Aires) a
colaborar con él. Borges se muestra dispuesto a hacerlo, aunque con
cierta vacilación en torno a la forma que tomaría su posible colaboración. Resulta una minúscula meditación típicamente borgiana en
su caprichosa actitud hacia las formas literarias: cualquier cosa podría
volverse literatura —aun la cosa más provisional o accidental, desde
el borrador hasta la errata. Lo del anacronismo recuerda los mala-
barismos que hace Borges con el Tiempo en sus cuentos metafísicos.
La errata como «género literario» recuerda la obsesión que sufrió
don Alfonso por las erratas, sus constantes luchas con ellas, y la
experiencia que tuvo con el texto de su *Visión de Anáhuac,* cuando
una vez la errata accidentalmente cooperó en el proceso de la creación literaria:

> Joaquín García Monge... me remitió los primeros diez ejemplares,
> disculpándose de que... dijera: «La historia obligada a *descubrir* nue-
> vos mundos...», donde mi original decía: *describir.* Me gustó la errata,
> y la adopté decididamente en las posteriores ediciones [2].

Con las mejores intenciones, a veces se quedan en el tintero estas
propuestas colaboraciones. Un examen de los 14 números de *Monterrey* [3] nos ha revelado una sola especie de colaboración de Borges,
una carta sin fecha sobre los «estornudos literarios», cuya carta coincide perfectamente con la próxima que encontramos de Borges en el
archivo de Reyes, y que recoge don Alfonso en el número 8 de *Monterrey* (Río, marzo 1932, p. 7):

Jorge Luis Borges me escribe desde Buenos Aires:

> «Releo en la página 40 del *Calendario* [de Reyes]: "un solo estor-
> nudo sublime conozco en la literatura: el de Zaratustra". ¿Puedo pro-
> ponerle otro? Es uno de los tormentosos presagios de la Odisea y está
> en el libro XVII, al final...»[4].

[2] ALFONSO REYES, «Historia documental de mis libros (III)», *Universidad
de México,* IX, 8 de abril de 1955, pp. 7-8. V. también «Escritores e impre-
sores», en *La experiencia literaria, Obras completas.* XIV, México, Fondo de
Cultura Económica, 1962, pp. 183-189. (La *Visión de Anáhuac* fue editada
primero por J. García Monge de San José de Costa Rica, 1917).
[3] *Monterrey, correo literario de Alfonso Reyes,* también se puede consultar
en la «Capilla Alfonsina» en México, D. F., y en otras bibliotecas, inclusive
en la Biblioteca del Congreso en Washington, D.C.
[4] El texto completo de esta carta aparece en la Nota de *Monterrey,* toda
recogida también por Reyes en *A lápiz,* en *Obras completas,* VIII, p. 313.

A partir de este intercambio entre Borges y Reyes, don Alfonso se pone a «coleccionar estornudos» en la literatura, como antes había hablado (ora en serio, ora en broma) de «coleccionar sonrisas» y «coleccionar miradas» [5]. Resulta una cadena de tres notas en *Monterrey* en que va explorando los «estornudos literarios» y las «costumbres folklóricas sobre el estornudo», con nuevos hallazgos de don Alfonso y aportes de otros amigos [6]. Así Borges y Reyes se entregan mutuamente a esta busca de las curiosidades literarias, expresiva de una afición común por el juego intelectual jocoserio y una curiosidad común por el sentido psicológico-metafísico detrás de los gestos humanos.

La próxima epístola de Borges que encontramos en el archivo de Alfonso Reyes lleva fecha de 4 de julio de 1933 y es una simple invitación a Reyes a colaborar en *Crítica Magazine,* terminando con estas palabras: «Espero su visita o sus páginas. Las dos, mejor». Vemos cómo sigue siempre vivo por parte de ambos el deseo de colaborar mutuamente en sus labores literarias y de mantener activa desde cerca o desde lejos la llama viva de su amistad desde los días de su trato personal en Buenos Aires en 1927-1930, cuando Reyes estuvo de embajador mexicano en la Argentina. Ahora parecería que don Alfonso le anunciaba a Jorge Luis una posible visita próxima en Buenos Aires, desde Río. (Efectivamente, entre 7 agosto y 5 octubre 1933, Reyes se ausentó de Río, de viaje al Uruguay, Argentina, Chile, en «Comisión preparatoria de la VII Conferencia Internacional Americana») [7].

La próxima carta que encontramos en dicho archivo va dirigida a Borges por Reyes, ahora de regreso en México en 1938 después de su permanencia en Sudamérica entre 1927 y 1937 [8]:

---

[5] V. «La sonrisa», *El suicida, Obras completas,* III, pp. 237-242; «El coleccionista». («I. Por qué ya no colecciono sonrisas», «II. Ahora colecciono miradas»), *Calendario, OC* II, pp. 352-355, y el ensayo que provocó la carta de Borges, «Los gestos prohibidos», *ibíd.,* pp. 289-290.

[6] *Monterrey,* núm. 8, Río, marzo de 1932, p. 7; núm. 9, Río, julio de 1932, página 5; núm. 13, Río-Buenos Aires, junio-agosto de 1936, p. 8. Todo recogido, siempre con el título «Estornudos literarios», en A. R., *A lápiz, OC* VIII, páginas 313-317.

[7] «Algunos datos biográficos de Alfonso Reyes», *Páginas sobre Alfonso Reyes,* II, Monterrey, Universidad de Nuevo León, 1957, p. 619.

[8] B. A. 1927-1930, Río 1930-1936, B. A., 1936-1937. Estará una vez más en Río en 1938-1939.

Sr. Don Jorge Luis Borges
Pueyredón 2190
Buenos Aires, Argentina

Mi querido Jorge Luis:

Espero que el librito que dejé para la editorial «Destiempo» no le causará a usted muchos enojos. Entre usted, Pedro y Amado Alonso tal vez podrán encargarse de que salga, en lo posible, sin erratas. Mil gracias por lo que hagan y mil perdones.

Deseo ardientemente sus noticias, las de los suyos, de Norah y Guillermo y, en general, de todos los inolvidables amigos. Ahora descubro que yo les pertenezco a ustedes mucho más de lo que suponía, que ya era mucho. No me olviden por favor.

Siempre suyo,
(A. R.)
ALFONSO REYES
Córdoba. Núm. 95

Aquí sentimos el eco nostálgico comunicado por Reyes a Borges de todo el ambiente de cordialidad, de «grata compañía», grata convivencia y colaboración en los placeres y quehaceres intelectuales que compartieron don Alfonso y don Jorge Luis en Buenos Aires durante las dos temporadas que Reyes pasó en la capital argentina (1927-1930 y 1936-1937), con el deseo de que sigan siempre prolongándose los lazos de cordialidad, de amistad y de afecto que lo ligan al mundo cultural porteño, en torno a dos núcleos de amigos: el grupo de amigos intelectuales de diversas procedencias entonces reunidos en Buenos Aires (Pedro Henríquez Ureña, Amado Alonso y Borges) y el grupo familiar del propio Borges con su hermana Norah (dibujante) y su cuñado Guillermo de Torre, uno de los campeones originales del *ultraísmo* en Madrid. Vemos en marcha otro ejemplo de colaboración editorial que liga a Reyes con Borges y los otros: «el librito que dejé para la editorial "Destiempo"» sería el libro de Alfonso Reyes, *Mallarmé entre nosotros* (Buenos Aires: Destiempo, 1938), editado por la editorial de la Revista *Destiempo,* una revista fundada por Borges con Adolfo Bioy Casares y Silvina Ocampo[9]. Reyes también editó en Buenos Aires su libro *Las vísperas de España* (B. A.: *Sur,* 1937), en la editorial *Sur* asociada con otra revista en que estaba muy activo Jorge Luis Borges, la Revista *Sur* fundada por Victoria Ocampo en 1931. Y se asoma la omnipresente preocupación de don Alfonso por las erratas.

---

[9] V.: ALICIA JURADO, *Genio y figura de Jorge Luis Borges,* Buenos Aires. Edit. Universitaria de B. A., 1964, pp. 51-2.

Desde México otra vez, y cuatro años más tarde, Reyes le dirige a Borges las siguientes líneas:

Méjico, D. F., a 19 de agosto de 1942.

Sr. D. Jorge Luis Borges

Mi querido y siempre recordado Jorge Luis:

No podría en breves líneas decirle con cuánto agrado he leído sus *Caminos que se bifurcan* y con cuánto interés busco todo lo que usted publica. Lo desearía siempre a mi lado...
Saludos a todos, gracias y un abrazo

(A. R.).

Entre escritores amigos, cambiarse sus libros y leerse recíprocamente es otro modo de comunicarse y de ejercer su amistad. Reyes y Borges siempre serán devotos y entusiastas lectores uno del otro. Y esta carta de Reyes parece una contestación al libro de Borges, con la dedicatoria puesta por Jorge Luis en el ejemplar que le envió a Alfonso y que se encuentra en la «Capilla Alfonsina». Se trata, desde luego, del libro *El jardín de senderos que se bifurcan* (1942). Y aquí la dedicatoria:

A Alfonso Reyes, estos opacos ejercicios de imaginación razonable. Con nostalgia de su conversación.

Jorge Luis Borges

Alejados en el espacio los dos amigos escritores, mediante las cartas y el intercambio de los libros y sus dedicatorias, prosigue el trato amistoso de los intereses comunes y el interés del uno por todo lo que hace el otro. Al mismo tiempo, aquí ambos expresan la nostalgia por el trato más directo de viva voz y presencia.

Luego, cada vez en cuanto surge una nueva ocasión o pretexto para alguna forma de colaboración profesional, aunque sea de índole pasajera o incidental:

Buenos Aires, 23 de octubre de 1943.

Sr. don Alfonso Reyes,
Méjico

Querido amigo:

¿Podemos incurrir en la mera historia? Cierta editorial nos encargó una antología de cuentos policiales; en ella incluimos *Los tres jinetes del Apocalipsis,* de Chesterton; el valeroso temor de ofender a ciertos países aconsejó a nuestros editores la eliminación de ese cuento; a última hora tuvimos que reemplazarlo: optamos por *La honradez de Israel Gow,* en la excelente versión que usted conoce. Esperamos, ahora, en su indulgencia.

Saludamos a nuestros lejanos amigos Xavier Villaurrutia y José Luis Martínez. Para usted, nuestra viva nostalgia, toda nuestra amistad.

JORGE LUIS BORGES

ADOLFO BIOY CASARES

México, D. F., a 17 de noviembre de 1943.

Sr. don Jorge Luis Borges

Queridos Jorge Luis y Adolfo:

Gracias por su carta del 23 de octubre. Villaurrutia y Martínez saludan a ustedes por mi conducto. Israel Gow está muy honrado. Esperemos que los sucesores de Calleja no reclamen, pues de ellos era la propiedad. No olviden enviarme la antología policial. Los sigo cuanto puedo. Los recuerdo siempre y los quiero de veras.

(A. R.)

Todo esto gira en torno a la común afición de los cuentos policiales, sentida tanto por Alfonso Reyes como por J. L. Borges (con su gran colaborador Bioy Casares) y compartida entre ellos. Borges y Bioy los coleccionan en antologías y los escriben, individualmente o en colaboración, a veces bajo seudónimos como H. Bustos Domecq o B. Suárez Lynch. Reyes es ávido lector de los cuentos policiales, y además los comenta, los defiende como género literario y los traduce. En sus años madrileños, Reyes preparó para la editorial Calleja una colección de espléndidas traducciones artísticas al español de una docena de los cuentos policiales de G. K. Chesterton [10]. Cuando ahora, en las circunstancias indicadas, dicen Borges y Bioy que desean utilizar en su antología de cuentos policiales «*La honradez de Israel Gow,* en la excelente versión que usted conoce*»*, se trata de la versión de este cuento hecha por el propio Alfonso Reyes para la editorial Calleja, como se puede ver en la contestación de don Alfonso. También notamos de paso que —así como Reyes en la Argentina— Borges tiene lazos de amistad literaria con otros mexicanos amigos de Reyes, X. Villaurrutia y J. L. Martínez.

Pasamos por alto una carta de Reyes de 24 de noviembre de

---

[10] *El candor del Padre Brown,* Madrid, Calleja, 1921. Una edición más reciente: Madrid, Aguilar, col. «Crisol», 1950. V.: A. R., «Sobre la novela policial», *Los trabajos y los días, OC,* IX, y otros trabajos de Reyes sobre el tema en *Las burlas veras* (II) y *Marginalia* (III).

1943 que le pide a Borges una colaboración para *Cuadernos Americanos*, y llegamos a ésta que empieza de una manera conmovedora:

México, D. F., a 24 de mayo de 1944

Sr. don Jorge Luis Borges
Maipú 994
Buenos Aires, Argentina

Mi querido Jorge Luis:

Bástele saber que he estado enfermo y no pregunte de qué. Descanso, campo, alejamiento de toda tarea, etc. En estos tristes tiempos, la antología poética de usted ha sido una de mis más ciertas alegrías. Volví a pasar por las avenidas conocidas y entre las nuevas, fascinado. Gracias de todas veras.

Ahora, para usted y para Adolfo Bioy: acaban de llegarme los cuentos policiales. Encantado, me prometo unas horas de encanto. Me ha gustado mucho ver el cuento de Chesterton convertido ya en un ente estético independiente de los casuales traductores, y he apreciado como buen gustador los finos retoques. Gracias otra vez.

Pronto llegará un libro espantoso que estoy por sacar: *El Deslinde*, Prolegómenos a la teoría literaria. Por favor, considérenlo con piedad. El hijo monstruoso es el que se lleva nuestra ternura.

Saludos y abrazos
(A. R.)

Primero, vemos un pequeño reflejo íntimo del Alfonso Reyes en sus bregas con la enfermedad. Tuvo sobre todo una serie de luchas con ese corazón que lo siguió acechando y aquejando en sucesivas llamadas hasta la última en 1959. En este momento lo que más parece afligirle es el tener que alejarse del gustoso trabajo para descansar, pues el escribir era para él como su respiración diaria, es decir, a la vez fuente de alegría constante y necesidad de su diario existir. Teniendo entonces que dejar por ahora la pluma, encuentra alegría y solaz en la lectura de lo escrito o elaborado por sus amigos, esta vez en las poesías de Borges y luego en la recién llegada colección de cuentos policiales que venía de Borges y Bioy, con el cuento traducido por Reyes.

En el último párrafo de esta carta de Reyes, surge la presencia de otra fuente a la vez de placeres o satisfacciones y de angustias entre las tareas literarias de don Alfonso: el gran libro *El Deslinde*, piedra angular de su teoría literaria en que minuciosa y sistemáticamente va trazando los límites entre lo literario y lo no literario.

Es curioso notar cómo aquí llama «espantoso» e «hijo monstruoso» a su propia criatura literaria, un libro que hoy día muchos consideran su obra maestra y al que parece referirse Germán Arciniegas cuando dice de Reyes que «en su propio discurso del método colocó en primer término la gracia...»[11]. La clave está en la expresión «El hijo monstruoso es el que se lleva nuestra ternura». Es que este libro representaba para él un proyecto que le era muy caro: definir la literatura, ponerlo todo en claro y todo en su sitio en un esfuerzo por alcanzar la armonía perfecta, juntar los pedazos para conquistar la unidad de su ser:

> A ti sólo pueden salvarte [dijo una vez a su *alter ego* teórico] la paciencia y la diligencia, el esfuerzo de cada instante para articular las piezas rotas. Y, sobre todo, un gran ideal de armonía contemplado con arrobamiento y servido con voluntad constante. De este ejercicio, tu alma puede salir un día arquitecturada. Entonces cada palabra madurará a su tiempo, caerá sola en su sitio único. Los estratos de tu obra iran encimándose como una torre necesaria[12].

De modo que éste no es un libro rutinario, sino que reviste para Reyes un íntimo sentido trascendental en relación con su esencia de escritor. Veamos cómo expresa eso también con la imagen del mito de Osiris:

> Piensa de ti según el mito de Osiris; piensa de ti como si nacieras despedazado y tuvieras que juntarte diligentemente trozo a trozo. Conquistar la unidad es, no sólo tu empresa artística, sino acaso tu misión humana por excelencia[13].

Y con la misma imagen de Isis y Osiris lo hemos visto expresar su reacción ante el análisis de su obra por otra persona:

> Estoy realmente deslumbrado, como la gallina que crió un pato. ¿Pero todo eso hay en mi obra? Lo leo con sorpresa y con un anhelo que casi llega a la angustia, y siento lo que tal vez sintió Osiris cuando Isis iba juntando sus pedazos[14].

O sea que la tarea de definir la literatura en *El Deslinde* era algo como definirse a sí mismo. La lucha con la terminología y con la metodología, con el concepto, la palabra y la expresión, que le causaba la elaboración de esta obra le producía una especie de angustia me-

---

[11] GERMÁN ARCINIEGAS, *El continente de siete colores*, Buenos Aires, Editorial Sudamericana, 1965, p. 640.

[12] A. R., «Fragmentos del arte poético» (Río, 1934), *Ancorajes*, México, Tezontle, 1951, pp. 20-21.

[13] A. R., *Ibíd.*, p. 21. V., tambíén A. R., *Religión griega*, p. 284, y *Mitología griega*, p. 574, en *Obras completas*, XVI, México, Fondo de Cultura Económica, 1964.

[14] A. R., en una carta dirigida al autor de estos apuntes, de 9 de septiembre de 1958.

tafísica. Su preocupación y hasta obsesión perfeccionista resultaba en periódicos temores de haber caído del todo en la nada y de haber creado algo «monstruoso», «espantoso» en vez de haberse acercado a la meta deseada. Así sentía desconfianza de sí mismo y necesidad de pedir indulgencia aun cuando lo ofreciera a dos de sus mejores amigos literarios, precisamente a los que tenían mayor probabilidad de entenderlo en todo su trasfondo íntimo. *El Deslinde* es sin duda la obra de Reyes que al autor mismo le causó más dudas y angustias, además de ser quizá la que provocó mayores discusiones entre sus congéneres cuando apareció [15].

Van pasando los años y sigue siempre el trato amistoso entre Borges y Reyes. Siguen los intercambios de libros, con reacciones espontáneas como la siguiente:

Septiembre 27 de 1949.

Sr. don Jorge Luis Borges

Mi querido Jorge Luis:
    Estoy deleitado con *El Aleph*. Acaso por culpa de mis obligaciones didácticas, me siento harto .de los libros. Usted me reconcilia con las letras. ¡Qué lástima no poder tenerlo a mi lado, para que me devolviera una poca de fe!

Un estrecho abrazo

(A. R.)

La amistad de Borges, ya lo vemos, le da aliento a Reyes en momentos de cansancio o de desánimo, a través de estos breves intercambios y en la lectura de las nuevas obras del amigo. Algo así siente Borges, al pasar por una de las etapas de su creciente ceguera, en una carta escrita de puño y letra por su madre, doña Leonor Acevedo de Borges:

Buenos Aires, diciembre de 1954

Amigo mío:
    ...No quiero acabar el año sin enviarle con mis votos felices para 1955 a usted y los suyos, mi agradecimiento por el placer que me dieron sus envíos, en especial la «Trayectoria de Goethe». No me olvide en sus trabajos, los saboreo y me hacen pensar en los días que fueron. Mi vista mal, impone un reposo de algunos meses —dicto a mi madre, que une los suyos a mis buenos deseos. Lo abraza su siempre

Jorge Luis

---

[15] Respecto a todo esto, V. el comentario de Ernesto Mejía Sánchez en su «Nota Preliminar» para el Tomo XV de las *Obras completas* de Alfonso Reyes (*El deslinde, Apuntes para la teoría literaria*), México, Fondo de Cultura Económica, 1963, pp. 7-14.

A la que contesta don Alfonso, identificándose con la misma nostalgia por el trato personal de antaño:

México, D. F., 4 de enero de 1955

Mi queridísimo Jorge Luis:

Correspondo a la señora su madre y a usted, en nombre de todos los míos, sus amables votos para 1955. Son ustedes muy queridos en esta casa, independientemente de la admiración y justificada lealtad con que sigo todas y cada una de sus líneas. No puedo evocar sin emoción los días de nuestra frecuentación y compañía, tan placenteros. Espero que su vista mejore y que al recibir estas líneas, le haya aprovechado a usted el obligatorio reposo que le imponen.

Un abrazo,
(A. R.)

En otra ocasión don Alfonso refrenda de nuevo su constante interés por todo lo que hace y dice y escribe Jorge Luis, y expresa con una de sus lindas imágenes musicales su concepción de la armonía de la amistad simpatizantes que sigue siempre activa entre ellos:

México, D. F., 2 de junio de 1955.

Querido Jorge Luis:

Ni decirle necesito que he leído con verdadero entusiasmo la versión taquigráfica de su conferencia sobre el escritor argentino y la tradición. Desde lejos, siempre acordes como dos violoncellos.
¿Cómo va esa salud? Un abrazo de su

(A. R.)

Y Borges de igual tenor, con angustiosas noticias de su agravada ceguera (en otra carta escrita por doña Leonor):

Buenos Aires, Agosto 28/955

Querido Reyes:

Gracias por sus «Quince Presencias», que mi madre me lee (yo no puedo aún ni leer, ni escribir ¿se imagina lo que esto es para mí?) y que escucho con especial agrado, también su «Historia Documental». Nunca lo olvido, ni nuestras charlas con Henríquez Ureña, ni lo que he gozado y aprendido con sus libros. Saudades y un gran abrazo bien apretado de su invariable amigo

JORGE LUIS BORGES

Otra carta, mecanografiada, se la dirige Jorge Luis a Don Alfonso desde la Biblioteca Nacional de la que es Director:

Marzo 14 de 1957.

Sr. Alfonso Reyes
Av. Gral. B. Hill 122
México

Querido maestro y amigo:

Le envío un ejemplar del primer número de *La Biblioteca,* inferior, como todas las obras humanas, a nuestras esperanzas, pero que anhela mejorarse y salvarse con una colaboración suya, de cualquier extensión y carácter. En estos días le mandaré un ejemplar del trabajo didáctico sobre Lugones que hice con Bettina Edelberg.

El país y yo lo extrañamos minuciosamente. Mis ojos no me dejan escribir y tengo que dictar esta carta y borrajear, acaso ilegiblemente, esta firma.

[JORGE LUIS BORGES]
Director

Tanto en esta epístola como en la siguiente escrita por su madre, vemos que Borges persiste a través de su ceguera intentando en lo posible continuar con las actividades literarias que le son gratas, inclusive el intercambio y trato epistolar de siempre con sus más queridos amigos:

Buenos Aires - dic. 19/59

Querido Reyes:

No quiero concluir el año sin decirle el placer que me han dado sus libros y su querida amistad...

...Como yo no puedo hacerlo, me leen su Filosofía helenística, gracias amigo, van en un abrazo mis votos felices para Navidad, y Año Nuevo.

La amanuense los desea
muy-felices
LEONOR.

[J. L. BORGES]

En estos últimos años, mientras Borges viene luchando con la ceguera, don Alfonso (como ya lo observamos) ha venido luchando con el corazón, habiéndonos dejado precisamente el día 27 de diciembre de 1959, mismo mes de esta última carta de Borges. Así es que al acercarse Borges a México en 1961, estando en la Universidad de Texas, don Alfonso ya ha pasado a aquella otra «región más transparente». Pero nuestro epistolario se cierra con una conmovedora carta de doña Leonor de Borges, dirigida a la esposa y perfecta compañera de don Alfonso, doña Manuela, ahora viuda de Reyes:

Mi querida amiga:

El destino nos ha traído ¡siempre sucede lo inesperado! a este hermoso lugar del mundo... pues estas líneas son también de Georgie, que la recuerda siempre y la abraza efusivamente: está aquí como *visiting professor* en la Universidad de Texas... La ciudad es muy bonita y los alrededores preciosos y ya estamos haciéndonos a la vida americana, tan distinta de la nuestra. Siempre con invariable amistad.

LEONOR ACEVEDO DE BORGES

[arriba:] La falta de vista de Georgie lo obliga a llevarme a mí con él, ¡dondequiera que vaya!

A través de estos extractos del epistolario de Jorge Luis Borges y Alfonso Reyes, hemos podido seguir las líneas generales de una amistad literaria típica de una serie de amistades profundas y significativas que han caracterizado la carrera literaria de Alfonso Reyes [16].

Pasdata: Con el deseo de redondear lo mejor posible este cuadro de la amistad alfonsino-borgiana a través de sus intercambios epistolares, habíamos dirigido una interrogación al cuñado de Borges, don Guillermo de Torre, preguntando si sabía si Borges y Reyes se habían conocido antes de sus encuentros en Buenos Aires, y si tal vez tendría Borges en su poder alguna carta adicional o algún libro de Reyes con dedicatoria especialmente interesante. Nos sorprendió la amable respuesta del propio Jorge Luis, la cual parecería escrita por la misma «amanuense» de la carta a Reyes de 19 diciembre 1959 (y otras), y firmada por Borges. Aquí la reproducimos para «cerrar con broche de oro» nuestra consideración del tema:

Buenos Aires - Oct. 22/966

Profesor James Willis Robb
The George Washington University

De mi consideración:

Disculpe estas tardías líneas, pero diversas circunstancias impidieron que Guillermo, mi hermano político, me hiciera entrega de la carta que usted le envió. Tengo que agradecer a usted el honor que me

---

[16] Cf. las amistades españolas de Alfonso Reyes comentadas, a través de sus epistolarios, por BARBARA B. APONTE, notablemente «El diálogo entre Azorín y Alfonso Reyes», *Insula,* Madrid, XX, 219 (febrero de 1965), pp. 1, 10; «El diálogo entre Alfonso Reyes y Enrique Díez-Canedo», *Boletín Alfonsino,* Montevideo, Uruguay, núm. 1, invierno de 1966, pp. 3-6. Además, no dudamos que hay paralelos igualmente interesantes en las amistades de Borges con otras figuras literarias, inclusive algunas de las aquí mencionadas.

hace al unir mi nombre al de Alfonso Reyes, hombre que tanto he querido y admirado. Hace algunos años, creo que en el último o penúltimo de su vida, quise que se propiciara su candidatura al premio Nobel pero no me fue posible llevar adelante el proyecto, tan justo en el caso de Reyes. Por mi mala vista siempre fui mal corresponsal y nunca he tenido archivo. En cuanto a libros dedicados, los tengo todos en mi biblioteca personal de la Biblioteca Nacional, de la que soy Director, que ahora no puedo consultar pues está en un serio [des]arreglo. Nuestra amistad se hizo aquí, lo visitaba con mucha frecuencia en su Embajada, charlábamos largamente y su partida fue dura para mí. Lamento no serle más útil, ya que tanto le debo; cuente con mi gratitud y mi amistad.

[JLB]

a/c Maipú 994

[*Humanitas,* Universidad de Nuevo León, Monterrey (México), vol. 8, 1967.]

RITA GUIBERT

BORGES HABLA DE BORGES

Como reportera de *Life en Español* llamé por teléfono a Borges cuando estuvo como profesor visitante en la Universidad de Harvard, en Cambridge, pidiéndole una entrevista. Una semana después nos encontramos en su departamento. Borges, descendiente de una antigua familia de militares e intelectuales argentinos, mantiene esa cortesía tradicional y distintiva de los hombres de su clase y época y es, como la mayoría de ellos, conservador en el vestir. Aunque de aspecto frágil y tez pálida, es vital y enérgico, de voz profunda y vibrante. En Cambridge recorría diariamente las calles tan queridas por él; el frío y la nieve no le impedían caminar temprano por las mañanas desde su casa al despacho en la Biblioteca Hilles, y de hacer el mismo recorrido a la hora del almuerzo. Lo acompañé en varios de esos paseos. Borges solía recitar en inglés antiguo viejas sagas y poemas anglosajones o describía las casas bostonianas de ladrillo rojo, pero siempre rememoraba con melancolía sus caminatas por las calles de Buenos Aires. Testimonio de esas añoranzas es el poema «New England 1967» que escribió en Cambridge:

> Han cambiado las formas de mi sueño;
> Ahora son laterales casas rojas...
> Y América me espera en cada esquina.
> Pero siento en la tarde que declina
> El hoy tan lento y el ayer tan breve.
> Buenos Aires, yo sigo caminando
> Por tus veredas, sin por qué ni cuando.

Casi ciego, tiene una excelente memoria y gran sentido de orientación. Insistía en acompañarme de su casa a mi hotel, a una cuadra de distancia, aunque (como me contó una vez) ya había resbalado y caído en la nieve; indicaba con precisión el lugar de la biblioteca donde se podía encontrar un determinado libro; cruzaba con rapidez el cuarto para atender el teléfono o un llamado a la puerta. Una tarde que iba a ser entrevistado por la televisión de Boston, el chófer del taxi que vino a buscarlo, al verlo en la puerta, le dijo: «Vengo a recoger a un ciego.» Sin inmutarse, Borges contestó: «Yo soy el ciego, espere un momento por favor».

Puede ser tan afectuoso y encantador como elusivo e irónico. Cuando un periodista le comentó que la poesía era su *hobby,* él respondió: «Es también mi *hobby,* pero de una manera sudamericana.» Sus estados de ánimo eran variables, de apacible, a jovial, y de animado, a nervioso e impaciente como un niño. Con candidez y entusiasmo juvenil se entretenía escuchándose recitar los poemas, coplas y milongas de la grabación de nuestras largas conversaciones diarias, pero porque el fotógrafo de *Life* no llegó cuando se lo esperaba, se puso intranquilo y hacía toda clase de especulaciones. Un año más tarde, al verme en uno de sus recitales en Nueva York, lo primero que recordó bromeando fue ese incidente.

Con los estudiantes era cordial y amistoso. Según sus alumnos de Harvard y Radcliffe, Borges había logrado interesarlos en América Latina y no lamentaban no poder discutir con él la política u otros temas contemporáneos. «Sin embargo», dijo uno de ellos, «es mucho más vanguardista que muchos de sus colegas más jóvenes. Su literatura es universal, y siempre será nueva porque no sigue los caprichos de la moda.»

Es que Borges y su obra están alejados del mundo contemporáneo. Su mundo, distante en el tiempo y en el espacio, es simbólico y mágico. Está poblado con seres imaginarios, fantasías, laberintos, puñales, espejos. «Manías mías», los llamó Borges durante nuestra entrevista, en la que habló con naturalidad y nostalgia de su obra, de su vida, de sus amigos y lugares más queridos.

En cuanto a su vida privada es reticente. Cuando lo conocí, a los sesenta y nueve años, estaba recién casado; pero éste, que era su primer matrimonio, ha concluido en divorcio. El suele hablar de «dos Borges»: uno, el hombre, otro, el escritor. Pero los dos, el hombre y el «otro» a veces se unen. Borges, el hombre, se conmovió al borde de las lágrimas cuando en 1971 la Universidad de Columbia, comparando su obra con la de Cervantes, Poe, Baudelaire y Kafka, le otorgó el título de Doctor en Letras, distinción honorífica del año. Al mismo tiempo, como apuntó en uno de sus textos más famosos, *Borges y yo*: «Sería exagerado afirmar que nuestra relación es hostil; yo vivo, yo me dejó vivir, para que Borges pueda tramar su literatura y esa literatura me justifica... Por lo demás, yo estoy destinado a perderme, definitivamente, y sólo algún instante de mí podrá sobrevivir en el otro... Yo he de quedar en Borges, no en mí (si es que alguien soy), pero me reconozco menos en sus libros que en muchos otros o que en el laborioso rasgueo de una guitarra.»

¿Qué efecto ha tenido en su vida y en su obra la pérdida de la visión?

Por el lado paterno correspondo a la quinta, o quizá a la sexta generación de personas que han perdido la vista. Vi a mi padre y a mi abuela quedarse ciegos. Yo nunca tuve mucha vista, pero sabía cuál sería mi destino. Pude admirar también la mansedumbre y la ironía que mostró mi padre durante su ceguera de más de un año. Quizá esa dulzura sea típica de los ciegos, de igual modo que el ser irritable es típico de los sordos y que el ciego sienta una buena voluntad en la gente que lo rodea. Una prueba de ello sería que hay muchos cuentos cómicos sobre sordos, pero no hay cuentos cómicos sobre ciegos. La broma sobre el ciego sería una crueldad. He perdido la cuenta de las operaciones que me han hecho, y en 1955, cuando la Revolución Libertadora me nombró director de la Biblioteca Nacional, ya no podía leer. Escribí entonces un poema, el *Poema de los dones,* en que hablo de Dios, que «con magnífica ironía / Me dio a la vez los libros y la noche...» Los libros, los 800.000 volúmenes de la Biblioteca Nacional, y la noche a que me he acercado desde entonces. Fue apenas patético porque fue muy lento el crepúsculo. Hubo un momento en el que sólo podía leer los libros con letra grande; luego otro en el cual podía leer la falsa carátula o el lomo de los libros y otro en el cual ya no podía leer nada. Y ahora veo, aunque muy poco. En este momento no le veo la cara a usted, pero hay una diferencia casi infinita entre ver muy poco o no ver. Una persona que no ve está como prisionera; en cambio, yo veo bastante para poder recorrer las ciudades —Cambridge o Buenos Aires— con cierta ilusión de libertad. Desde luego, no puedo cruzar una calle sin pedir ayuda, y como la gente es muy cortés, tanto en New England como en Buenos Aires, cuando me ven vacilar en el cordón de la vereda se ofrecen espontáneamente.

La ceguera ha influido sin duda en mi «obra». Llamémosla así, entre comillas. Nunca he escrito una novela, porque pienso que de igual modo que la novela existe de un modo sucesivo para el lector, quizá sólo exista de un modo sucesivo para el autor también. En cambio, un cuento puede ser algo *that you take in at a single reading.* Como decía Poe: «*There's no such thing as a long poem.*» Como a mí me gusta vigilar bien lo que escribo, esto me ha hecho dejar los cuentos largos y volver a las formas clásicas de la poesía —aunque he escrito un poema en verso libre—, porque la rima tiene una virtud nemónica. Si sé el primer verso, si lo recuerdo, eso ya me da el cuarto, donde se repite la rima. He vuelto, pues, a las formas regulares del verso, porque un soneto, digamos, es portátil. Puedo recorrer la ciudad, llevar un soneto en la cabeza, ir puliéndolo y modificándolo. Además, estoy escribiendo coplas de milonga y otras composiciones breves —como fábulas y parábolas— que pueden abarcar una página o una página y media. También ésos puedo llevarlos en la cabeza, dictarlos y corregirlos después.

Hay otra observación que querría hacer, y es que el tiempo fluye de un modo distinto cuando uno ha perdido la vista. Antes, en un viaje en tren de treinta minutos, por ejemplo, yo tenía que estar leyendo o haciendo algo, pues si no me parecía un viaje interminable. En cambio ahora, ya que inevitablemente hay horas de soledad en mi vida, me he acostumbrado a estar solo y pienso en cualquier cosa; o simplemente no pienso, me dejo vivir no más. Dejo que el tiempo fluya, y me parece que fluye de una manera que es distinta. No sé si con más rápidez, pero sí con una especie de dulzura, con mucha más concentración. Ahora tengo también más memoria que antes. Quizá se deba al hecho de que antes cuando yo leía algo, lo leía de un modo superficial, porque sabía que podía volver al libro. En cambio ahora, si le pido a una persona que me lea no puedo estar exigiéndole eso continuamente. Cuando me leen en voz alta, escucho con más atención que antes. Mi memoria era de índole visual, y ahora he tenido que aprender el arte de la memoria auditiva. Antes, yo abría un libro, veía algo, y luego, de un modo instintivo sabía que lo que había leído estaba en la página impar, al pie de la página, y sabía también, más o menos, en qué parte del libro estaba. Ahora tengo que obrar de otro modo. Tengo bastante memoria, e inicié el estudio del inglés antiguo precisamente por el año 1955, cuando ya no podía ver. Desde entonces tengo un seminario de inglés antiguo al que asiste un pequeño grupo de chicas. Una vez les hice dibujar en un pizarrón de la Biblioteca Nacional las dos letras rúnicas que corresponden al sonido *th,* que se usa en anglosajón, y que yo quería ver. Como tengo centenares de versos anglosajones en la mente pensaba que no podía imaginarme bien la página en que estaban escritas. Las dibujaron muy grandes, con tiza, y ahora puedo imaginarme esas páginas que no he visto nunca.

Algunos de sus poemas, como Otro poema de los dones *y* New England 1967, *en el que dice*: «Y *América me espera en cada esquina», me hacen pensar que usted siente afecto por los Estados Unidos.*

Yo, desde aquellos días de la infancia en que leía a Mark Twain, Bret Harte, Hawthorne, Jack London, Edgar Allan Poe,

he sentido un gran afecto por los Estados Unidos y sigo sintién-
dolo. Puede influir el hecho de que una abuela mía era inglesa,
y de chico en mi casa se hablaba indistintamente inglés y español. Tanto es así que yo no sabía que existían esos dos idiomas.
Cuando hablaba con mi abuela paterna tenía que hablarle de un
modo que después averigüé se llamaba inglés, y cuando hablaba
con mi madre o mis abuelos maternos tenía que hablar en un
idioma que después averigüé era el español. Mi afecto por los
Estados Unidos me lleva a deplorar que muchos latinoamericanos y quizá muchos americanos del Norte también admiren a los
Estados Unidos, *for the wrong things.* Por ejemplo, si yo pienso
en los Estados Unidos, pienso en estas casas de New England,
pienso en las casas de ladrillo rojo, o en esa especie de parteno-
nes de madera que uno ve en el sur del país; pienso también en
escritores que han significado mucho para mí. En primer término,
en Whitman, Thoreau, Melville, Henry James, Emerson. Pero noto
que la mayoría de las personas admiran a este país por sus *gadgets*
(palabra de difícil traducción), por los *supermarkets,* por los *paper
bags,* casi por los *garbage bags.* Pero todo eso es deleznable; está
hecho para ser usado, no para ser venerado. Admirar eso es como
si uno admirara una canilla. Yo creo que lo que debemos alabar
o condenar de los Estados Unidos son otras cosas. Usted que vive
aquí no creo que se pase la vida pensando en *gadgets.* Y quizá, también, las calles de New England sean más típicas que los skyscrapers,
o en todo caso, son más queridas. Lo que quiero decir es que es
importante ver este lado de América también. Pero aunque yo prefiero New England, cuando estuve en Nueva York estaba sumamente orgulloso de ella y pensaba: «¡Caramba, qué bien me ha salido
esta ciudad!», como si yo la hubiera hecho. En mi poesía «Otro poema de los dones» agradezco a Dios muchas cosas, y entre ellas:

> Por los duros troperos que en la llanura
> arrean los animales y el alba.
> Por la mañana en Montevideo.
> Por las altas torres de San Francisco y de la isla
> de Manhattan

Y también por la mañana en Texas, por los versos de Emerson,
por hechos de mi vida, por la música, por la poesía inglesa, por una
abuela mía —una abuela inglesa— que cuando estaba muriéndose
nos llamó a todos y nos dijo: «Aquí no está sucediendo nada en
particular. *I am only an old woman, and I am dying very, very slowly,
no reason for the whole house to worry about it. I have to apologize
to you all.*» ¡Qué lindo!

Por Francis Haslam, que pidió perdón a sus hijos
Por morir tan despacio,
Por los minutos que preceden al sueño,
Por el sueño y la muerte,
Esos dos tesoros ocultos,
Por los íntimos dones que no enumero,
Por la música, misteriosa forma del tiempo *.

Mi abuela fue la mujer del coronel Borges que murió en combate en la revolución de 1874. Ella había visto la vida de la frontera, los indios, y había hablado con el cacique Pincén. Esto fue en Junín.

¿Por qué cree que en casi todas partes se está copiando the American way of life?

Yo creo que eso es parte de una tendencia general. Cuando yo nací, en 1899, en esa época, el mundo, la Argentina, Buenos Aires en concreto, miraba hacia Francia. Es decir, todos, aunque fuésemos criollos, éramos franceses voluntarios, o jugábamos a ser franceses. En cambio, ahora la tendencia general en el mundo es mirar hacia los Estados Unidos. Eso se refleja en todo, en los deportes, en la forma de vida, en el hecho de que antes la gente se emborrachaba con absinthe y ahora prefiere hacerlo con whisky, y aunque el whisky es escocés se considera como americano. Eso no importa. Como la política influye mucho, creo que actualmente hay dos países muy visibles, más allá de nuestras preferencias o nuestras aversiones. Esos dos países son los Estados Unidos y la Unión Soviética. Yo, desde luego, siento un gran amor por Inglaterra, y me gustaría que la gente mirara hacia Inglaterra, pero me doy cuenta que eso no ocurre. Ahora son ésos los dos países visibles del mundo, los que representan la historia, y también los que están en pugna. Hemos llegado a una guerra entre las dos tendencias y triunfará una o la otra. La democracia o el comunismo, o lo que se llama democracia y lo que se llama comunismo.

¿Con quién se siente más identificado, con Francia, donde fue reconocido originalmente, o con los Estados Unidos?

Con Estados Unidos. Yo no estoy en contra de Francia. ¿Cómo puedo decir que un país que ha producido a Voltaire y a Verlaine y a Hugo sea un país que podamos olvidar? Sin la cultura francesa no habríamos tenido el modernismo, no habríamos tenido a Rubén Darío, a Leopoldo Lugones. Yo no puedo negar la cultura de un país. Yo hice mi bachillerato en Ginebra durante la primera guerra mun-

---

* Jorge Luis Borges, *Obra poética 1923-1967,* Buenos Aires, Emecé Editores, S. A.

dial, y aunque siento afecto por Suiza, tampoco me siento identifica-do con el país. No querría desde luego decir una sola palabra en contra de Francia, pero a mí no me gustaría vivir en Francia..., bueno, no me gustaría vivir en ninguna parte que no fuera la Re-pública Argentina. Si no pudiera vivir en la República Argentina haría trampa y viviría en la República Oriental, que es lo mismo. Por de pronto, lo que más me gustaría ahora sería volver a Buenos Aires. Yo siento una nostalgia por Buenos Aires, pero creo que eso está presente en todo lo que he escrito últimamente. ¿No le parece? Lo cual no quiere decir que Buenos Aires me parezca una ciudad especialmente linda, porque me parece que es más bien fea. Eso no tiene nada que ver, porque uno no quiere a una ciudad desde el punto de vista de la arquitectura.

¿Cuándo vino por primera vez a los Estados Unidos?

Hace seis años. Vine con mi madre, pasamos cinco meses en Te-xas y enseñé literatura argentina. Al mismo tiempo que era profesor era estudiante y asistía a una clase de inglés antiguo del doctor Wi-llard. Después estuvimos en Nuevo México, en Arizona, en San Fran-cisco, una de las ciudades más lindas del mundo, y en Los Angeles, una de las más horribles, diría yo.

¿Es ésta su primera visita a Harvard?

He hablado en Harvard hace varios años, pero no recuerdo real-mente, fue algo muy ocasional. Esta es la primera invitación oficial. Vine invitado por la Charles Eliot Norton Foundation, donde han hablado escritores como E.E. Cummings y el gran poeta español Jorge Guillén. Me invitaron para dar conferencias sobre la poesía. Yo he to-mado como tema un verso de Yeats, *This Craft of Verse,* que fue el título de mis conferencias. Además he dictado un curso sobre poesía argentina en la Universidad de Harvard.

¿Qué podría comentar sobre estos meses suyos en Harvard?

He encontrado aquí una hospitalidad, una cordialidad que real-mente me ha asombrado, casi me ha dado miedo. Aquí he oído aplausos que no había oído nunca en mi vida. En Buenos Aires la gente me ha aplaudido, pero más bien con indulgencia. Aquí lo han hecho tan *warmhearted* (por decirlo en inglés) que me han asombra-do. Yo no sé a qué puede deberse eso y he intentado algunas expli-caciones. Creo que, hasta cierto modo, pueda haberme ayudado el hecho de que yo soy ciego. Pero realmente todavía no tengo dere-cho a ese título porque todavía puedo ver su cara, aunque sea en forma nublada. Luego, el hecho de ser extranjero. Quizá al extranjero siempre se lo reciba mejor, pues no puede ser rival de nadie, es una persona que aparece y va a desaparecer. También pienso que puede ser otro motivo. Por lo general, cuando un latinoamericano o un español viene aquí están insistiendo, sobre todo, en los méritos extraordinarios de lo que se hace en su país. En cambio, como yo doy conferencias sobre poesía, y he tomado mis ejemplos de los poetas anglosajones, de los poetas escandinavos, de los poetas latinos, de los poetas españoles, de los poetas americanos, han sentido que yo no estaba *selling anything,* como dicen aquí. Sino que era una persona realmente interesada en la poesía. Todo eso puede haberme ayudado.

¿Hay interés por la literatura argentina?

Sí, mucho interés. Además, he comprobado que se conocía muy poco esa literatura. Porque como la enseñanza está generalmente en manos de profesores españoles, es natural que ellos tiendan a enseñar más bien lo que se escribe del otro lado del Atlántico. O si no, si hay muchos cubanos o mexicanos, es natural que enseñen lo que está más cerca de ellos y lo que quieren más. En cambio nosotros estamos allá, en los confines de América del Sur, y es natural que se nos conozca poco. Tanto, que cuando mencioné nombres como el de Lugones, por ejemplo, me di cuenta que me miraron con cierta extrañeza. Nunca lo habían oído antes. Naturalmente, como sólo tenía 20 clases preferí detenerme en algunos escritores.

¿En cuáles?

Pensé que lo que más le interesa siempre al extranjero es el color local. Y como tenemos muy buena literatura de ese tipo, más allá de los valores pintorescos, empecé hablando de los poetas gauchescos. Hablé sobre Hidalgo, sobre Hilario Ascasubi, sobre Estanislao del Campo y sobre José Hernández. Dediqué clases a Martín Fierro y un par de clases a las novelas gauchescas de Eduardo Gutiérrez. También hablé de don Segundo Sombra…, he sido muy amigo del autor Ricardo Güiraldes. Después hablé de Sarmiento, Almafuerte, Lugones, Martínez Estrada, Enrique Banchs, y algo de Adolfo Bioy Casares, Carlos Mastronardi y Manuel Peyrou. Usted dirá que he sido injusto con muchos, pero yo preferí hablar sólo de algunas personas en 20 clases y no entregarles una especie de guía de teléfonos de autores. Es inútil decir que hubo un poeta eminente que se llamaba Rafael Obligado, dar las fechas, decir qué escribió Santos Vega y pasar a otro. Eso no sirve para nada. En cambio, leímos la primera parte de Martín Fierro, muchas composiciones de

Ascasubi, y en el caso de Lugones, llegué a interesarlos mucho. Les recordé que Lugones, en el año 1907, había publicado un libro de cuentos fantásticos, *Las fuerzas extrañas,* en que había dos cuentos —escritos desde luego con el influjo de Wells y de Poe— que se adelantan a lo que ahora se llama ciencia-ficción y que, además, son muy buenos. Un lindísimo cuento, *Yzur,* es la historia de un mono al que le enseñan a hablar y se vuelve loco. Es un relato muy trágico. Ese tipo de ficción científica no se hacía en el año 1907 en la lengua española. Comprobé también, y esto ha sido un motivo de gran satisfacción, que a los alumnos les han interesado los escritores argentinos, que sin dejar de ser argentinos, no lo son profesionalmente. Esta mañana vino a verme una chica y me dijo que estaba preparando un trabajo sobre Enrique Banchs, gran poeta argentino que no trata de ser particularmente argentino. Escribe admirables sonetos con acento argentino, porque es argentino, pero eso no le preocupa. Lo que él ha querido es expresar sus emociones. Otros estudiantes me presentaron trabajos sobre *Lunario Sentimental,* de Leopoldo Lugones, y *La urna,* de Banchs. Se ve entonces que cuando estos jóvenes leen libros argentinos, no los están leyendo como documentos de un país lejano y de aspecto pintoresco, sino que están buscando su literatura.

Esta mañana, en la cafetería, usted se alegró mucho cuando un estudiante le comentó sobre el trabajo que estaba haciendo sobre Carlos Mastronardi.

Carlos Mastronardi significa mucho para mí, y que ese gran poeta y amigo mío haya sido un tema de pensamiento para uno de los estudiantes de New England me conmovió mucho. El tema versará sobre ese poema *Luz de provincia,* dedicado a la provincia de Entre Ríos y que ha sido casi la única obra de Mastronardi. Es un poema que he leído con amor a lo largo de los años y en el que hay esa línea que me gusta recordar, «la querida, la tierna, la querida provincia», y la palabra «querida» vuelve como si el poeta sintiera que es la última palabra, como si el poeta se cansara de buscar adjetivos y volviera a su amor por la provincia.

¿En qué idioma da sus clases?

En español, y diría que el español de los alumnos es un buen español. Desde luego el mío es menos mexicano, menos cubano y menos español que el de ellos. Eso es natural. Pero ellos pueden seguir mis clases, y lo que es más importante es que pueden saber si un verso es bueno o malo. Yo creo que un profesor no debe elogiar todo lo que enseña, porque entonces el estudiante ya puede entrar a sospechar un poco. Cuando leíamos las poesías de Lugones y yo encontraba un verso que no me gustaba, o lo decía, o dejaba que ellos lo descubrieran. Creo que logré crear un ambiente de igual a igual, y no hablarles del poeta Fulano de Tal y que tuvieran que aceptarlo. Además, logré lo principal: que les gustara Hernández, Lugones, Banchs. Creo que esto es más importante que otras cosas. Con que llegue a gustarle uno de ellos, creo haber cumplido.

¿Hay comunicación entre usted y sus estudiantes?

Me he encontrado con un ambiente muy hospitalario. Me ocurre algo muy raro. Cuando estoy hablando con los estudiantes, aquí en Harvard, me olvido que estoy hablando en inglés, de que estoy en Harvard, y siento como si estuviera hablando con amigos míos de Buenos Aires. ¡Encuentro que se parecen tanto! Tengo esa impresión de conversación, de diálogo, que me recuerda tanto a Buenos Aires. Además, cuando hablo con ellos no voy a cometer la pedantería de pensar que ellos son estudiantes y yo profesor. Nos ponemos a discutir sobre temas literarios y entonces somos dos seres humanos que están hablando de temas que les interesan. Ni siquiera siento la tentación de hablar de un modo didáctico, o de darles consejos. Es una conversación que realmente es una colaboración. A mí me agrada mucho hablar con gente joven. Además me he dado cuenta por las preguntas que me han hecho que era un ambiente muy inteligente. He comprendido que aquí los estudiantes están menos interesados en los exámenes y en el diploma que en la materia que estudian. Esto es formidable. Me he encontrado con personas que conocen mi obra mucho mejor que yo, pues yo he escrito un texto una vez, y ellos lo han leído varias veces y han tratado de analizarlo. En cambio, cuando yo escribo algo lo publico para olvidarlo. Me han hecho preguntas bastante complejas que demostraban que estaban interesados en el tema, aunque a veces me han dejado perplejo. En muchos casos yo me he olvidado las circunstancias de lo que he escrito, y cuando me preguntan «¿por qué Fulano de Tal se quedó un rato callado y después habló?» yo digo: «¿Quién?» Bueno..., yo no me acuerdo ni del personaje ni de por qué lo hice en aquel momento. También me han hecho preguntas muy inteligentes. Han descubierto en algunos de mis textos, que yo creía muy lejanos uno del otro, afinidades secretas. Por ejemplo, me han hecho comprender que un cuento sobre el laberinto tenía afinidad con un cuento policial, algo de lo que yo no me había dado cuenta.

¿Encuentra grandes diferencias entre el estudiante norteamericano y el argentino?

Creo que en general uno de los males de nuestra época consiste en exagerar las diferencias entre un país y otro, y que la juventud es muy parecida en todas partes. Pero posiblemente el estudiante argentino es más tímido que el norteamericano. Aquí un estudiante puede interrumpirlo a uno y hacerle una pregunta, pero eso es quizá porque aquí se entiende que si el estudiante le hace una pregunta al profesor no lo hace con impertinencia sino porque le interesa el tema. Posiblemente en Buenos Aires se piensa que si el estudiante pregunta algo es para molestar.

¿No será una consecuencia de la actitud del catedrático argentino?

Posiblemente. Yo he tratado que eso no exista. Pero allá me ha resultado muy difícil en la clase llegar al diálogo. Yo desde luego prefiero el diálogo con los estudiantes. Además tengo la impresión que acá se estudia más. Allá, por la reforma universitaria había gente tan haragana que estudiaba sólo por el hecho de dar examen. Por ejemplo, he asistido a un examen en que el profesor le preguntó al alumno qué tema había elegido. ¿Qué manera de tomar exámenes es ésa? Recuerdo una chica que sacó de la cartera un trabajo que había llevado y lo leyó. Yo la interrumpí y le dije: «Señorita, estamos en la Facultad de Filosofía y Letras. No es necesario que nos demuestre que sabe leer y escribir. Usted misma ha elegido el tema, ¿por qué no nos habla?» Y algunos profesores dijeron: «Bueno, no se puede pedir tanto.»

¿Qué opina de los hippies y del uso de las drogas?

No creo que ni los hippies ni las drogas merezcan ningún estímulo. Creo que los hippies corresponden a algo que es bastante típico de los Estados Unidos. Con todas sus virtudes, el americano tiende a la soledad, mejor que decir que tiende, es víctima de la soledad. Me hace recordar el libro *The Lonely Crowd,* de David Riesman. Creo que una de las ventajas que tenemos los latinoamericanos sobre los americanos del norte es que podemos comunicarnos con más facilidad, en cambio en los norteamericanos noto como una dificultad para comunicarse, que la disimulan con tantos ritos, como el rito de la Navidad, formando sociedades y haciendo congresos con personas que llevan una tarjetita con su nombre. Yo creo que todo eso es como un simulacro patético de amistad o de estar acompañado, y posiblemente cada una de esas personas está muy sola. Entre los ingleses también se nota, salvo que a un inglés no le importa estar solo. Está cómodo estando solo. He conocido casos de amigos íntimos ingleses que nunca se han hecho una confidencia; sin embargo, se sentían como amigos. Además no tiene ningún valor lo que yo diga de los hippies, no he hablado con ninguno en mi vida. En la calle me han señalado un joven más o menos disfrazado, me han dicho «éste es un hippie», yo he simulado verlo, porque no veo, después me han dicho que tenía pelo largo, que tenía barba, y sé que toman drogas. No creo que nada de eso sea bueno, ni que van a llegar muy lejos. Pero siempre sucede lo mismo. Si uno está en contra de una convención la única manera de atacarla es creando otra convención: en la época de los afeitados se usa barba, en la época de los barbados uno se afeita. En realidad se pasa de una convención a otra. Recuerdo que cuando llegué, la primera noche que salí, fui a Harvard Square y me dijeron que había grupos de jóvenes cuidadosamente extravagantes que eran los hippies. Yo pensé, como uno siempre tiende a generalizar: ¿cómo haré para enseñarles literatura argentina a estos jóvenes que han resultado estar en desacuerdo con todo?, pero cuando dicté la primera clase me di cuenta que no era así, que no había hippies o que correspondían a una minoría.

Ellos están en desacuerdo con el establishment *y la sociedad de consumo...*

Sí, ya sé que quieren vincular eso a Thoreau, por ejemplo, ¿no? He leído un libro de Veblen, *La teoría de la clase ociosa,* donde dice que uno de los rasgos de la sociedad actual es que las personas deben gastar de un modo ostentoso y se imponen una serie de deberes: hay que vivir en tal barrio o hay que veranear en tal playa. Según Veblen, un sastre en Londres, o en París, cobra una suma exagerada porque lo que se busca en ese sastre es justamente que sea muy caro lo que vende. O, también, un pintor pinta un cuadro, que puede ser desdeñable, pero como es un pintor famoso lo vende por una suma altísima. El objeto de ese cuadro es que el comprador pueda decir «aquí tengo un Picasso». Yo creo, naturalmente, que eso debe ser combatido, y si los hippies creen que pueden combatirlo hacen muy bien. Yo, por de pronto, no tengo ninguna de esas supersticiones. No creo que uno debe vivir en tal barrio ni vestirse de tal modo.

También se rebelan contra la violencia. ¿Concuerda usted con ellos en esto?

Eso me parece muy bien. Sería un poco lo que predicaba Lanza del Vasto. Dio una conferencia en la Biblioteca Nacional y habló sobre la resistencia pasiva. Yo cometí la tontería de preguntarle: «Dígame, ¿usted cree que la resistencia pasiva es infalible?» Me contestó algo muy razonable: «No —dijo—, la resistencia pasiva es tan falible como la resistencia activa. Yo creo que debe intentarse, pero no es una panacea. ¿Usted cree que ante la dictadura soviética, o ante Hitler, o ante Perón, hubiera servido para algo la resistencia pasiva? Posiblemente no, pero no importa, *you take the risk*.» Es un medio, pero no se puede garantizar el resultado, y pienso que los hippies piensan lo mismo.

Toynbee ha dicho que los hippies son el producto de la tecnología y de la ciencia. ¿Está de acuerdo con él?

Creo que es más fácil decir que la tecnología y la ciencia los han producido después que se han producido. Pero lo interesante hubiera sido haberlo dicho antes.

¿Diría usted que el argentino tiene una identidad, como por ejemplo la tiene el francés, el mejicano o el norteamericano actual?

Se suele confundir la dificultad de las definiciones con la dificultad de los problemas. En este caso sería muy difícil definir qué es el argentino, de igual manera que sería difícil definir el color rojo, el sabor del café, o el tono épico de la poesía; pero entiendo que los argentinos sabemos, o mejor dicho sentimos, en qué consiste ser argentino, y eso es mucho más importante que el hecho de formular o no formular una definición. Sentimos, sin necesidad de definirlo, que un argentino difiere de un español, de un colombiano, de un chileno, que difiere muy poco del urguayo, y creo que eso debe bastarnos porque, en general, uno no procede en la vida por definiciones sino por intuiciones inmediatas. Si bien es difícil de definir la forma de hablar del argentino, ni bien habla, uno se da cuenta si es argentino o no y de qué región es. Creo, pues, que sentimos el sabor argentino, no sólo en la poesía gauchesca o en las novelas de Gutiérrez o de Güiraldes, donde se ha buscado ese tono, sino aun en poetas que no se proponen ser argentinos, que no son profesionalmente o incesantemente argentinos. Creo que todos sentimos que un poema de Fernández Moreno es un poema argentino, y espero que en mis páginas se sienta también que soy argentino, y sobre todo en aquéllas que no tengan un sentido local. Es decir, si escribo un artículo sobre un problema abstracto cualquiera, si discuto un tema metafísico, creo que lo haré de un modo distinto al que lo haría un español; la sintaxis es distinta, casi podría decir que el tono de la voz es distinto. De manera que creo que el argentino existe y no debemos preocuparnos en definirlo. Porque si lo definimos, trataremos luego de ajustarnos a esa definición y ya no seríamos espontáneamente argentinos. Creo que con el lenguaje ocurre exactamente lo mismo. Cuando yo empecé a escribir quise ser clásico español del siglo XVII, después adquirí un diccionario de argentinismos y fui estudiosamente argentino. Más tarde escribí *Hombre de la esquina rosada*, en el cual, con fines pintorescos, exagero el color local. Pero ahora creo que he dado con mi voz de argentino, y entonces al escribir o al hablar no debo buscar esa voz porque ya la tengo.

¿Se consideraría usted un argentino típico?

Es que no sé si el argentino típico existe, no sé si hay un arquetipo del argentino. Además, estar identificado con un país es un poco de trampa, porque yo en Buenos Aires estoy identificado con seis o siete personas a quienes veo continuamente. Sobre todo estoy identificado con ciertos hábitos: por las mañanas, caminar por la calle Florida; por las tardes, recorrer el Barrio Sur hasta la Biblioteca...

¿Pensó alguna vez en irse de Buenos Aires?

Yo no podría vivir fuera de Buenos Aires; estoy acostumbrado a ella como estoy acostumbrado a mi voz, a mi cuerpo, a ser Borges, a esa serie de costumbres que se llaman Borges, y una parte de esas costumbres es Buenos Aires. No es que la admire especialmente, es algo más profundo. *Right or wrong it is my country, I belong there.* Mi vida está en Buenos Aires; además, voy a cumplir pronto setenta años. Sería absurdo que quisiera rehacer mi vida en otra parte. No tengo ningún motivo para hacerlo. Mi madre está en Buenos Aires; mi hermana, mis sobrinos, mis amigos están en Buenos Aires, y mi vida está en Buenos Aires. Soy director de la Biblioteca Nacional y tengo una cátedra de literatura inglesa-americana en la Facultad de Filosofía y Letras, y además ese seminario de inglés antiguo. Una prueba del buen espíritu que todavía hay en la Argentina es que a ese seminario asiste un pequeño grupo de personas, algunas de las cuales tienen que trabajar en oficinas. Es decir, están estudiando algo que no será de ninguna utilidad práctica.

Si el intelectual se encierra en su torre de marfil —ignorando a veces la realidad—, ¿puede contribuir a solucionar o a cambiar los problemas de su sociedad?

Es que posiblemente el hecho de encerrarse en una torre de marfil y pensar en otras cosas sea una manera de modificar la realidad también. Porque yo estoy en una torre de marfil —como usted dice— y estoy imaginando un poema, estoy imaginando un libro, y eso puede ser tan real como cualquier otra cosa. Creo que en general la gente se equivoca cuando cree que la realidad representa lo cotidiano, y que lo otro es irreal. A la larga, las pasiones, las ideas, las conjeturas suelen ser tan reales como los hechos cotidianos, y además suelen producir los hechos cotidianos. Creo que todos los filósofos del mundo están influyendo en la vida actual.

Usted ha escrito últimamente varias milongas. ¿Por qué milongas y no tangos?

Contrariamente a la opinión general de los argentinos, creo que el tango empezó a declinar con Gardel y con tangos sentimentales del tipo de *La cumparsita*. Era muy superior el tango antiguo, el que se llama tango de la guardia vieja. Estoy pensando en *El cuzquito, El pollito, La morocha, Rodríguez Peña, El choclo, Una noche de garufa* y *El apache argentino*. Todos esos tangos tenían el tono de valentía de la milonga, que fue muy anterior, porque el tango surge en 1880, en las casas de mala vida. La milonga ya estaba. Cuando me propusieron que escribiera letras de tango dije no, yo prefiero escribir letras de milonga. Y las hice todas con personajes reales, nombres de compadritos, que había conocido personalmente, o cuya historia o leyenda había leído siendo chico. Estas milongas están más cerca del espíritu de coplas como:

> Yo soy del barrio del Alto,
> soy del barrio del Retiro.
> Yo soy aquél que no miro
> con quien tengo que pelear,
> y a quien en el milonguear
> ninguno se puso a tiro.

Usted ve cómo parte de la decadencia argentina se ve comparando esas coplas —de tanta valentía y alegría— con los tangos llorones. Están más cerca de Ascasubi, que escribió:

> Vaya un cielito rabioso,
> cosa linda en ciertos casos
> en que anda un hombre ganoso
> de divertirse a balazos.

Creo que de mis milongas la mejor es una de las primeras, *La milonga de Jacinto Chiclana*, que se refiere a un individuo a quien mataron a puñaladas, entre muchos, cerca de la Plaza del Once, en Buenos Aires:

> Me acuerdo. Fue en Balvanera,
> En una noche lejana,

Que alguien dejó caer el nombre
De un tal Jacinto Chiclana.

Algo se dijo también
De una esquina y de un cuchillo;
Los años nos dejan ver
El entrevero y el brillo.

Siempre el coraje es mejor,
La esperanza nunca es vana;
Vaya pues esta milonga
Para Jacinto Chiclana.

También escribió sobre la ciudad de Buenos Aires...

Sí, he escrito mucho. Cuando volví de Europa en 1921 quise escribir un libro reuniendo recuerdos del barrio de Palermo. Por ese entonces conocí al caudillo Nicolás Paredes, a quien también dedico una milonga, pero lo he llamado Nicanor porque todavía andan parientes de él por ahí y quién sabe si les gusta esto. He disfrazado ligeramente el nombre, primero, por razones de seguridad personal, porque me refiero a una muerte de él que no sé si a su familia le gustará que se recuerde, y luego, porque para la rima me venía mejor. Además, quienes hayan vivido en Palermo no pueden ignorar que el caudillo de la parroquia de fines del siglo se llamaba Nicolás Paredes, y reconocer el ligerísimo disfraz de Nicanor Paredes.

¿Por qué al volver a Buenos Aires se sintió tan atraído por el compadrito, el Hombre de la esquina rosada?

Bueno, esa atracción viene un poco después. Me sentí atraído porque en el compadrito había algo que me pareció nuevo: la idea del coraje desinteresado. El guapo no era un individuo que estuviera defendiendo, digamos una posición, o que peleara por razones de lucro; peleaba desinteresadamente. Yo recuerdo a un amigo mío, Ernesto Poncio, autor de uno de los primeros y mejores tangos, *Don Juan,* que me dijo: «¡Yo estuve en la cárcel muchas veces, señor Borges, pero siempre por homicidio!» Quería decir, además de la jactancia, que no había sido ni ladrón, ni rufián, simplemente había matado a un hombre. Es decir, había tenido fama de guapo y tenía que demostrarla peleando con otros. Me parece que es linda la idea de esa gente muy pobre, como habrán sido los guapos —carreros, cuarteadores, matarifes—, y que, sin embargo, tenían un lujo, que era el lujo de ser valientes y estar listos a matar y a hacerse matar en cualquier momento, aun por desconocidos. Es lo que he querido significar en mi poema «El tango».

Yo he hablado con mucha gente de la primera época del tango, y todos me dijeron lo mismo, que el tango no era popular. El tango surge de los prostíbulos hacia 1880. Eso me lo dijo un tío mío que también había sido un calavera. Yo creo que la prueba es ésta: si el tango hubiera sido popular, el instrumento hubiera sido la guitarra, como en el caso de la milonga. En cambio, se tocó con piano, flauta y violín, instrumentos que corresponden a un ambiente económico superior. ¿De dónde iba a sacar dinero para pianos la gente de los conventillos? Esto está confirmado no sólo por lo que dicen los contemporáneos, sino por el poema «El tango», de Marcelo del Mazo, que describe un baile a principios de siglo.

¿Y el bandoneón?

Eso vino mucho después. Y aunque hubiera sido anterior, tampoco era un instrumento popular. La guitarra era el instrumento popular en Buenos Aires, y el bandoneón posiblemente se habrá tocado en la Boca por los italianos.

¿Existe todavía el compadrito?

Hoy no creo que exista el compadrito, y tampoco tiene el mismo sentido. Antes un compadrito mataba a cada muerte de obispo. Hoy es el gangster, y todos los días hay en Buenos Aires asaltos y crímenes. Es decir, el de hoy se parece a los gangsters norteamericanos. Lo hace como una operación económica.

El culto del gaucho en el Uruguay es aún más intenso que entre nosotros, los argentinos. Lo sé por la experiencia de un tío mío, el escritor uruguayo Lafinur, que llegó a declarar que no había nada especial acerca del gaucho, con excepción, por supuesto, del nuestro. También se permitió escribir en contra de Artigas. Eso bastó para que el país resolviera ignorarlo. Y en una historia de la literatura se dice del episodio que «... el doctor Luis Melián Lafinur que ha atacado a la figura siete veces sagrada de Artigas». No sé por qué siete veces y no sé cómo se puede ser sagrado siete veces.

El culto de la pampa tal vez es menor. He notado que la palabra pampa no se usa mucho en el campo, que corresponde a los literatos de Buenos Aires. Creo que uno de los rasgos falsos que tiene *Don Segundo Sombra* es que los personajes emplean la palabra. Ellos dicen: «Eramos hombres de pampa.» Ascasubi y Hernández usaban el término, aunque tenía otro sentido, el de aquella parte del territorio que ocupaban los indios. Por eso yo últimamente he tratado de evitarlo, salvo alguna vez que lo uso en la rima de un verso. En cambio, llanura, aunque no se use en el campo, es una palabra menos ostensible. Me dijo Bioy Casares que cuando él era chico era muy raro ver un gaucho entero, es decir, con poncho, bombacha y chiripá. Uno usaría un poncho y otro usaría una bombacha, pero ahora se ve gente vestida de gaucho. Lo curioso —dice— es que los paisanos no se visten ahora como paisanos de la provincia de Buenos Aires, sino como gauchos salteños. Esto es porque se han hecho muchos films sobre ellos y, además, el gaucho compra lo que encuentra en los comercios. Dice, también, que en la provincia de Buenos Aires se ven gauchos con sombreros de alas anchas, cosa que hubiera asombrado a cualquier gaucho de hace cincuenta años. El país está lleno de gauchos, cosa que no ocurría antes cuando el país era más criollo.

¿Y el culto del mate?

Sí, sigue siendo el hábito argentino. Yo creo que se lo ve como algo para pasar el tiempo, como el truco. Es una forma del ocio. Uno no piensa en el alimento, es sólo ayudar al tiempo que pase, una forma grata, además. Yo hace cuarenta años que no tomo mate. En un momento lo tomaba y me jactaba de cebarlo, pero lo hacía muy mal..., siempre había una serie de palitos muy tristes nadando. Fuimos dejándolo desde que murió un abuelo mío que era matero.

Volviendo a su obra, ¿quiénes han sido sus inspiradores?

Creo que mis inspiradores han sido los libros que he leído y los que no he leído también. Toda la literatura anterior. Tengo deudas con personas cuyo nombre ignoro. Imagínese, uno escribe en un idioma, escribe en español con el influjo de la literatura inglesa; eso quiere decir que hay miles de personas influyendo en mí. Un idioma es toda una tradición literaria.

He dedicado, por ejemplo, muchos años de mi vida al estudio de la filosofía china, especialmente del taoísmo, que me ha interesado mucho, y también he estudiado el budismo. He estado también muy interesado por el sufismo. De modo que todo eso ha influido en mí, pero no sé hasta dónde. He estudiado esas religiones, o esas filosofías orientales como posibilidades para el pensamiento o para la conducta, o las he estudiado desde un punto de vista imaginativo para la literatura. Pero yo creo que eso ocurre con toda la filosofía. Creo que fuera de Schopenhauer, o de Berkeley, yo no he tenido nunca la sensación de estar leyendo una descripción verdadera o siquiera verosímil del mundo. He visto más bien en la metafísica una rama de la literatura fantástica. Por ejemplo, yo no estoy seguro de ser cristiano; pero he leído muchos libros de teología —*El libre albedrío, Los castigos* y *Los goces eternos*— por los problemas teológicos. Todo eso me ha interesado, pero como una posibilidad para la imaginación.

Desde luego, si pudiera mencionar algunos nombres me gustaría decir que siento cierta gratitud hacia Whitman, Chesterton, Shaw y algunos a los cuales vuelvo a menudo, como Emerson. Incluiría además a personas que posiblemente no sean muy conocidas literariamente. Por ejemplo, de toda la gente que yo he conocido el que más me ha impresionado personalmente ha sido Macedonio Fernández, escritor argentino, menos conocido como escritor que como conversador. Era una persona que había leído poco, pero que pensaba por su cuenta. Me impresionó de un modo enorme. He hablado con personas ilustres de otros países, como Waldo Frank y Ortega y Gasset, y casi no recuerdo el diálogo. En cambio, si me hablaran de la posibilidad de hablar con Macedonio Fernández sentiría que más allá del milagro de hablar con una persona que ha muerto estaría el interés por lo que me dice, que me haría olvidar que estoy conversando con un fantasma. También ha influido mucho en mí el escritor Rafael Cansinos-Assens, un judío-andaluz, contemporáneo de todos los siglos. Lo conocí en España. De las personas que he tratado —fuera de mi padre a quien no puedo juzgar, pues he estado muy cerca de él— las que más me han impresionado por su diálogo son Macedonio Fernández y Cansinos-Assens. Tengo recuerdos muy gratos de Lugones, pero quizá podría prescindir de esos recuerdos. La escritura de Lugones es más importante que el diálogo que yo he tenido con él. Y me parece injusto, ilógico, no hablar aquí de una persona esencial para mí, de una de las pocas esenciales para mí, es decir, de mi madre. Mi madre, que está en Buenos Aires ahora, que estuvo honrosamente presa en la época de la dictadura de Perón, como lo estuvieron mi hermana y uno de mis sobrinos. Mi madre, que ha cumplido noventa y un años y es mucho más joven que yo y la mayoría de las mujeres que conozco. Creo que de algún modo ella ha colaborado en lo que yo he escrito. Y repito, sería absurdo hablar de mí y no hablar de Leonor Acevedo de Borges.

¿Quisiera comentar sobre la obra de esos autores tan queridos por usted: Whitman, Chesterton, Shaw?

Whitman es de los poetas que me han impresionado más en la vida. Pero creo que suele confundirse a Walter Whitman, el autor de *Leaves of Grass,* con Walt Whitman, el protagonista de *Leaves of Grass,* y creo que Walt Whitman no nos da una imagen del autor, sino una especie de magnificación del poeta. Creo que cuando Walter Whitman escribió *Leaves of Grass* escribió una especie de epopeya cuyo protagonista era Walt Whitman, pero no el Whitman que escribía, sino el hombre que el autor hubiera querido ser. Eso no lo digo desde luego en contra de Walt Whitman, pero pienso que habría que leer su obra, no como la confesión de un hombre del siglo XIX, sino como la epopeya de un personaje imaginario, un personaje utópico, que es hasta cierto punto tanto una magnificación y proyección del autor como la del lector. Usted recordará que en *Leaves of Grass* el autor se confunde con el lector muchas veces, y eso correspondía desde luego a su teoría de la democracia, a la idea de que el protagonista único, singular, correspondía a una época distinta. La importancia de Whitman no puede exagerarse. Podríamos decir, aun pensando en los versículos de la Biblia o en Blake, que Whitman es el inventor del verso libre. Creo además que a Whitman uno puede verlo de dos modos: hay, desde luego, ese lado civil, el hecho que uno sienta en su obra multitudes, grandes ciudades, la América, y además hay algo íntimo, que tampoco sabemos si ha sido verdadero o no. Desde luego, el personaje creado por Whitman es uno de los más queribles y memorables de toda la literatura. Es un personaje como Don Quijote, como Hamlet, un personaje no menos complejo que ellos y quizá más querible que ellos.

Bernard Shaw es un autor al que yo vuelvo siempre. En su caso creo que también suele leérsele de un modo parcial. Porque se piensa sobre todo en sus primeras obras, en esas obras dedicadas a la reforma social en que se combate la sociedad de su tiempo. Pero creo que además de ese Shaw circunstancial hay en Shaw un sentido épico, y que es el único escritor de nuestro tiempo que ha imaginado y presentado héroes a sus lectores. En general, los escritores tienden a mostrar las flaquezas de los hombres y parecen complacerse en sus derrotas; en cambio, en el caso de Shaw hay personajes como Major Barbara o César, que son personajes heroicos que uno puede admirar. Eso es muy raro en la literatura contemporánea. La literatura contemporánea desde Dostoiewsky y aún antes, desde Byron, parece complacerse más bien en las culpas, en las flaquezas del hombre. En cambio, en la obra de Bernard Shaw hay una exaltación de las mayores virtudes humanas. Por ejemplo, que un hombre pueda olvidarse de su propio destino, que a un hombre no le importen sus venturas, que pueda decir como nuestro Almafuerte: «A mí no me interesa mi propia vida», porque le interesa algo que está más allá de las circunstancias personales. Si tuviéramos que hablar de la mejor prosa inglesa podríamos buscarla en los prólogos de Shaw y en muchos discursos de los personajes. Es de los autores a quien yo quiero más.

Desde luego yo siento también un gran afecto por Chesterton. La imaginación de Chesterton era distinta de la de Shaw, pero creo que Shaw va a perdurar más que Chesterton. En la obra de Chesterton hay muchas sorpresas, y he comprobado que lo que más pronto se gasta en una obra es lo sorprendente. Hay una fuente clásica en Shaw que no se encuentra en Chesterton. Me parecería una lástima que el sabor de Chesterton se pierda, pero es verosímil que dentro de cien o doscientos años Chesterton perdure en las historias de la literatura y Shaw en la literatura.

¿Cuándo publicó su primer libro?

Mi primer libro se publicó en 1923. Mi padre me había dicho que cuando escribiera un libro que yo juzgara digno de la imprenta él iba a darme el dinero para publicarlo. Yo había escrito antes dos libros que tuve el buen sentido de destruir. Uno, *Los ritmos rojos,* tan malo como el título, unos poemas sobre la revolución rusa. En aquel tiempo el comunismo tenía un sentido distinto del que tiene ahora; significaba más bien una idea de fraternidad universal. Luego escribí otro libro titulado *Los naipes del tahur,* en el que trataba de parecerme a Pío Baroja. Me di cuenta que esos dos libros eran malos y los he destruido en mi memoria. Recuerdo los títulos, nada más, y no quiero que nadie los descubra. Cuando estaba a punto de publicar el segundo se me ocurrió releerlo y me di cuenta que no podía publicarlo. En cambio, el tercero, *Fervor de Buenos Aires,* lo publiqué porque me iba a Europa por un año. Entonces no estaba presente cuando ocurrió la publicación, y eso me daba cierta impunidad. Alfredo Bianchi era director, con Roberto Giusti, de la revista *Nosotros.* Hice imprimir el libro y fui a la redacción de *Nosotros,* creo, con 50 ejemplares. Bianchi me miró horrorizado y me dijo: «Pero ¿usted quiere que yo venda este libro?» Y yo le contesté: «No estoy loco; lo que yo querría es que usted, ya que el formato lo permite, deslizara un ejemplar de este libro en el bolsillo de los sobretodos que circulan aquí». Y efectivamente, cuando volví al cabo de un año no quedaba un solo ejemplar y se habían publicado comentarios laudatorios sobre el libro ése. Encontré muchachos que habían leído el libro, que habían encontrado algo en él. Eso fue algo muy agradable para mí.

En *Fervor de Buenos Aires* yo quería escribir en un español un poco latino; luego, bajo el influjo de Macedonio Fernández, quise hallar una poesía de tipo metafísico en la que se discutieran esas inquietudes que llaman filosofía, y luego también quería hablar de Buenos Aires, del redescubrimiento de Buenos Aires después de tantos años en Europa. Todo eso se encuentra en *Fervor de Buenos Aires* de un modo un poco incoherente, que es un modo un poco incómodo. Pero creo que yo estoy en ese libro, y que todo lo que he hecho después está entre líneas en él. Me reconozco más que en otros libros, aunque no creo que el lector pueda reconocerme. Pienso que ahí he estado a punto de escribir lo que escribiría treinta o cuarenta años después.

Si usted lee esa compilación que se titula *Obra poética,* verá que yo tengo muy pocos temas. Tengo no sé si tres o cuatro poemas sobre la muerte de mi abuelo, el coronel Borges, que se hizo matar en combate en 1874; hay un poema sobre mi abuelo en *Fervor de Buenos Aires,* y en otros libros de versos míos he vuelto a ese tema. Y creo haberlo expresado finalmente en un poema al pueblo de Junín, que está en mi último libro. Es como si me hubiera pasado la vida escribiendo siete u ocho poemas y ensayando diversas variaciones, como si cada libro fuera un borrador del libro anterior. Pero eso no me avergüenza; es prueba de que escribo con sinceridad, puesto que no sería muy difícil buscar otros temas. Si vuelvo a esos temas es porque siento que son esenciales y también porque siento que no he cumplido con ellos..., tengo como una deuda. En otros casos también he escrito dos veces el mismo poema, por ejemplo: «Odisea, libro vigésimo tercero» y «Alexander Selkirk». No me daba cuenta que ya había escrito el mismo poema usando otro personaje.

¿Habrá un cambio de estilo en sus futuras obras?

Empecé escribiendo de un modo muy *self-conscious,* de un modo muy barroco. Eso tal vez se debiera a la timidez de la juventud. Los jóvenes suelen sospechar que sus argumentos, sus poemas, no son muy interesantes. Entonces tratan de ocultarlo o de enriquecerlo con otros medios. Cuando yo empecé a escribir, trataba de hacerlo a la manera de los clásicos españoles del siglo XVII, a la manera de Quevedo o de Saavedra Fajardo, digamos. Luego pensé que mi deber como argentino era escribir como argentino. Compré un diccionario de argentinismos y llegué a ser tan argentino en mi modo de escribir, en mi vocabulario, que no me entendían, y yo mismo no recordaba muy bien lo que había querido decir. Las palabras pasaban directamente del diccionario al manuscrito, sin que correspondieran a ninguna experiencia. Y ahora, al cabo de muchos años, creo que conviene escribir con vocabulario muy simple y pensar en un personaje muy olvidado por ciertos poetas de nuestro tiempo: el lector. Es decir, hacer que la lectura sea fácil para él, no tratar de confundirlo. Faulkner, por ejemplo, era un escritor de genio; sin embargo, ha influido de un modo perverso, infame, sobre otros escritores. Esa idea de contar una historia jugando con el tiempo, a veces recurriendo a dos personajes que tienen el mismo nombre, es una manera de elaborar o de perfeccionar el caos. No debemos buscar la confusión ya que propendemos fácilmente a ella. De modo que trato de limitar el vocabulario; no trato de ser argentino ya que lo soy, ya que fatalmente, necesariamente lo soy, y procuro siempre allanar las dificultades para el lector, lo cual no quiere decir que siempre lo que yo escriba sea claro. Muchas veces uno adolece de torpeza, ya sea por fatiga al escribir, o porque uno entiende algo y cree que será comprensible para el resto.

¿Las palabras o citas en otro idioma no pueden, a veces, confundir al lector?

Desde luego, pero yo suelo pensar en inglés, y además creo que hay palabras inglesas que son intraducibles. De modo que las uso *for precision.* Es decir, *I am not showing off.* Además me parece que es bastante verosímil que eso ocurra, porque, y volvemos al inglés, *I have done most of my reading in English,* y es natural que la primera palabra que se me presente sea una palabra inglesa. Por lo general trato de rechazar eso porque creo que puedo distraer al lector. Stevenson decía que en una página bien escrita todas las palabras tienen que mirar hacia el mismo lado y posiblemente una palabra en otro idioma mire para otro lado, distraiga al lector; pero hay palabras de las cuales uno no se resigna a prescindir porque expresan exactamente lo que se quiere decir.

¿Seguirá escribiendo sobre cosas imaginarias o sobre temas reales?

Pienso escribir sobre temas reales. Pero creo que el realismo es difícil, sobre todo si uno quiere hacerlo contemporáneo. Porque si yo escribo un cuento sobre tal calle o tal barrio de Buenos Aires, se descubriría inmediatamente que en tal calle o en tal barrio no se habla así. De modo que para mayor comodidad conviene que el escritor busque que la acción esté algo distante en el tiempo o en el espacio. Pienso hacer que mis cuentos estén situados en una fecha lejana, digamos hacia medio siglo, y quizá, si ocurre en Buenos Aires, en barrios un poco desconocidos, un poco olvidados, de modo que nadie pueda saber exactamente cómo se hablaba o cómo se obraba. Creo que eso es una mayor libertad para la imaginación del autor. Además creo que el lector se siente más cómodo cuando lee algo que ha ocurrido hace tiempo, porque no está confrontándolo con la realidad, no está haciendo una especie de cotejo, una vigilancia sobre lo que dice el autor. Es más cómodo para mí y para el lector. Creo que fue el error que se cometió con *Don Segundo Sombra,* buscar una fidelidad absoluta en un libro, que al fin de cuentas, era una suerte de elegía de la vida pastoril.

¿Por qué usó el pseudónimo H. Bustos Domecq en el libro Seis problemas para don Isidro Parodi?

Eso es muy sencillo. Escribí ese libro en cooperación con Adolfo Bioy Casares. Sabíamos que en general los libros escritos en colaboración son un rompecabezas para el que tiene que adivinar quién escribió esto o quién escribió lo otro. Ya que el libro estaba escrito un poco en broma, resolvimos crear un tercer hombre, «H», porque un nombre que uno no conoce puede ser un poco verosímil; «Bustos», porque fue el nombre de un abuelo mío, y «Domecq» por un antepasado de Bioy. Lo curioso es que el tercer personaje existe, porque lo que escribimos no se parece ni a lo de Bioy ni a lo mío. Tiene otro estilo, otras manías, casi una sintaxis distinta. Pero para que exista el tercer personaje teníamos que olvidarnos que éramos dos. Cuando escribimos nos convertimos en Bustos Domecq. Si a mí me preguntan si el argumento es de Bioy o mío, de quién es tal metáfora, o si tal broma salió de este lado de la mesa o de la otra, yo no sé. La primera vez que nos pusimos a escribir, inmediatamente nos olvidamos que éramos dos y a veces nos adelantábamos a lo que el otro iba a decir. Actualmente lo hacemos con toda libertad, tenemos la libertad de una sola persona que está pensando. Nos divertimos mucho escribiendo. Es muy difícil trabajar en colaboración, yo he tratado de hacerlo con otros amigos, pero no hemos llegado a nada. Había de parte del colaborador un deseo de que se adquiera todo lo que él hace, o si no la cortesía de aprobar todo lo que decía yo. Una de las felicidades que me prometo, cuando vuelva a la Argentina, es seguir colaborando con Bioy Casares.

¿Siempre como Bustos Domecq?

Tenemos otro nombre, Suárez Lynch —«Suárez» por un bisabuelo mío, y «Lynch» por uno de Bioy—, porque Bustos Domecq era ya demasiado conocido. Bajo este nombre publicamos el año pasado *Crónicas de Bustos Domecq*. Es una serie de crónicas sobre pintores, escultores, escritores, arquitectos, cocineros, todos personajes imaginarios. Una especie de sátira. Bajo el nombre de Suárez Lynch tenemos en reserva un título para una publicación futura.

¿Y como Jorge Luis Borges, qué es lo que está escribiendo?

Estoy escribiendo un cuento que versará aparentemente sobre la dictadura y la revolución del 55. Pero ese no va a ser el único tema. Habrá otro, un tema muy argentino: la amistad. De modo que tiene un argumento que sirve para conducir la atención del lector, y del cual no me avergüenzo porque es un buen argumento. Pero lo importante es lo que está detrás de los hechos. Empecé a dictarle ese cuento a mi madre —hará dos o tres años en Buenos Aires— pero luego, al cabo de dos páginas, me di cuenta que estaba equivocado, que lo había empezado de un modo que no podía llevarme a nada bueno. Es una suerte, a veces, estar muy lejos del manuscrito, puesto que si hubiera estado en Buenos Aires lo hubiera buscado y posiblemente ese manuscrito me hubiera llevado otra vez a un mal camino. Ahora tengo la ventaja de haberlo olvidado y de empezar de *scratch*. Creo que puede ser uno de mis buenos cuentos.

¿Ya tiene el título?

Creo que se va a titular *Los amigos,* pero no sé todavía, parece el nombre de una confitería, de un bar...

¿Tiene otros trabajos en preparación?

Actualmente tengo algunos sonetos que están siendo revelados poco a poco. También pienso escribir un libro sobre literatura medieval anglosajona y escandinava. Ya tengo algún trabajo hecho, pero lo proseguiré en Buenos Aires donde tengo mi biblioteca Y luego pienso publicar el libro de cuentos psicológicos. Trataré de que no haya nada mágico, de prescindir del laberinto, de los espejos, de todas las manías mías, de puñales; trataré de que no haya muertes, de que el personaje en sí sea lo importante. Desde luego, también quiero un argumento porque es una posibilidad para el lector. Además, continuamente voy agregando poesías a mi libro *Obra poética.* Cada edición me sirve para dejar caer algunos poemas y agregar otros. Cada edición es un poco más copiosa que la anterior. Y ahora, el escritor Norman Thomas di Giovanni, que ya ha publicado una antología de Jorge Guillén, está compilando conmigo otros de mis poemas, en español y en inglés, que se publicará en 1972 y contendrá unos 100 trabajos traducidos por destacados poetas norteamericanos e ingleses.

Usted también ha escrito algunos guiones cinematográficos.

Con Hugo Santiago y Adolfo Bioy Casares hemos escrito el libreto de un film, de índole fantástica, que se titulará *Invasión.* Transcurre en Buenos Aires, pero es un Buenos Aires como el del cuento mío titulado «La muerte y la brújula», un Buenos Aires de sueños o pesadillas. El argumento pertenece a Santiago y él será el director.

Otro cuento mío, «El muerto», quizá sea llevado a la pantalla en los Estados Unidos. Ocurre en la frontera entre la República Oriental y el Brasil, pero pensé que ya que iban a hacerlo en los Estados Unidos y lo importante es el argumento y no el color local, sugerí que lo mudaran al *Far West*. Creo que ya están trabajando en el libreto.

Otros dos libretos para el cinematógrafo, que escribí con Bioy Casares, fueron rechazados por compañías argentinas y aparecieron en forma de libros: *Los orilleros* y *El paraíso de los creyentes*.

¿Qué tipo de películas le gustan?

Tengo que buscar films en los cuales el diálogo sea lo más importante, como, por ejemplo, *A Man for all Seasons,* o films musicales como *West Side Story* o *My Fair Lady.* En cambio, me está vedado el cinematógrafo italiano y sueco, porque como no poseo ni el italiano ni el sueco, ni veo, quedo excluido. Me gustan mucho los *westerns* y los films de Hitchcock. Una de las películas que más me ha impresionado fue *High Noon*. Es un western clásico, uno de los mejores que se han hecho. Creo que a todos les gustan los *westerns,* porque en una época en la cual los escritores se han olvidado que la forma más antigua de la poesía o de la literatura —ya que la poesía es anterior a la prosa— es la épica, Hollywood ha salvado, con los *westerns,* lo épico del mundo. Creo que lo que la humanidad busca en el *western* es el sabor de lo épico, el valor de la epopeya, un placer en el coraje y en la aventura. En general, prefiero el cine norteamericano a cualquier otro. El cine francés me parece una exaltación al tedio. Cuando estuve en París hablé con varios escritores franceses y les dije, con el inocente propósito de escandalizarlos, y además sin ser infiel a la verdad, que me gustaba más el cine norteamericano. Todos ellos coincidieron conmigo, en que si uno va al cine en busca de emoción y de diversión lo encuentra en el cine norteamericano. Dijeron que films como *L'Année dernière à Marienbad,* o *Hiroshima mon amour,* los hacían por sentimiento del deber, pero que a muy pocos les gustan.

¿Y el cine argentino?

René Mujica llevó al cine *Hombre de la esquina rosada,* lo hizo bien, dentro de las posibilidades que le daba el argumento. A mí me gustó. Pero, en general, el cine argentino no gusta en Buenos Aires. Las personas que lo ven es por un sentimiento de deber y porque lo consideran un experimento. Yo creo que no hay directores, y que los argumentos son muy modestos. En un país como el nuestro, en el cual económicamente estamos limitados, habría que buscar la salida en un tipo de films en los que fuera muy importante el diálogo. *A priori,* no hay ninguna razón por la que no se haga un film como *The Collector,* un film inglés hecho con tres personas y mucho diálogo, que no requiere mayor esfuerzo económico.

¿Y el teatro argentino?

Hay un gran interés por el teatro en Buenos Aires, sobre todo por las compañías de actores aficionados, que ahora se llaman «vocacionales»; es muy posible que sean los que estén salvando el teatro. He visto representaciones de ellos de Shakespeare, Ibsen, O'Neill. Creo que al público le gustan las cosas buenas, y si se le da buen cine y buen teatro lo aprecian.

¿Le interesan las novelas policiales?

Sí. Con Bioy Casares propusimos a una editorial argentina la publicación de una serie de novelas policiales. En un principio nos dijeron que esas novelas eran propias de los Estados Unidos e Inglaterra y que nadie las leería en la Argentina. Al final los convencimos —se necesitó un año de persuasión— y ahora, la colección *El séptimo círculo,* que dirijimos Bioy y yo, publicó cerca de 200 libros policiales. Algunos han llegado a la tercera y cuarta edición. También quise convencer a la misma editorial que publicara una serie de ficción científica y dijeron que nadie los compraría. Otra editorial los está publicando y yo aprobé el primero, *Las crónicas marcianas,* de Bradbury.

De su vida literaria, ¿qué es lo que recuerda con mayor satisfacción?

La gente ha sido muy buena conmigo y mi obra ha merecido un reconocimiento que más que merecimiento ha sido una invención de quienes la admiran. Lo que es raro es que todo eso corresponde a un proceso muy lento, ya que yo, durante muchos años, fui el escritor más secreto de Buenos Aires. Publiqué un libro titulado *Historia de la eternidad* y al cabo de un año comprobé con asombro y con gratitud que había vendido 47 ejemplares. Quería buscar personalmente a los compradores, para agradecerles, para pedirles perdón por los muchos errores del libro. En cambio, si uno vende 470 ejemplares o 4.700, ya la cifra es tan grande que los compradores no tienen cara, domicilio, parientes...

De modo que ahora, cuando veo que algún libro mío ha llegado a varias ediciones, ya no me asombro, porque todo es como un proceso abstracto. En verdad, durante mucho tiempo fui un escritor bastante secreto y ahora de pronto me he encontrado con amigos en todas partes del mundo, he comprobado que mis libros han sido traducidos a muchos idiomas. De todos los premios que he tenido, el que me alegró más fue el Segundo Premio Municipal (de Buenos Aires) por un libro bastante flojo titulado *El idioma de los argentinos,* pero ese premio me alegró más que el Formentor o que el de la Sociedad Argentina de Escritores. Y de todas las publicaciones, ninguna me alegró tanto como la de un poema, *pésimo* realmente, titulado *Himno al mar,* que publicó en 1918 ó 1919 una revista de Sevilla.

Para el Premio Nobel —otorgado recientemente a Miguel Angel Asturias— figuraban, también, entre los nombres de América Latina, Borges y Neruda...

Si pienso en nombres como Bertrand Rusell, Bernard Shaw o Faulkner, sólo por mencionar algunos, pienso que sería absurdo que me lo dieran a mí.

¿Está de acuerdo con la decisión del jurado?

Yo no sé si hubiera optado por Asturias, pero sí por Neruda antes que por Borges, porque lo considero mejor poeta aunque estemos divididos políticamente. Con Pablo Neruda hablamos una sola vez en la vida, hace muchos años. Los dos éramos jóvenes y llegamos a la conclusión de que en español la poesía no era posible, de que convenía escribir en inglés, ya que el español era un idioma muy torpe. Posiblemente cada uno haya querido asombrar un poco al otro y por eso exageramos nuestras opiniones. Realmente conozco poco la obra de Neruda, pero creo que es un buen discípulo de Walt Whitman, o tal vez de Carl Sandburg.

La revista Time *(24 de marzo 1967) al reseñar su* Antología *personal dijo que la Argentina ha producido una personalidad como Borges, pero que no tiene una literatura nacional. ¿Cuál es su opinión?*

A mí me parece que no se deben hacer *statesments* de esa clase. ¿No le parece más prudente? Yo debería sentirme halagado, porque de ahí se llega a la conclusión que yo inicié la literatura argentina, pero como esa conclusión es evidentemente absurda, tampoco tengo por qué agradecer un presente tan incómodo y que me queda tan grande, un regalo como un gigante.

¿Podemos hablar de una literatura nacional?

Yo creo que sí. Podemos sentirnos más orgullosos de la literatura que de otras actividades de la Argentina. En el siglo XIX, por ejemplo, escribimos *Facundo,* escribimos la literatura gauchesca, y luego la gran renovación de la literatura de la lengua española empieza de nuestro lado del Atlántico. El modernismo empieza con Darío, con Lugones y con otros. Creo que hemos hecho algo. Y cuando yo empecé a escribir cuentos imaginarios, continuaba, sin sospechar entonces, una tradición argentina, la tradición de Lugones.

¿Cuál es su opinión de los críticos literarios en América Latina?

Bueno..., yo no quiero ofender a ningún crítico. Pero los críticos de los diarios son más bien cautos. Creo que hay más o menos como una consigna de no censurar y de no alabar con exceso. Los diarios hacen lo posible para no comprometerse. En Estados Unidos es distinto, pero sin duda influyen también los intereses económicos.

¿Cree que el factor económico tiene gran influencia en la crítica?

Sí, puede ser, y también puede tener influencia en los escritores. Posiblemente un escritor se sienta con más libertad si sabe que su obra no puede producir mucho. Yo recuerdo una época, en los 1920 ó 1925, en que los libros producían muy poco. Esto le daba una gran libertad al escritor. No podía prostituirse porque no tenía razón para prostituirse.

¿Hay hoy un mayor interés por la literatura latinoamericana?

Sí. Por ejemplo, escritores como Eduardo Mallea, Bioy Casares, Manuel Mujica Lainez, Julio Cortázar y yo, somos más o menos conocidos en Europa. Eso no ocurría en otra época. Cuando estuve en España en mil novecientos veintitantos y conversé con literatos españoles, se me ocurrió dejar caer el nombre de Lugones. Concluí que ese nombre significaba muy poco para ellos, o lo consideraban como un discípulo de Herrera y Reissig. En cambio, cuando hace unos tres años volví a España, hablé con hombres de letras españoles, y ellos, no por condescendencia o cortesía sino con toda espontaneidad, solían intercalar en la conversación un verso de Lugones. Si pienso que un gran escritor como Lugones fue ignorado en Europa, y que ahora hay media docena o una docena de escritores sudamericanos que son conocidos, es evidente que el interés es mayor.

En los Estados Unidos, por ejemplo, se han publicado cinco volúmenes de cuentos o poemas míos. Esos libros están en *paperbacks* y se venden, al parecer, de un modo creciente. Eso no ocurrió jamás con Lugones. Muchos libros míos han sido traducidos en países europeos, y se han publicado tanto en Londres como en Nueva York.

Eso no ocurría con un escritor argentino hace treinta años. Un libro como *Don Segundo Sombra* se tradujo al francés, creo que se tradujo al inglés también, pero fue una cosa menos visible. En cambio, ahora se tiende a comentar todo. Además hay un interés no sólo por leer algo que tenga el color local, o que tenga un valor social, sino el interés de saber qué está pensando o soñando la gente allá.

¿Quisiera comentar sobre la literatura contemporánea latinoamericana?

No puedo hablar de la literatura contemporánea latinoamericana. Por ejemplo, conozco poco la obra de Cortázar, pero lo poco que conozco, algunos cuentos, me parecen admirables. Además tengo el orgullo de haber sido el primero que publicó uno de sus trabajos. Yo dirigía una revista, *Los Anales de Buenos Aires,* y recuerdo que se presentó a la redacción un muchacho alto que traía un manuscrito. Le dije que iba a leerlo. Volvió al cabo de una semana. El cuento se llamaba *La casa tomada.* Le dije que era admirable, y mi hermana Nora lo ilustró. Cuando estuve en París nos vimos alguna vez, pero no he leído sus últimos trabajos.

Tendría que hablar de escritores de otra generación. Diría que para mí el mejor prosista de la lengua española de éste y del otro lado del Atlántico sigue siendo el mexicano Alfonso Reyes. Tengo recuerdos muy gratos de su amistad, de su bondad, y no sé si se lo recuerda como debería recordársele. Para mí fue un escrito ejemplar, y su obra, una gran obra. Suponiendo lo más triste, que no perdurara nada de ella, cosa que no creo, siempre perduraría el ejercicio de la prosa. Si tuviera que decir quién ha manejado mejor la prosa española, en cualquier época, sin excluir a los clásicos, yo diría inmediatamente: Alfonso Reyes. La obra de Reyes es importante, no sólo para México sino para América, y debería serlo para España también. Su prosa es elegante, económica, y al mismo tiempo llena de matices, de ironías y de sentimiento. Hay como una especie de *understatement* en el sentimiento de Reyes. Es decir, al leer una página, que parece fría, se nota de pronto que debajo hay algo muy sensible, que el autor siente, y quizá sufre, pero que no quiere mostrarlo..., hay como un pudor. No sé qué se piensa de él. Creo que le han echado en cara el hecho de que no se ocupara exclusivamente o continuamente de temas mexicanos, aunque escribió mucho sobre México; y hay gente que no le ha perdonado que haya sido traductor de *La Ilíada* y de *La Odisea.* Lo cierto es que después de Reyes uno tiene que escribir el español de un modo distinto. Reyes era un escritor muy cosmopolita que había profundizado en varias culturas.

¿Cree usted que una mayor difusión del libro latinoamericano dentro de la América Latina influiría en la formación de una cultura continental más unificada?

Esa pregunta me parece muy difícil. Porque lo argentinos nos parecemos mucho a los uruguayos, algo a los chilenos, y no creo que nos parezcamos mucho a los peruanos, o a los venezolanos, o a los mexicanos. De modo que no sé hasta dónde esa conciencia latinoamericana no sería un simulacro, o una generalización en donde se perderían muchas cosas. México, por ejemplo. No puede haber gran parecido entre un país de clase media como el nuestro con un país que tiene una historia y un pasado muy distinto. En todo caso, esa difusión quizá nos lleve a la conclusión que nos parecemos muy poco y que somos distintos.

¿Cuál es su opinión sobre la literatura española?

Creo que a partir del siglo XIX la literatura hispánica en América del Sur es más importante que la que se ha producido en España. Desde luego esto no quiere decir que yo no admire a Unamuno, a quien he leído y releído. Todavía ahora, aunque hace años que no me acerco a sus páginas, tengo de él una imagen muy vívida. Creo que lo más importante que hizo fue dejar una imagen suya a los hombres, más allá de sus opiniones, de las cuales uno puede disentir como de todas las opiniones. Diría que, en general, si uno piensa en la literatura inglesa uno piensa en individuos, de igual manera que si uno pensara en los personajes de Shakespeare o de Dickens. En cambio, si uno piensa en otras literaturas uno piensa más bien en libros. Por eso uno agradece mucho en otras literaturas la presencia de escritores que no nos hacen pensar en una serie de libros, sino en aquéllos en quienes sentimos como hombres, y uno de esos hombres —y él tiene que haberlo sentido, pues habló de esa manera— es Miguel de Unamuno. Ortega y Gasset, por otra parte, era un hombre que pensaba con inteligencia, un hombre que pensaba continuamente, pero me parece que como escritor no era irreprochable. Debería haber buscado un hombre de letras que le redactara sus ideas. Pero lo admiro como pensador. García Lorca, sin embargo, me parece un poeta menor. Le ha favorecido su muerte trágica. Desde luego, los versos de Lorca me gustan, pero no me parecen muy importantes. Es una poesía visual, decorativa, hecha un poco en broma; es como un juego barroco.

Me parece que la literatura española está en decadencia casi desde el siglo XVII; el siglo XIX fue pobrísimo, y no creo que actualmente haya una literatura muy importante. En todo caso no mucho más importante que la de este lado del Atlántico.

Hay algunos nombres de la poesía española que sería una ingratitud no mencionar. Son los nombres de Manuel y de Antonio Machado (Manuel fue un andaluz que siguió siendo andaluz, y Antonio fue un andaluz que se hizo castellano). Agregaría el de Jorge Guillén, que está aquí en Harvard y me ha honrado con su amistad. Es una experiencia muy grata, y no desprovista de pequeñas sorpresas, la de conocer a una persona a quien uno creía conocer íntimamente por lo que había escrito, luego uno lo trata personalmente y comprueba que esa persona concuerda con todo lo que había escrito, pero, sin embargo, no concuerda del todo con la imagen que uno se había formado de él.

¿Quiénes cree son los escritores contemporáneos que han sido influenciados por su estilo?

Creo, para bien de ellos, que ninguno. Pero todo escritor es una influencia. Creo que la literatura es un diálogo. Yo les debo a ellos, posiblemente me deban a mí también. Lo importante es lo que se hace, no las influencias.

¿Qué consejo daría al escritor joven?

Daría un consejo muy elemental al escritor joven: que no piense en la publicación, sino en la obra. Que no se apresure a publicar, que no se olvide del lector, y además, si ensaya la ficción, que trate de no escribir nada que no pueda imaginarse con sinceridad. Que no escriba sobre los hechos sólo porque le parezcan sorprendentes, sino que lo haga sobre aquéllos en que su imaginación pueda creer. Y en cuanto al estilo, yo le aconsejaría más bien pobreza de vocabulario que exceso de riqueza. Hay un defecto moral que suele advertirse en la obra, y ese defecto es la vanidad. Una de las razones por las cuales Lugones, digamos, no me gusta del todo, aunque desde luego no niego su talento y quizá su genio, es que percibo algo de vanidad en su modo de escribir. Si en una página todos los adjetivos o todas las metáforas son nuevos, eso suele corresponder a la vanidad, al deseo de asombrar al lector y no creo que el lector deba sentir que el escritor es diestro. Conviene que el escritor lo sea, pero no que el lector lo sienta. Cuando las cosas están muy bien hechas parecen no sólo fáciles sino inevitables. Si se nota un esfuerzo denota un fracaso de parte del escritor. Tampoco quiero decir que un escritor deba ser espontáneo, porque eso significaría que el escritor acierta inmediatamente con la palabra más justa, lo cual me parece muy inverosímil. Una vez terminado un trabajo, debe parecer espontáneo, aunque se vea que está lleno de secretas astucias y modestas destrezas, pero no de destrezas vanidosas.

Usted mencionó que quería proponer un proyecto de educación bilingüe por la necesidad de que se enseñe español e inglés en las dos Américas.

Hace tres años tuve ocasión de recorrer los países escandinavos, países que quiero mucho. Estuve en Suecia y en Dinamarca, y comprobé que *the man in the street* hablaba inglés. Allí se enseña el inglés en la escuela primaria, de modo que todo escandinavo es bilingüe. Sería utilísimo que en nuestras repúblicas se enseñara el inglés en la escuela primaria y que en los Estados Unidos y en Canadá se enseñara español. Entonces tendríamos un continente bilingüe, ya que el portugués es una especie de variación del español, o viceversa. Si el americano tuviera dos idiomas, se le abriría un mundo mucho más amplio, tendría acceso a dos culturas. Y ésa quizá sería la mejor medida para conjurar el mayor enemigo del mundo, el nacionalismo.

Creo que sería muy importante para la historia del mundo el hecho de que todo hombre nacido en América tuviera acceso a dos culturas, a la inglesa y a la hispánica. Para mí, el conocimiento de dos idiomas no es el conocimiento de un repertorio de sinónimos. No es el saber que en español se dice «ancho» y en inglés «wide» o «broad». Lo importante es que uno aprenda a pensar de dos modos distintos, y tenga acceso a dos literaturas. Si un hombre crece dentro de una sola cultura, si se habitúa a ver en los otros idiomas esa especie de dialectos hostiles o arbitrarios, todo eso tiene que estrechar su espíritu. Pero si un hombre se acostumbra a pensar en dos idiomas, y se acostumbra a pensar que el pasado de su mente son dos grandes literaturas, eso tiene que ser benéfico para él. Creo que la enseñanza del inglés en las escuelas primarias de la América Latina, y eventualmente de España, y la enseñanza del español en las escuelas primarias de los Estados Unidos y Canadá, y eventualmente de Gran Bretaña, es una medida muy sencilla, que no ofrece ninguna dificultad. Usted dirá que para un danés es más fácil estudiar inglés que para una persona de lengua española, o que para un inglés estudiar español. Yo creo que no, pues el inglés, además de ser una lengua germánica es una lengua latina. Una buena mitad del vocabulario inglés es latino. Recuerde que en inglés para cada idea hay dos palabras: la palabra sajona y la palabra latina. Usted puede decir «Holly Ghost» o «Holly Spirit», «sacred» o «Holly». Siempre hay una pequeña diferencia, que es muy importante para la poesía. La diferencia que hay entre «dark» y «obscure»; «regal» o «kingly»; «fraternal» o «brotherly». En el idioma inglés casi todo lo que corresponde a ideas abstractas son palabras latinas; lo concreto es sajón y lo concreto no es tan numeroso. Sería necesario que ese experimento se hiciera ahora. Yo lo propuse en la Academia Argentina de Letras de Buenos Aires, en los Estados Unidos no pierdo la ocasión de proponerlo. Creo que sería una manera de llegar a la paz del mundo.

¿Podría definir su posición política?

Pertenezco al Partido Conservador y le voy a explicar por qué. Pocos días antes de las elecciones presidenciales me afilié al Partido Conservador. He sido siempre radical, pero lo había sido por tradición de familia. Mi abuelo materno, Acevedo, había sido muy amigo de Alem, de modo que correspondía a una lealtad más que a una convicción o a un juicio. Luego tuve la impresión que los radicales querían pactar con los comunistas. Cuatro o cinco días antes de las elecciones fui a verlo a Hardoy y le dije que quería afiliarme al Partido Conservador Demócrata. Me miró con horror y me dijo: «Pero si vamos a perder las elecciones, es absurdo que usted se afilie.» Entonces yo hice una frase: «A un caballero sólo le interesan las causas perdidas.» «Si está buscando una causa perdida —me contestó— no dé un paso más, aquí la tiene.» Nos reímos, yo me afilié al Partido Conservador... y ganaron visiblemente los radicales. He tenido que explicar a muchos —especialmente aquí en los Estados Unidos— que ser conservador en la Argentina no es estar a la derecha, sino en el centro. Es decir, a mí me aborrecen por igual los nacionalistas y fascistas como los comunistas. De modo que creo estar en la posición que estuve siempre. Creo más o menos en la democracia, y por de pronto, siempre he estado en contra del peronismo. El gobierno de Perón no tuvo ninguna duda sobre eso. A mí me atacaron echándome de un pequeño puesto que tenía, pero mi madre, mi hermana y mis sobrinos estuvieron presos. ¡Yo he visto lo que era aquella época!

¿Quiénes son los comunistas?

Todos los comunistas son intelectuales, es decir, no son gente del pueblo. Pero tampoco quiero decir que todos los intelectuales son comunistas. Ahora resulta que los comunistas son nacionalistas también, y naturalmente están en contra de los Estados Unidos.

¿A qué atribuye usted ese sentimiento antiyanqui?

Diría que ese sentimiento en la República Argentina es artificial. Antes no existía. Creo que se debe a la influencia comunista. En nuestro país no hubo nunca un sentimiento contra el norteamericano, y ahora, por la influencia cubana, digamos, o por la influencia mexicana, y desde luego por la influencia soviética, sí existe. Pero al mismo tiempo, esas personas que abominan de los Estados Unidos son los que quieren que los Estados Unidos nos ayuden económicamente, son los que pasan la vida tratando de parecerse a los americanos. Es muy raro, pero yo creo que ese sentimiento es bastante artificial. Es lo mismo que el antisemitismo en nuestro país.

¿Hay mucho antisemitismo?

Existe en pequeños grupos nacionalistas. Yo creo que si hay algo que no le interesa a nadie en nuestro país es la raza de una persona. Durante la guerra del Medio Oriente todos sentimos una gran simpatía por Israel. Recuerdo que cuando se declaró la guerra yo firmé una declaración a favor de Israel. Al día siguiente iba caminando por la calle Corrientes y de pronto sentí que algo me estaba sucediendo. Lo que me estaba sucediendo era un soneto sobre Israel. Fui a la editorial Davar, pregunté por el director y le dije: «¿Hay una máquina de escribir en esta casa?» «Por supuesto —me dijo—, tenemos 70 u 80.» «Necesito una.» «¿Para qué?» «Porque se me ha ocurrido un poema sobre Israel.» «¿Qué tal es?» «No sé si es bueno o malo, pero como se ha producido espontáneamente no debe ser tan malo.» Se lo dicté y Davar lo publicó.

¿Cree usted en la literatura de compromiso?

Yo el único compromiso que tengo es con la literatura y con mi sinceridad. En cuanto a mi actitud política, siempre la he definido bien: he sido anticomunista, antihitlerista, antiperonista, etc., pero he tratado que mis opiniones, que son meras opiniones y, por tanto, pueden ser superficiales, no intervengan en mi obra —llamémosla así— estética. Creo que un escritor puede satisfacer su conciencia y obrar de un modo que a él le parezca justo; pero no creo que la literatura deba consistir en fábulas o en apologías. Debe tener la libertad de la imaginación, la libertad de los sueños. He tratado que mis opiniones no intervengan jamás en lo que escribo; casi preferiría que no se supieran cuáles son. Si a mí un cuento o un poema me salen bien, me salen de algo más profundo que de mis opiniones políticas, que posiblemente son erróneas y están dictadas por las circunstancias. Y en mi caso, tengo un conocimiento muy imperfecto de lo que se llama la realidad política. Realmente, me paso la vida entre libros, y muchos de otra época, de modo que es muy posible que esté equivocado, pero eso es lo de menos. Yo creo que de esa manera el escritor puede sentirse fiel a sus opiniones.

¿Es usted religioso?

No.

Usted ha dicho en algún momento de esta conversación que no estaba seguro de ser cristiano. ¿Por qué?

Porque hay momentos en que me siento cristiano, y luego cuando pienso que admitirlo comporta aceptar todo un sistema teológico, veo que realmente no lo soy. Siendo católico, me siento atraído por el protestantismo. Yo creo que lo que me atrae en el protestantismo, o en algunas formas del protestantismo, es la ausencia de una jerarquía. Quiero decir que lo que atrae a mucha gente hacia la Iglesia Católica —la pompa, la liturgia, las jerarquías eclesiásticas, los esplendores de la arquitectura— eso es precisamente lo que me aleja a mí. Como dije, yo no sé si soy cristiano, pero si lo soy de un modo que está más cerca del metodismo que de la Iglesia Católica. Y digo esto con todo respeto. Expreso lo que siento, una propensión, una tendencia de mi espíritu. Además, yo he hecho todo lo posible por ser judío. Siempre he buscado antepasados judíos. La familia de mi madre es Acevedo, y podría ser judía portuguesa.

He dictado muchas conferencias en la Sociedad Hebraica Argentina, me han interesado mucho la cábala y la filosofía de Spinoza, y pienso escribir un libro sobre eso. Además tengo un poema sobre Spinoza:

> Las traslúcidas manos del judío
> Labran en la penumbra los cristales
> Y la tarde que muere es miedo y frío.
> ....

Creo que nosotros, más allá de las vicisitudes de nuestra sangre, somos dos cosas: griegos y hebreos. Somos griegos porque Roma no fue otra cosa que una extensión de Grecia. Uno no concibe *La Eneida* sin *La Ilíada,* la poesía de Lucrecio sin la filosofía epicúrea, a Séneca sin los estoicos. Toda la literatura y la filosofía latinas están basadas en la literatura y filosofía griegas. Por otro lado, podemos creer o no creer en el cristianismo, pero es indudable que procede del judaísmo.

¿Cree que es importante el movimiento liberal de la Iglesia Católica?

Creo que el movimiento actual en la Iglesia Católica correnponde a una debilidad. Cuando la Iglesia era fuerte, no era tolerante; cuando la Iglesia era fuerte, quemaba y perseguía. Pero creo que en una buena parte la tolerancia de la Iglesia corresponde a debilidad, y no porque sea más *broad-minded,* porque no puede serlo. Las iglesias —cualquiera que sea, católica, protestante— no han sido tolerantes. Si yo creo estar en posesión de la verdad no tengo por qué ser tolerante con aquéllos que están arriesgando su salvación creyendo en errores; al contrario, casi tengo la obligación de perseguirlos. No puedo decir: «No es importante que usted sea protestante porque al final todos somos hermanos de Cristo.» No. Decir eso ya es muestra de escepticismo.

¿Le gusta viajar?

No me gusta nada viajar, pero me gusta mucho haber viajado. Creo que uno viaja por el recuerdo, pero desde luego para que el pasado exista debe haber sido presente alguna vez.

¿Cuáles son los países que no conoce que le gustaría visitar?

Me gustaría hacer lo que William Morris hizo en el siglo pasado, una peregrinación a Islandia. La palabra «peregrinación» no es aquí una hipérbole, no es un énfasis inútil. He iniciado el estudio del islandés antiguo, y creo que la literatura que se escribió en la Edad Media en esa isla perdida cerca del círculo ártico es una de las literaturas más importantes del mundo. Me gustaría también conocer Noruega, Israel, y volver a Escocia e Inglaterra, países que quiero mucho. Esas son mis ambiciones geográficas.

¿Ha visitado Rusia?

No. He recibido invitaciones para algunos de los países del otro lado de la cortina de hierro, pero he pensado que yo iría con un juicio adverso y que ese viaje no podría ser agradable ni para ellos ni para mí. He preferido desistir, porque creo que uno debe viajar con una mente hospitalaria y, en el caso de un viaje a Rusia, no sé hasta dónde sería capaz de esa hospitalidad. Si es que tengo que ensayar una experiencia prefiero ensayar una con más probabilidades de éxito.

¿Tiene algún mensaje para la nueva generación?

No, y creo que no puedo dar consejos a los demás. Apenas he podido manejar mi vida..., he vivido un poco a la deriva.

Su vida debe estar llena de interesantes anécdotas. ¿Cuáles son las que más recuerda?

No creo que pueda recordar anécdotas. Creo que algo que me ha asombrado siempre ha sido la extraordinaria paciencia y la extraordinaria bondad que la gente ha tenido y tiene conmigo. Trato de pensar en enemigos y casi no encuentro ninguno o, mejor dicho, no encuentro ninguno. A veces, cuando se han escrito artículos sobre mí, algunos han opinado que eran demasiado violentos, y he pensado, ¡caramba!, si yo hubiese escrito ese artículo hubiera podido hacerlo mucho más violento. De modo que cuando pienso en mis contemporáneos lo hago con gratitud. Una gratitud un poco asombrada. Por lo general la gente se ha portado mejor conmigo de lo que yo merezco.

Recuerdo el caso de Ricardo Güiraldes. Dirigimos juntos durante un año la revista *Proa*. En aquel tiempo yo escribía poemas ciertamente mediocres, que luego se publicaron en un libro titulado *Luna de enfrente*. Yo le mostraba esos poemas a Güiraldes; él los leía y adivinaba lo que yo había querido decir y lo que mi torpeza, o mi vanidad —para mí la vanidad es una forma de torpeza— no me habían permitido decir. Y luego Güiraldes les hablaba a otros de mi poema, pero no de lo que yo había escrito sino de un poema que yo hubiera querido escribir y que él adivinaba a través de los torpísimos borradores que le había mostrado. La gente se entusiasmaba con el poema, lo buscaba en el texto que yo había publicado y no lo encontraba. Todo eso era como un regalo que me hacía Güiraldes y creo que lo hacía inconscientemente. Podría decir que tengo un recuerdo admirable de Güiraldes, de esa amistad generosa de él, de su destino singular, tan singular como todos los destinos...

[*Life en Español*, vol. 31, núm. 5 (11 de marzo de 1968), pp. 48-60.]

VII
BIBLIOGRAFIAS

OBRAS

PRIMERAS EDICIONES

I. Poesía

1. *Fervor de Buenos Aires. Poemas,* Buenos Aires, Serrantes, 1923.
2. *Luna de enfrente,* Buenos Aires, Proa, 1925.
3. *Cuaderno San Martín,* Buenos Aires, Proa, 1929.
4. *Poemas (1922-1943),* Buenos Aires, Losada, 1943.
5. *Poemas (1923-1953),* Buenos Aires, Emecé, 1954.
6. *Poemas (1923-1958),* Buenos Aires, Emecé, 1958.
7. *Obra poética (1923-1964),* Buenos Aires, Emecé, 1964.
8. *Para las seis cuerdas,* Buenos Aires, Emecé, 1965.
9. *Obra poética, 1923-1966,* Buenos Aires, Emecé, 1966.
10. *Obra poética, 1923-1967,* Buenos Aires, Emecé, 1967.
11. *Elogio de la sombra,* Buenos Aires, Emecé, 1969.
12. *El otro, el mismo,* Buenos Aires, Emecé, 1969.
13. *El oro de los tigres,* Buenos Aires, Emecé, 1972.
13 bis. *La rosa profunda,* Buenos Aires, Emecé, 1975.

II. Ficción

14. *Historia universal de la infamia,* Buenos Aires, Tor, 1935.
15. *El jardín de senderos que se bifurcan,* Buenos Aires, Sur, 1942.
16. *Ficciones (1935-1944),* Buenos Aires, Sur, 1944.
17. *Ficciones,* Buenos Aires, Emecé, 1956. (Segunda edición aumentada.)
18. *El Aleph,* Buenos Aires, Losada, 1949.
19. *El Aleph,* Buenos Aires, Losada, 1952. (Segunda edición aumentada.)
20. *El hacedor,* Buenos Aires, Emecé, 1960.
21. *El informe de Brodie,* Buenos Aires, Emecé, 1970.
22. *El Congreso* Buenos Aires, Archibrazo, 1971.
22 bis. *El libro de arena,* Buenos Aires, Emecé, 1975.

III. Ensayo

23. *Inquisiciones,* Buenos Aires, Proa, 1925.
24. *El tamaño de mi esperanza,* Buenos Aires, Proa, 1926.
25. *El idioma de los argentinos,* Buenos Aires, Gleizer, 1928.
26. *Evaristo Carriego,* Buenos Aires, Gleizer, 1930.
27. *Evaristo Carriego,* Buenos Aires, Emecé 1955. (Segunda edición aumentada.)
28. *Discusión,* Buenos Aires, Gleizer, 1932.
29. *Discusión,* Buenos Aires, Emecé, 1957. (Segunda edición aumentada.)
30. *Historia de la eternidad,* Buenos Aires, Viau y Zona, 1936.
31. *Historia de la eternidad,* Buenos Aires, Emecé, 1953. (Segunda edición aumentada.)
32. *Otras inquisiciones (1937-1952),* Buenos Aires, Sur, 1952.
33. *Otras inquisiciones,* Buenos Aires, Emecé, 1960. (Segunda edición aumentada.)
34. *Prólogos; con un prólogo de prólogos,* Buenos Aires, Torres Agüero, 1975.
35. *Obras Completas,* Buenos Aires, Emecé, 1974, 1161 pp.

IV. Obras en colaboración

Con Adolfo Bioy Casares:

36. *Seis problemas para don Isidro Parodi,* Buenos Aires, Sur, 1942.
37. *Un modelo para la muerte,* Buenos Aires, Oportet y Haereses, 1946.
38. *Dos fantasías memorables,* Buenos Aires, Oportet y Haereses, 1946.
39. *Los orilleros. El paraíso de los creyentes,* Buenos Aires, Losada, 1955.
40. *Crónicas de Bustos Domecq,* Buenos Aires, Losada, 1967.

Con Betina Edelberg:

41. *Leopoldo Lugones,* Buenos Aires, Troquel, 1955.

Con Margarita Guerrero:

42. *El «Martín Fierro»,* Buenos Aires, Columba, 1953.
43. *Manual de zoología fantástica,* Buenos Aires-México, Fondo de Cultura, 1957.
44. *El libro de los seres imaginarios.* (Segunda edición aumentada de *Manual de zoología fantástica*), Buenos Aires, Kier, 1967.

Con Delia Ingenieros:

45. *Antiguas literaturas germánicas,* México-Buenos Aires, 1951.

Con Luisa Mercedes Levinson:

46. *La hermana Eloísa,* Buenos Aires, Ene, 1955.

Con María Esther Vázquez:

47. *Introducción a la literatura inglesa,* Buenos Aires, Columba, 1965.
48. *Literaturas germánicas medievales.* (Segunda edición corregida de *Antiguas literaturas germánicas*), Buenos Aires, Falbo, 1966.

Con Esther Zemborain de Torres:

49. *Introducción a la literatura norteamericana,* Buenos Aires, Columba, 1967.

V. Antologías en colaboración

Con Adolfo Bioy Casares:

50. *Los mejores cuentos policiales,* Buenos Aires, Emecé, 1943. (Segunda edición aumentada, 1951.)
51. *Prosa y verso de Francisco de Quevedo,* Buenos Aires, Emecé, 1948.
52. *Cuentos breves y extraordinarios,* Buenos Aires, Raigal, 1955.
53. *Poesía gauchesca,* México, Fondo de Cultura, 1955, 2 vols.
54. *Libro del cielo y del infierno,* Buenos Aires, Sur, 1960.

Con Silvina Bullrich Palenque:

55. *El compadrito. Su destino, sus barrios, su música,* Buenos Aires, Emecé, 1945. (Segunda edición aumentada, 1968.)

Con Pedro Henríquez Ureña:

56. *Antología clásica de la literatura argentina,* Buenos Aires, Kapelusz, 1937.

Con A. Bioy Casares y Silvina Ocampo:

57. *Antología de la literatura fantástica,* Buenos Aires, Sudamericana, 1940. (Segunda edición aumentada, 1965.)

BIBLIOGRAFIA SOBRE J. L. BORGES

CRITICA

I. BIBLIOGRAFÍAS

1. NODIER, Lucio y Lydia REVELLO, *Contribución a la bibliografía de Jorge Luis Borges,* Buenos Aires, Fondo Nacional de las Artes, 1962 (Bibliografía Argentina de Artes y Letras, núm. 11).
2. BECCO, Horacio Jorge, *Jorge Luis Borges. Bibliografía total 1923-1973,* Buenos Aires, Pardo, 1973.

II. CRÍTICA (libros)

3. ALAZRAKI, Jaime, *La prosa narrativa de Jorge Luis Borges,* Madrid, Gredos, 1968, 246 pp. (Segunda edición aumentada, 1974, 437 pp.)
4. ALAZRAKI, Jaime, *Jorge Luis Borges,* Nueva York-Londres, Columbia University Press, 1971, 48 pp.
5. BARNATÁN, Marcos Ricardo, *Borges,* Madrid, E.P.E.S.A., 1972, 203 pp.
6. BARRENECHEA, Ana María, *La expresión de la irrealidad en la obra de Jorge Luis Borges,* México, El Colegio de México, 1957, 189 pp. (Segunda edición aumentada, Buenos Aires, Paidós, 1967, 270 pp.)
7. BASTOS, María Luisa, *Borges ante la crítica argentina 1923-1960,* Buenos Aires, Hispamérica, 1974, 356 pp.
8. BERVEILLER, Michel, *Le cosmopolitisme de Jorge Luis Borges,* París, Publications de la Sorbonne, 1973, 507 pp.
9. BLANCO GONZÁLEZ, Manuel, *Jorge Luis Borges; anotaciones sobre el tiempo en su obra,* México, De Andrea, 1963, 106 pp.
10. BOSCO, María Angélica, *Borges y los otros,* Buenos Aires, Fabril, 1967, 169 pp.
11. CHRIST, Ronald J., *The Narrow Act. Borges' Art of Allusion,* Nueva York,, New York University Press, 1969, 244 pp.
12. COHEN, J. M., *Jorge Luis Borges,* Edinburgh, Oliver & Boyd, 1973, 115 pp.
13. COZARINSKY, Edgardo, *Borges y el cine,* Buenos Aires, Sur, 1974, 134 pp.
14. FERNÁNDEZ MORENO, César, *Esquema de Borges,* Buenos Aires, Perrot, 1957, 65 pp.

15. FERRER, Manuel, *Borges y la nada*, Londres, Támesis, 1971, 201 pp.
16. GERTEL, Zunilda, *Borges y su retorno a la poesía*, Nueva York, Las Américas Publishing Co., 1967, 174 pp.
17. GUTIÉRREZ GIRARDOT, Rafael, *Jorge Luis Borges, ensayo de interpretación*, Madrid, Insula, 1959, 139 pp.
18. IBARRA, Néstor, *Borges et Borges*, París, L'Herne, 1969, 197 pp.
19. JURADO, Alicia, *Genio y figura de Jorge Luis Borges*, Buenos Aires, Universitaria, 1964, 191 pp.
20. MATAMORO, Blas, *Jorge Luis Borges o el juego trascendente*, Buenos Aires, Peña Lillo, 1971, 215 pp.
21. MURILLO, Luis A., *The Cyclical Night; Irony in James Joyce and Jorge Luis Borges*, Cambridge, Mass., Harvard University Press, 1968, 269 pp.
22. PÉREZ, Alberto C., *Realidad y suprarrealidad en los cuentos fantásticos de Jorge Luis Borges*, Miami, Florida, Universal, 1971, 247 pp.
23. PRIETO, Adolfo, *Borges y la nueva generación*, Buenos Aires, Letras Universitarias, 1954, 90 pp.
24. RÍOS PATRÓN, José Luis, *Jorge Luis Borges*, Buenos Aires, La Mandragora, 1955, 179 pp.
25. ROBATTO, Matilde, A., *Borges, Buenos Aires y el tiempo*, Río Piedras, Puerto Rico, Edil, 1972, 169 pp.
26. RODRÍGUEZ MONEGAL, Emir, *Borges par lui-même*, París, Ed. du Seuil, 1970, 190 pp.
27. STABB, Martin S., *Jorge Luis Borges*, Nueva York, Twayne, 1970, 179 pp.
28. SUCRE, Guillermo, *Borges el poeta*, México, U.N.A.M., 1967, 125 pp. (Segunda edición aumentada: Caracas, Monte Avila, 1974, 157 pp.)
29. TAMAYO, Marcial y RUIZ DÍAZ, Adolfo, *Borges, enigma y clave*, Buenos Aires, Nuestro Tiempo, 1955, 170 pp.
30. WHEELOCK, Carter, *The Mythmaker; A Study of Motif and Symbol in the Short Stories of Jorge Luis Borges*, Austin, University of Texas Press, 1969, 190 pp.
31. WOLBERG, Isaac, *Jorge Luis Borges*, Buenos Aires, Ministerio de Educación y Justicia, 1961, 84 pp.

III. VOLÚMENES ESPECIALES DEDICADOS A BORGES

32. *L'Herne* (Edición de Dominique de Roux y Jean de Milleret), París, 1964, 516 pp.
33. *The Cardinal Points of Borges* (Edición de Lowell Dunham e Ivar Ivask), Norman, University of Oklahoma Press, 1971, 113 pp. (Material publicado originalmente en *Books Abroad*, Norman, Oklahoma, vol. 45, núm. 3, Summer 1971, pp. 379-470.)
34. *TriQuarterly 25; Prose for Borges* (Edición a cargo de Mary Kinzie), Evanston, Illinois, Northwestern University, Fall 1972, 467 pp.
35. *Modern Fiction Studies*, Jorge Luis Borges Number, West Lafayette, Indiana, Pardue University, vol. 19, núm. 3, Autumn 1973, 165 pp.
36. *Iberoromania*, Erlangen, Alemania, Universität Erlangen-Nürnberg, número 3, mayo de 1975.

IV. ENTREVISTAS (libros)

37. BURGIN, Richard, *Conversations with Jorge Luis Borges,* Nueva York, Holt, Rinehart and Winston, 1969, 144 pp. [Hay traducción española: *Conversaciones con J. L. B.,* Madrid, Taurus, 1974, col. «Persiles», número 70, 161 **pp.**]

38. CHARBONNIER, Georges, *Entretiens avec Jorge Luis Borges,* París, Gallimard, 1967, 133 pp.

39. GUIBERT, Rita, *Siete voces,* México, Novaro, S. A., 1974 («Jorge Luis Borges», pp. 93-137).

40. HARSS, Luis, *Los nuestros,* Buenos Aires, Sudamericana, 1966 («Jorge Luis Borges», pp. 128-170).

41. IRBY, James; MURAT, Napoleón, y PERALTA, Carlos, *Encuentro con Borges,* Buenos Aires, Galerna, 1968, 112 pp.

42. MILLERET, Jean de, *Entrevistas con Jorge Luis Borges,* Caracas, Monte Avila, 1971, 186 pp.

43. OCAMPO, Victoria, *Diálogo con Borges,* Buenos Aires, Sur, 1969, 85 pp.

V. BIOGRAFÍA

44. Jorge Luis Borges, «An Autobiographical Essay», *The Aleph and Other Stories 1933-1969* (Edited and translated by Norman Thomas di Giovanni in collaboration with the author), Nueva York, E. P. Dutton and Co., 1970, pp. 203-260.

ESTE LIBRO SE TERMINO DE IMPRIMIR
CON PAPEL DE TORRAS HOSTENCH
EL DIA 13 DE FEBRERO DE 1976
EN LOS TALLERES TIPO-
GRAFICOS «VELOGRAF»,
TRACIA, 17.
MADRID-27

ULTIMOS TITULOS
DE LA
COLECCION PERSILES

39. Edith Helman: **Jovellanos y Goya.**
40. Georges Demerson: **Don Juan Meléndez Valdés y su tiempo.**
41. José María Castellet: **Iniciación a la poesía de Salvador Espríu.**
42. Georges Bataille: **La literatura y el mal** (2.ª ed.).
43. Domingo Ynduráin: **Análisis formal de la poesía de Espronceda.**
44. R. M. Albérès: **Metamorfosis de la novela.**
45. Fernando Morán: **Novela y semidesarrollo.**
46. Gabriel Celaya: **Inquisición de la poesía.**
47. Walter Benjamin: **Iluminaciones, I. (Imaginación y sociedad).**
48. Julien Green: **Suite inglesa.**
49. Oscar Wilde: **Intenciones.**
50. Julio Caro Baroja: **Los Baroja** (3.ª ed.).
51. Walter Benjamin: **Iluminaciones, II. (Baudelaire: Poesía y capitalismo).**
52. C. M. Bowra: **La imaginación romántica.**
53. Luis Felipe Vivanco: **Moratín y la ilustración mágica.**
54. Paul Ilie: **Los surrealistas españoles.**
55. Julio Caro Baroja: **Semblanzas ideales.**
56. Juan Ignacio Ferreras: **La novela por entregas (1840-1900).**
57. J. Benet, C. Castilla del Pino, S. Clotas, J. M. Palacio, F. Pérez y M. Vázquez Montalbán: **Barojiana.**
58. Evelyne López Campillo: **La «Revista de Occidente» y la formación de minorías.**
59. J. M.ª Aguirre: **Antonio Machado, poeta simbolista.**
60. Northrop Frye: **La estructura inflexible de la obra literaria.**
61. Alberto Jiménez Fraud: **Juan Valera y la generación de 1868.**
62. Serie «El escritor y la crítica»: **Benito Pérez Galdós.** (Edición de Douglass M. Rogers.)
63. Serie «El escritor y la crítica»: **Antonio Machado.** (Edición de Ricardo Gullón y Allen W. Phillips.)
64. Serie «El escritor y la crítica»: **Federico García Lorca.** (Edición de Ildefonso-Manuel Gil) (2.ª ed.).
65. Juan Ignacio Ferreras: **Los orígenes de la novela decimonónica en España (1800-1830).**
66. Jesús Castañón: **La crítica literaria en la prensa española del siglo XVIII (1700-1750).**
67. María Cruz García de Enterría: **Sociedad y poesía de cordel en el Barroco.**

68. Marthe Robert: **Novela de los orígenes y orígenes de la novela.**
69. Juan Valera: **Cartas íntimas (1853-1879).**
70. Richard Burgin: **Conversaciones con Jorge Luis Borges.**
71. Stephen Gilman: **«La Celestina»: arte y estructura.**
72. Lionel Trilling: **El Yo antagónico.**
73. Serie «El escritor y la crítica»: **Miguel de Unamuno.** (Edición de A. Sánchez Barbudo.)
74. Serie «El escritor y la crítica»: **Pío Baroja.** (Edición de Javier Martínez Palacio.)
75. Agnes y Germán Gullón: **Teoría de la novela.**
76. Serie «El escritor y la crítica»: **César Vallejo.** (Edición de Julio Ortega.)
77. Serie «El escritor y la crítica»: **Vicente Huidobro.** (Edición de René de Costa.)
78. Serie «El escritor y la crítica»: **Jorge Guillén.** (Edición de Biruté Ciplijauskaité.)
79. Henry James: **El futuro de la novela.** (Edición, traducción, prólogo y notas de Roberto Yahni.)
80. F. Márquez Villanueva: **Personajes y temas del Quijote.**
81. Serie «El escritor y la crítica»: **El modernismo.** (Edición de Lily Litvak.)
82. Aurelio García Cantalapiedra: **Tiempo y vida de José Luis Hidalgo.**
83. Walter Benjamin: **Tentativas sobre Brecht (Iluminaciones, III).**
84. Mario Vargas Llosa: **La orgía perpetua (Flaubert y Madame Bovary).**
85. Serie «El escritor y la crítica»: **Rafael Alberti.** (Edición de Miguel Durán.)
86. Serie «El escritor y la crítica»: **Miguel Hernández.** (Edición de María de Gracia Ifach.)
87. Francisco Pérez Gutiérrez: **El problema religioso en la generación de 1868 (La leyenda de Dios.)**